"神话学文库"编委会

主　编

叶舒宪

编　委

（以姓氏笔画为序）

马昌仪	王孝廉	王明珂	王宪昭
户晓辉	邓　微	田兆元	冯晓立
吕　微	刘东风	齐　红	纪　盛
苏永前	李永平	李继凯	杨庆存
杨利慧	陈岗龙	陈建宪	顾　锋
徐新建	高有鹏	高莉芬	唐启翠
萧　兵	彭兆荣	朝戈金	谭　佳

"神话学文库"学术支持

上海交通大学文学人类学研究中心

上海交通大学神话学研究院

中国社会科学院比较文学研究中心

陕西师范大学人文社会科学高等研究院

上海市社会科学创新研究基地——中华创世神话研究

"十二五""十三五"国家重点图书出版规划项目
第五届、第八届中华优秀出版物奖获奖作品

神话学文库
叶舒宪主编

结构主义神话学
（增订版）

STRUCTURAL MYTHOLOGY

叶舒宪◎编译

陕西师范大学出版总社

图书代号　SK23N1129

图书在版编目(CIP)数据

结构主义神话学／叶舒宪编译. —增订版. —西安：陕西师范大学出版总社有限公司，2023.10
（神话学文库／叶舒宪主编）
ISBN 978-7-5695-3718-5

Ⅰ.①结… Ⅱ.①叶… Ⅲ.①神话—研究 Ⅳ.①B932

中国国家版本馆 CIP 数据核字(2023)第 123475 号

结构主义神话学（增订版）
JIEGOU ZHUYI SHENHUAXUE
叶舒宪　编译

出 版 人	刘东风
责任编辑	冯新宏
责任校对	谢勇蝶
出版发行	陕西师范大学出版总社
	（西安市长安南路 199 号　邮编 710062）
网　　址	http://www.snupg.com
印　　刷	中煤地西安地图制印有限公司
开　　本	720 mm×1020 mm　1/16
印　　张	22.75
插　　页	4
字　　数	353 千
版　　次	2023 年 10 月第 1 版
印　　次	2023 年 10 月第 1 次印刷
书　　号	ISBN 978-7-5695-3718-5
定　　价	136.00 元

读者购书、书店添货或发现印刷装订问题，请与本公司营销部联系、调换。
电话：(029)85307864　85303635　传真：(029)85303879

"神话学文库"总序

叶舒宪

神话是文学和文化的源头,也是人类群体的梦。

神话学是研究神话的新兴边缘学科,近一个世纪以来,获得了长足发展,并与哲学、文学、美学、民俗学、文化人类学、宗教学、心理学、精神分析、文化创意产业等领域形成了密切的互动关系。当代思想家中精研神话学知识的学者,如詹姆斯·乔治·弗雷泽、爱德华·泰勒、西格蒙德·弗洛伊德、卡尔·古斯塔夫·荣格、恩斯特·卡西尔、克劳德·列维-斯特劳斯、罗兰·巴特、约瑟夫·坎贝尔等,都对20世纪以来的世界人文学术产生了巨大影响,其研究著述给现代读者带来了深刻的启迪。

进入21世纪,自然资源逐渐枯竭,环境危机日益加剧,人类生活和思想正面临前所未有的大转型。在全球知识精英寻求转变发展方式的探索中,对文化资本的认识和开发正在形成一种国际新潮流。作为文化资本的神话思维和神话题材,成为当今的学术研究和文化产业共同关注的热点。经过《指环王》《哈利·波特》《达·芬奇密码》《纳尼亚传奇》《阿凡达》等一系列新神话作品的"洗礼",越来越多的当代作家、编剧和导演意识到神话原型的巨大文化号召力和影响力。我们从学术上给这一方兴未艾的创作潮流起名叫"新神话主义",将其思想背景概括为全球"文化寻根运动"。目前,"新神话主义"和"文化寻根运动"已经成为当代生活中不可缺少的内容,影响到文学艺术、影视、动漫、网络游戏、主题公园、品牌策划、物语营销等各个方面。现代人终于重新发现:在前现代乃至原始时代所产生的神话,原来就是人类生存不可或缺的文化之根和精神本源,是人之所以为人的独特遗产。

可以预期的是，神话在未来社会中还将发挥日益明显的积极作用。大体上讲，在学术价值之外，神话有两大方面的社会作用：

一是让精神紧张、心灵困顿的现代人重新体验灵性的召唤和幻想飞扬的奇妙乐趣；二是为符号经济时代的到来提供深层的文化资本矿藏。

前一方面的作用，可由约瑟夫·坎贝尔一部书的名字精辟概括——"我们赖以生存的神话"（Myths to live by）；后一方面的作用，可以套用布迪厄的一个书名，称为"文化炼金术"。

在 21 世纪迎接神话复兴大潮，首先需要了解世界范围神话学的发展及优秀成果，参悟神话资源在新的知识经济浪潮中所起到的重要符号催化剂作用。在这方面，现行的教育体制和教学内容并没有提供及时的系统知识。本着建设和发展中国神话学的初衷，以及引进神话学著述，拓展中国神话研究视野和领域，传承学术精品，积累丰富的文化成果之目标，上海交通大学文学人类学研究中心、中国社会科学院比较文学研究中心、中国民间文艺家协会神话学专业委员会（简称"中国神话学会"）、中国比较文学学会，与陕西师范大学出版总社达成合作意向，共同编辑出版"神话学文库"。

本文库内容包括：译介国际著名神话学研究成果（包括修订再版者）；推出中国神话学研究的新成果。尤其注重具有跨学科视角的前沿性神话学探索，希望给过去一个世纪中大体局限在民间文学范畴的中国神话研究带来变革和拓展，鼓励将神话作为思想资源和文化的原型编码，促进研究格局的转变，即从寻找和界定"中国神话"，到重新认识和解读"神话中国"的学术范式转变。同时让文献记载之外的材料，如考古文物的图像叙事和民间活态神话传承等，发挥重要作用。

本文库的编辑出版得到编委会同人的鼎力协助，也得到上述机构的大力支持，谨在此鸣谢。

是为序。

"结构"旅行难,"忧郁"易流传

——列维-斯特劳斯在中国(新版序)

20多年前的我,在学术上还只是初出茅庐的"愣头青"时,没读过多少书,就斗胆要将20世纪文学理论的精华逐一通读,并尝试一个"盗火者"梦想,启动了名为"20世纪国外文艺学译丛"的翻译计划,一下子给出版社报了10部书选题。作为见证,有1987年版的《神话—原型批评》扉页上的书目,白纸黑字。今天再看,多少有些"少年不知愁滋味"的后怕。由于1989年以后的学术形势和出版界的大变化,原计划中只有前两本书顺利问世,那就是《神话—原型批评》和《结构主义神话学》。而我为神话—原型理论在中国的传播专门撰写的一部小册子《探索非理性的世界》,则作为"走向未来丛书"的关门之作,在1988年问世。在那以后,学界的所谓方法论热迅速降温,我译介西方文论的热情就随之一落千丈。我编的第二本译文集《结构主义神话学》是想把以列维-斯特劳斯为核心的结构主义神话学理论和分析方法引入中国来,期望能给当时国内沉闷而单调的阶级分析式文学研究带来一些色调上的改变。

回首这部书问世以来的21年,虽然不能说舶来的结构主义在汉语学界没有太大的学术反响,但是比起第一部译文集《神话—原型批评》所促动的原型批评热潮来,结构分析的中国本土化接受情况,确实要相对沉寂一些。以国内权威的学术期刊统计CNKI上的主题词检索情况看,就很能说明问题。从"理论旅行"的文化接受意义上看,两部相隔一年问世的翻译之书,被国人所接受的境遇相差很大，倒是很有值得总结和探讨的地方。

结构主义的第一代表无疑是法国的列维－斯特劳斯。他的主要著作现在几乎全部有了汉译本。在大学课堂上也有些不同的专业要讲他的结构主义理论和神话研究，如人类学、哲学、美学、民俗学、文学理论、语言学等。但是究其实质，中国学人能够掌握结构主义的精髓并且有效运用到文学和文化研究中的人，实属凤毛麟角。也许结构派的理论之抽象和晦涩，再加上列维－斯特劳斯建构其结构主义大厦的素材——大量的南美印第安神话叙事对国人的陌生性（一个巨大反讽是：至今列维－斯特劳斯分析研究这些神话的四大卷《神话学》汉译本都出齐了，洋洋百万言，可是其所分析的对象的完整或系统译介却还根本没有），大大阻碍了这个理论流派在我国的传播。希望有心的翻译家能够尽早弥补这一文化传播中的信息空缺，出版一部完整的美洲印第安神话全集。

除了学院人士，社会上一般的知识人就更没有雅兴去啃陌生的对象的更加陌生的"结构"了。我很好奇的一些疑问是：那些洋洋洒洒的大部头汉译多卷本《神话学》究竟被什么样的读者买去了？买回家后的阅读率如何？读后反应又如何呢？2008年秋，在金融海啸冲击下，北京的大小书店也掀起打折销售风。在北京师范大学边的盛世情书店里，一般图书七点八折，少量七折，而出版10卷本《列维－斯特劳斯文集》的中国人民大学出版社则一律五折！新书五折卖，去掉中间环节的消耗，还有利润吗？是晦涩难懂的结构主义著作影响了销路，连累了出版商呢，还是过高估计了国人接受舶来的结构主义的阅读热情，以至于积压较多呢？有心发问，却无暇调研，就算是杞人忧天吧。

与结构论在中国的"理论旅行"不顺畅相比，列维－斯特劳斯的一部非理论性著作却相当受欢迎。这就是三联书店1999年从台湾联经出版事业公司（1989年初版）购得版权的《忧郁的热带》汉译本。这本由王志明从英译本转译的书，在台湾就不断重印，辗转来到大陆，自然印数会成倍增长，不久就换了封面出新版。

莫非是"热带"对北国人的吸引力，反思现代文明之"忧郁"对狂奔向现代化的国人的传染力，对本书在汉语世界的流行推波助澜？或者是在名人效应压迫下，读不下去《结构人类学》和《神话学》的大批读者转而去读雅俗共赏的"忧郁"？果真如此，那倒是晦涩的列维－斯特劳斯反过来成全了伤感的列维－斯特劳斯；换一种说法，则是人类学的列维－斯特劳斯成全了文学的列维－斯特劳斯。不信吗？看看下面的几个网络"田野"抽样吧。

例一：2008年夏，一位昵称小苏苏的小女生，在接到学校录用通知的第一反应，居然是要带上《忧郁的热带》。

勐腊半年

要下乡了。

突然接到杳无音信石沉大海的学校发来的报到通知，这个飞翔的馅饼砸得我眼冒金星，面对一盘台湾快餐里两个红彤彤的硕大狮子头，感觉很不真实。陕北塞外的大漠孤烟长河落日变成了海市蜃楼，东邪西毒依然将长久地存在于幻境之中。

真是半年不出游，一出游半年。

想到的要带的第一件东西居然还是《忧郁的热带》，

另外，当然是小电扇、花露水、防晒霜和一颗慌张的心。

电影、音乐、文学和网络，城市知识小青年要向一切文艺短暂地作别；

忘记全部，只栖身于当下，也许是榕树、烂菠萝、朗读声和浑身汗渍。

还不知那边能不能有机会发博。

（摘自博客日志：flowersforzoe.blogcn.com/diary,18912904.shtml, 发布于：2008.08.20 13:43:00）

例二：著名学者向学生推荐的暑期书目，"忧郁"不仅榜上有名，且有上榜理由。

推荐给海峡两岸和香港大学生的九十九本书（节选）

推荐人（葛兆光）语：

因为心里不想选书的文字太枯燥，使暑假阅读成为负担，所以在选书的时候，很看重书是否好读，像《宋诗选注》《忧郁的热带》《金翼》就是在深刻和知识之外，文字还特别好读。

顺便可以说的是，最近的学术书似乎越来越不好读了，生硬的名词、不通的语句，混合了夹生且带半焦还串烟的思想，七拼八凑，常常害得读者把眼光转向了别处，可是，我们的作者还在孤芳自赏，只是埋怨读者水准下降。

（摘自博客日志：philosophia.blogchina.com/host/605788.html，发布于：2005.5.8）

例三：上海交大附中的一位男性历史老师，暑假出门旅行，竟能在机场买到此书；买到后竟被女老师抢先借阅并勾画其中语句；书的主人再读时引发出对人性和学问的深刻自我反省：

> 暑假里坐飞机飞来飞去的时候在飞机场的书店买了列维－斯特劳斯的《忧郁的热带》，我还没有来得及看就被同行的一位语文老师抢借去了。
>
> 开学的时候，语文老师向我汇报：这本书很好看，真是好看极了，有空的时候向你汇报心得。
>
> 她始终也没有汇报心得，但是我却在还给我的书上看到了许多用蓝笔勾出的句子。我的第一个反应是有点恼火——这是我的书啊——但是读下去的时候却感到了一阵怅然。
>
> 怅然，有所失也。我突然发现，语文老师勾出的那些句子都是我在看书的时候会直接跳过的，语文老师所欣赏所为之激动不已的东西恰恰是我觉得没什么价值的东西。我发现，作为一名学习历史的人，已经形成了习惯性的思维，虽然书上未必有1、2、3，但还是会直觉地去搜寻那些可以构成1、2、3的东西。而且，我在很长一段时间里还因为自己具备这样的思维方式而感到沾沾自喜。我失去了一些东西了呵！是什么呢？

以上三例来自网络的抽样也许可以大致证明我的判断。对于西方新理论方法的中文译介者来说，如何学会尊重文化传播现象中的自我筛选与接纳规则，正视不同文化结构、思维习惯与人格心理对外来对象的需求和改造，应该是值得仔细考虑的重要课题。在这方面，列维－斯特劳斯所从属的文化人类学界，已经作出不少值得借鉴的新研究。就笔者个人的学术经验来看，在纷纭万变的现象世界中归纳总结出1、2、3一类不变的数码结构，其实是中国第一位哲人老子在《道德经》中就有尝试的，而中华第一原典《周易》解释学的太极两仪四象八卦体系，也是这样一套具有十足中国特色的本土"结构主义"。有鉴于此，笔者在 20 年前构思《中国神话哲学》和《中国古代神秘数字》等书时，就希望依托 20 世纪问世的结构主义理论，重新寻找和梳理出中国文化自身的神话时空观、宇宙观的恒定结构，并表明其作为文化编码的"元语言"对整个文化传统的支配和转换生成作用。

回想上世纪 80 年代，在改革开放的新语境下，一个年轻学者的万丈雄心和有限尝试，如今还有值得回味的甘甜和苦涩。值得译介者庆幸的是，毕竟结构主义仍在步步深入地融入中国当代学术之中。虽然谈不上多么热闹，却有一批海内外学人孜孜以求，实际运用其分析原理和方法，去重新解析本土的文学作品和文化现象。《结构主义神话学》本次增订新版所选录的几篇大作，如新西兰奥塔古大学赵晓寰教授的《从神奇故事到传奇剧：明代梦幻/鬼魂剧〈牡丹亭〉的形态结构分析》、台湾陈器文教授的《就结构主义论民间故事的"成三"现象》、北京大学陈连山教授的《启母石神话的结构分析——兼论神话分析的方法论问题》、中国社科院施爱东博士的《故事的无序生长及其最优策略——以梁祝故事结尾的生长结构为例》等，充分显示出华人学者接受和再造结构主义神话学方法的可喜的实绩。

但愿日后这本文集还能收录更多华人学者的结构主义研究佳作。是所望焉。

叶舒宪
2009 年 5 月 3 日草于台湾中兴大学
2010 年 2 月 18 日改于西安

编选者原序

神话学是一门古老而又年轻的学科。神话作为人类童年时代意识的象征表现，早在人类告别童年时代之际，就已经成为哲人和学者们所关注的对象。在西方世界，用理性的态度和方法去研究和解释非理性的上古神话始自古希腊时代。有鉴于此，现代神话学家在界定神话学的概念、描述神话学史的时候，总是要上溯到古希腊学者。[1]然而，具有2000多年历史的神话学到了19世纪中叶以后却又勃然获得了新生。随着现代艺术中非理性神话的复活，神话学在现代人文科学中也日益引人注目，成为一门国际性的显学。如果说古典的和中世纪的神话学主要附属于哲学和语文学的话，那么现代的神话学则日趋发展为一门横跨人文学众多领域的综合学科，它在宗教学、社会学、人类学、民族学、民俗学、文艺学、语言学、心理学等学科中吸取养料，获取模式或方法，并且反过来促进这些学科的发展。其中使神话学受惠最多的莫过于语言学。

在19世纪，历史比较语言学的兴起直接促生了比较神话学，二者平行发展，具有同样的基础范式，提出类似的问题，并使用类似的方法寻求解答。当时著名的学者如德国的格林兄弟、麦克斯·缪勒（Max Müller）等，既是历史比较语言学的大师，又是比较神话学的创始人。时至20世纪，语言学和神话学的平行

---

[1] 参看高木敏雄《比较神话学》第一章第一节"神话学的概念及其由来"，东京，博文馆，明治三十七年版。

发展不仅持续了下来，而且各自迎来了一场革命性的变革，这便是人们所常说的"结构主义"运动。

和瑞士语言学家索绪尔的名字联系在一起的现代语言学之所以又被看做是"结构语言学"，主要是因为它把研究的重心从语言的历史演变过程转移到语言自身的结构和功能系统。正是这种从历时性到共时性的转变构成了20世纪人文学研究的一大特征。如弗雷迪克·詹姆森所说，结构主义不是什么流派或学说，它实际上是思想方法上的一场广义的革命。[①]这场革命发源于索绪尔的《普通语言学教程》，到了20世纪六七十年代几乎波及一切文化现象的研究之中，最终导致了这样一种信念：文化也可被看做是一种巨型的语言。尽管文化包括许许多多的现象，如制度、风俗、信仰、神话等等，但"构成语言的要素与构成整个文化的要素具有同一的类型：逻辑关系、对立关系、关联关系，等等。从这一点来看，语言似乎为那些分别与文化的不同方面相对应的更为复杂的结构奠定了基础"[②]。从类似的理由出发，罗兰·巴特在其《神话学》一书中扩大了"神话"一词的含义，用它来指称"大众文化语言"[③]。这样，在某些结构主义者的心目中，语言、神话和文化终于成了三位一体的东西，或者至少是异形同构的东西。

使这种新的三位一体在学术界确立某种神圣性的人物无疑应当首推法国人类学家、结构主义运动的领袖克劳德·列维-斯特劳斯。是他，自觉地将结构语言学的方法和模式全面引入到神话、亲属关系等文化现象的研究中，并从理论上提出了结构主义神话学的纲领性原则，从而使传统神话学的面目大大改观。

结构主义神话学同传统神话学的根本差异，可以从下述事例中得到说明。自千百年前流传至今的、人们早以为读懂了的神话故事，在结构主义者看来，其实并没有真正读懂。换句话说，在结构主义之前的神话学家们尽管对神话提出了种种解释及解释的理论，但是他们可以说全都在黑暗中摸索，始终未能窥见神话的真谛。之所以如此，是因为他们手中没有掌握足以破解神话密码的系统性的科学方法，而这种系统性的科学方法恰恰是结构主义的方法。结构主义方法的终极目的并不在于对单个的神话本文作出这样或那样的解释，而在于发现

---

① 参看松村武雄《神话学原论》第十章"神话学史（上）"，东京，培风馆，昭和十五年版。
② Fredic Jameson, *The Prison-House of Language* (Princeton Univ. Press, 1972), p. 95.
③ Lévi-Strauss, "Linguistics and Anthropology", in *Structural Anthropology* (Basic Books Inc, 1963) pp. 68-69.

使单个的神话本文所以然的普遍结构规则和意指模式，进而探索人类神话思维的普遍逻辑。借用卡勒在为托多洛夫《散文的诗学》一书所作的序言中的一段话，也许能有助于对结构主义方法的理解。卡勒将结构主义的文学研究看做是一种"诗学"(poetics)，并将它同语言学相比较：

> 语言学的任务不是解说句子，不是告诉我们句子意味着什么，而是弄清在学习语言的过程中已经为我们潜移默化了的规则和惯例，正是这些规则和惯例使我们语言中的句子能够具有其现有的意义。诚然，使用某种语言的说话者首先考虑的是他们听到或说出的句子的意义，就像读者首先考虑的是文学作品的意义；但是诗学，即文学的系统性研究，却力图说明使这些意义成为可能的编码和惯例，正像语言学，即对语言的系统性研究，力求确定一种语言的规则和惯例一样。①

对于一个没有学习过语言学理论的人来说，语言的规则是一种无意识的抽象存在。虽然他在说话时必然会遵循该语言的规则，但他却意识不到。语言学将这种无意识变为意识，也就是将不自觉的经验升华为科学理论。同样道理，结构主义方法的运用促进了神话研究从经验描述和解释的水平向抽象理论水平的过渡，普遍结构模式及其转换规则的发现使神话学日渐趋近于自然科学意义上的"科学"。

不过，列维－斯特劳斯卷帙浩繁的神话学著述并不属于严格意义上的文学研究，其在文学方面的兴趣远逊于社会人类学方面的兴趣。他承袭了法国社会学家涂尔干（Durkheim，又译迪尔凯姆）和英国人类学家马林诺夫斯基所开创的研究传统，注重神话、图腾与社会结构之间的联系，同时他更强调了神话与初民思维之间的联系。正是从后一种联系出发，列维－斯特劳斯对一个聚讼纷纭的古老问题给出了前所未有的解答。这个问题是：为什么在时空差异极大的不同文化中会出现同样的神话主题和母题？对此，以往的"流传说"和"平行发生说"虽然争执不休，但都没有取得令人信服的结论。②而列维－斯特劳斯的结构分析对平行发生说作了全面改造，使之建立在相对科学的基础上，成为某种可以分析和验证的假说。例如，在《图腾制》一书中，列维－斯特劳斯举出了一个北美印第安奥吉布瓦人的神话和一个南太平洋波利尼西亚岛提科巴（Tikopia）

---

① R. Barthers, *Mythologies* (New York: Hill and Wang, 1972) p. 9.
② 参看 David Leeming, *Mythology* (New York, 1979) p. 69.

人的神话，二者都表现了自然与文化之间的关系、提供食物者和亲属关系系统之间的关系。每一个神话都强调了这些关系的持续和断裂。在《乱伦与神话》一文中，他又以希腊的俄狄浦斯神话同北美印第安人的故事、欧洲中世纪传说相比较，揭示出乱伦禁忌的意识作为普遍的深层结构是怎样生成不同的叙述作品的。

列维－斯特劳斯在研究中发现，世界各不同民族虽然处在不同的地理生态环境之中，其进化发展的程度亦有很大差异；但是作为人类却有着某些共同的生存问题，这是一些无法回避的矛盾难题，它们可以用二元对立的模式加以概括。如人有生命，却不得不走向死亡；人是大自然的一部分，又是异于自然存在的文化产物；人们要追溯自己所崇拜的始祖，追溯的结果却发现自己是始祖乱伦的后裔；等等。神话是一种理性调解，它的基本功能便是化解这些永恒对立的矛盾，超越由此而造成的精神困惑和焦虑，恢复心理的和谐与平衡。列维－斯特劳斯的这种二元对立模式已经成了结构主义方法的核心，英国人类学家利奇运用该模式对《圣经·创世记》的经典性读解[1]标志着当代神话学的透视深度，其方法论意义引起了整个社会科学界的关注[2]。

国际学术界对结构主义的评价可说是毁誉参半[3]。贬之者认为列维－斯特劳斯的工作好像猜谜，用很有限的证据将谜底拼凑出来，有很大的主观成分；褒之者认为他开创了人文科学研究的新纪元，是20世纪最杰出的思想家之一。笔者认为，列维－斯特劳斯对具体神话的解析确有许多经不起验证的牵强失误之处，但他所倡导的方法却是极有启示性的，对于不长于理论思维的我们来说，尤其如此。因此，当前的主要课题不是凭空对结构主义方法作出优劣判断，而是研究、理解并在实际运用中加以检验。结构主义神话学至少说明了一点：神话有其自身的逻辑和结构原理，它以密码形式传达的信息尚有待于我们去读解。

列维－斯特劳斯的神话研究超出了人类学的界限，在许多不同学科领域产生了反响。文艺学中结构主义诗学及叙事学概念的提出，可看做是对列维－斯特劳斯神话学的直接响应，结构分析法跨越了神话和民间故事的疆界，扩展到诗歌、小说、戏剧等所有的文学形式中去，促使文学研究从经验层次深入到非经验的深层结构层次，从意识层次进到无意识层次，这不能不说是自亚里士多德以来文学理论和文学批评的一场深刻变革。

---

[1] 参看本书所收《作为神话的〈创世记〉》一文。
[2] 参看贝尔（D. Bell）《第二次世界大战以来的社会科学》一书，中国社会科学院情报研究所，1982年版。
[3] 参看本书下编所收诸文。

本书试图通过译文选辑的形式向国内读者介绍结构主义神话学的基本理论和方法。入选的 15 篇文章以列维－斯特劳斯为中心，按照内容分为上下两编。上编主要显示结构主义神话学理论及方法的由来及其实际运用；下编则收录了各国学者从不同角度对结构主义神话学的研究、批评或阐述。为了显示结构主义方法在中国文学研究中的可行性，我们还以附录的形式收入大陆和台湾学者的几篇专论，供读者参考。限于编者的眼界和材料，本书在选题、编排及译校等方面一定存在不少疏漏和错误，恳请专家和同行们批评指正。

本书在编选过程中，曾得到中国社会科学院文学研究所的马昌仪同志、《红旗》杂志社的俞建章同志和北京大学比较文学研究所的伍晓明同志的热诚帮助，谨在此表示谢意。

叶舒宪
1987 年 9 月 6 日

目 录

上 编

003　《民间故事形态学》的定义与方法　　　　　　　　　　［苏］V. 普洛普
010　神话的结构研究　　　　　　　　　　　　　　　　　［法］列维－斯特劳斯
035　结构与辩证法　　　　　　　　　　　　　　　　　　［法］列维－斯特劳斯
044　《生食与熟食》序曲（节选）　　　　　　　　　　　　［法］列维－斯特劳斯
051　神话与意义　　　　　　　　　　　　　　　　　　　［法］列维－斯特劳斯
080　语言学与人类学　　　　　　　　　　　　　　　　　［法］列维－斯特劳斯
092　作为神话的《创世记》　　　　　　　　　　　　　　　　　［英］E. 利奇
106　《天婚》故事的结构论研究　　　　　　　　　　　　　　　［日］伊藤清司
116　斯堪的那维亚神话的对立系统　　　　　　　　　　　　［苏］E. 梅列金斯基

下 编

129　神话收集者：普洛普和列维－斯特劳斯　　　　　　　　［英］罗伯特·斯柯勒
142　民间故事的形态学与变形论
　　　　——从普洛普到格莱马斯、伊万诺夫和托保罗夫　　　　［日］北冈诚司
154　列维－斯特劳斯方法的神话　　　　　　　　　　　　　［美］M. 弗雷里奇
186　现代神话学与列维－斯特劳斯　　　　　　　　　　　　　［日］松村一男
198　作为美学的结构主义
　　　　——评列维－斯特劳斯的艺术论　　　　　　　　　　　　［日］谷川渥
215　迪缪塞尔教授与新比较神话学　　　　　　　　　　　　　［美］S. 列特尔顿

附　录

235　唐传奇的结构分析

　　——以契约为定位的结构主义的应用　　　　　　　　　（台湾）古添洪

260　素女为我师：中国文学中性爱主题的升华形式　　　　　　　　叶舒宪

274　启母石神话的结构分析

　　——兼论神话分析的方法论问题　　　　　　　　　　　　　　陈连山

284　故事的无序生长及其最优策略

　　——以梁祝故事结尾的生长结构为例　　　　　　　　　　　　施爱东

305　从神奇故事到传奇剧：明代梦幻/鬼魂剧《牡丹亭》的形态结构分析

　　　　　　　　　　　　　　　　　　　　　　　　　　［新西兰］赵晓寰

322　就结构主义论民间故事的"成三"现象　　　　　　　　（台湾）陈器文

上 编

《民间故事形态学》的定义与方法

[苏] V. 普洛普

  本文选译自普洛普的《民间故事形态学》(*Morfologiia skazki*, 1928) 英译本 (*The Morphology of the Folktale*, 1958) 的前言和第二章 "方法与材料"。文中概略表明了普洛普的形态学文学研究的目的、性质和方法，是了解结构主义渊源的必读文献。英译者为 Laurence Scott，刊于《美国语言学国际杂志》(*International Journal of American Linguistics*) 第 24 卷第 4 期。作者普洛普 (Vladimir Propp, 1895—1970) 是前苏联文学理论家，以对民间故事的形态学研究而著称于世。主要著作有《民间故事形态学》、《童话的变形》(*Transformatsii volshebnykh skazok*, 1928)、《童话中的历史之根》(*Istoricheskie korni volshebnojskazki*, 1946) 等。其中《民间故事形态学》被认为是 20 世纪文学研究中具有独创性的典范著作、结构主义思想方法的源头之一、结构主义神话学的奠基作。

  "形态学"（morphology）一词意指对形式（forms）的研究。在植物学中，"形态学"这个术语的意义是研究某种植物的构成成分、它们之间的相互关系以及各部分同整体的关系。换句话说，也就是对植物的结构的研究。

  然而，民间故事形态学又是什么意思呢？几乎没有人对这样一个概念的可行性加以思考。

  不过，对民间故事的形式作出某种同有机物构成的形态学一样精确的考察，还是可能的。如果说，这种考察对于民间故事全体而言尚不

想象的形态：红山文化玉雕玦形鸟龙

可能的话，那么可以说，对所谓"童话"（fairy tales）——即最严格意义上的民间故事——进行形态学研究还是可行的。本书便是以这一类民间故事为对象的。

我在本书中展示的是一项异常艰苦的研究工作的结果。这样一种跨学科的尝试要求研究者有相当大的耐心。不过，我在此试图找到一种表达形式，通过尽可能的简化和缩写，使读者不至于感到厌倦。

……

本书遵循着一个相当严格的方法论框架而写成。最初的意图是要展示一项研究的成果，不只是对形态结构的研究，而且是对特别体现在民间故事中的逻辑结构的研究，后者奠定了对作为神话的民间故事的研究的基础。

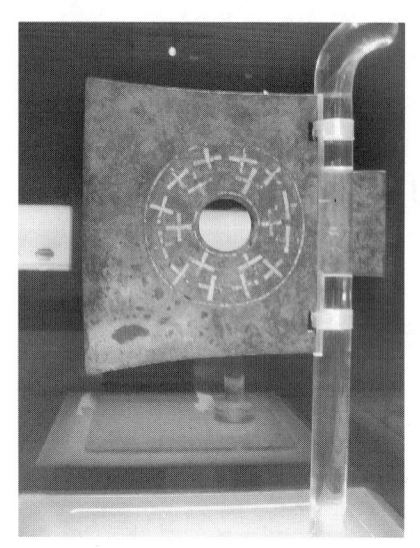

体现神话思维的形态与结构：夏商时期镶嵌绿松石铜钺，上海博物馆

在一开始，让我们首先明确一下我们的任务。如在前言中所说的，本书旨在研究民间故事。作为一种工作假说，民间故事是一个特殊的种类的存在，这一点是至关重要的。"民间故事"（fairy tales）指的是阿尔奈（Aarne）[①]分类为300—749号序数的那些故事。这一划分是人为的，但可以在此基础上作出更为精确的分类。我们将把这些故事的情节加以比较。为了比较起见，我们须以特殊的方法找出童话故事的基本构成部分。与此同时，我们将按照其基本成分来对这些故事作出实际的比较。其结果将会出现一种形态学（比如，按照其基本成分和这些成分彼此间的关系，以及它们同整体的关系，对民间故事作出描述）。

用什么样的方法能够做到对民间故事的准确描述呢？让我们比较一下以下四个事件：

甲：国王给了英雄一只鹰，这只鹰把英雄带到了另一个国度。

乙：老人给了舒申科一匹马，这匹马把舒申科带到了另一个国家。

[①] 阿尔奈是芬兰民间文学研究者，1910年发表《故事类型索引》，为故事类型研究创立了国际通用的统一编码分类法。1928年美国学者斯蒂斯·汤普森对阿尔奈的索引作了补充修订，出版了《民间故事类型索引》。后人把他们二人的索引编排法称为"阿尔奈—汤普森体系"，简称为"AT分类法"。——译注

丙：巫师给了伊凡一只小船，小船载着伊凡到了另一个国度。

丁：公主给了伊凡一个指环，从指环中出现的青年把伊凡带到了另一个国家，等等。①

在以上例子中，不变的成分和可变的成分都已显现出来。变化的是登场人物的名字（以及每个人的特征），但行动和功能却都

神话与童话人物承载着不变的叙事功能：潘神石雕，雅典卫城博物馆

没有变。由此可以得出如下推论：一个民间故事常常把同样的行动分派给不同的人物。这样，按照故事中的人物的功能来研究民间故事就是可行的了。

我们还须确定，这些功能在何种程度上真正是反复发生的，也就是确定这类民间故事的恒定价值。所有其他问题的阐述必然取决于下面这个首要问题的解决：在民间故事中究竟存在多少种功能？

研究表明，功能的反复出现是惊人的。我们看到，巴巴、加卡、莫洛科、熊、林妖和鬼首领考验继女并给她报偿。更进一步，我们可以在一个民间故事的几种不同版本中确认那些总是有同样行动的人物，尽管他们会有很大的差异。功能实现的实际意义是可变的，因此是一种变量。莫洛科的行为便不同于巴巴和加卡。但就他们的功能来说，则是不变的常量。故事中的人物做了什么，对于民间故事的研究来说是一个重要的问题。相比之下，故事中由谁来扮演各种不同的角色，是怎样扮演的，这些问题成了附带研究的问题。人物的功能是民间故事的基本成分，它们可以和维谢洛夫斯基②所说的"母题"（motifs）和贝迪耶③所说的"要素"（elements）相比。我们已经意识到下述事实：宗教史学家和神话学家们早已指出，各种不同类型的人物重复着一些同样的功能，不过研究民间故事的学者却未能指出这一点（参看万特和尼格林的著作④）。正像诸神的特

---

① 参看阿弗纳塞夫（Afanasyev）的故事集，序号104a，79，78，93。——原注
② 维谢洛夫斯基（A. Veselovskij, 1838—1906），俄国文学理论家。——译注
③ 贝迪耶（J. Bedier, 1864—1938），法国文学史家。——译注
④ 万特（W. Wundt）：《神话与宗教》；尼格林（Negelein）：《日耳曼神话学》。——原注

《民间故事形态学》的定义与方法 | 005

征和功能可以彼此转换，而且还可以最终由基督教的圣徒所继承，民间故事人物的功能也几乎按照同样的方式相互转换和吸收。显而易见，与大量的人物相比，功能的数量少得惊人。这一事实说明了民间故事的双重特征：它既是多样态的，丰富多彩的，又是统一样态的，重复发生的。

必须把民间故事人物的功能看做是故事的基本构成成分，因此，我们必须先把它们抽象出来。为了作出这种抽象，我们又必须确定它们。确定工作须从两方面着手。首先，功能的确定决不能出自人物——功能的"负载者"。确定一个功能常常采用这样的形式，选取某个表达一种行动的名词［如禁止、问题（询问）、逃走，等等］。其次，对某一行动的确定不能脱离该行动在叙述过程中的位置，必须考虑到一个特定的功能在行动过程中所具有的意义。例如，伊凡同国王女儿的结婚与一位父亲同有两个女儿的寡妇结婚是全然不同的。再比如，在一种情况下，主人公从父亲那里得到了一百卢布的款项，随后用这笔钱买了一匹有魔力的马；在另一种情况下，主人公由于有了某种英勇行动而受到报偿，得到了一笔钱（故事到此终了）；这里，我们必须承认存在着两种不同形态的要素，尽管在两种情形中显然具有同样的行动（钱的转手）。同样的行动可以含有完全不同的意义，反之亦然。功能必须看成是人物的某种行动，确定这种行动应当考虑它对于作为一个整体的故事的行动过程所具有的意义。

下一步的考察可以概略地陈述如下：

1. 功能是民间故事中恒定不变的要素，不论这些功能由谁来完成和怎样完成。功能构成一个故事的基本成分。

2. 童话中已知的功能的数量是有限的。

确定了功能，我们立刻面临着另一个问题：按照什么样的分类和在什么样的顺序中我们能够有效地处理这些功能？

先谈一下顺序问题。有一种看法认为这种顺序是偶然的。维谢洛夫斯基写道："任务和遭遇（母题的实例）的选择与秩序是以某种已被认可的自由为前提条件的"。什克洛夫斯基①用更为激

理解神话图像的叙事功能：汉代陶塑神话动物，首都博物馆考古与发现展

---

① 什克洛夫斯基（V. Sklovskij，1893—1984），苏联作家，文学批评家。——译注

006 | 结构主义神话学

进的措辞表述了这一思想:"在选择的行为中没有任何理由可以说明为什么要保持偶然的母题序列。然而在目击者的证言中,事件的顺序却是完全被打乱的。"这就暗示出"目击者的证词"是不足以令人确信的。如果目击者弄乱了事件的顺序,他们的讲述便是不连贯的。事件的顺序有其自身的规则。短篇小说也是由类似的规则所统驭的,就像所有的有机构成物一样。在锁被打破之前,小偷不会出现。我们在下面将会看到,民间故事中的要素的顺序在极大程度上是同一的。所谓顺序的自由要大大取决于严格的界限,这种界限是可以得到精确描述的。下面是我们要说明的第三个命题。

神话图像的象征性分类:鸟女神陶罐,摄于雅典历史博物馆

3. 功能的顺序总是同样的。

从种类的方面来说,首先应该明确的是,并不是每一个民间故事都包含着所有的功能。但这丝毫也不会改变顺序的规则,某些功能的缺少不会改变其余功能的秩序。既然我们目前的任务是研讨种类或分类——按照这个词的确切含义——的问题,对于功能的顺序就不拟作更详尽的阐述了。问题的提出本身就导出了下述假说:如果将功能精确地挑选出来,那就可以追索出那些表现了同样功能的民间故事了。具有同样功能的故事可以看做是属于同一类型的。在此基础上,就可以制订出一种故事类型的索引,其分类尺度不再是含混不清的情节特征,而是精确的结构特征。这项工作实际上是可以完成的。如果我们进一步在各种结构类型中对它们加以比较,就会发现未曾预料到的现象:诸功能不能在某种单一的枢纽轴的基础上分派给故事。这一现象在本书以下的和最后的章节中将会变得更为具体、清晰。在这里,我们谨用以下方式对此作出说明:如果我们用字母 A 来代表一种到处可见的功能,用字母 B 代表总是随着 A 而出现的功能,那么,民间故事中出现的所有的功能都将遵循某一单个故事的模式,不会出现超出预料中的秩序的情况,也不

想象的组合与秩序：圆明园铜生肖羊首，北京保利艺术博物馆

会表现出矛盾不合的情况。无疑，这是我们全然未曾预料到的一条推论。自然我们本应想到，哪里有所谓功能 A，哪里就不会有属于其他故事的某些功能。照此来推测的话，我们似可区分出某些关键性的要素。然而我们实际遇到的却是一个构成童话全体运演基础的单一的枢纽。所有的童话都具有同一的类型，而前面所说的组合（the combinations）则是子类型。乍看起来，这一结论似乎是荒谬无理的，然而它却可以得到精确的证明。这种类型单位导出了一个更为复杂的课题，对此必须仔细考虑，根据它所引出的广泛的问题来加以判断。

这样，我们便获得了所要研讨的第四个基本命题。

4. 从结构上看，所有的童话都属于同一种类型。

我们将着手去证实以上四个命题，密切注意它们的展开情况及详细变化。在此，看来有必要指出的是，对童话的研究应该按照严格的演绎的方法来进行（事实上，本书将采用这种方法）。比如说，从手头的材料中得出逻辑顺序。不过研究成果的表达将采用相反的顺序，因为对于初次接触这种研究的一般的读者来说，按照问题的发展去理解是较容易的。

在展开此项研究之前，有必要确定什么样的材料可以作为研究的主要对象。初看起来似乎需要不分种类地搜集全部的童话材料。不过考虑到我们是按照登场人物的功能来研究民间故事的，所以当所要考察的新的故事中不再呈现出新的功能的时候，材料的收集便可以告一段落了。当然，研究者应该通盘占有大量的相关材料，但是在研究过程中却没有必要将全部材料都引括进来。我已发现 100 个故事便可构成足够的材料。既然我们已经看到不会再发现新的功能了，所以在最后的功能项出现之际形态学便可告成了。而进一步的研究则将指向不同的方向（索引的形成、内容的系统化、历史的研究）。只是由于材料在量的方面是有限的，所以不应该导致这样的观念：材料的选择是按照个人主观意愿进行的。与此相反，材料应该是随机抽样的。我们将采用阿弗纳塞夫的选集中第 50 号至第 151 号材料作为研究的开端和终结（按照阿弗纳塞夫的尺度，第 50 号是该选集中第一个童话的序数）。这样有限度的材料无疑会招致异议，但在理论上却是能站得住的。为了进一步确证其合理性，有必要考虑民间故事的重复现象的程度。假如重复是很普遍的，那么有限的、谨慎选择的材料就是可行的。但假如重复只是一个微小的因素，那么同样限度的材料就不够了。我们在后面将会看到，故事基本构成成分的重复是远远超出我们意料的。因而，从理论上讲，我们可以把自己限制在相对有限的少量材料之中。实际上，这一限度的合理性将从下述事实中得到证明：囊括更多数量的材料势必过分地加长我们研究著作的篇幅。我们主要考虑的不是材料的数量，而是对材料所作的分析的质量。本书所利用的材料由 100 个民间故事构成。其他对于研究者有用的材料这里就不涉及了。

叶舒宪　译　王宏印　校

神话的结构研究

[法] 列维-斯特劳斯

　　本文译自列维-斯特劳斯《结构人类学》英文本，美国 Basic Books 出版公司 1963 年版，第十一章（第 206—231 页）。该文最初以英文写作并发表于《美国民俗学杂志》（*Journal of American Folklore*）1955 年第 78 卷，第 270 期，后由作者译为法文并收入《结构人类学》第 1 卷。这篇专论集中体现了结构主义神话学方法及其应用。作者着眼于南、北美洲的印第安人神话，参照欧洲古典神话，推及世界各民族的神话，试图以超越古典人类学家的结构分析方法去探讨潜藏在神话故事背后的人类神话思维的特质，进而概括出以二元对立及中间调解者为核心的神话结构的普遍模式，总结出初步形式化的神话发生及转换规则。文中还提出了神话思维同现代科学思维一样具有精确逻辑性的观点，这一观点在作者后来的著述中得到进一步发挥。本文发表后引起广泛重视，被誉为"独辟蹊径的论文"。尽管作者对具体神话的解释未必完全令人信服，但文中所阐明的理论方法在人类学、神话学、文艺学等多种人文学科中都具有开创性的意义，产生了重要的影响。

　　神话世界被建造起来似乎只是为了再一次被打碎。而且新世界恰恰是从这些残垣断片上建成的。

　　　　　　　　　　　　　　　　　　——弗朗兹·博厄斯[①]

　　尽管最近有人试图恢复旧的局面，但在过去 20 年里，人类学已经日益脱离了宗教研究领域。同时，恰恰由于专业人类学家已经对原始宗教失去了兴趣，各

---

　　① 见博厄斯为詹姆斯·泰特写的导言《英属哥伦比亚的汤普森河流域的印第安人的传统》，见《美国民俗学学会研究报告》第 6 卷（1898），第 18 页。——原注

种自称出自其他学科的业余学者才会趁机而入，因而原先被我们遗弃的荒地一变而成为他们的私人游乐场地。这样，对宗教进行科学研究的希望就从两个方面受到破坏。

在某种程度上说，以下事实可以说明这种情况，即对宗教进行人类学性质的研究始于泰勒、弗雷泽和迪尔凯姆这些人，尽管他们还没有达到紧紧跟随心理学研究和理论发展的程度。因此，他们把这些过时的心理学研究方法作为研究的基础，这就使他们的解释很快失去了说服力。当然，他们把注意力集中于智力过程无疑是正确的，然而他们研究这些过程的方式却如此生硬，以致使这些过程整个令人难以置信。所以，这是非常令人遗憾的事情，正如霍卡特（Hocart）在给最近出版的一本遗著写的导言中充分注意到的那样①，心理学的解释之所以从智力领域抽身而出，只是为了再一次被引入情感领域，这就增加了"心理学派的固有缺陷……这种错误是要从茫然混杂的情感中……提取清晰的观念"。他们不是试图扩大我们的逻辑构架来容纳这些过程，无论这些过程表面上有什么样的差异，它们都属于同一种智力运算，而是试图天真地把它们简化为某些无以名状的情感冲动，这样做的结果只能是妨碍我们的研究进程。

古代近东神话怪兽，巴黎卢浮宫

达利《斯芬克斯》，鹿特丹现代美术馆

在宗教人类学的所有分支里，或许没有哪一个被耽误的程度能够和神话学领域中的研究相比。从理论观点来看，这种局面和50年前并没有两样，即仍然混乱不堪。人们依然普遍地用互相矛盾的方式来解释神话：有的人把神话看做集体的梦幻，有的人把它看做某种审美游戏的萌芽，或者把它看做仪式的基础。神话人物被看做人格化了的抽象思想、神圣化了的英雄，或者堕落了的神。不管是什

---

① A. M. 霍卡特：《社会起源》（伦敦：1954），第7页。——原注

带翼的斯芬克斯石雕，荷兰莱顿国立考古博物馆

么样的假设，这些选择都相当于把神话简化为闲散的游戏，或者是某种不成熟的哲学思辨。

为了理解神话究竟是什么，我们非要在陈词滥调和诡辩论之间作出选择吗？有些人认为，人类社会通过自己的神话仅仅表达了整个人类共同具有的某些基本情感，比如爱、憎或复仇，或者试图通过神话来对他们用别的方法——天文学、气象学等等的方法不能理解的现象作出某些解释。然而，当这些社会的全体成员都熟悉经验性解释时，这些社会为什么还要如此转弯抹角和煞费苦心地这样做呢？另一方面，精神分析学家和许多人类学家已经把这些问题从自然或宇宙论领域转移到社会学与心理学的领域。然而这样一来，问题的解释又变得太容易了：如果某个特定的神话突出某个人物，比如说一位恶毒的祖母，人们会说，在这样一个社会里，祖母本来就是恶毒的，这个神话反映了该社会的结构和关系；然而，如果实际的材料与此矛盾，人们又可以胸有成竹似的声称，神话的意图在于为被压抑的情感提供一个宣泄口。无论实际情况怎样，聪明的雄辩术总要找到一种办法来自称已经发现了某种意义。

神话使研究者面临着这种初看起来似乎矛盾重重的状况。一方面，在神话的进程中，似乎一切都可能发生。它没有逻辑，没有连续性。任何特点可归因于任何原因；每一种能想到的关系都可以找到。对于神话，一切都变得可能了。然而，另一方面，从不同区域里收集来的神话之间存在着惊人的相似，这就显示出：神话表面上的随意性是虚假的。因此，问题在于：如果神话的内容是偶然的，那么我们将怎样解释世界各地的神话如此相似这一事实呢？

正是对这个属于神话特质的基本二律背反的认识，才可能把我们引向问题的答案。因为我们面临的矛盾与曾经困扰关心语言学问题的第一批哲学家们的矛盾极为相似。只有在克服了这一矛盾之后，语言学才成为一门科学。古代哲学家们用我们思考神话的方式来推论语言。一方面，他们的确曾注意到：在某种给定的语言中，特定的音序与确定的意义关联，而且他们也真心希望发现那些声音和那种意义之间发生关联的原因。但是，有一个事实一开始就挫败了他们的努力，即同样的声音同样出现在其他语言里，尽管它们传达的意义完全不同。提供重要资料的是声音的组合而不是声音本身，只有发现了这一点，矛盾才能得以克服。

显而易见，新近一些对神话思维的解释源自早期语言学家也大受其苦的同一种错误观念。例如，让我们看一看荣格关于特定的神话模

罗马街头广场斯芬克斯像

式——所谓的原型——具有确定意义的观点。这同声音与意义具有某种相似性这一长期受到人们支持的谬见可有一比。例如，"流音型"半元音与水的相似，开元音与那些宽厚、庞大、洪亮或沉重的事物的相似等等，这一理论至今仍有它的拥护者[①]。无论最初的表述现在还需要什么样的修正[②]，人人都会同意索绪尔关于语言符号的任意性特点的原理[③]是语言学达到科学水平的一个首要条件。

仅仅激发神话学家把他的危险处境与前科学阶段的语言学家的处境作一番比较是远远不够的。事实上，这样做只能使我们由一个困难步入另一个困难。如果神话的特殊问题得到解决，那么，就有很好的理由来说明不能简单地把神话看做语言的原因了。神话是语言：众所周知，神话必须由人来讲述；它是人类言语的一部分。为了保留它的特性，我们必须能够表明：它既是与语言相同的东西，又是某种与语言不同的东西。在这里，语言学家的老经验可以助我们一臂之力。因为语言本身可以被分解成与它相似、同时又与它不同的东西。这恰恰是索绪尔对语言和言语的区分所要表达的意思，一个是语言的结构方面，另一个则是语言的统计学方面。语言属于可逆的时间，而言语却是不可逆的。如

---

① 例如，可参见佩吉特爵士：《语言的起源》，载《世界史杂志》第1卷，第2期（联合国教科文组织，1953）。——原注

② 参见艾米尔·本维尼斯特：《语言符号的性质》，载《语言学学报》第1卷，第1期（1939）；以及《结构人类学》第五章。——原注

③ "任意性"（不规则性）指一句话所表达的意思与表达这个意思的语音和文字之间的关系的不确定性和不可论证性。不同语言，可以表现在其内容与形式的关系的不同上，也就是表现在语义结构和语音、语法结构的不同上。索绪尔首先指出：任意性是语言符号的基本特征或"第一个原则"，它将支配整个语言学并推广到整个符号学研究中去。可参看他的《普通语言学教程》，中译本，商务印书馆1980年版，第102—105页。——校注

果这两个层面已经存在于语言之中,那么同样可能分化出第三个层面。

我们已经按照它们使用的不同时间参照系区分了语言和言语。记住这一点,我们会注意到,神话使用的是把前两者的属性组合在一起的第三种参照系。一方面,神话总是涉及一些据说很久以前就已经发生的事件。然而,神话所描绘的特殊模式是超时间的,正是这一点赋予了它使用价值;它既解释了现在、过去,也解释了将来。如果我们把神话与现代社会中很大程度上是取代神话而出现的政治作一番比较,这一点就会一目了然。历史学家提起法国大革命,总是指过去事件的后果,这个不可逆转的事件序列的深远影响至今仍然能够被人们感觉到。但对法国政治家及其追随者来说,法国大革命既是属于过去事件的一个后果——正像历史学家看来那样——又是一个能够在当代法国的社会结构中觉察到的超时间性框架,这一框架可以为解释法国的社会结构提供一条线索,并由此引导人们推知未来的发展。例如,米歇莱(Michelet)是一位具有政治倾向的历史学家,他是这样描述法国大革命的:"那一天……一切都有可能。……未来变成现在……也就是说,不再有时间,永恒的瞬间。"①正是这种历史的和非历史的双重结构可以解释:既属于言语的领域,而且需要这种解释,同时也属于它在其中赖以表达的语言领域的神话,如何在第三个层次上也可能是一个绝对的实体,虽然它一经产生即是语言的,然而它仍然不同于另外两者(中译者按:指语言和言语)。

在此引入一段评论将有助于神话不同于其他语言现象的独特性。神话是语言中翻译者都是背叛者②这种说法最不适用的部分。③由此看来,尽管所有已经得出的观点都要证明相反的情况,但在全部语言表现方式中,神话应该被放在与诗歌极端对立的位置。诗歌是一种不能翻译的言语,除非冒各种失真的危险;而神话之作为神话的价值,即使通过最拙劣的翻译也能保存下来。即使我们对产生神话的人们的语言和文化所知无几,一个神话在世界各地的任何一位读者看来仍然是一个神话。神话的实质不在于它的风格,它所独具的音韵效果,或者它的句法,而在于它所讲述的故事。神话是在特别高的层面上运转的语言,

---

① 朱利斯·米歇莱,《法国革命史》IV, I. 引文出自梅罗-庞蒂的《辩证法的探险》(巴黎:1955),第273页。——原注

② 原文为 traduttore, tradittore,是一句著名的意大利谚语。——译注

③ 列维-斯特劳斯在本文中所说的翻译,不仅包括一个神话由本源向外传播的各种形式,而且也指对同一神话的不同记录,详见下文。——译注

在这一层面上，意义实际上从它赖以不停运转的语言背景中成功地"脱离"了出来。

综上所述，我们可以得出如下断言：（1）如果神话中能够发现一种意义，这种意义不可能存在于进入神话构成的独立成分，而只能存在于这些成分的组合方式中；（2）尽管神话与语言属于同一个范畴，事实上神话只是语言的一部分，神话中的语言却表现出独特属性；（3）这些属性只有在普通语言学水平之上才能够发现，也就是说，它们比任何其他种类的语言表达方式中发现的属性更为复杂。

当代艺术中的斯芬克斯

如果以上三点得到人们的认可，至少作为一项行之有效的假设，那么我们将得出以下两个结论：（1）神话，正像语言的其余部分一样，是由一些构成单位组成的；（2）这些构成单位以在其他一些水平上——即音素、词素和义素——来分析语言时出现的构成单位为前提，但它们与后者仍然是不同的，正像后者自身之间有差别一样，这些构成单位属于一个更高也更为复杂的秩序。因此，我们将它们称为大构成单位。

我们应该怎样着手确认并分化出这些大构成单位或神话素呢？我们知道，在音素、词素或义素中是找不到它们的，我们只有在一个更高的层面上去寻找；否则神话将和其他任何种类的言语发生混淆。因此，我们应该在句子的层面上寻找它们。现阶段我们能够设想的唯一办法是通过试误法①，试着把作为任何一种结构分析的基础的如下原理当做核对标准：解释的经济性；解决问题的连贯性；由片断重建整体的能力，以及从早先阶段重建后来阶段的能力。

本文作者迄今运用的技术包括分别分析每个神话，把故事尽可能分解成最短的句子，把每个句子写在一张索引卡片上，并在卡片上标明与故事的展开对应的编号。

实际上，每一张卡片将会显示出：在特定时间里，某种功能与特定的对象发生关联。换言之，每一个大构成单位都将由一种关系构成。

---

① 原文为 trial and error，或译反复尝试法。——译注

神话的结构研究 | 015

但是，由于两种不同的原因，上述界定还非常不能令人满意。首先，结构语言学家们都知道，所有层面上的构成单位都是由许多关系组成的，我们的大单位与其他单位之间的真正差别还没有得到解释；其次，我们发现自己仍然处在不可逆的时间领域里，因为卡片的编号对应于叙述的展开。如我们所见，神话时间的这种特殊性质既是可逆的，又是不可逆的，既是共时性的又是历时性的，这种情况仍然无从加以说明。由此产生了一个构成我们的论证核心的新假设：一个神话的真正构成单位不是那些孤立的联系，而是一种关系群，这些关系只有作为关系群才能付诸应用并加以组合，以便产生意义。属于同一群的关系每隔很长时间便会历时性地出现。但是，一旦我们成功地把它们集中在一起，我们便已经按照新型的时间参照系重新组织了我们的神话，这种参照系符合最初假设的先决条件。即二维时间参照系是历时的，同时又是共时的，因此，它一方面整合了语言的特点，另一方面又整合了言语的特点。用更加专业化的语言学术语来说，好像一个音素总是由它的所有变体构成的。

作两个比较也许会有助于说明我们应该牢记些什么。

首先，让我们假定，未来的考古学家某一天从另一个星球来到地球上，这时所有的人类生活都已经从地球上消失了，他们挖出我们的某个图书馆。即使他们起初对我们的文字茫然无知，他们也可能成功地译解它——最初的工作是找到字母，像我们的印刷习惯一样，应该从左到右，从上到下读解它。但他们很快就会发现，这些书的整个范畴并不适合于一般模式——这些也许是管弦乐队的乐谱架上的总谱。然而，通过尝试以后，从上到下逐个对五线谱进行译解并没有成功，他们或许会注意到，同样的音符模式不时地再现，或整体或部分，或者某些模式唤起人们对早先那些音符的强烈回忆。因此假设：如果几个模式表现出相似性，即使没有被看做连续的，那么它们会不会被当做一个复杂的模式甚至当做一个整体来读解呢？通过得到我们所说的和声，他们大概会看到一幅管弦乐队的总谱，这是有意义的，他们必须沿着一条轴历时地读解——即逐页地，从左到右——并且沿着另一些轴进行共时的读解，所有在垂直方向写出的音符组成了一个大构成单位，也就是一个关系群。

另一个比较稍有不同。我们让一位对我们的扑克牌一无所知的观察者长时间与一位算命先生坐在一起。这位观察者就会对来算命的人的性别、年龄、外貌、社会地位等等有所了解，我们也可以像他那样对将要研究的神话所属的不同文化进行了解。他可以聆听降神会并把它记录下来，以便事后研习和比较——正如我们听别人讲述神话并把它记录下来时所做的一样。我问过的数学家们都承认，如果这个人很聪明，而且他能用的材料又很充足，那么他也许能够重构算命先生手中的一副扑克牌的性质。这就是说，无论按照实际需要使用 52 张或 32 张扑克牌，这些扑克牌均由包含同一个单位（单张扑克牌）的四个同构组构成，它们唯一不同的特点是花色不同。

现在，要为我们设想的方法举一个具体的实例。我们打算使用熟为人知的俄狄浦斯神话。我很清楚，俄狄浦斯神话只是以后来的形式打动着我们，通过文学上的变形，它更多地与美学和道德的而不是与任何宗教或仪式的成见相联系。但我们不是要按字面意思来解释俄狄浦斯神话，更不是要为专家提供一种能够接受的解释。我们仅仅希望说明——而且并不得出关于它的任何结论——一种技术，由于上面已经指出的未定因素，也许把这种技术用在这个特殊的实例中并不合法。因此，这里的"证明"不能理解为科学家给这一术语赋予的意思，而最好是按街头小贩的意思来理解，他的目的不在于得出一个具体的结论，而是要尽可能简洁地向旁观者解释他想兜售的机械玩具的功用。

如果这个神话在无意之中被看成一个直线系列，那么我们将把它当做管弦乐队的总谱来对待。我们的任务是确立正确的排列方式。比如说，我们面前有某一类型的序列：1，2，4，7，8，2，3，4，6，8，1，4，5，7，8，1，2，5，7，3，4，5，6，8……对它们的编排就是把所有 1 的序列，所有 2 的序列，所有 3 的序列等等放在一起，结果如下图：

```
1  2  4     7  8
   2  3  4     6  8
1        4  5  7  8
1  2        5  7
      3  4  5  6  8
```

我们试图对俄狄浦斯神话进行同类运算，试着对神话素作出几种排列方式，直到我们发现与以上列举的原则相协调的排列方式为止。为了便于论证，我们假定最佳排列方式如下（尽管它肯定要在希腊神话专家的帮助下得到改进）：

卡德摩斯寻找被宙斯劫去的妹妹欧罗巴			
		卡德摩斯杀死毒龙	
	地生人互相残杀		
			拉布达科斯（拉伊俄斯之父）＝跛脚（？）
	俄狄浦斯杀死他的父亲拉伊俄斯		拉伊俄斯（俄狄浦斯之父）＝左拐子（？）
		俄狄浦斯杀死斯芬克斯	
			俄狄浦斯＝肿脚（？）
俄狄浦斯娶他的母亲伊俄卡斯忒			
	厄忒俄克勒杀死他的兄弟波吕尼刻斯		
安提戈涅不顾禁令安葬她的哥哥波吕尼刻斯			

这样，我们发现自己面前有四个纵行，每个纵行都包含属于同一群的几个关系。假如让我们来讲述这个神话，我们就会不顾这些纵行而从左到右，然后从上到下地阅读那些横行。但是，如果我们要理解这个神话，我们将不得不放弃历时维（从上到下）的那一半，从左到右逐个纵行进行读解，每个纵行都应该看成一个单位。

古希腊瓶画上的斯芬克斯像，阿姆斯特丹大学博物馆

属于同一纵行的所有关系都表现出一个共同的特点，寻找这一特点正是我们的任务。例如，左边第一纵行集中的所有事件都与高估血缘关系（即比应有的关系更亲近）有关，姑且说，第一纵行的共同特点是高估血缘关系。显然，第二纵行表现的是同一类事情，只是相反：低估血缘关系。第三纵行涉及被杀的怪物。至于第四纵行，需要略加说明。俄狄浦斯父系中姓氏的异常内涵经常受人关注。但语言学家常常忽视这一点，因为对他们来说，确定一个称谓的含义的唯一方式，就是考察它出现在其中的所有语境。恰恰由于人名本身即可单独使用，所以它们不与任何语境相伴随。我们所采用的方法根本没有这种缺陷，因为神话本身为自己提供了语境。我们不是在每一个名字的终极意义中，而是在所有名字都有一个共同特点这一事实中寻找词义：所有假定的意义（最好一直是假定的）都涉及直行和直立的困难。

那么，右边的两列纵行之间的关系怎样呢？第三纵行涉及怪物。毒龙是冥神，它一定得被人杀死，以便使人类从大地上孳生出来；斯芬克斯是一个不愿让人存活的怪物。最后一个单元复制了和人类的土地起源有关的第一个单元。由于怪物被人战胜了，因此我们可以说，第三纵行的共同特点是对人的土地起源的否定。①

这直接有助于我们理解第四纵行的意义。在神话中，人类孳生于大地的普遍

---

① 我们不打算和专家们展开争辩，这样做将会过于冒昧，而且在我们这一方看来也没有任何意义。因为俄狄浦斯神话在这里仅仅是随意当做一个实例来使用，把地生属性归因于斯芬克斯似乎很出人意料；我们应该提到玛丽·笛尔科特的证词："在古代传说中，[她]肯定是由大地本身诞生的。"（《俄狄浦斯还是征服者的传说》[列日：1944]，第108页）无论我们的方法与笛尔科特的方法相距多么远（一旦我们有能力对这个问题作深入解释，我们的（下转第20页）

神话的结构研究 | 019

特征正是，当人类从大地深处出现时，他们不会走路或者只能笨拙地行走。普埃布洛人（The Pueblo）的神话中的冥神正是这种情况：引导人类出现的暮鹦鹉（Muyingwu）的苏美克里（Shumaikoli）都是跛子（"脚出血"，"脚疼痛"）。当夸扣特尔人（The Kwakiutl）中的科斯基摩人（The Koskimo）被阴间怪物特斯亚基希（Tsiakish）吞食以后也发生了同样的情况：当他们返回地面时，"他们跛足前行或踉踉跄跄地前行"。因而第四纵行的共同特点是对人的土地起源的坚持。紧接着，纵行 4 比纵行 3 等于纵行 1 比纵行 2。可以断言，二者具有同样的矛盾关系，因为它们二者是以相似的方式自相矛盾的，这样，把这两种关系联结起来的难题就被克服了。虽然这还只是对神话思维结构的临时概括，但在现阶段已经足矣。

　　现在回到俄狄浦斯神话，我们就可以明白它的含义了。对于一种信仰人类是由泥土中生长出来［比如说，参看波塞尼阿斯①的著作第 8 卷，第 29 章，第 4 节：植物为人类提供了一种模式］的文化来说，无法在这种信仰和人类实际上是由男女结合而生的知识之间找到一个令人满意的转换，神话与这种无能为力有关。尽管俄狄浦斯神话不能明确解答这个问题，却为解答它提供了一种逻辑工具。它把元生问题（一元生还是二元生？）与派生问题（异类生还是同类生？）联系了起来。通过这种类型的联系，高估血缘关系比低估血缘关系就等于回避土地生长的企图比这种企图的不可能成功。尽管经验与理论相矛盾，但社会生活以其结构的相似性确认了这种宇宙论。因此这种宇宙论是真实的。

---

① 波塞尼阿斯（Pausanias），公元前 2 世纪希腊地理学家与史学家，著有《希腊游记》。——译注
（上接第 19 页）结论无疑会和笛尔科特不同），我们认为，她已经非常自信地证实了斯芬克斯在古代传统中的属性，也就是一个吸引并占有青年男子的女妖的属性；换言之，是一个具有颠倒符号意义的女性人物的化身。在笛尔科特的著作末尾所辑录的漂亮插图里，男人与女人总是处在颠倒的"天／地"关系中，其原因可以从这里得到解释。
　　如我们在下文中将指出的那样，我们之所以选择俄狄浦斯神话作为第一个实例，是因为古希腊人的思维与普埃布洛印第安人的思维在某些方面有着明显的相似之处。从普埃布洛印第安人那里，我们借用了下面的例子。这里，应该注意：笛尔科特重构的斯芬克斯形象与北美洲人的神话中的两个人物（他们两人也可能合二为一）是一致的。一方面，我们指的是那位"老巫婆"，也就是外表向年轻的主人公呈现出一个"问题"的可憎的巫婆。如果他"解答"了这个问题——也就是说，如果他跟得上这位卑劣生灵的进度——他醒来时，就会发现床上有一位年轻貌美的女子，这位女子会赋予他威力（这也是凯尔特人［Celtic］的一个主题）。另一方面，斯芬克斯更使我们想起霍皮印第安人的"孕妇"，也就是一个出类拔萃的阳具式的母亲。这位年轻女子的部落在一次艰难的迁徙过程中把她遗弃了，当时她临近分娩。从此以后，她作为"动物之母"在荒野里游荡，她克制着自己对狩猎者的情欲。当狩猎者接触到她身上的血衣时，他"吓得一时勃起"，她趁此机会与狩猎者成奸。然后，她又用狩猎的永远成功作为对他的报答。参见 H. R. 沃斯：《奥莱比人夏季祭蛇仪式》，哥伦比亚野外博物馆出版物，第 83 期，人类学系列，第 3 卷，第 4 期（芝加哥：1903），第 352—355 页之第 353 页，nl. ——原注

这里应该作两点说明。

为了解释这个神话，我们丢开了至今仍使专家们感到困惑的一点，即在俄狄浦斯神话的早期异文（荷马的异文）中，某些基本要素是付诸阙如的，例如伊俄卡斯忒的自杀及俄狄浦斯刺瞎自己的眼睛。这些事件并没有改变这一神话的本质，尽管如此，它们还是很容易被整合到神话结构中去。前者是自我毁灭（纵行3）的一种新情况，后者是跛足状态（纵行4）的另一种情况。同时，把这些附加进神话之中又有某种意义，因为从脚到头的转移和从土地起源到自我毁灭的转移是有关联的。

这样，我们的方法又忽视了另一个至今依然是神话研究进展中的一个主要障碍的问题，即对真实异文或较早异文的寻求。反之，我们把这个神话界定为由它的所有异文构成；换言之，一个神话只要被人们感觉为同一个神话，它就一直是这个神话。以下事实提供了一个明显的例证：我们的解释也顾及了弗洛伊德对俄狄浦斯神话的利用，当然对它也是适合的。尽管弗洛伊德的问题不再是土地起源对两性繁殖的问题，但它仍然是理解两个如何生出一个的问题：为什么我们不是仅仅有一个生育者，而是一个母亲外加一个父亲呢？因此，不仅索福克勒斯①而且弗洛伊德本人，都应该纳入俄狄浦斯神话的记录异文之中，而这些异文与俄狄浦斯神话的较早的或似乎更"可信的"异文具有同等价值。

这就产生了一个重要的后果。如果一个神话由它的所有变体组成，那么结构分析就应该把它们全部考虑进去。在分析了所有已知的忒拜异文以后，我们应该以同样的方式对待其他异文：首先，关于拉布达科斯旁系家族的故事包括阿高厄、彭透斯和伊俄卡斯忒本人；关于吕科斯的忒拜变体把安菲翁和仄忒斯作为城邦的缔造者；更远一些的变体涉及狄奥尼索斯（俄狄浦斯的表兄）；在雅典传说中，刻克洛普斯取代了卡德摩斯等等。可以为每一种异文勾勒出相似的图景，然后根据发现进行比较和重组：刻克洛普斯杀死了毒蛇，与卡德摩斯的情节类似；

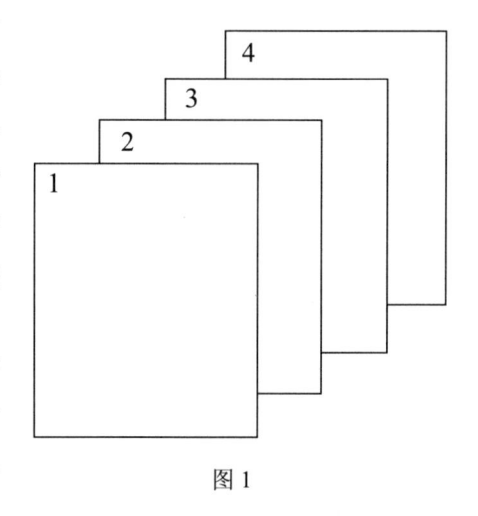

图1

---

① 索福克勒斯（Sophokles，约前496—前406），古希腊三大悲剧作家之一。其代表作《俄狄浦斯王》即根据忒拜神话体系中的传说写成。——译注

狄奥尼索斯的被遗弃[①]与俄狄浦斯的被遗弃[②]类似；"肿脚"与狄奥尼索斯的 loxias 即歪斜地行走类似；寻求欧罗巴[③]与寻求安提俄珀[④]类似；由地生人（The Spartoi）建立的忒拜城[⑤]或由安菲翁和仄特斯两兄弟建立的忒拜城[⑥]；宙斯拐走了欧罗巴和安提俄珀，同样也拐走了塞墨勒；忒拜人的俄狄浦斯和阿耳戈人（The Argian）的珀耳修斯[⑦]等等。这样，我们将有几张二维图表，每一张都与一个神话变体相联系，而且被组织在一个三维序列之中，如图1所示，有三种不同的读解方法都是可能的：从左到右，从上到下，从前到后（或反过来也是一样）。人们不能指望所有这些图表都是同一的，然而经验表明：任何观察到的差别都可以与另一些差别相关联，所以对整体的逻辑处理将允许简化，最终得出的结果就是神话的结构规律。

在这一点上，或许有人反对说，这项任务是不可能完成的，因为我们只能对已知异文进行研究。难道一种新异文不可能改变这幅图景吗？如果只能找到一两种异文可用，情况确实会如此。然而一旦相当多的异文记录在案时，这种反对意见就变成了理论上的。打一个比方，我们会更明白这一点。如果仅仅通过安置在相对的墙上的两面镜子的反射，才使我们看到一个房间里的家具及其布局，那么从理论上说，我们就要对付几乎是无限多的镜像，这些镜像为我们提供了完整的知识。但是，如果这两面镜子是斜角安置的，那么镜像的数目将变

[①] 据希腊神话，在狄奥尼索斯临出世前，赫拉怂恿宙斯的情人塞墨勒要求这位众神之王对她显现真相。宙斯便以闪电出现，把塞墨勒烧死。宙斯将胎儿从母腹中取出，缝进自己的髀肉。胎儿在髀肉里成长起来，不久便第二次出生。赫耳墨斯奉宙斯之命将狄奥尼索斯交给倪萨山神女们抚养，后又托付西勒诺斯教养。——译注

[②] 俄狄浦斯的父亲拉伊俄斯听到神的预言说，自己将死于亲生子之手。所以在俄狄浦斯出生后，他刺穿了儿子的双脚（俄狄浦斯这个名字在希腊文中意即"肿脚"）并命一奴隶将孩子抛弃。——译注

[③] 欧罗巴是腓尼基国王阿革诺耳的女儿，卡德摩斯的妹妹。她同女友们在河滨玩耍时，宙斯变成一匹牡牛来到海滨，把她拐到克里特岛。在那里，她给宙斯生下弥诺斯和剌达曼提斯。——译注

[④] 安提俄珀是忒拜国王倪克透斯（一说是河神阿索波斯）的女儿，她被宙斯拐走后，生下了孪生子仄特斯和安菲翁。——译注

[⑤] 卡德摩斯在玻俄提亚战胜巨龙以后，把龙牙拔下来播种在地里，于是从种下龙齿的地方长出许多武士——地生人。武士们互相厮杀，除五人外，全部战死。他们帮助卡德摩斯修建卡德摩亚城堡，并成为忒拜五家名门望族的始祖。——译注

[⑥] 孪生兄弟安菲翁和仄特斯幼时被抛弃，由牧人抚养成人。后来，兄弟俩攻下忒拜，杀死暴君吕科斯和王后狄耳刻，为受尽他们虐待的母亲报了仇，而后又修筑了忒拜城墙。——译注

[⑦] 珀耳修斯是阿耳戈斯传说中的英雄。阿耳戈斯国王阿克里西俄斯从神示中得知，女儿达那厄日后所生一男孩会推翻外祖父的统治并把他杀死。在珀耳修斯出生后，国王下令把女儿和外孙装进一只箱子扔进海里。后被一渔夫搭救。——译注

得很小；尽管如此，可能仍然有四种或五种这样的镜像呈现给我们，即使这还不是完整的信息，至少也是一个比较充分的覆盖面，它使我们坚信，在我们的描述中，不会有大件的家具被漏掉。

另一方面，不能过分强调所有可用的变体都应该考虑在内。如果弗洛伊德所谈论的俄狄浦斯情结是俄狄浦斯神话的一部分，那么诸如库欣[①]关于祖尼人（The Zuni）起源神话的异文应该保留还是舍弃的问题，就变得无关宏旨了。并不存在只有它才"真实"的译本而其他所有异文只是它的副本或变形的异文。每一种异文都属于这个神话。

最后，论述普通神话学的著作中出现令人沮丧的结果的原因，也就可以理解了。它们主要出于两个原因。首先，比较神话学家往往选择的是他们喜欢的异文，而没有把所有的异文都用上。其次，如我们所见，对属于<u>一个</u>部落（在某些情况下，甚至是<u>一个</u>村落）的<u>一个</u>神话的<u>一个</u>变体进行结构分析，就已经需要两个维度了。当我们运用同一部落或村落的同一个神话的几个变体时，参照构架就变成三维的了，而且一旦我们试图扩大比较范围，维度的数目就需要递增，直至从直观上对它们无从把握为止。比较神话学造成混乱和观点陈旧的结果的原因，可以由如下事实得到解释，即多元参照构架常常被忽视，或者天真地被二维或三维参照构架取代。事实上，比较神话学的进步在很大程度上要依赖于与数学家的协作，这些数学家试图用符号表示那些不能以其他方式把握的多维关系。

为了检验这一理论[②]，自1952年至1954年，人们就试图对祖尼人的起源神话和创生神话的所有已知异文进行广泛而彻底的分析：库欣，1883年和1896年；史蒂文森[③]，1904年；帕森斯[④]，1923年；布泽

伏羲女娲，萧县汉画像石

[①] 库欣（Frank Hamilton Cushing，1857—1900），美国人类学家，他对祖尼—印第安人有专门研究。著有《祖尼族志异》（1883）、《祖尼人民间故事》（1901）。——译注

[②] 参见《高等研究实践学校年鉴》，宗教科学部分，1952—1953年，第19—21页；1953—1954年，第27—29页。未经我们申请，承蒙福特基金会资助，在此深表谢意。——原注

[③] 史蒂文森（Matilda Coxe Stevenson，1855—1915），美国人种学家。著有《祖尼与祖尼人》（1881）、《祖尼人祖先的神祇和假面具》（1898）等。——译注

[④] 帕森斯（Elsie Worthington Clews Parsons，1875—1941），美国人类学家，1940年任美国人类学协会主席。她最重要的著作是《普埃布洛印第安人的宗教》（1939）。——译注

尔[①]，1932 年；本尼迪克[②]，1934 年。而且，人们事先就准备把分析的结果和出现在普埃布洛人的其他部落，包括西部和东部的部落中的类似神话进行比较。最后，是用大平原印第安人的神话进行检验。在所有这些情况下，我们发现这一理论是可靠的；它阐明的不仅有北美洲神话，而且有原先没有被人注意的逻辑运算，或者迄今只是在全然不同的语境里才为人知晓的逻辑运算。实际上，自工作的开始就需要处理的大量材料使我们不可能深入细节，这里，我们不得不把自己限制在少数几个图例上。

祖尼人创生神话的一张略图可以读解如下：

变迁			死亡
植物的机械价值（用作从下层世界出现的梯子）	由一对相爱的双胞胎领导的创生	同胞兄弟姐妹的乱伦（水的起源）	众神杀死人之子（用水溺死）
野生植物的食用价值	由两个涅瓦克瓦（Newekwe）领导的迁居（仪式上的丑角）		与露人（The Dew）的巫术竞争（野生采集对农耕）
		献祭兄妹（为了取胜）	

耕种食物

[①] 布泽尔（Ruth Leah Bunzel, 1898—1990），美国女人类学家。著有《祖尼人文本》和《祖尼人》等。——译注

[②] 本尼迪克（Ruth Fulton Benedict, 1887—1948），美国女人类学家。著有《文化模式》（1934）、《菊与剑》（1946）等。——译注

的食用价值		
		收养兄妹（换取谷物）
农业劳作的周期性特点		
		与基亚纳瓦人作战（园丁对狩猎者）
猎物（狩猎）的食用价值		
	两位战神引起战争	
战争的不可避免		
		部落的拯救（发现世界的中心）

	献祭兄妹	
	（为了躲避洪水）	
死亡		永久

如图所示，问题在于发现生与死的调解方式。对普埃布洛人来说，这是异常困难的，他们以植物生长（由大地创生）的模式来理解人类生命的起源。他们与古希腊人拥有共同的信仰，因此我们选择俄狄浦斯神话作为我们的第一个实例，并不是毫无缘由的。然而，在美洲印第安人那里，植物生命的最高级形式是在农业中发现的，农业一经产生即是周期性的，也就是说，它由生与死的交替构成。如果这一点被忽视了，那么矛盾也会在其他地方显现出来：农业提供了食物，因而也提供了生命；狩猎也提供了食物，但它又类似于战争，而战争就意味着死亡。因此，这个问题有三种不同的处理方式。在库欣的异文中，难点是围绕产生一项直接的后果（采集野生植物）的活动和产生一项延迟的后果的活动之间的对立而展开的——死亡必须被纳入生命，农业才能存在。帕森斯的异文从狩猎转移到农业，而史蒂文森的异文则是按照另一种方式叙述的。显而易见，所有这些异文之间的差别都与这些基本的结构发生了确切关联。

这三种异文通过在叙述上引入重要的变化，描述了祖尼人的祖先与神话中的居民基亚纳瓦人（The Kyanakwe）之间进行的伟大战争。这些变化包括：（1）对诸神的友好或敌意；（2）承认最终的胜利属于一个阵营或另一个阵营；（3）为基亚纳瓦人赋予象征功能，有时把他们称为狩猎者（他们的弓用动物的肌腱做弦），有时把他们称为园丁（他们的弓用植物的根须做弦）。

库欣	帕森斯	史蒂文森
诸神，基亚纳瓦 } 联盟，用植物的根须做弦（园丁）	基亚纳瓦人单独使用植物根须做弦	诸神，人 } 联盟，用植物根须做弦
取胜	取胜	取胜

| 人，独处，用动物肌腱做弦（直到他们转到用植物根须做弦为止） | 诸神，人 | 联盟，用动物肌腱做弦 | 基亚纳瓦人，独处，用动物肌腱做弦 |

既然植物根须做的弦（农业）总是优于动物肌腱做的弦（狩猎），既然与（在较小的程度上）神联盟比与神敌对更可取一些，所以在库欣的异文中，人显出双重的无权（与神结怨，用动物肌腱做弦）；在史蒂文森的异文中，人又显出双倍的特权（与神友好，用植物根须做弦）；而在帕森斯的异文中，我们面临的是一种中间状况（与神友好，却以动物肌腱做弦，因为人自一开始即是狩猎者）。因此：

对立	库欣	帕森斯	史蒂文森
诸神/人	−	＋	＋
植物根须/动物肌腱	−	−	＋

从结构的观点来看，布泽尔的异文与库欣的异文属于同一类型。但是，它与库欣和史蒂文森的异文又有不同，因为后两者把创生解释成人必须逃避他可怜的现状的结果，而布泽尔的异文却把它作为更高的神威召唤的结果——因此，创生所凭借的手段的顺序是相反的：在库欣和史蒂文森的异文中，人由植物到动物；在布泽尔的异文中，人由哺乳动物到昆虫，再由昆虫到植物。

在西部普埃布洛人中，这种逻辑推演常常是相同的，出发点与归结点最为简单，而中间阶段却以含混为特征：

生（＝递增）	
植物王国的（机械学）价值，仅仅考虑到植物的生长	起源
植物王国的食用价值，限于野生植物	食物采集
植物王国的食用价值，	农业

神话的结构研究

```
┃  包括野生植物和耕种植物
┃
┃  动物王国的食用价值，        （但这里出现
┃  仅限于动物                  了矛盾，承认
┃                              生的反面＝毁
┃                              灭，因而：）
┃
┃  动物王国的毁灭，                              狩猎
┃  延及人类
↓
  死（＝递减）                                  战争
```

在这个辩证过程中出现了矛盾，这一事实恰恰导致了一系列对偶①组合，其目的在于对这些冲突关系加以调解：

1. 神的两个   两个仪式   两个战神
   使者   丑角

2. 同类组合   胞兄妹   配偶（丈夫   异类组合
   孪生子（两   （兄和妹） 和妻子）   （祖母和
   兄弟）   孙子）

这里，我们在不同的语境里得到了同一功能的几个组合变体（因此，把战争归咎于丑角，他引起了许多争端）。

当丑角——可以尽情挥霍农产品而不受惩罚的贪食者——在食物生产关系中与战神起着相同的作用时，人们通常认为不能解决的问题便不复存在了。（在这一辩证过程中，这种作用似乎就是对狩猎局限的超越，也就是说，狩猎为了消费，这只是对人来说而不是对动物而言的。）

有些中部和东部的普埃布洛人却是按照另一种方式来思考的。他们开始即说狩猎与耕种是同一的〔最初的谷物是通过猎物之父播种鹿的假蹄而获得的〕，他们试图从这个核心观念中推导出生与死。因此，他们没有像西部群体那样，用单一的关系和中介关系复制那些极端关系；在这里，这些极端关系变成加倍（例如，东部普埃布洛人的两姊妹），而那种单一的中介关系得到

---

① 原文为 the dioscuri，这个词出典于希腊神话，意思是像孪生兄弟波吕丢刻斯（罗马神话中称波鲁克斯）和卡斯托耳两人那样情同手足，难舍难分。此处按意译。——译注

了强调［例如，兹亚人（The Zia）中的波塞延尼人］只是被赋予了模棱两可的特点。因而，这种"救世主"的属性可以根据它在时间序列中所占据的位置推断出来：开始时的善（祖尼人，库欣），中间时的模棱两可（中部普埃布洛人），结尾时的恶（兹亚人）。如上所述，在布泽尔的异文中情况例外，在那里序列是颠倒的。

通过系统地运用这种结构分析，就有可能把一个神话的所有已知变体组合成一种替换群的系列，置于两端的两个变体相互构成对称关系，虽然这种关系是颠倒的。

我们的方法不仅具有给先前的混乱带来某种秩序的好处，它也使我们能够理解某些作为神话思维基础的基本逻辑过程。[①]这里应该区分三个主要的过程。

美洲神话中的骗子迄今仍是一个令人迷惑不解的人物。为什么整个北美洲几乎各地都把他的角色指定给土狼或乌鸦呢？如果我们牢记一点，即神话思维总是要从意识到对立进展到解决这些对立，那么美洲人作出这些选择的缘由就会更清楚了。我们只需假定：两个没有中介的对立关系总是容易被两个承认第三者为中介的同等关系取代；那么，这种对立关系中的一个和中介就会逐渐被一个新的三元关系取代，如此等等。这样，我们就得出下列类型的中介结构：

最初的配对	第一个三元关系	第二个三元关系
生		
	农业	
		草食动物
		食腐肉的动物（乌鸦；土狼）
	狩猎	
	战争	食肉猛兽
死		

不用公式表达的论证如下：食腐肉的动物与食肉猛兽相似（它们以动物为

[①] 关于这种方法的其他用法，参见我们的研究《温内巴戈人的四个神话：结构概要》，收入斯坦利·戴蒙德编的《历史中的文化：保罗·雷丁纪念文集》（纽约：1960），第351—362页。——原注

食），但它们又类似于食用植物的生产者（它们并不杀死被吃者）。换言之，按普埃布洛人的思维习惯（对普埃布洛人来说，农业比狩猎更"有意义"）：乌鸦比花园等于食肉猛兽比草食动物。显然，在假定草食动物很像收集者和采集者（以植物为食）时，它们可能最先用来充当中介，虽然草食动物本身并非狩猎者，它们却可以用作动物的食物。这样，我们就可以发现一级中介、二级中介，等等。每一种关系都通过对立和关联的双重过程生成了下一组关系。

这种过程可以追踪到大平原印第安人的神话中，在那里我们可以按照下列系列来编排材料：

天地之间不成功的中介
 （星辰丈夫的妻子）
一对异类中介
 （祖母和孙子）
一对半同类中介
 （寄宿男孩和弃儿）

在普埃布洛人（祖尼人①）中我们得到了相对应的系列：

天地之间成功的中介
 ［波塞延基（Poshaiyanki）］
一对半同类中介
 ［乌玉耶维（Uyuyewi）和玛特塞勒玛（Matsailema）］
一对同类中介
 ［两个阿海玉塔（Ahaiyuta）］

另一方面，这种关联也可能出现在一个水平轴上。（即使在语言学的水平上，这也是真实的；据帕森斯记载，特瓦语的词根 pose 有多种含义：土狼、雾、头皮等等。）土狼（食腐动物）是草食动物与肉食动物之间的中介，正像雾是天地之间的中介一样。头皮在战争与农业（头皮是战争的收获）之间，谷物的黑穗病在野生植物与耕种植物之间，衣服在"自然"与"文化"之间，垃圾在村庄和村外之间，灰烬（或煤烟）在屋顶（天穹）和炉床（在地下）之间，都起着中介的作用。这条中介链条（如果可以这样称呼的话）不仅阐明了全部北美洲神话——为什么露神（the Dew-God）可以同时又是猎物之主和衣物的提供者，并被人格化为一个"灰小子"（Ash-Boy）；或者为什么头皮能够产生雾；以及为什

---

① 祖尼人属普埃布洛人的一支。——译注

么猎物之母要与谷物的黑穗病发生关联；等等——而且也可能符合组织日常经验的一种普遍方式。例如：法语表示植物黑穗病的词［nielle,[①]从拉丁语 nebula（星云）而来］；在欧洲，常把佳运亨通的力量归因于垃圾（旧鞋子）和灰烬（亲吻烟囱清扫工）；比较一下美洲的灰小子与印—欧人的灰姑娘：二者都是阳具的形象（男性与女性之间的中介）；霜露和猎物的主人；上等衣物的占有者；社会的中介（下层阶级婚配到上层阶级）；然而，如上所述，要通过新近的传播对它们作出解释是不可能的，因为灰小子和灰姑娘在每一个细节方面都是对称的和颠倒的［美洲借用灰姑娘的故事——祖尼人的火鸡姑娘与这一典型是类似的］。因而可图示如下：

	欧洲	美洲
性别	女性	男性
家庭状况	双重家庭（父亲再婚）	没有家庭（孤儿）
外貌	美貌的女孩	丑陋的小子
情绪状态	无人爱她	对女孩的单相思
变化	在超自然力量的帮助下衣着华丽	在超自然力量的帮助下脱去丑陋外表

那么，像灰小子和灰姑娘一样，这个骗子也是一个中介。由于他的中介功能在两极关系之间占居一个中间位置，所以他必须多少保留一些二元特点——即一种含混和模棱两可的特点。然而，骗子的形象并非唯一可想象的中介形式，有些神话似乎完全致力于想尽一切可能来解决二元和一元之间的间隙沟通问题。例如，对祖尼人创生神话的所有变体进行比较，就为我们提供了一系列中介手段，每一种手段都通过一个对立和关联的过程生成下一种手段：

救世主＞孪生子＞骗子＞两性人＞一对胞兄妹＞已婚夫妇＞祖母—孙子＞四项关系组＞三元关系

在库欣的异文中，这种辩证法同一个由空间维（天地之间的中介）向时间

[①] 法语，意即小麦线虫病、稻瘟病。——译注

维（冬夏之间的中介，亦即生死之间的中介）的转换相联系。然而，当由空间到时间发生变换时，最后的结局（三元关系）又重新把空间带了进来，因为三元关系包括一个对偶组合外加一个同时出现的救世主；从表面上看，分离点被表述成一个空间参照系（天和地），但它仍然被暗自想象成一个时间参照系（首先是救世主的召唤，然后是孪生子的降临）。因而神话的逻辑使我们面临着一个双重的、互相交换的功能，我们马上就要回到这个问题上来。

我们不仅能够说明骗子的含混特点，也理解了世界各地的神话人物的其他属性，也就是同一个神被赋予互相矛盾的特性——比如说他可以善恶兼具。如果我们把霍皮人（The Hopi）关于沙拉克（Shalako）起源神话的各种变体作一番比较，我们就可以按照下列结构来编制它们：

（玛少武：x）≃（暮鹦鹉：玛少武）≃（沙拉克：暮鹦鹉）≃（y：玛少武）

这里，x 和 y 代表的不定值（arbitrary values）与下列事实对应，即在两个"极端"的变体中，神玛少武一方面在变体 2 中单独出现，而没有与其他神一起出场，另一方面在变体 3 中他又没有出场，所以仍然保留了内在的相对值。在变体 1 中，玛少武（单独）被叙述成是有助于人类的（虽然他没有尽力帮助），而在异文 4 中，他又是危害人类的（虽然他没有极力危害）。他的角色是在——至少是潜在地——与其他角色形成的对比中来界定的，而其他角色又不可能指明，这里由 x 和 y 值来表示。另一方面，在异文 2 中，暮鹦鹉比玛少武更有助于人类，而在异文 3 中沙拉克又比暮鹦鹉更有助于人类。当我们编制克雷桑人的变体时，我们又发现了一个相同的系列：

（波塞延基：x）≃（里亚：波塞延基）≃（波塞延基：特亚毛尼）≃（y：波塞延基）

这个逻辑构架特别有趣，因为人类学家已经在另外两个层次上了解了它——首先，涉及母鸡的啄序问题，其次是本文作者所说的亲缘关系领域中的延伸性交换[①]。通过又在神话思维层次上认识它，我们发现：我们能够更好地评价它在人类学研究中的根本重要性，并对它作出一个更加全面的理论性解释。

[①] 列维-斯特劳斯把 A 与 B 对换女子为妻的情况称为"限定性交换"（restricted exchange），或译"局部性交换"；把 A 给女子于 B，B 给 C，C 给 N（N≠B，N=/≠A），而且 C 或 N 又给 A 的情况称为"延伸性交换"（generalized exchange），或译"广泛性交换"。——译注

最后，一旦我们成功地把神话变体的整个系列组织成一种替换群，我们就能够概括这个群的规律。虽然在目前的研究阶段，我们还只能得出某种有待将来进一步细化的初步公式。但可以说，似乎每一个神话（看做它的所有变体的集合）都与下列类型的公式相应：

$$Fx(a) : Fy(b) \simeq Fx(b) : Fa_{-1}(y)$$

这里给出了 a 和 b 两个项次，以及这两个项次的两个函数 x 和 y，可以假定，在两个条件下，项次和比数的颠倒分别限定的两种情况之间存在着等值关系。这两个条件是：（1）一个项次可以被它的对立项替换（上述公式中，a 和 a_{-1}）；（2）颠倒发生在两个要素的函数值和项次值之间（上述公式中，x 和 y）。

一旦我们想起弗洛伊德的观点，即要产生构成神经官能症（neurosis）的个人神话，必须有两种创伤（而不是一种，像人们一般说的那样），那么这个公式就变得意味深长了。通过把这个公式用于分析这些创伤（并且假定它们分别对应于条件 1 和条件 2），我们将不仅能够对神话的发生学规律提供一个更加精确和符合逻辑的公式，而且也发现：我们能够把这一理论的人类学和心理学两方面一并向前推进；或许我们也可以把这一理论拿到实验室里并使它经受实验的确证。

在这一点上，似乎很不幸，法国人类学研究使用的狭隘手段使它不可能有所进展，应当强调指出，分析神话文献的任务相当繁重，而且要把它分解成构成单位，也需要团队的合作和技术的协助。对一个中等长度的变体作精确分析就需要几百张卡片，要为这些卡片上的横行和纵行找到一个合适的模式，就需要特殊的手段，即用一些大约六英尺长、四英尺半高的立式卡片夹，使卡片能够在卡片夹上分类存档，并且可以随意抽取。为了构成能够使我们对各种神话变体进行比较的三维模式，就需要几个这样的卡片夹，于是也需要一间特殊的工作室，以及在今天的西欧尚无法得到的一些专用物品。而且，一旦参照构架变成多维的（如上所述，这还只是发生在早期阶段），那么卡片夹系统就不得不被穿孔卡片取代，而且这些卡片也需要 IBM 装置等等。

最后，有三点说明可以作为结论。

首先，常常产生这一问题，即为什么神话，甚至更为普通的口头文学，如此多地热衷于对同一序列的双重化、三重化或四重化①呢？如果我们的假设能够为

---

① 即指对同一神话序列的多次重复或反复。——译注

人接受，那么答案是显而易见的：重复的功能是使神话的结构呈现于表面。因为我们已经看到，神话的共时—历时的结构允许我们把它组织成历时的序列（在我们表格中的横行），而对这一历时序列应该共时性地读解（纵行）。这样，一个神话就显现出一个"板状"结构，这个结构可以说是通过重复过程而呈现于表面。

但是，这些板状物并非绝对是同一的。既然神话的意图在于提供一个能够克服矛盾（如果碰巧这种矛盾确有其事，那么神话就不可能真的克服它）的逻辑模式，那么从理论上说就会产生无数的板状物，每一个与另一些都有些微的不同。这样，神话就以螺旋的方式生长，直到产生神话的智力冲动穷尽时为止。神话的生长是一个连续不断的过程，而它的结构却一直是不连续的。如果情况的确如此，我们就可以认为，在口头言语的范围内，神话对应自然物质领域中的晶体。这种相似可以帮助我们更好地理解神话一方面与语言的关系和另一方面与言语的关系。神话是分子的统计集合体与分子结构本身之间的一个居间性实体（intermediary entity）。

人们普遍用心理活动过程的质的差异来解释所谓原始心智与科学思维之间的所谓差异，并且假定他们所研究的实体是相同的。如果我们的解释是正确的，它将引导我们得出一个全然不同的观点——即在神话思维中与现代科学中所运用的逻辑同样精确，差别不在智力过程的质上，而在于二者适用的对象的性质不同。这和大家熟知的在技术领域盛行的情况正相符合：一把钢斧优于一把石斧，并非前者比后者造得好。它们同样经过精心加工，然而钢与石头确实是大相径庭的。同样，我们可以表明：在神话与科学中运演的是同一个逻辑过程，人总是在进行着同样好的思考；但改进不在于所谓人的心智过程，而在于这一心智过程能够运用自己已经转化和正在转化的能力于新领域的发现。

户晓辉　译　　叶舒宪　校

结构与辩证法

［法］列维-斯特劳斯

本文译自列维-斯特劳斯《结构人类学》英文本（英译者为 Claire Jacobson 和 Brooke Grundfest Schoepf），美国 Basic Books 出版公司 1963 年版，第十二章（第 232—241 页）。该文最初以法文发表于《雅克布逊 60 岁诞辰之际献给他的文集》（*Four Roman Jakobsom, Essays on the Occasion of His Sixtieth Birthday*, The Hague, 1956），第 289—294 页。作者在本文中试图将雅克布逊等人提出的语言亲和关系的理论应用到人类学领域，以美洲波尼族印第安人的材料为研讨对象，提出了对神话与仪式的隐含意义进行象征解释的新的理论原则，并对神话与仪式之间的关系这个古老的人类学课题作出了结构主义的解答。

从安德鲁·兰经由迪尔凯姆、列维-布留尔和封·登·利伍（Van der Leeuw）到马林诺夫斯基，对神话和仪式的相互关系感兴趣的社会学家和人类学家，都把二者看成是彼此雷同的。其中有些思想家在每个神话中都看出一种仪式在意识形态上的投影，神话的目的即在于为仪式提供基础。另一些思想家则颠倒这种关系，他们把仪式看成是神话的戏剧化演示。无论神话或仪式哪一个在先，它们总是相互复制

体现阴阳对应原则的阿兹特克文化彩绘陶器

的；神话存在于概念层次，而仪式则存在于行为层次。在这两种情况下，人们都假定二者之间存在着有序的对立——换言之，即一种同构关系（homology）。很奇怪，这种同构关系只有在少数情况下才能得到证明。问题在于，为什么不是所有的神话都与仪式对应，也不是所有仪式都有与之相应的神话呢？而且最重要的是，为什么一开始就有这种奇怪的复制呢？

我想举一个具体的实例来说明这种同构关系并不总是存在的，具体而言，当我们确实找到了这样一种同构关系时，它很可能构成神话与仪式、仪式与仪式之间更普遍的关系的特殊例证。这种普遍关系可能意味着在貌似不同的仪式要素之间，或者在任何一个仪式与神话的要素之间，有一一对应的关系。但这种对应不能说是同构关系。在我们要讨论的实例中，对应关系的重建需要一系列先期工作——即，需要一系列能够说明这种对应关系的置换或转换。如果这项假设没错，我们就不得不放弃机械因果论的解释，而把神话与仪式的关系看做辩证的，只有首先把二者还原到它们的结构要素上，才能理解。

我觉得对这样一个假设作出证明，是对罗曼·雅克布逊[1]的著作和方法的恰当礼赞。他本人多次论及神话和民俗，我们只需回想他在《民俗、神话和传说标准词典》(*Standard Dictionary of Folklore, Mythology and Legend*) 中的关于斯拉夫神话的文章，以及他对《俄罗斯童话》(*Russian Fairy Tales*) 一书所作的颇有价值的评注[2]。其次，我所运用的方法，显然只是结构语言学向其他领域的推广，而结构语言学与雅克布逊的名字是联系在一起的。最后，他也常常关注结构分析与辩证方法的内在联系问题。在著名的《历史音位学的原理》(*Prinzipien der historischen Phonologie*) 一书中，他总结说："静态与动态的关系，是制约语言观念的最根本的辩证对立之一。"在尝试阐明结构概念与辩证思想之间的相互关联方面，我只是遵循了他本人描绘出的一条路径而已。

在多尔西（G. A. Dorsey）关于北美洲平原波尼族印第安人（The Pawnee Indians）的神话研究的著作中[3]，我们发现了一系列（自第77号至116号）说明萨满教魔力起源的神话。有一个主题多次出现（见第77、86、89号及相关各处），为简便起见，我把它称为孕童（the pregnant boy）的主题。例如，让我

---

[1] 罗曼·雅克布逊（Roman Jakobson，1896—1982），俄裔美国语言学家、文学理论家。列维－斯特劳斯于1939年旅美之后结识雅克布逊，从此，二人建立了长久的友谊。列维－斯特劳斯开始把由雅克布逊和特鲁别茨柯伊共同创立的音位学方法广泛运用于人类学的结构研究。——译注
[2]《民俗、神话和传说标准词典》第1卷（纽约：1949）；《俄罗斯童话》（纽约：1945）。——原注
[3]《波尼族人：神话学》第1部分（华盛顿：1906）。——原注

们考察一下第 77 号神话：

有一个天真无邪的小孩渐渐发觉，自己拥有巫术的魔力，能够给别人解除病患。一位地位很高的老巫医，出于对小孩与日俱增的名望的妒忌，由妻子陪伴，在几种不同的场合下拜访了小孩。由于他在同小孩交流医术时不能从对方那里得到任何秘密，一气之下，这位巫医把一个装满魔草的烟斗送给这个小孩。这样，小孩中了魔法，不久便发现自己怀孕了。他感到羞愧难当，于是就离开了村子，去野生动物中寻死。动物们对他动了恻隐之心，便决定治好他。它们从小孩的身体中取出胎儿，并把自己的巫术魔力传授给他。于是，小孩回到家里，杀死了那位恶毒的巫医，从而成为一位著名的和受人拥戴的医师。

体现天人之间对应结构的乐器：安阳殷墟出土建鼓复原

单是这个神话的一种异文就占去多尔西著作的 13 页之多，对原文的细致分析表明，它建立在一长串对立的基础之上：（1）传授的萨满对非传授的萨满，即后天习得的魔力与天赋魔力的对立；（2）幼童对老人，因为神话中突出了一个主人公的年少和另一个主人公的年长；（3）性别的混合对性别的分化；波尼族人的一切抽象思维实际上基于这种观念，即世界创生时，对立要素都是相互交融的，诸神的第一件工作即是要把它们分开。那位幼童是没有性别之分的，确切地说，男性与女性的特征集于他一身。反之，在那位老人身上，这种区别却成为不可改变的事实——在神话中，他总是由妻子陪伴着，这就清楚地表明了这一点——相比之下，小孩独身一人，但他身上却潜伏着男性与女性的特质（他开始怀孕了）；（4）幼童的可生育（即使他是童贞的）对老人的不能生育（虽然不断提起他的婚姻）；（5）"父亲"使"儿子"具有生殖力的不可逆转的关系对另一种同样也不能逆转的关系，即因为"儿子"没有用任何秘密来交换"父亲"的秘密（"儿子"本来没有任何秘密），"父亲"对"儿子"的报复；（6）在以下两方面之间构成的三重对立：一方面是植物巫术，这是真实的，也就是说，老人通过这种药使那位幼童具有生育力（但这种巫术是可以治愈的）；

另一方面，是动物起源的巫术，这是象征性的（控制一个头骨），幼童通过这种手段杀死那位老人，他就没有任何复活的可能了；（7）由注入产生的巫术对由取出产生的巫术。

神话的对立结构也是本文细节的特征。动物见到小孩时就动了恻隐之心，是因为两个原因，这在本文中写得很清楚：他混合了男人和女人的特征，这种组合由他那消瘦的身体（他已经斋戒了数日）与他膨大的腹部（由于他的怀孕）之间的对比表现出来。为了使他流产，草食动物吐出了骨头，而肉食动物则取出了血肉（三重对立）。最后，小孩险些被胀死（在第 89 号神话中，胎儿换成一个泥球，泥球不断生长，直至它的孕者胀破小腹），而那位巫医实际上却死于小腹收缩。

第 86 号神话给出的异文保留而且更加详细地说明了这些对立的一部分。凶手在智穷力竭时，把受害者降到地下世界（哺乳动物的住处，它们都会巫术）以拾取老鹰和啄木鸟的羽毛，即空中飞禽的羽毛，老鹰专门和苍天相连，啄木鸟则与雷雨有关。世界体系的这种颠倒还带有对肉食动物与草食动物之间的颠倒对立的"修正"〔见于第 77 号神话的"正面朝上"（right-side-up）系统〕。因为，看起来很"正常"，在这里，前者与胎儿的骨骼有关，后者则涉及他的血液。这样，我们就看到了对神话内容作结构分析能够完成的东西：即通过类似于代数的运算，它能够为我们游移在神话变体之间提供转换规则。

但在这里，我想考察问题的另一方面。这个孕童神话对应的是波尼族人的哪一种仪式呢？初看起来，并没有这种对应。这个神话强调了两代人的对立，而波尼族人的萨满教团体并不基于年龄等级。这些团体的成员不必付费或经受考验。按莫里尔（Murie）的说法："当一名巫医的一般途径是在先师死后继承他的遗业。"① 反之，这个神话却基于天赋魔力的双重观念之上，由于这种魔力是天赋的，师傅就否认这个孩子的魔力；又由于孩子具有的魔力并非受传于师傅，他也不承认小孩是他的继承人。

因此，我们是否可以说，波尼族人的神话所反映的系统，与波尼族人的仪式中所盛行的系统恰恰相反呢？只能说部分正确，因为这种对立可能并不相关，也就是说，这种对立概念在此并无多少启发：它只能说明神话与仪式之间的一部分差异，却无从解释另一部分。它尤其遗漏了孕童这一主题，而我们却认为这

---

① J. R. 莫里尔：《波尼族团体》，载《美国博物学博物馆人类学论文集》第 11 卷（1916），第 vii 页，第 603 页。——原注

个主题在我们考察的一组神话中占有核心位置。

另一方面，如果我们把这个神话与那些在美洲平原的部落中盛行的、与它对称和相反的仪式作比较，而不是与和它相应的波尼族人的仪式相比较，那么这个神话的所有要素就会一目了然。美洲平原上的部落用和波尼族人相反的方式来构想他们的萨满教团体以及成员规则。正如路威（Lowie）所说，"波尼族人的特点是在年龄序列之外发展出最复杂的社团制度"①。在这方面，他们与黑脚人（The Blackfoot）以及诸如曼丹人（The Mandan）和希达察人（The Hidatsa）这样的定居部落截然不同。曼丹人和希达察人是另一文化类型的极为详尽的实例，波尼族人通过阿里卡拉人（The Arikara），不仅从文化上，而且在地理和历史上同曼丹人与希达察人发生联系。阿里卡拉人在18世纪上半叶才从斯基迪波尼族人（The Skidi Pawnee）（多尔西收集的正是这一部落的神话）中分离出来。

在这些部落中，团体是以年龄等级为基础的。等级之间的转变通过购买来完成，而且卖者与买者的关系被设想为"父"与"子"的关系。最后，候选人出现时总是由妻子陪伴着，交易的中心母题是把"儿子的"妻子让与"父亲"，由"父亲"和她完成实际的或象征的交媾行为，而这总是被表现为一种生殖行为。

这样，我们就重新发现了所有已经在神话的水平上分析过了的对立，但归属于每组对立的价值则颠倒了：传授的与非传授的，年幼与年长，性别的混合与分化，等等。事实上，在曼丹人、希达察人和黑脚人的仪式中，"儿子"是由他的妻子陪伴着的，正像在波尼族人的神话中，妻子陪伴着"父亲"一样。就后一种情况来说，她是可有可无的，但在这里，恰恰是她扮演了主角："父亲"使她受孕怀了一个"儿子"，她代表双性人，在波尼族人的神话中，这一特征是属于"儿子"的。换言之，他们的语义值是相同的，只不过他们与表达这些价值的象征的关系有所改变而已。在这一点上，把两个系

结构性变形的史前女神造型，巴黎卢浮宫

---

① R. H. 路威：《平原印第安人的年龄团体：历史与比较概要》，载《美国博物学博物馆人类学论文集》第11卷（1916），第 xiii 页，第890页。——原注

自然所体现的"结构"：长白山天池景象

统中的生殖手段作一番比较是很有意思的。在波尼族人的神话中，一个烟斗由父亲和他的妻子转让给了儿子。在黑脚人的仪式里，一根野芜菁先由父亲转让给儿子的妻子，然后由后者交给儿子。那个烟斗，一根空心管，便成为上天与中间世界之间的媒介，因此，它们的作用与平原神话中野芜菁的作用是对称的和相反的——这在所谓"星辰丈夫"系列故事的无数变体中也同样明显。在那儿，芜菁是一个塞子，起着阻断两个世界间的循环的作用。当这些要素的顺序发生颠倒时，它们就由不同的象征来表示。

希达察人有一种非同寻常的仪式（据我所知，与之类似的古代中国的仪式尚未有人指出），妇女们在一座顶上盖满肉干的棚子里举行报恩活动，这与波尼族人的神话也是对应的。肉有时是酬谢那些能用巫术授精的父亲们，有时却是给扮演非父角色（即堕胎者）的会巫术的动物。在第一种情况下，肉作为容器的形式（用肉盖顶的棚屋）奉献出来，在其他情况下，则明确说明肉应该表现为内容（装满肉的小背包）。我们还可以继续进行这类比较，但所有这些比较都会得出相同的结论，即与波尼族人神话中显现的仪式系统相反的，不是波尼族人本族中盛行的仪式，而是他们舍弃不用的、存在于邻近部落中的仪式系统，这些部落的仪式结构与波尼族人的结构是完全对立的。而且，这两个系统的关系具有对位的特点：如果把一个看做进步，那么另一个似乎就是退步。

我们已经根据波尼族人的一个神话与外族仪式的关联和对立来对它作出了界定。值得注意的是，与此属同一类型，但又具有更为复杂的秩序的关系，同样可以在这个神话与另一个需要特别细致地加以研究的仪式（它并不是波尼族人独有的）之间找到，这种仪式就是所谓的"哈库"（the Hako）①。

"哈库"是两个群体之间的联盟仪式。与波尼族人在社会结构中有固定地位的社团不同，这些群体彼此可以自由选择联盟对象。但是，在这种风尚的支配下，他们把自己置于父子关系之中，这种关系也就限定了定居部落中连贯的年龄等级之间的稳定联系。正如霍卡特（Hocart）曾经证明的那样，作为"哈库"基础的父子关系，可以看成是父系与母系家族之间的亲缘关系的一种变异。②换言之，孕童的神话，曼丹人和希达察人加入一系列年龄中的最高等级的仪式，还有"哈库"，代表着如此多的交换群体，它们的公式即是：父／子对立和男人／女人对立之间的等值。至少，我准备认为这种等值是以名为"克劳—奥玛哈"（Crow-Omaha）的亲属系统的特殊性为基础的，其中，姻亲群体之间的关系具体表现为祖先与后裔的关系。不过，这方面的问题将留待别处进一步论述。

在这里，我只想简要地考察一下"哈库"仪式的最后阶段（在弗莱切尔的分类中从 16 至 19）。这些阶段被赋予了最为神圣的特色，而且与孕童神话有一系列明显的相似之处。父亲所在的族群来到儿子的村落，象征性地房获了一个幼童。这个幼童的性别是非实体性的（immaterial），确切地说，他的性别尚不能确定③。这个族群通过一系列涂油活动，奉这位幼童为神明，以便把他认作蒂瑞瓦（Tirawa），即天界至高无上的神。接着，人们用一件长袍把幼童抬起来，让他的两腿前伸，用这种姿势模拟与世界进行象征性交媾的男性生殖器，而世界则由画在地面上的一个环形轮廓表示。幼童将被放进这个圈中，就像一只蛋下到了鸟巢里。一位当地的知情者明确地解释说："把幼童的脚放进圈里，意味着新生命的诞生……"④最后，圆环被抹去，涂油也从幼童身上清除掉，他被送回玩伴

"结构从来不是静止的系统"：从猿到人是身体结构的进化，周口店古人类博物馆

---

① A. C. 弗莱切尔和 J. R. 莫里尔：《哈库：波尼族人的礼仪》，美国人种学署，第 22 期年度报告，第二部分（华盛顿：1900—1901 [1904]）。——原注
② A. M. 霍卡特：《风俗》，载《给神话以生命》（伦敦：1952）。——原注
③ 弗莱切尔和莫里尔：《哈库：波尼族人的礼仪》，第 201 页。——原注
④ 弗莱切尔和莫里尔：《哈库：波尼族人的礼仪》，第 245 页。——原注

之中。

所有这些操作显然都可以看成是孕童神话要素的替换。在神话中，正像在仪式中一样，可以找到三个主人公：

神话：儿子　　　　　父亲（或丈夫）　　父亲的妻子
仪式：儿子（妻　　　父亲（丈夫的　　　幼童（儿子
　　　子的替换）　　　替换）　　　　　　的替换）

在神话和仪式中，总有两个主人公是同性的，而另一个的性别却不能确定（儿子或幼童）。

在神话中，儿子的性别没有得到确定，因而成为半男半女；在仪式里，他却成了十足的男性（交媾的代理人）和十足的女性（实际上，他产生了鸟巢，这一过程象征着一个蛋生在一个象征着巢的圆环中）。

"哈库"的全部象征暗示出，父亲利用幼童两性兼具的功能使儿子受孕，正像在神话中，那对夫妇（巫医和他的妻子）的两性兼具的功能使那个幼童受孕。同样，在那些定居部落的仪式里，父亲是通过儿子的妻子所具有的这种两性兼具的功能，使儿子受孕的。无论在哪一种背景下，主人公之一性别含混这一特点总是多次得到强调。在这一方面可以比较一下：露出那位幼童的大腿的麻袋（"哈库"）；那位小腹隆起的男性幼童（波尼族人的神话）；那位用嘴含着一条凸芜菁的妇女（黑脚人的神话，是通过妻子的报恩加入小狐社团的仪式的基础）。

在另一项研究中，①我试图说明该神话的发生学模式——即，产生这一神话并自然而然地赋予它结构的模式——是由把四种功能用于三种象征来组成的。在这里，这四种功能由年长/年少和男性/女性的双重对立来界定，由此产生了父亲、母亲、儿子和女儿的功能。在孕童神话中，父亲和母亲各用一个不同的象征，儿子和女儿的功能在第三个有效的象征中合并为幼童。在曼丹—希达察人的仪式里，父亲与儿子是区分开来的，但儿子的妻子则兼具母亲和女儿的功能。"哈库"似乎更复杂，因为它的象征总数常常是三个，这就要求除了父亲和儿子以外，还应有一个新人物——即儿子的孩子（男孩或女孩）来扮演一个角色。其理由在于，功能向象征的分配要求后者有一种理想的对分。如上所述，那位父亲既是父亲又是母亲；那个儿子既是儿子又是女儿；幼童从另外两个象征身上各自借用了他们的一半功能：生育手段（父亲）和受孕对象（女儿）。值得注意的是，

---

① 《神话的结构研究》，见《结构人类学》第 11 章。——原注

这些功能向象征的复杂分配只是三个系统中有对等基础的那一个系统的特征。虽然每一个系统的目的都在于建立一种联盟，但是这种联盟在第一种情况下是被拒绝的，在第二种情况下提出了请求，只有在第三种情况下，才达成了协议。

神话与仪式的辩证关系以结构的考量为基础，这里，不能对它展开讨论了，我们必须提请读者参看上面已经引述过的研究。但我希望已经表明：为了理解这种关系，不仅必须把同一个社会中的神话与仪式进行比较，而且必须把神话与仪式同相邻社会的信仰与实践进行比较。如果波尼族人的一组神话代表某种仪式的替换，这些仪式不仅是同一部落的，而且是其他部落的，那么，我们就不能把内容仅仅归结于纯粹的形式分析。这样一种分析构成了研究的初级阶段，它的成效足以使我们在比以往更精确的意义上，对地理学和历史学的疑难加以阐述。结构的辩证法并不反对历史决定论，而是通过为它提供一种新工具来促进它。雅克布逊曾经与梅耶（Antoine Meillet）和特鲁别茨柯伊①一起不止一次地证实，在地理上发生关联的语言区域之间相互产生影响的现象，并不能排除在结构分析之外，这便形成了众所周知的语言同源关系的理论。我试图对这一理论作适度的贡献，把它应用到另一领域，并强调指出，这种同源关系并不仅仅在某些结构属性的发源地以外的传播中，或在这种传播遭到阻碍的拒绝中，才能够被发现。它也可以由反题得到证实，这种反题产生的结构恰好表现出应答、诊治、辩解，甚或懊悔的特点。在神话学中，正像在语言学中一样，形式分析直接产生了意义的问题。

卢晓辉　译　叶舒宪　校

---

① 特鲁别茨柯伊（N. Trubetzkoy, 1890—1938），俄国语言学家，布拉格功能音位学理论创始人之一。——译注

《生食与熟食》序曲（节选）

[法] 列维－斯特劳斯

本文节译自列维－斯特劳斯的《生食与熟食：神话科学引论第一卷》（1964）英译本（*The Raw and the Cooked: Introduction to a Science of Mythology: I*），英译者为约翰（John）和多伦·魏特曼（Doreen Weightman），美国八角书屋（Octagon Books），纽约1979年版。本书为结构主义神话学的经典著作之一，因其内容和结构的有机整体性，很难从中抽取相对完整的部分，这里谨从该书"序曲"中摘译若干段落，以显示该书的基本宗旨以及作者对他自己的结构分析程序的概要说明。本文可以同后面选入的弗雷里奇《列维－斯特劳斯方法的神话》相参照。

本书的目的在于，揭示像生食和熟食、新鲜的和腐烂的、濡湿的和烧干的等等经验的范畴如何能被当做概念工具来使用，借以构成抽象的观念并将这些观念组合为逻辑命题。上述经验的范畴的精确确定只能通过人种志的考察，对于每一对范畴的理解都要从某一特定文化的标准出发。

这样，最初的假说要求我们从最具体的水平着手，这种最具体的水平就在于某一社团（community）或社团群——其居住地、历史和文化具有充分的相同性或相似性——的中心。然而，这一要求虽然明确无疑地是一种基本的方法论的准备，它却不会掩盖或限制我的目

鸮鸟造型的西周扬鼎，北京房山琉璃河西周燕都遗址博物馆

的。采用少量的从土著社团中选出的神话，就好像采用少量的从实验室得出的标本，我试图进行一种实验，假如实验能成功，它将具有普遍的意义，因为我期望它证实世界上存在一种可以感触到的（具体）逻辑，说明这种逻辑的运算过程，揭示其规律。

作为我的出发点，我将选取"一个"神话，它出自"一个"社团，我将分析这个神话，首先涉及人种志的背景，然后涉及属于同一社团的其他神话。就这样逐渐扩展研究领域，我将转向那些相邻近的社会的神话，当然在此之前也先要把它们放在特定的人种志背景中。于是，一步一步地，我将走向更远一些的社团，但我只能遵循真实可靠的线索前进，这条线索具有确凿无疑的或有充分理由判定其存在真实性的一种历史的或地理的性质。本书将要描绘的只是一个长途旅行的初始阶段，这个旅行要通过新大陆（指美洲——译者）的本土神话，从热带美洲的中心开始，走向——如我已能预见的那样——北美洲最边远的地区。贯穿全过程的联系线索是巴西中部博罗罗印第安人的一个神话，这并不是由于这个特殊的神话比其他随后要考察的神话更为古老，也不是由于我认为这个神话更简单或更完整。它吸引我的注意首先是由于完全偶然的原因。如果我已经尽可能地按照我借以得出结论的分析程序尝试说明了我的综合方法，那是因为我感到我在事物的经验层次和系统分类层次之间所看到的紧密联系将通过所要采用的方法的例示得到更为明确的说明。

事实上，我从现在起将作为关键神话而提到的这个博罗罗神话，如同我将试图说明的那样，只是出自同一社会或邻近社会，或遥远社会的其他神话的不同程度的转换变形。因此，我本可以合理地采用这个神话转换群中的任何一个代表性的神话作为我的出发点。从这种观点来看，关键神话的意义并不在于它是典型的，只是因为它在转换群中的不规则的位置。碰巧这个特殊的神话引发出了与刺激反应极为相似的解释问题。

尽管我已清楚地陈述了我的目的，但仍然存在着某种危险，那就是我的计划

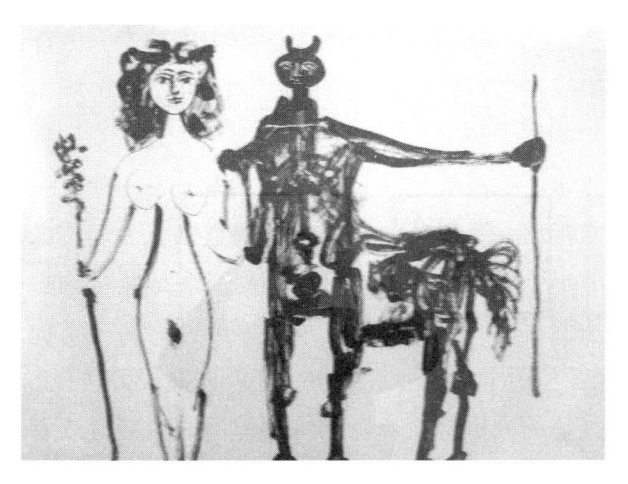

女神与人头马，荷兰海牙现代美术馆藏绘画

会遭到来自热带美洲的神话收集家和专家方面的初步的反对。我的课题不能被容纳在精确的地域界限之内或任何一种分类系统的框架之内。不论怎样研究它，它都像一团星云那样延展开来，从这星云的物质中盲目地散出的各种元素的总体未能以连续的或系统的方式聚集在一起，但我确信现实性乃是其向导，并为它指出一条比任何人为选择的道路更为切实的道路。作为出发点的那个神话并非出于完全任意的选择，而是直观地感觉到它的丰富性和有益性。随后，通过按照我在以前的著作（列维－斯特劳斯《结构人类学》《阿斯迪瓦尔人的行为》《法兰西学院社会人类学主任就职演说》《野性的思维》）中所确定的原则对这个神话的分析，我或者在这个神话的内部，或者通过对源自同一社团的几个神话中推导出的序列之间的同构联系的阐述，为每一序列建立一个转换群。这一工作本身就使我们超出对个别神话的研究，转而考虑沿着一条单一轴线构成的某些主导性模式。在这条轴的每一点上，都有着这样一个模式或图式，这样，我们似乎描画出了代表另一条轴的垂直线，这条线是通过同样的运算建立起来的，但这一次没有用源于某个单一社团的表面上显得互不相同的神话，而是通过与第一个神话呈现出某些相似之点的神话来建立的，尽管它们出自不同的社团。结果，这些主导性模式被简化，从而可以适应更加复杂而多变的情况。每一个模式都成为新轴的一个来源，这些轴在不同的水平上与第一条轴保持垂直，通过前瞻和回顾的双重运动把它们迅速连接起来，序列或者从源于彼此远离的社团的神话中推导出来，或者从最初因为它们显得毫无用处或无从加以解释而被我们忽视的神话中推导出来，尽管这些神话属于我们讨论过的民族。接下来，就像星云逐渐扩散，而它的中心却聚焦凝缩，并且变得更加有条不紊；松散的云丝互相连接在一起，间隙得以弥合，联系建立起来，我们可以看到，某种类似于秩序的东西在混乱中出现了，排列在转换群中的序列，就像围绕一个菌状分子一样，与原先的群联

对应的结构：马家窑文化彩陶壶图案，北京古陶博物馆

结起来，再现出它的结构和决定性倾向。这样便出现了一个多面体，它的中心部分显露出一个结构，而这个中心的四周却继继弥漫着变动的和混乱的云团。

不过，我并不希望到达这样一种地步：通过分析将神话的题材打成破碎状，再将它们重新组构成一个整体，让它们以某种有固定的和确凿的结构的外观形式出现。尽管有下述事实：神话科学尚处在幼稚阶段，本学科的研究者必须自认为是幸运的，以便获得几项试验性的、初步的成果，但是我们已经能够确信的是，终极阶段是永远无法达到的。即使从理论上讲有达到的可能，然而事实上却从来没有过，将来也不会有这样一种社团或社团群，它的神话体系和人种志（没有后者，神话的研究是难以奏效的）能被我们完全地认识。获得这样一种认识的雄心是无意义的，因为我们所面对的是变化中的现实，这现实始终受到毁坏它的一种过去和改变它的一种未来的双重攻击。对于每一个用文字形式记录下来的神话而言，显然还存在着许多我们所不知道的其他说法，而我们却只能满足于我们手头的样品和残片。前面已经指出，对于分析的出发点的选择必然是无目的的，因为规定着神话素材的构造原则是暗含于神话自身之中的，它只能作为分析的过程而显现出来。

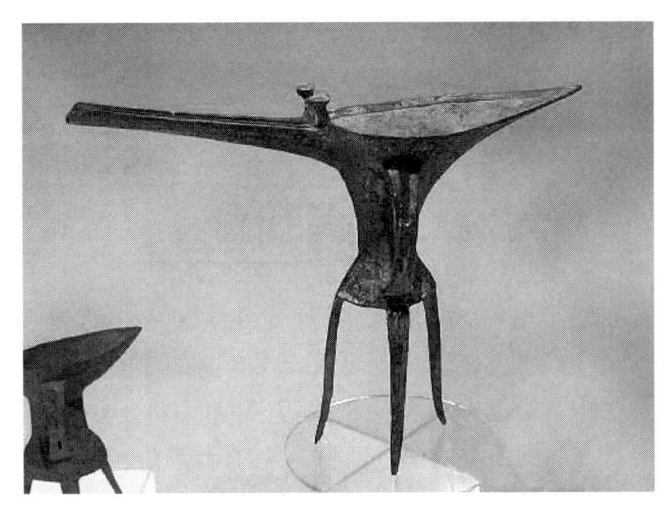

物的结构与功能对应：二里头出土的青铜爵

有必要多少提一下结构的分析所取得的成果（某些只同热带美洲民族相关的其他成果将在本书的论述过程中加以说明），以便使读者警惕对形式主义，甚至是唯心主义的指责，这些指责时常针对我而来。可以说，本书比我以前的著作更加突出一点是，将人种志的研究推向与它不太相干的心理学、逻辑学和哲学的方向。我不是在把人种志的研究引入歧途吗？人种志不是应该研究土著的社团，应该从社会、政治和经济的观点去考察特定社团中个体与群体的关系所导致的各种问题吗？在我看来，人们常常表露出的这种疑虑出于他们对我目前试图进行的工作的完全误解。我认为更为严重的是，他们对我在《亲属关系的基本结构》①之后所进行的研究工作的逻辑连续性表示怀疑，而对那部著作本身是不会提出同样的非议的。

实际上，《野性的思维》②代表着我的理论发展过程中的某种中断：我感到在两次大的突进之间应有一个间歇。我确实利用了这个机会对我眼前的景象加以深思，回顾我所走过的历程，计划我未来的路线，估算我还得跨越哪些学科领域——尽管我已被限定，除了微少的旁涉之外，不能从我既定的路径中稍有偏离，绝不侵入那壁垒森严的哲学的领地……然而，被某些人误解是终结的标志的这个间歇，其实只不过是一次暂时的休整，这次休整介于以《亲属关系的基本结构》为标志的第一研究阶段和本书将要开启的第二研究阶段之间。

在我的研究的全过程中，我的目标并没有改变。从人种志的经验出发，我始终如一的目的在于整理出一份智力模式（mental pattern）的清单，从而将任意性的散乱材料简约为某种秩序，在自由幻想的背后找到能够揭示某种必然性的普遍水准。在《亲属关系的基本结构》中，我在那些表面上似乎是偶然的事物背后，在制约婚姻关系的各种不相干规则背后，找到了为数不多的简单法则，由于有了这些法则，许多极其复杂的风俗和习惯化为一个有意义的系统。这些风俗和习惯乍看起来是荒唐无稽的，一般人也是这样认为的。然而，没有东西能够确证法则是来自婚姻系统内部的。或许它们只是某些具体表现于制度之中的社会需要在人类心灵上的反映。果真如此，它们在心理学层面上的作用就在于产生某种机械的结果，对此，有待于进一步确定的是其运演模式。

我目前以神话为对象所进行的实

天人之间的结构对应：单于天降瓦当，包头出土，摄于内蒙古博物院

---

① 《亲属关系的基本结构》是列维－斯特劳斯于1940年发表的著作。——译注
② 《野性的思维》是列维－斯特劳斯于1962年发表的著作。——译注

验必然是更有决定意义的。神话没有明显的实际功能,它同我先前所研究的现象不一样,它和一种不同的现实没有直接联系。这种现实比现象本身具有一种更高等级的客观性,因而它的指令会传达给心灵,使心灵中的自发性创造力得到完全自由的发挥。这样,假如通过神话实例也能够证明,在心灵的表面任意性、其灵感的自发流动,以及它那看起来好像不受控制的独创性之中暗含着一种深层的运演法则的话,那么我们就必然会得出如下结论:当心灵只同自己交谈,不再同客体进行对话的时候,它在某种意义上就缩减为对作为客体的自身的模仿。由于指导它自我运演的法则与它在其他功能中所显示出的法则没有根本的差别,它便自我显示出了普遍性。对这一点无须争论,因为下述信念已足以确立:如果人类心灵甚至在神话领域中都能显出规则特征的话,那么它在所有活动领域中也必然是有规则可循的。[①]

由于我把探讨人类心灵的自制结构作为我研究工作的宗旨,所以我是按照康德哲学的态度从事研究的,尽管所走的路线不同,得出的结论不同。人种学家不同于哲学家,他并不感到需要将自己置于某种特殊状况之中,或认为他对他的社会和时代具有科学特权,从而使自己的思想作为反映的基本主体而发挥作用,以便将一些局部的发现扩展为具有普遍性的(这种普遍性其实只是假设的和或然的)认识形式。虽然也考虑同样的问题,但人种学家采用的方法有两个方面的不同。他并不假定一种人类认识的普遍形式,而是对认识的集体形式作经验性的研究,这种集体的知解形式的性质是可以得到确证的,它以无数具体的代表系统显示给研究者。人种学家实际属于一个特定的社会环境、文化、地域和历史时期,因为这些系统在一种特殊类型之内代表了所有可能的变体形式,所以他选择了那些对他来说具有最显著差异的形式,期望能够发展出按照他自己的体系解释这些系统或按照这些系统解释自己体系的方法论原则,揭示出某一种基本的、普遍的规则模式。这是智力运动的终极形式,思维训练在这种形式中达到其客体的界限(因为人种志的研究已经预先探讨并记录了这种界限),强化每一块肌肉和每一个关节,这样便揭示出一种解剖结构的一般模式。

我相信神话比任何其他事物都更能说明这样的具体化的思维,并为其现实性提供经验的证明。虽然我们不能排除这样一种可能性:创造和传播神话的讲述人会意识到神话的结构和运演模式,但是这种意识并不会作为通常的情形而发生,只是部分地、偶然地发生而已。神话在这方面同语言一样:一个有意识地

[①] "如果规则存在,它便无处不在。"这是由泰勒得出的结论。我在17年前的《亲属关系的基本结构》一书中引用此话作为题词。——原注

把语音学和语法学规则运用到言语活动中去的个人,即使他真有足够的知识和技巧去这样做,他也几乎会立即忘掉他的思想线索。同样道理,神话思维的实践和运用要求让它的特性保留在隐伏状态,不然的话,主体将发现他自己已经成了神话学家了。神话学家不能信仰神话,因为他的任务便是将神话分解成碎片。神话学的分析没有也不可能将显示人类如何思维作为其目标。就我们在本书中所处理的特殊例子而言,可以毫不夸张地说,除巴西中部土著人为神话故事所吸引这一事实之外,他们是否能够理解我们归纳出来的神话的相互关系系统,这还很值得怀疑呢。而且,当我们借助于这样的神话证实了在我们自己的日常言语中存在着某些远古的、丰富的表现形式时,也可以作出同样的评价,因为我们对自己语言的意识是回溯性的,是从无中引发出来的,是在外国神话的启发之下得出的。因此,我所要揭示的,不是人怎样通过神话而思维,而是神话怎样不知不觉地在人的心灵中运演。

  我已经指出过,我们最好能够再进一步,全然不考虑思维主体,就好像思维过程是在神话中发生的,是在神话的自我反映和神话的相互关系中发生的。[1]（下略）

叶舒宪　译　　王宏印　校

---

[1] 奥吉布瓦印第安人认为神话是"意识的存在,具有思想和行动的力量"。（W. 琼斯:《奥吉布瓦文本》,见《美国人种学会会刊》第3卷第2部,纽约1919年版,第574页注1。）　——原注

神话与意义

[法] 列维－斯特劳斯

《神话与意义》（*Myth and Meaning*）原为 1977 年 12 月列维－斯特劳斯为加拿大广播公司（CBC）系列讲座"思想"节目所撰写的讲稿，后经扩充修订于 1978 年由英国 Routledge & Kegan Paul 出版公司出版了单行本，这里的译稿即根据该书译出。在这本小册子中，列维－斯特劳斯用较为通俗易懂的答问形式，对自己的结构主义神话学方法和理论观点作了择要说明，可以作为了解其神话学思路的入门读物。原书除导言部分外，共分 5 章，依次为：1. 神话和科学的会面；2. "原始的"思维和"文明的"理性；3. 兔唇和孪生子：一个神话的剖析；4. 当神话变成历史；5. 神话与音乐。

前　言

自从 17 世纪的科学出现以来，我们就把神话扔在一边，把它看做是迷信和原始心智的产物。直到最近，我们才开始对神话在人类历史上的本质和作用有了比较完整的认识。在下面这 5 篇学术讲演中，杰出的社会人类学家克劳德·列维－斯特劳斯提供的是，他终生所进行的对神话的解译工作和揭示它们对于人类认识的意义的努力。

取名为"神话与意义"的这 5 篇讲演，是在 1977 年 12 月加拿大国家广播电台"思想"节目中播出的。它们是根据列维－斯特劳斯教授和这家电台的节目制作人卡罗·奥尔·杰若米（Carole Orr Jerome）在巴黎举行的一系列谈话整理而成的。

这本书在出版的时候，把当时在广播时因时间限制而没有采用的材料也扩充

禽与兽的组合意象：雅典图书馆的格里芬卫士

了进来。为了符合出版格式的惯例，对于会话时的口语作了很少量的编辑处理。节目制作人卡罗·奥尔·杰若米向列维－斯特劳斯教授提出了一些主要问题，以助于讲演内容的构成，下面是这些问题。

第一章：你的很多读者认为，你正在设法把我们带回到神话的思维中去。你认为我们失去了很珍贵的东西，我们必须把它找回来。这是否意味着我们应当把科学和现代思维从窗口扔出去，而回到神话式的思维中呢？

什么是结构主义？你是如何得到结构性的思考是可能的这样一种观念的？

必须有秩序和规则才会有意义吗？在混乱中没有意义吗？你认为有秩序胜于无秩序是什么意思？

第二章和第三章：有人认为所谓的原始民族的思维，低于科学的思维。他们认为之所以如此，不是因为思维的方式不同，而是因为从科学的意义来说，这种神话式思维就是错误的。你如何对"原始"思维和"现代"思维进行比较？

赫胥黎（Aldous Huxley）在他的《感觉之门》（*The Doors of Perception*）中写道，我们绝大多数人只利用了我们智慧力量的一部分，而把这力量的其他部分完全封闭起来。你觉得在现在的生活方式之中，我们是否比你所写到的那些用神话方式进行思维的民族，更少运用我们的智慧能力？

自然界赋予我们的是一个多样化的世界，我们总是倾向于在各种文化的发展当中，找出它们的不同之处，而不是相同之处。你是否感觉到我们已发展到这样一步：我们开始把存在于我们各种文化之间的许多分化封闭起来？

第四章：人类学调查者在他一出现就改变他的调查对象是一个老问题。考察一下我们收集的神话故事，它们的意义和秩序是它们本身就具有的呢，还是收集这些神话的人类学家硬加上去的？

神话式思维的概念体系与历史性思维的观念体系有什么不同？神话所讲述的

故事有没有涉及历史的事实，是不是把它们加以改变以后，再以另外的方式利用它们？

第五章：你能不能一般性地谈论一下神话与音乐之间的关系？

你曾经说过，神话和音乐都起源于语言，但是向不同的方向演化了。这话是什么意思？

导　言

虽然我要讲的都是以往在我的著作、论文中曾经写过的问题，但是很遗憾，写作一完成，我就差不多把我写了些什么都忘了。但是我想，这也有它的重要意义，那就是我并不感觉我写完了书。我只觉得书是经过我写成的，它们曾经穿越了我，而对于我，只是感到一片空白，什么也没有留下。

你们也许记得我曾经写过，神话对于人类来说，是一种还不为人所知的思维。对于这一点，我的英语界同事曾进行了很多讨论，甚至引起了他们的批评，因为他们认为，从实证的观点来看这是一句没有意义的话。但是对我来说，它描述了一种活的经验，因为它恰恰说中了我对我自己工作的感受。那就是我的工作能使我得出曾经不为我所知的想法。

我从来没有，现在也还没有，领悟到我对我自身的感受。我自己出现在事情将要发生的地方，但是在那里，没有作为主词的我（I），也没有作为受词的我（me）。我们每一个人都是多事的交叉路口。在那里某些事情发生时，交叉路口完全是被动的。一件不同的事情在别的地方发生，也同样是如此。这无从选择，而只是一种机遇而已。

我绝不认为，因为我是这样

以神话意义为基础的古希腊环境艺术

思考，我就断言整个人类也应如此。但我相信，每位学者和作家，他们独特的思维和写作方式将为人类开辟一种新的景观。事实上，我个人所具有的这种习性，把我引向了某些有意义的事情，与此同时，我的同事们根据他们的思维方式，也开辟了不同的景观，它们同样是言之成理的。

第一章 神话和科学的会面

让我一开始先承认一件事：有一本杂志，每期我是从头至尾必读的，虽然我并不是能够完全都读懂；这本杂志是《科学的美国人》（*Scientific American*）。我十分渴望对有关现代科学和它的新发展的一切都能有所了解。因此，我对科学的态度，绝不是否定的。

其次，我认为，有一些事情被我们丢弃了，我不能肯定在我们所生活的人类世界中和我们必须跟随上的科学思维中，我们是否能够找回它们，就像它们不曾被丢失一样；但是我们应当知道它们的存在和它们的重要性。

第三点，我的感觉是，现代科学并没有完全同那些我们所失去的东西相脱离，在科学解释领域中，把它们重新结合起来的尝试，进行得越来越多。科学同我们为了方便起见而称之为神话式思维之间的真正分歧与距离，是产生在17世纪——尽管这不是十分精确的说法。在那个时代，培根、笛卡儿、牛顿和其他人，为了使科学能够在古老的神话世纪和神话思维中建立起来，这两者的分离是必须的。人们认为，科学只有在背弃了感官世界——即我们看见、闻到、摸到了的世界，才能存在；感觉是一个虚妄的世界，数理性的世界才是真实的世界，而它只能被理性所把握，它与感觉的伪证是完全相抵触的。这种变动或许可以说是必须的，因为经验告诉我们，正是由于这个分离——也可以说是分裂——科学的思维才能构成。

当然，我不是以科学家的身份讲话，我不是物理学家，不是生物学家，不是化学家——我的印象是当代的科学正在趋向于超越这个裂沟，越来越多的感性方面的资料重新被置于科学的解释中，而被认为是有意义的、真实的、可以被解释的东西。

让我们以嗅觉世界为例，我们一向认为它完全是主观的，是在科学世界之外的。现在化学家告诉我们，每一种气味都有一种特定的化学物质组合，所以对有的气味我们主观上的感受是共同的，而对其他的气味却因人而异。

让我们再举一个例子。从希腊时代到 18 世纪，甚至到 19 世纪，哲学一直在广泛地讨论数学的起源问题，这包括对线的认识、对圆的认识、对三角的认识。大体来说，有两种古典理论。一种理论认为，心灵一开始时是一块"白板"（a tabula rasa），什么也没有；后来的一切都是从经验中得来的。因为许多看上去是圆的物体，没有一个是绝对的圆的，但尽管如此，我们还是可以抽象出关于圆的观念。第二种理论追溯到柏拉图，他断定关于圆、三角、直线的这些观念，是完整的、生来俱有的；正因为它们本来就在人的头脑中，所以我们可以把它们投射（project）到现实存在的物体上，尽管现实存在的物体从来没有给过我们完整的圆形或三角形。

现代对于视觉进行神经生理学研究的学者告诉我们，视网膜神经细胞和视网膜后面的其他器官都是特化的；有的细胞只对直线的定向敏感，有的对水平敏感，有的对倾斜敏感，还有一些对背景与中心映象的关系敏感，等等。这是十分简要的说法，因为用英语来说明这些，对于我来说是太复杂了。经验与理智（mind）对立的整个问题，看来在神经系统的结构上有了解答：解答不是在理智的结构或经验中，而是在介于理智与经验之间的我们神经系统的构成方式上，是在这二者之间的相互作用方式上。

或许是深藏在我心中的某些东西，使我今天成为一个被人称作结构主义者的学者。我母亲告诉我，当我在大约 2 岁还不认字的时候，就声称我已经能认字了。别人问我为什么，我说当我看到商店招牌的时候——比如烤面包的，或卖肉的，我总是能看懂。因为从书写的图形角度来看，这两个字—— bou-cher 和 boulanger 的相像是很明显的，它

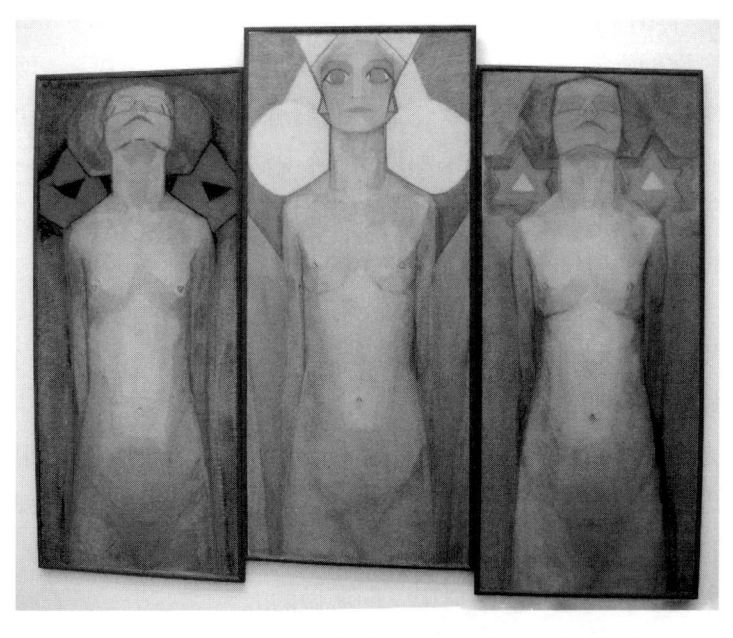

现代主义艺术中"神的召唤"主题，摄于荷兰海牙现代美术馆

们的第一个音节"bou"是同样的，没有什么别的意义。结构主义的研究方法或许大致如此，就是寻找恒定不变的因素，或者是从表面上的差异中找出恒定不变的因素。

在我的一生中，这种追求或许是我最感兴趣的。在我小的时候，有一段时间，我曾对地质学发生过兴趣。地质学中的问题也是试图解答在具有极大差异的地形上，有哪些因素是恒定不变的，也就是将一块地形归类为几个有限的地质层次和地质活动。后来在我的青年时期，我的大部分闲暇时间用在了为歌剧绘制服装和布景上。在这方面，问题也是同样的——就是试图把图像艺术和绘画艺术的语言以及音乐和歌剧中也存在的类似语言，表达为一种语言；也就是在一些非常复杂的规律中（音乐的、文学的、绘画的），找出恒定不变的东西。这也可以说是一个翻译的问题，把一种语言表达出来的东西，用另外一种不同的语言来加以表达。

神话宇宙观是北京故宫总体结构的原型

结构主义，不管这个名称包含了些什么，它一直被认为是创新的和一度是革命性的学说。我认为，这种看法是双重的错误。第一，即便在人文科学领域里，结构主义也完全不是新创的。我们可以从文艺复兴开始追索这种思想趋向，一直延续到 19 世纪，到现代。这种说法之所以错误的另一点理由是：在语言学、人类学等领域当中，所谓的"结构主义"只不过是非常清淡地模仿在英语中被称为"硬科学"（hard sciences）的科学一直在做的事情。

科学只有两种程序方式：不是简约法（reductionist）就是结构法（structuralist）。简约法就是把在一个层次上是非常复杂的现象，在另一个层次上简化为简单的现象。比如，有一些生命现象，可以还原为物理化学过程，这可以从一个局部来解释生命现象，而非对生命现象的全部解释。当我们面对的现象过于复杂，难以把它简化为一个较低级层次的现象时，我们就只能以观察它们的联系，也就是以试图理解构成它们的最初系统的方式，来把握它们。这就是我们在语言学、人类学和其他一些学科中一向所做的。

为了讨论方便起见，让我们把自然界人格化。听凭自然界支配的过程是有限的，在一个真实层次上的这些被自然界支配的过程，必定会在另外的层次上再现出来，遗传密码是一个很好的例子。众所周知，生物学家和遗传学家有一个难题，就是他们没有办法把他们对遗传密码的发现描述出来，他们只能从语言学当中借来语言，比如文字、短语、重音符号、标点符号等等。我并不是说这两者完全是相同的，它们当然是并不相同的。但是它们是在现实的两个不同层次中产生的同一类问题。

把用我们人类学术语来说的文化，分解为自然现象层次，这并非我所情愿。但不管怎样，我们在文化层次上所看到的东西，同从形式观点来看的自然界现象，是同一类现象（我不是说它们在实质上是相同的）。我们至少可以在脑海中索寻出这同类的问题，我们可以在自然现象的层次上对它们进行观察，尽管文化的层次相当复杂，还有许许多多的变体。

我并不想规范出一种哲学或一种理论。我从孩提时代起，就被所谓的"非理性"所困扰，我就想在一种对于我们来说是无秩序的事物中，找出一种秩序。我碰巧成为一个人类学家，事实上并不是因为我对人类学有兴趣，而是因为我想从哲学中走出来。同时，在法国的学术机构中，那时的大学并没有将人类学作为一门单独的学科来讲授，对于某些哲学上训练有素并且教授哲学的人来说，到人类学中寻求解脱正好是可能的。我逃到了人类学中，在那里，我立刻面临了一个问题：对于人类的婚姻，全世界有许多种规则，这些规则看上去是完全没有意义的。更让人困惑的是，如果它们是没有意义的，那么每一个民族都应当有各自不相同的规则，尽管这些规则的数量多少是有限的。这样，如果同一种的不合理规则一再出现，而且另外一种不合理规则也重复出现的话，那就说明它们并不是完全不合理的，否则，它们就不会反复地出现。

我的首要的研究方向，就是

模拟宇宙天地结构的礼器造型：西周凤首扁盉，北京保利艺术博物馆

神话与意义 | 057

从这种明显的无秩序后面揭示出一种秩序。在我对亲属制度和婚姻规则进行研究以后，由于一个偶然的机会，我又把我的注意力转向了神话的研究。在这个领域中，问题也是同样的。神话故事是，或者看上去是随意的、无意义的、荒谬的，但不管怎么样，它们在全世界都一再出现。一个富有想象力的心灵的创作在一个地方应当是独一无二的，同样的创作不应当在完全不同的地方出现。我的课题就是要找出在这种明显的无秩序中，是否存在着某种秩序。仅此而已。我并不断言，我已得出一些结论。

我认为，没有秩序就根本不可能得到意义。在语义学中，有的事情非常奇怪，要找出"意义"（meaning）这个词的意义，在整个语言当中，恐怕是最困难的。"意义"代表着什么意思？在我看来，我们可以作出的唯一回答是：意义代表一种可以把任何资料（data）翻译成另外一种语言的能力。我说的语言并不是指法语或德语这一类语言，而是说在不同层次上的不同的词。当然，这种翻译是辞典也能够做到的，那就是用一些不同于某个词的另外的词，来说明这个词的意义。这些词只是在稍有差别的层次上，与你想要理解其意义的那个词或表达形式，具有一种同构性（isomorphic）而已。翻译要是没有法则的话会怎么样呢？结果必定使人无法理解。因为你不能随便拿一个词来代替另一个词，或者用一个句子来代替另一个句子，你必须要遵循翻译的法则。当我们说法则和意义的时候，其实我们是在说同一件事。就我们所看到的全世界的文献记载中人类对知识的追求，一个普遍的特点是，秩序总是在不断地被引进来。如果说，这代表了人类理智对于秩序的一种基本的需求，那么，人类理智毕竟只是宇宙的一部分。追求秩序的需求或许是真的存在的，因为宇宙中是有秩序的，不是一团混沌。

在这里我一直想要说明的是，科学思维和我所称之为"具体的"逻辑之间，一直是分开的，这种分开是必要的。这也就是说，一方面是对观念材料的尊重和利用，与之相对的是形象和象征等等。我们现在正在目睹的是，这种分离或许是被超越，或许是颠倒过来；因为现代科学看起来能够不光是沿着它自己的传统路线前进——沿着这路线所推进到的前方，也同样是狭窄的通道——而且也同时能够把通道拓宽，把先前遗落的许多问题重新收容进来。

在这个方面，我也许会受到批评，说我是"唯科学论"，或者是一个盲目地相信科学能够解决一切问题的人。我当然不会相信这些，因为我不能想象有朝一日科学能够达到完美无缺的境地。新的问题总会不断地出现，而且问题出现的速度恰好同科学能够解决问题的速度是同样的，这些问题在十几年或一个世纪以前，从哲学上来看还是难题；而人们对将要出现的新问题，到目前为止还没有觉察。在科学所能回答的问题同这种回答所引发的新的问题之间，总是有不一致的。所以在这方面，我不是"唯科学论"者。科学永远不会给我们所有的答案。我们所能够尝试的是，缓慢地增加我们能够解答的问题的数量和质量。要做到这一点，我想，我们只有通过科学。

第二章 "原始的"思维和"文明的"理性

有的民族的思维方式通常被我们错误地称为是"原始的"——其实用"没有文字"来描述他们才更为合适，因为我认为，这才是他们与我们之间的真正的区别——对此有两种不同的解释方式，我认为这两种说法都是错误的。第一种看法认为，这种思维方式是比较低劣的，这使我马上想到的例子是近代人类学家马林诺夫斯基的著作。我必须先声明，我对他是非常尊敬的，我认为他是一个很了不起的人类学家，我绝没有嘲弄他的贡献之意。但是，马林诺夫斯基认为他所研究的民族，或者笼统地说，所有作为人类学研究对象的没有文字的人群，他们的思维方式是被生活中的基本需要所决定的。按照这种观点，如果你知道随便哪一个民族，他们是被基本的生活需要所支配，像维持生计、满足性冲动等等，你就可以解释他们的社会制度、他们的信仰、他们的神话等等。这是在人类学中流传很广的观念，通常人们把它称为功能学派。

另外一派观点认为，原始民族的思维方式并不是低劣的，而是一种完全不同的思维。这一派的研究可以列维-布留尔的著作为代表，他认为，"原始"思维——我总是把"原始"放在引号中——和现代思维之间的根本不同，在于前者完全是被情感和神秘的表现所支配。马林诺夫斯基的观念是一种实用的观念，而列维-布留尔的观念则是情感的或情绪性的。我一直强调的是，没有文字的民族的思维方式实际上是，或者说在许多情况下是：一方面不受利益关系的影响，这与马林诺夫斯基的看法不同；另一方面也可以是理智的，这又不同于列维-布留尔的主张。

比如，我在《图腾制》(*Totemism*)和《野性的思维》(*The Savage Mind*)这两本书中曾试图说明，那些在我们看来完全屈从于维持生计的民族，在极端困难的条件下维持他们起码的生存，但他们还是能够完全不受这种利害关系的影响而进行思考。也就是，他们被需求和愿望所驱使，去理解他们周围的世界、大

结构主义时代的美术灵感，阿姆斯特丹现代美术馆

自然和社会。另外一个方面，为了达到这个目的，他们完全同哲学家一样，甚至在某种程度上同科学家一样，用理智的方法去进行思考。

这就是我的基本假设。

我应当立即消除一个误解：当我说一种思维方式不受利益关系影响，是一种理智的思维方式时，并不意味这种思维方式可以等同于科学思维。当然它在某种程度上同科学思维是有差异的，从另一种程度上来看，它是较低级的。之所以不同，是因为这种没有文字民族的思维方式的目的，是以尽可能简捷的方法来达到对宇宙的一般理解——不仅是一般的，而且是总体的理解。也就是说，如果你不对所有一切事物都有所理解，你就不能解释任何一个单个事物。依据这种思维方式必定得出这个结论。这同科学的思维是完全相抵触的，科学思维是一步一步进行的，它先是对非常有限的现象作出解释，然后再解释其他现象，这样按部就班地进行下去。正如笛卡儿曾经指出的，科学思维的目的在于把困难分解为许多部分，然后解决这个难题。

所以，野蛮人的心智中的这种狂想，同科学思维的程序是有很大的不同。当然，最大的差别在于，这种妄想是不会成功的，而我们却可以。我们能够通过科学思维，驾驭大自然，这是很明显的，无须我对此再引申说明了。虽然，神话在给予人们物质力量去战胜周围的环境这方面是不成功的，但是，神话给人以幻觉，这是非常重要的，它使人们自认为能够理解宇宙，而且确实是了解了宇宙。当然，这只不过是一种幻觉。

但是，我们应当知道，作为科学思维者，我们只是有限地运用了我们的理智能力。我们只是在涉及我们各行各业，或者某些特殊情况的需要时才利用它们。所以，如果有人用了二十多年的时间研究神话或血缘制度变化的方式，那么他就是只运用了与这部分有关的他的理智能力。但是我们不能要求我们每一个人都对同样的事情发生兴趣，因此，我们每一个人所运用的理智能力都是相应于我们需要和感兴趣的事物的。

今天，我们对自己理性智能的运用有时多于过去，有时少于过去；不论多或少，它们在性质上也是不相同的。比如，我们现在不太利用我们的感官力量。在我最初写作《神话学》（Mythologiques）（神话科学引论，Introduction to a Science of Mythology）时，我遇到了一个我感到非常神秘的问题：有一个部落，他们能够在白天看见金星，而这在我看来是绝对不可思议的。我向天文学家请教了这个问题，他们告诉我，我们当然是看不到的，但是当我们懂得了金星在白天也发散出光时，有些人能够在白天看见金星就不完全是不可思议的了。后来，我在古老的西方航海志里读到，那时候的水手的确能够在白天看到金星。如果我们有一双训练有素的眼睛，或许我们也能够看到。

我们对于植物和动物的知识也是如此。没有文字的民族对于他们的环境和资源的利用，具有令人吃惊的准确知识。这些能力我们已经失去了，但是，我们并不是毫无所得地失去它们。比如，我们现在能够驾驶一辆汽车，保证它不会被撞坏，或者在晚上打开我们的电视机或收音机。这显示了现代人类具有的一种智能上的训练，而这种训练是"原始"民族所不具备的，因为他们没有这些需要。我觉得他们有潜在的智能，他们可以对他们思维的特性加以改变，但是他们没有改变他们生活方式的需要，也没有改变同自然界联系的需要。你不可能使人类的所有理性智能都马上发展起来，你只能运用这智能的很小的部分。由于文化的不同，人们所运用的各个部分也不相同。仅此而已。

尽管在人类的许多部分之间存在着文化的差异，但是，不论在任何地方，人类的理性是共同的，并且具有共同的智能，这大概是人类学研究中的许多结论之一。我认为，这个结论是被普遍接受了的。

我并不认为这些不同的文化，曾经试图有系统地或有条理地制造它们相互之间的差异。事实上，千百年来，人类在地球上的数量并不是很多，并且彼此被分成小的群落独立地生存；这自然而然地就会发展起各自独特的个性，使得相互之间的差异出现。这并不是有意的，而是长期的孤立状态所造成的结果。

我希望你们不要认为文化差异这件事本身是有害的，或者认为这些差异是应当被消除的。事实上，文化的差异是能够产生出非常丰富的成果的。进步只有通过差异才能产生。对于我们今天所受到的威胁，或许可以把它叫做"过度的交流"（over-communication）。也就是说，我们处于这样一种趋势当中：在世界上任何一个角落的人，都可以知道世界上其他地方所发生的事情。一种文化要真正保持下来并发扬光大，这种文化以及它的成员就必须坚信他们的文化的独创性，甚至在某种程度上优于其他文化。而只有在文化处于有限的交流的情况下，这种独特的文化才能有所发扬。我们现在面临的威胁是，将来我们仅仅是文化的消费者，我们能够消费来自世界上所有地方的各种文化的任何产物，但是我们自己却失去了所有的独创性。

我们现在可以很容易地想象，有朝一日，整个地球上只有一种文化、一种文明。但是，我不相信这种情形会发生，因为同这种趋势相抵触的力量一直存在。一方面，世界文化趋向于同化，但另一方面，它又面临新的区分。一种文明越是趋向于同化，它内部的分裂也就越明显。在一个层次的收获，在另一个层次上又马上失去了。这是我个人的感觉，我还不能把这个辩证过程论证得很清楚。但是，我无法理解，如果没有内部的多样化，人类如何能够生存。

现在让我们来看一则加拿大西部的神话，它说的是鳐鱼企图操纵南风并且成功了的故事。这个故事发生的年代，是地球上还没有人类的时候，也就是说，在那个时候人与兽还没有真正的区别，还处于半人半兽的状态。他们总是受到风的骚扰，因为风，特别是大风，总是不停地刮，使他们不能去打鱼，也不能到海滩上去捡贝壳。所以，他们决定要与风交战，迫使大风有所收敛。于是，他们组织了一个讨伐队，有一些人兽和兽人参加，其中也包括鳐鱼，它在捕获南风时担任了很重要的角色。南风答应了他们以后不是天天都刮，而是在一定的季节，偶尔刮一刮。在此之后，他们便放走了南风。从那以后，只是在一定的季节中的一两天，才会刮南风，其余的时间，人类就可以从事各种各样的活动。

当你对这则神话的材料进行仔细的考察，你就会发现，鳐鱼是按照它的两种精细的特性活动的。第一种特性是所有的鲽科鱼类都具有的，就是鱼的下腹部平滑，而上背部粗糙。另外一个特性是，当鳐鱼同其他鱼类打斗时，不论是从上面看还是从下面看，它都是非常大的；但如果从侧面看，它就是很薄的，这就使它能够顺利地逃走。它的对手可能会认为，它是很容易被箭所击中的，因为它的体形那么大；但是，当箭正好瞄准它，马上要击中时，鳐鱼可以突然地转身，只露出它的很薄的侧面，当然，这就很难瞄准了。这样，它就逃走了。这就是这个故事选择了鳐鱼的原因，因为，不论从哪一个方面来看——让我用一个控制论的术语——给出的答案都只能是"是"或"否"。这是鳐鱼所具有的两种不连续的状态，一个是肯定的状态，一个是否定的状态。把鳐鱼放到神话中这种用法，当然，我不愿意过度地附会比喻，但它就好像现代的电子计算机，用一系列的"是"和"否"来解答许多很困难的问题。

从实证的观点来看，这个故事是一个明显的错误，鱼不可能与风打斗。但从逻辑的观点来看，我们就可以理解，为什么从经验中借来的形象可以加以利用。这就是神话思维的独创性——也适用于一部分概念思维：一种动物如果具有二元的属性，那么，从逻辑的观点来看，它也就能够同具有二元属性的问题发生联系。如果南风一年四季不停地刮，人类就无法生存。但如果南风在两天当中只有一天刮，也就是一天刮风，另一天不刮风，如此以往，那么，人类的需要同自然界的普遍状况之间就可能达成和解。

结构主义的视觉语言，阿姆斯特丹现代美术馆

所以，从逻辑的观点来看，像鳐鱼这样的动物，同这个神话所要解决的问题之间，有一种密切的关系。这个故事从科学的观点来看是不真实的；只有当控制论和电子计算机在科学世界出现，它们使我们对二元运算法有所了解的时候，我们才能对这个神话的内涵有所了解；而这种二元运算法早已存在于神话思维当中，或者说是作为具体方法以不同方式被运用过了。所以，在神话与科学之间并没有真正的分离。我们只是在科学思维的现在这种状态下才具有了理解这则神话的意义的能力；我们在不熟悉二元运算法的时候，对这则神话的意义是茫然无所知的。

不过，请不要误会，我并不是把科学的解释和神话的解释放在同等水平上。我要说的是，科学解释的伟大和优越之处不仅仅在于科学在实用和智力方面所达到的成就，而且事实上，我们越来越多地发现，科学不但能够证明它自己的效用，也能够在某种程度上证明神话思维的效用。重要的事情是，我们对科学的定性方面越来越感兴趣，而在 17 至 19 世纪，科学被看做是纯粹定量化的；现在科学开始把现实存在的定性方面也统合进来。这一点，毫无疑问将使我们能够理解许多出现在神话思维中的事情，而如果在过去，这些事情会被我们草率地认为是没有意义的和荒谬的。这个趋势将引导我们相信，在生命和思维之间，并没有一个绝对的界限，这个界限在 17 至 19 世纪的哲学二元论者看来是理所当然地存在的。如果我们相信，在我们的理智和我们基本的生命现象之间并没有什么实质的或基本的区别，如果我们还相信，在人类和所有的其他生物——不仅是动物，也包括植物——之间，没有什么分界是不可以被超越的，那么，我们或许能够达到一种更高的智慧，这种智慧超出我们所能想象的范围。

第三章　兔唇和孪生子：一个神话的剖析

　　这一章让我们从一个令人困惑不解的记载开始说起。16 世纪末，一位西班牙传教士阿里卡（P.J.de Arriaga）写了一本名为《消除秘鲁的偶像崇拜》（*Extirpacion de la Idolatria del Peru*）的书。他在书中记述道，在当时的秘鲁某地，当严寒季节来到时，神父就把居民当中所有在出生时脚先落地的、长着兔唇嘴的和双胞胎的人，都叫到一起。他们被指控为是天气变冷的罪魁祸首，据说是因为这些人吃了盐和胡椒粉。他们被迫对自己的罪孽进行忏悔。

　　把孪生子同大气层的反常联系在一起，这是在世界上（包括加拿大在内）很常见的说法。众所周知的是，在加拿大的不列颠哥伦比亚海岸的印第安人中间，孪生子被认为是赋有不寻常的力量，能够带来好的气候，而将暴风雨等驱走。当然，这不是我在这里所要讨论的问题。我所注意的是，所有的神话学家，比如弗雷泽（Sir James Frazer），曾多次引用过阿里卡的这个例子，却从来没有考虑到这样一个问题：为什么兔唇的人和孪生子在某些方面被看做是相似的？我认为，问题的关键是要回答：为什么这些人是兔唇的？为什么这些人是孪生子？兔唇的人和孪生子为什么被放在一起？

　　为了解答这个问题，我们需要不时地从南美跳到北美，因为北美的神话能够为我们提供了解南美神话的线索。许多人指责我的这种研究方法，他们认为，一个特定人群当中的神话，只能在这个特定人群文化的框架中得到解释和理解。对此，我可以从好几个方面加以反驳。

　　第一点，在我看来十分明显的是，近年来，柏克利学派的学者已经证实，哥伦布到来之前的美洲大陆人口，要比以往推测的多得多。既然人口这样多，那么，一些较大的人口群落同其他群落之间，就一定会有某种程度的接触，他们的信仰、活动、风俗会相互渗透。一个群落总会对它邻近群落的活动多少有所了解。第二点，就我们讨论的这个神话来说，并不是在秘鲁和加拿大孤立存在的，而是我们在这两个地方一而再，再而三地发现的。事实上，它们是泛美洲神话，而不是分布在大陆不同地区的零散神话。

巴西沿海一带的古老杜比南巴斯（Tupinambas）印第安人和秘鲁的印第安人中，都有一个关于一位妇女的神话，这个妇女被一个很穷的人用诡计诱骗了。关于这个神话最著名的说法，是由法国 16 世纪的修道士安哲鲁·泰非

结构与色彩，阿姆斯特丹现代美术馆

（André Thevet）记载的。记载中说，这个被引诱的妇女后来生了一对孪生子，其中的一个是她同自己的丈夫所生，另一个则是属于引诱者的，这个引诱者是个骗子。本来这位妇女是要去见神的，神将成为她的丈夫。在去的路上，骗子介入进来，他迫使这位妇女相信了他就是神。因此，这位妇女怀上了骗子的孩子。后来，她找到了她的真正的丈夫，又怀了孕，以后就生下了一对孪生子。由于这对并非真正的孪生子有不同的父亲，所以他们的个性也截然不同：一个勇敢，一个懦弱；一个成为印第安人的保护者，另一个成为白人的保护者；一个为印第安人谋福利，另一个则相反，造成了很多不幸。

碰巧的是，我们在北美也发现了与这个神话完全相同的神话，特别是在美国和加拿大西北部。但是，与南美的神话相比，加拿大地区的神话有两处很重要的差异。比如，居住在洛矶山一带的库德奈（Kootenary）印第安人，在他们的同类神话里，这个女人只受孕了一次，结果却生下了一对孪生子，后来一个变成了太阳，另一个变成了月亮。在加拿大的不列颠哥伦比亚的沙里希（Salish）印第安人中，有两个属于同一个语族的部落：奥卡纳根（Okanagan）和汤普森（Thompson）。在他们的神话里，是两个姐妹被两个不同的人骗了，每人因此生了一个儿子。这两个孩子并不是孪生子，因为他们是由两个母亲所生。但由于他们是在同样的情况下出生的，从道德的和心理的观点来看，他们至少与孪生子是相近的。

关于这个神话的这些不同的传说是非常重要的。在沙里希印第安人的传说中，主人公的孪生特征弱化了，因为他们并不是孪生子，他们是表兄弟。只不

神话与意义 | 065

过他们出生的境况是类似的，他们都是由于自己的母亲被人欺骗而出生的。但是，这两种说法的基本意义是一样的，因为在无论哪一种传说当中，故事的两个主人公都不是真正的孪生子，他们是为两个父亲所生。在南美的传说中，这两个孩子的性格甚至是截然对立的；他们在品质和行为上的这种对立，将延及他们的后代。

我们可以说，在所有这些故事里，孪生子或者是像库德奈人的传说中那样，被人当做是孪生子的孩子，长大以后都有不同的奇遇，也可以说，是这些际遇解除了他们之间那种"孪生"的关系。开始时是作为孪生子出现——不管是真的，还是被等同于孪生子——后来又被分成为两个独立的人，这是南美和北美所有的神话的一个基本特征。

在沙里希印第安人的神话故事中，有一个很奇特的细节，这是一个非常重要的细节：你们记得，在他们的传说中就根本没有孪生子，因为那个故事是说，姐妹两人旅行出外，寻找她们自己的丈夫。她们的祖母告诉她们，应当根据什么样的特征，如何认出她们的丈夫。后来在路上，她们被遇到的骗子所骗，相信那骗子就是她们所要嫁与的丈夫。她们同那骗子同住了一个晚上，后来，姐妹俩每个人生了一个儿子。

在骗子的茅草屋中度过了这个不幸的夜晚之后，姐姐离开了妹妹，去找她们的祖母。她们的祖母是一只山羊，也是一个巫术师。因为她事先预料到她的孙女要来找她，她就派了一只野兔在路上迎候她。这只野兔藏在一棵横放在路中间的树干底下，当这个姑娘抬腿迈过这树干的时候，野兔就可以看见她的生殖器，同她开一个很粗俗的玩笑。这姑娘非常生气，就用一根树棍打这只兔子，把它的鼻子打裂开了。这就是为什么野兔类动物的鼻子和上唇都是分成两半的。我们称呼有这样嘴唇的人为——"兔唇"，也恰恰是因为家兔和野兔具有这样的解剖特性。

换句话说，姐姐开始把一个动物的身体分化为两半，如果这个分化一直进行到底——不是到鼻子就停止了，而是把它从头到尾都分成两半，她就会把一个个体分成两个。而这两个个体是极为近似，或者说是完全相同的，因为它们是一个整体的两个部分。在这里非常重要的一点就是，我们可以发现，有的美洲印第安人是如何构想孪生子的起源的。我们发现美洲印第安人一般都相信，孪生子是身体内部液体分化的结果，液体硬化了以后就变成了胎儿。比如，在北美印第安人当中，怀孕的妇女在睡觉的时候，不许急速地翻身，因为他们认为如果她翻身太快，体内的液体就会分成两部分，她就会生下一对孪生子。

在温哥华岛的夸扣特尔（Kwakiutl）印第安人中也有一个神话，应当在这里提一下。这个故事是说，有一个小姑娘，所有的人都仇视她，因为她长着一个兔唇。一天，一个吃人的女妖魔来了，把所有小孩，包括这个长着兔唇的小女孩，都偷走了。她把这些孩子放进一个篮子，以便把他们背回去吃掉。这个兔唇的女孩是最先被捉到，放在篮子底的。她用一个在海滩上捡到的贝壳，把篮子划开一条口子。这篮子是背在女妖背上的，小姑娘因此能够从这裂缝中掉出来，最先逃走。她掉出来时，是脚先落地的。

这个兔唇的女孩子的位置，同我早先提到过的一个神话里兔子的位置是对称的：当故事的女主人公跨过路中间的树干时，兔子蜷起身藏在这树干的下面；这个时候兔子同上一个神话里的女孩的位置是同样的，它好像是刚刚从女主人公身上生下来，双脚先落地。我们由此可以看到，孪生子与出生时双脚先落地以及所处的位置具有一种实际的联系。从隐喻的观点来看，它们的意义是相同的。这样，阿里卡神父书中关于孪生子、出生时脚先落地的人和长着兔唇的人之间的关系，就可以解释清楚了。

兔唇被看做是孪生子的前身这样一个事实，可以帮助我们解决一个在加拿大进行人类学研究的难题。这是非常基础的问题：为什么奥吉布瓦（Ojibwa）印第安人和其他属于阿贡奎因（Algonkian）语族的印第安人，要选择兔子作为他们信仰的最高的神？有些人提出以下几种解释：野兔即使不是印第安人的主要食物，也是非常重要的食物；野兔跑得非常快，这是印第安人认为他们应当具有能力的一等典范；等等。这些解释都不能令人信服。如果我刚才的解释正确的话，那么更为令人信服的说法是：（1）在啮齿类动物中，野兔比较大，比较令人注目和重要，所以，它可以被当做啮齿类动物的代表；（2）所有的啮齿类动物显示出一种解剖学上的特征，使人感到它们好像是孪生子的前身，因为它们身体的某部分是分裂开的。

当母亲的子宫里有双胞胎，或者更多胎儿时，这通常就会被认为将导致很严重的后果，这在所有的神话里都是如此。因为如果有两个胎儿，这两个胎儿就会打架和竞争，看谁能够取得先出世的荣耀。其中那个坏孩子会毫不犹豫地寻找捷径。就像我说的那样，为了早些出生，他不通过自然的途径而是把母亲的身体割裂开，从里面逃出来。

我认为这个说法解释了为什么把出生时脚先落地与孪生相联系的事实。因为

神话与意义 | 067

在双胞胎的情况下，一个孩子急于先出世，造成了对他母亲的伤害。孪生子和出生时脚先落地都是难产的先兆。我甚至可以说，这是一个英雄式的出生，因为这个孩子要主动成为英雄，有时候英雄也会是伤害人的英雄。但是，他完成了一项非常重要的功绩。这就说明了为什么在有些部落中，孪生子和出生时脚先落地的人都会被杀死。

最重要的一点是，在全美洲的神话中，也可以说是在全世界的神话中，我们可以看到充当上界力量与人间之间中介者角色的神和超自然物。他们可以以不同的方式出现，比如救世主一类的角色、天上的孪生子等等。在阿贡奎因神话中，我们可以看到兔子是处于救世主这个独特的中间人和天上的孪生子之间的。兔子不是孪生子，但它是孪生子的前身。它是一个完整的个体。但由于它是兔子，它就一半成为孪生子。

这个故事说明了一个一直让解释者和人类学家感到困惑的问题：为什么在这个神话里，兔子是一个多义性的神？有时候它非常聪明，把宇宙万物安排得井井有条；有时候，它又荒唐可笑，不断地闯祸。如果我们解释清楚了为什么阿贡奎因印第安人选择兔子作为他们的神，这一点也就很容易理解了：兔子是一个处于两种状态之间的个体，第一种是造福于人类的神，第二种是孪生子。这二者中，一个是好的，一个是坏的。兔子既没有完全分裂成两者，也没有成为孪生子，这种对立的特性可以合并为一体，存在于同一个人身上。

第四章　当神话变成历史

这个题目给神话学家带来两个难题，一个是非常重要的理论性问题，因为我们在看北美、南美和世界其他地方的神话素材时，呈现在我们眼前的是两类不同的神话素材。有时候，人类学家收集到的神话故事，多少有点像补丁碎片；这些没有条理的故事，被放在一起，而故事与故事之间，没有明显的关联。在另外的情况下，比如在哥伦比亚的弗波斯（Vaupés）地区，我们可以看到非常有连续性的神话故事，这些故事全部是分成章节的，彼此之间很有逻辑次序。

接下来我们面临的问题是：所谓收集神话，指的是什么意思？这可以代表两种不同的意义。一种意义是，神话在其原始状态上是连贯的，就好比一种家世小说，代代相传；而当我们找到的神话是一些并不连贯的、零星的片断时，这说明这是年代久远而零散的结果。我们所能找到的仅仅是一个在早先富有意的整体的零星部分。或者，我们也可以假设，这种事件之间彼此没有联系的状态，是一种更为远古的状态，而神话则是被后来当地的智者和哲学家们，按照一种规则编排起来的。这种人并不是在任何地方都有，而是在某些特定的社会形态中才会存在。在研究《圣经》的时候，我们会遇到同样的问题：因为看上去，《圣经》的原始材料是零散的，相互间没有联系的；它是由后来的哲学家把这些材料，根据一种规则编排在一起，形成了一个连续的故事。在这里，一个非常重要的问题就是要了解，在被人类学家所研究的那些没有文字的民族当中，就上述问题来说的情况，究竟是与《圣经》的情况相同，还是完全不同。

神话学家所面临的第二个难题，虽然比较实际，但它仍然是一个理论性问题。在以往的19世纪和20世纪初期，绝大多数的神话材料，是由人类学家收集到的，也就是说，是由神话产生地外面来的人收集的。当然，在许多情况下，特别是在加拿大，这些人类学家都有当地人的合作者。让我以弗朗兹·博厄斯（Franz Boas）为例，他有一个夸扣特尔人助手，此人名叫乔治·亨特（George Hunt）[事实上，他并不完全是夸扣特尔人，因为他的父亲是苏格兰人，母亲是特里吉（Tlingit）印第安人，但是他是在夸扣特尔印第安人中长大的，并且同夸扣特尔人结了婚，完全被夸扣特尔印第安人所同化]。在研究金锡安（Tsimshim）印第安人时，博厄斯的助手是亨利·泰特，他是一个有文化的金锡安人。马洛斯·巴比欧（Marius Barbeau）的助手是威廉·本杨（William Benyou），他也是一个受过教育的金锡安人。所以，他们的工作在一开始，就没有被当地印第安人所打扰，事实上，亨特、泰特和本杨都是在人类学家的指导下工作，也可以说，他们自己也变成了人类学家。当然，他们熟知最好的传说故事，了解他们自己的氏族和家族的传统；但是，对于从别的家族和氏族中收集资料，他们也同样感兴趣。

当我们阅读这些浩瀚的印第安人神话集时，比如，博厄斯和泰特合著的《金锡安人的神话》（*Tsimshian Mythology*），或者由亨特收集并编辑，由博厄斯翻译的夸扣特尔人的神话，我们会发现在材料的组织方面，它们多少有些相似。其原因在于这种编排是由人类学家做出的。比如，在开始总是关于宇宙和宇宙起源的神话，往后一些，以及排在最后的，是一些被认为是传奇性的传统和家族历史的神话。

收集神话的工作，碰巧是由人类学家开始的，现在印第安人自己也做这件事情。但他们是因两种不同的目的而做的。比如说，印第安人收集神话是为了在小学向印第安人的孩子教授他们的语言和神话。我现在理解，这是一件非常重要的事情。另外一个目的，是用传统的神话故事向白人证实他们有权利实现他们的要求——领土的要求，政治上的要求，等等。

那么，外来人收集的神话同本地人收集的神话——虽然他们也是以外来人的方式进行收集，这两者之间有没有不同呢？如果有，又是怎样一种不同呢？发现这其中的差异是非常重要的。应当说，在这方面，加拿大是得天独厚的，关于那里的神话和传说的书籍，是由印第安人专家自己收集和编印的。这在很早以前就开始了：在第一次世界大战以前，波林·约翰逊（Pauline Johnson）就发表了《温哥华的传奇》（Legends of Vancouvei）。以后又有了马洛斯·巴比欧的著作，当然，他并不是印第安人，但是，他收集的历史性与半历史性的材料，使他成为为他提供材料的印第安人的代言人，他所发表的神话，是他对当地的神话的一种看法。

更为令人感兴趣的是《麦迪克人》（Men of Medeek）这样的著作，它是 1962 年在基蒂马（Kitimat）出版的。此书号称是按照一位住在斯吉纳河（Skeena river）中游，金锡安族酋长瓦尔特·赖特的话，逐字逐句地收集整理而成的。但是，收集者是一个没有经过田野作业训练的白人。一本更为重要的书，是在 1974 年由酋长肯尼思·哈里斯自己出版的，他也是一位金锡安族印第安人酋长。

我们可以做一项实验，把由人类学家收集来的材料，同由印第安人自己直接收集和出版的材料进行比较。或许我不应当用"收集"这个词，因为事实上，它们并不是来自于许多家族、许多部落、许多宗族，合并罗列而写成；这两本书是同一个家族或者说同一个部落的历史，是由他们后代中的某人发表的。

问题是：神话是在什么地方终止？而历史又在什么地方开始？一个没有档案的历史对于我们来说是很新颖的，它也当然没有文字记录，而只有口述的传统，可是它还是被看做是历史。如果我们把从斯吉纳河中游赖特酋长处得到的东西，同由哈兹尔顿地区斯吉纳河上游的哈里斯酋长所写、所出版的东西，进行一番比较，我们会发现它们之间的相似之处，也会发现相异之处。赖特酋长所说的故事，我把它叫做"混沌的起源"，这个故事的目的在于解释为什么一个氏族或者部落在产生以后，克服了许许多多的磨难，经历过成功的时期，也经历过失败的时期，但最后总是趋于灾难性的结局。这是一个非常悲观的故事，实际上这是一部衰败的历史。而在哈里斯酋长的书中，这段历史看起来是很不相同的。因为哈里斯的这本书主要是为了解释社会秩序的由来而写的，而在历史上存在的社会秩序，现在依然存在，它嵌印在一些名号、头衔和特权当中。在家族和部落中拥有这种显赫的地位，靠的是与上一代的承继关系。这就好像一连串历时态的事件，被一下子同时投影到现时的银幕上，以一个画面挨着另一个画面，重建起一套共时态的秩序。它的存在是依靠这种家谱、权益簿来说明的。

这两个故事和这两本书，是十分引人入胜的，从文学的观点来说，也可以说是巨作。但是对于人类学家来说，它们的主要意旨是表明一种历史的特性，这种历史与我们的历史有着极大的不同。我们的历史几乎完全是根据文字记载而写成的，而上述的两种历史却显然是没有或极少有文字记载。当我试着把这两本书加以比较时，我注意到它们都是从同一段神话的或者说是历史的时期开头（我不知道是哪一个，或许考古学家将能解决这个问题）。在那个时候，在斯吉纳河上游，靠近现在哈兹尔顿的地方，有一个大的城镇，据巴比欧的记载，它叫做坦尔哈姆（Tenlaham）。这两本书上所说的事情就是发

神话历史的讲述：印第安熊人木雕

生在那里。两本书说的几乎是相同的故事：书中说城市被毁坏了，幸存的人们沿着斯吉纳河开始了艰难的旅程。

当然，这个故事可以被当做一个历史事件，但是我们如果仔细观察一下它叙述的方法，我们会发现，这两本书所叙述的事件的类型是相同的，但是细节并不完全相同。比如，按照有的说法，开始时是两个村庄或两个城镇发生了战争，是由一次通奸引起的。下面的故事就可以是，丈夫杀了他妻子的情人，或者兄弟杀了他们姐姐或妹妹的情人，或者丈夫杀了他的妻子，因为她另有所爱。这样，我们便有了一个"解释的细胞"。它的基本结构都一样，但内容各不相同，而且多变；所以可以说，这是一种"袖珍"神话，因为它非常短，又非常紧凑。但它依然具有神话的性能，并且在一些不同的变体中，我们可以明显地发现它的存在。当故事中一个要素改变了，其他的要素也跟着重新组合。这是这些氏族故事首先引起我兴趣的地方。

神话与意义 | 071

第二点，这些故事所述说的历史具有高度的重复性，同一类型的事件可以被引用许多次以便解释一些不同的情节。比如，在赖特酋长的特殊传统和哈里斯酋长的特殊传统的故事中，我们可以发现一些相似的事情。但是，这些事情不是发生在同一地点，也不是影响到同一些人物，它们很可能根本不是在同一个历史时期中所发生的。

在阅读过这两本书之后，我们发现神话与历史之间的对立，并不是我们所认为的那样界限分明，在它们中间还有一个中间层次。神话是静态的，我们发现相同的要素一而再，再而三地组合，但它们是处在一个封闭的系统当中，一个与历史截然不同的系统。当然，历史是一个开放的系统。

历史的开放特性依赖于神话细胞或者是从神话演变而来的解释细胞，它们的组合和重组的无数方式。这说明，相同的素材是可以被利用的。因为，这是所有的部落、所有的氏族、所有的宗族共同的遗产；利用这种遗产，我们就可以建构起任何一个群体的起源。

在早期的人类学研究报告中，引起人误解的是，把许多不同社会群体的传统和信仰混杂在一起。这使我们失去了对材料本身基本特性的认识。每一种故事类型都属于一个特定的部落、特定的家庭、特定的宗族，或者是特定的氏族。这个故事试图解释这个群体的命运，这可能是一个成功的命运，也可能是一个悲惨的命运；或者是对他们现在已经具有的特权的说明；或者是企图要求得到某些已经失去的权利。

当我们试图建立一个科学的历史时，我们真的是做一些科学的工作吗？还是仍旧骑在神话上，而自以为是在创造一个纯粹的历史？有一件事是很有意思的，那就是观察北美和南美，其实全世界都是如此，每一个地方的人，都天生具有某种他从属的那个群体的神话传说的传统，当他听到属于不同的家庭或氏族的别人的传说时，观察他的反应是很有意思的。这个传说同他所熟知的传说在某种程度上可能是相通的，但是在某种程度上也可能是极不相同的。我们不可能认为这两种不同的叙述同时都是真的，但在有的情况下，它们看上去可以被当做是真的。唯一的差别是，其中的一种比另一种被认为是更好一些或更准确一些。在另外的情况下，这两种叙述都可以被看做是同样有效的，因为它们之间的差异并没有被意识到。

在我们的日常生活当中，我们并没有感觉到，我们是处在与某些不同的历史学家所叙述的历史事件相同的处境当中。我们仅仅注意到基本的相似之处，而忽视了那些不同之处。这是由于我们知道,事实上历史学家选择资料和对资料进行解释的方法,是各不相同的。所以,如果你比较一下两个历史学家的著述,这两个历史学家有着不同的知识传统,不同的政治倾向,他们所写的美国大革命、加拿大的英法战争,或者法国大革命,内容是不会相同的。对此,我们无须吃惊。

所以,在很仔细地研究了这个历史——仅就这个词的一般意义来说——以后,我的印象是:当代印第安人作者们试图把他们的过去向我们述说,他们不把这段历史看做是幻想的东西,他们的述说是非常精心的;加上有对遗迹考古学研究的帮助,也就是挖掘村落的遗迹根据历史资料,他们试图在那些不同的叙述当中,找出哪些是与考古的事实真正相符的事情,哪些是不相符合的事情。这种工作的结果,可以使我们对什么是真正的历史科学有更进一步的了解。

我当然相信,在我们所生活的社会当中,历史已经取代了神话,并履行着同样的功能。在没有文字和没有记载的社会里,神话的目的是要保证社会尽可能地封闭,完全的封闭当然是不可能的。这种封闭将使社会的今天等同于过去。但是在我们看来,社会的未来永远是不同于现在的,而且越来越不同;当然,有的不同是取决于我们的政治偏爱。但是,存在于我们头脑之中的神话与历史之间的裂沟应当是可以被克服的,如果我们在研究历史时,不把它从神话中分割开,而是把它看做是神话的接续。

第五章　神话与音乐

神话与音乐的联系,我在《生食与熟食》(*The Raw and the Cooked*)一书开始的一段,以及《裸人》(*L'Hommenu*)一书的最后一段中再三强调,最为使人误解的,大概是"神话与音乐"这个题目,虽然在法国也曾引起误解,但英语国家学术界尤为如此,因为神话与音乐的联系被人认为是随意构想出来的。而我的看法正相反,我认为神话与音乐不止有一种联系,而是两种:一种是相似性,一种是连续性。事实上,这二者是相同的。我并不是很快就理解了这个问题,起初,它们的相似性引起了我的注意。下面,我将进一步对此加以展开和解释。

在神话与音乐的相似性方面,我的主要看法是,神话与音乐的总谱一样,仅仅把它当做一种连续的序列来读,是不可能理解它的。如果我们读一个神话,就像读一部小说或一张报纸上的文章，从左至右，一行接着一行读，那么我们就不会理解这个神话。因为我们必须把神话作为一个整体来把握，我们才能发现神话的基本意义不是通过一段段的事件（the sequence of events）来表达的，而是通过一束束的事件（bundles of events）表达的，虽然这些事件是在故事中不同的时刻出现。所以，我们读神话，至少应当像读交响乐的总谱那样，不是一行五线谱接着一行地读，而是要领会整页。要理解乐谱上端第一行五线谱的意义，我们只有把它当做下面第二行、第三行……这个整束中的一部分，才能达到。这也就是说，我们必须不仅从左至右地读，而且同时也得从上到下地读。我们必须懂得一页乐谱就是一个整体。只有把神话看做同交响乐总谱一样，是一行五线谱跟着另一行五线谱那样写成的，把它当做一个整体来理解，我们才能了解神话的确切意义。

这种情形为什么会是这样？它是怎样产生的呢？这就是我的认识的第二个方面：神话与音乐的连续性方面，我们将从这个方面得到富有意义的线索。事实上，在文艺复兴和17世纪期间，神话思维已经退到西方理性文化思潮的背景之后（我不是说它完全消失了）。第一部长篇小说出现了，代替了那些依然以神话为范本的故事。差不多是与此同时，我们看到了一种伟大的音乐类型的出现，这种音乐成为17世纪，特别是18和19世纪的特征。

音乐好像完全改变了它传统的格式，以便承继理性与情绪的功能，而这两项功能是神话思维在当时正在放弃的。当我在这里谈论音乐时，当然，我应当首先界定一下音乐这个名词。承继了神话的传统功能的音乐，不是什么别的音乐，而是指17世纪初弗瑞斯克巴尔蒂①的音乐，和18世纪初巴赫（Bach）的音乐，以及在18和19世纪达到顶峰的莫扎特、贝多芬和瓦格纳的音乐。

为了说明上述这段话，我举一个具体的例子——瓦格纳的四幕歌剧《指环》（*The Ring*）②。在这部歌剧当中，最重要的音乐主题是放弃爱情，用法语来说，叫做"le thème de la renunciation à l'amour"。大家知道，这个主题在歌剧中第一次出现，是在第一幕"莱茵河的黄金"（Rhinegold）中：当艾尔伯从莱茵河少女处得知，他只有放弃人间所有的爱时，才能得到黄金，这个时候，主题出现了。这个令人震惊的音乐主题，是艾尔伯的一个信号，每当艾尔伯说他只要金子，永

---

① 弗瑞斯克巴尔蒂（Girolamo Frescobaldi），17世纪意大利作曲家、风琴家。德国音乐家巴赫等人颇受他作品的影响。——译注

② 此剧是德国音乐家瓦格纳（Richard wagner）在1852年创作的。原剧名为《尼伯龙根指环》（*The Ring of Nibelungen*），取材于中古时期的德国史诗和北欧神话中诸神的传说。——译注

远不要爱情时,这个主题便出现。这个主题出现的字面意义是:艾尔伯正在抛弃爱情。它既清楚又简明。

第二个令人注意和非常重要的时刻是,这个主题在"神婢"(Valkyrie)一幕中的再次出现,这是一个令人非常难以理解的情境。当西格蒙特发现西格琳是他的妹妹,而他又爱上了她,他们将要开始发生乱伦的关系时,埋在树中的魔剑被发现了,西

追求黄金:战国鹰形金冠饰,鄂尔多斯出土,摄于内蒙古博物馆

格蒙特将它从树中抽出。这个时候,放弃爱情的主题又一次出现了。这使人感到不可思议,因为在这个时候,西格蒙特完全没有放弃爱情,正好相反,他从他的妹妹西格琳那里第一次知道了什么是爱情。

这个主题的第三次出现,仍然是在"神婢"这幕中。在最后一场,众神之王沃顿处罚他的女儿布伦海特,让她长眠于烈火之中。我们可以认为,沃顿也放弃了爱情,因为他放弃了对自己女儿的爱。但是,这种解释不能令人信服。

现在,我们可以看到,这里的问题与神话中的问题是同样的,也就是说,我们有一个主题,只不过它是一个音乐的主题而不是神话的主题。在一个很长的故事当中,它前后出现了三次:一次在开头,一次在中间,一次在结尾。为了讨论方便起见,我们只在这里讨论《指环》的前两幕。在我看来,要理解这个主题不可思议地再三出现的唯一办法是,把这三个事件放到一起,把它们一个挨着一个地叠加起来,然后看看它们是不是能够被当做同一个事件来处理,虽然这三件事是不同的。

在此之后我们可以发现,在三个不同的场面中,总有一件珍宝被人从一个命中注定的地方拆出或夺走。藏在莱茵河底的黄金,埋在树中的魔剑。这里的树是一个象征,它是生命之树或者说是宇宙之树。还有那个女人布伦海特,她必须从火中逃脱出来。这个主题的再三出现暗示我们,黄金、魔剑和布伦海特实际上是一回事:金子用来抑制权力,魔剑用来抑制爱情。黄金、魔剑、女人这三者联结为一体的事实,给我们一个最好的解释理由:为什么在第四幕"众神

神话与意义 | 075

的黄昏"（Twilight of the Gods）的结尾，金子经过布伦海特之手又回到了莱茵河？因为它们本来就是一回事，只不过我们是从不同的角度来观察的罢了。

剧情中其他一些地方也因此清楚了。比如：艾尔伯虽然放弃了爱情，但由于黄金的缘故，他引诱了一个女人，这个女人为他生了一个儿子——哈根。西格蒙特由于有魔剑，后来也有了一个儿子，就是西格弗。这样，"放弃"主题的再三出现就告诉我们一些在诗歌中从来没有得到解释的事情：叛徒哈根和英雄西格弗之间有一种孪生的联系。他们是一种非常近似的对应关系。这也就说明了为什么西格弗先以他自己的面目出现，后来又装扮成哈根，在故事的前后段落中分别征服了布伦海特。

我可以长篇大论地继续讲下去，但是这些例子已经足够解释分析神话和理解音乐在方法上的近似。当我们在听音乐时，我们终究是在听某些从头至尾，随着时间而延展的东西。比如听交响乐，交响乐有起头、中间部分和结尾。但是，如果我不能随时把我刚才听到的和正在听的东西，有意识地结合为一个整体，那么，对于这首交响乐，我就谈不上什么理解，也不会从中得到任何快感。以音乐的主题和变奏的程式来说，你只有记住先听到的主题，才能对所有的变奏有所意识和感受。每一组变奏都有它的情趣，如果你能够下意识地把它结合到你原来听过的变奏曲中，你就会听出它独特的情趣。

因此，在听音乐和听人讲神话故事时，听众的脑海中是在不断地做重新建构的工作。神话与音乐的相似不仅是全球性的，而且，一个特殊的音乐格式被创作出来时，它只不过是重新发现了早已存在于神话层次上的结构。

举例来说，在巴赫时代形成的赋格曲，是非常引人注目的。它逼真地再现了某些神话的构成，特别是那种具有两个或两组角色的神话，比如，一方是善，另一方是恶。当然，这是过于简化的说法。神话所展示的故事是，一类人群想要从另外一类人群中逃脱。这群人就追逐逃走的一群。有的时候逃走的 A 群又回来加入到 B 群中，也有的时候，B 群又逃走了。这完全同赋格曲一样。用法语说，这叫做"le sujet et la réponse"，主题与对答。"对偶句"（antithesis）或"应答轮唱"（antiphony）在故事中就这样持续下去，一直到这两群人都混在一起，分辨不清为止。这就相当于赋格曲的收束部（stretta）。这个冲突的最后解决或者说高潮，来自在神话中一直是对立的两个部分的结合。这是一种向上的力量和向下的力量之间的冲突，是天空和大地之间的冲突，或者也可以说是太阳和地下力量的冲突，等等。在神话中这种变形（conjugation）的解决方式，同乐曲结尾的音乐结构是近似的，因为乐曲结尾时，也总是把极端的变形重新组合在一起。我们可以从一些神话或若干组神话中看到，神话同奏鸣曲、同交响乐、回旋曲、托卡塔曲，或者同任何一种音乐形式，在结构上是相像的。这些音乐形式并不是音乐本身发明出来的，而是从神话的结构中下意识地借用过来的。

在这里，我想讲一个小故事，当我写《生食与熟食》的时候，我决定让这部书中的每一个章节带有一些音乐程式的特色，我给它们起名为"交响乐"和"回旋曲"等等。后来我在写作中遇到一个神话，我完全能够理解它的结构，但是我找不到一个能够与这种结构对应的音乐格式。于是，我去找我的一位朋友——作曲家列包维兹（René Leibowitz），就这个问题向他求教。我向他讲述了这个神话的结构：神话开始时是两个完全不同的故事，从表面上看，彼此之间没有任何联系；在神话的进行当中，两个故事逐渐靠拢、合并，到结尾时，它们变成了一个主题。我问他，在音乐中能不能找出同这个神话结构一样的乐曲呢？他想了一下告诉我说，据他所知，在整个音乐史上没有一个乐曲具有这样的结构。所以，这个结构无法用音乐的程式来命名。但是，显然在音乐中很可能存在这样的结构。在几个星期之后，我的这位朋友送给我一份乐曲总谱。这首乐曲是他借用了我向他讲述的那个神话结构而创作出来的。

在音乐和语言之间进行比较，是一件非常不容易的事情。从某种程度上说，这两者是非常接近的；同时，它们又是差别极大的。比如，现代语言学家告诉我们，语言的基本要素是音素（其实，语音用字母来代表是不正确的）。音素本身是没有意义的，但是它们组合起来就能表达不同的意思。这和音乐中的音符是同样的。一个音符——A、B、C、D，等等，本身没有意义；它仅仅是一个音符。音符只有在组合之后才产生出音乐。所以，我们完全可以说，在语言中，音素是基本的材料；在音乐中则是音调。这二者是非常相近的。

但是，如果你对语言作更进一步或更深一层次的思考，你便会发现，音素组合成为词，词组合在一起又变成句子。但是在音乐里没有词，音符是基本的材料，音符组合起来，你便马上得到"句子"——一个旋律的短句。所以，在语言中有三个非常明确的层次：音素组合成词，词组合成语句。而在音乐中，从逻辑的观点来看，音符和音素是同一类的，但是缺少词这个层次；音符直接组合成句子。

现在我们可以把神话同音乐和语言这二者进行比较，它们之间有这样一个区别：在神话中没有音素这个层次，它的最基本要素就是词。如果我们把语言看做一种纵聚合关系（paradigm），那么这个纵向聚合关系是这样形成的：第一个层次是音素，第二个层次是词，第三个层次是语句。在音乐中，有相当于音素和相当于语句的层次，但是没有相当于词的层次。在神话中，有相当于词和相当于语句的层次，而没有相当于音素的层次，所以说，音乐和神话都缺少一个层次。

如果我们想要了解语言、神话和音乐之间的关系，唯一的办法是把语言作为出发点。然后我们可以看出，音乐和神话都是从语言中分岔出来，向不同的方向发展。音乐突出的是语言所内含的声音方面，神话突出的是语言所内含的语句意义和词义的方面。

这也就是索绪尔（F. de. Saussure）指出的，语言是由一些彼此之间并不相同的声音和意义成分所组成。我的朋友雅克布逊（Roman Jakobson）刚刚出版了一本小册子，名叫《声音与意义》（*Le Son et le Sens*），这是语言不可分割的两个方面。有声音才有意义，没有声音来表达，意义就不可能存在。而在音乐中，其构成由声音要素来完成；在神话中是由意义要素完成。

我从孩提时代起就梦想做一个作曲家，或者至少当一个管弦乐队的指挥。我在小的时候非常想创作一部歌剧。我曾经写出了剧本，并画好了布景，但是我就是谱不成曲子。因为我脑子中缺少一些东西。我觉得只有音乐和数学方面的才华是要依靠遗传的。一个人必须具有某些遗传的因素才能从事这两者。我记得很清楚，在第二次世界大战期间，我作为一个难民住在纽约时，有一次同法国著名的作曲家梅里奥（Darius Milhaud）一起吃饭，我问他："你是什么时候意识到你将来要成为一个作曲家的？"他向我解释道，在他小的时候，当他躺在床上即将入睡时，他总是朦胧中听到一种音乐，一种与他所熟悉的任何音乐都不相关的音乐；后来他发现，那已经是他自己创作出来的音乐。

从那时起我就意识到，音乐与神话实际上是两姊妹，都是从语言中诞生出来，向各不相同的方向发展，就好像神话中的人物，一个往北走，另一个往南走，他们再也没有会面。所以，如果我不能用声音来进行创作，那么，我也许在意义方面能够有所作为。

音乐与神话的对应与类似，我已经指出过了，我想再一次加以强调的是：我所进行的比较，只适用于我所了解的近几个世纪发展起来的西方音乐。但是，我们现在所看到的某些事情，从逻辑的观点来说，同神话作为一种文学类型的消失，长篇小说取代了它的位置这件事是十分相似的。现在我们正在目睹长篇小说的消亡。音乐在结构和功能方面取代了神话，这是在 18 世纪所发生的。现在这种事很可能再一次出现。当长篇小说作为一种文学类型从文学舞台上消失的时候，取代它往日地位的将是那种所谓的系列音乐（serial music）。

俞建章　译　叶舒宪　校

语言学与人类学

[法] 列维-斯特劳斯

> 本文译自列维-斯特劳斯《结构人类学》（*Structural Anthropology*）英文本，美国 Basic Books 出版公司 1963 年版，第四章。文章原为作者 1952 年在印第安纳的布卢明顿召开的人类学家与语言学家会议上宣读的论文，1953 年 4 月首次用英文发表于《美国语言学国际杂志增刊》第 XIX 卷，第 2 期。作者在本文中论述了语言与文化的关系，认为语言学的模式提供了足以沟通人文科学与自然科学之间的传统鸿沟的桥梁。文章还涉及了特定文化的亲属关系的结构、婚姻系统、神话结构和语言结构之间的潜在对应关系，这有助于开阔神话学研究的视野，故收录于此。

人类学家和语言学家，为了他们各自学科所面临的特殊目的正式地会聚一堂，或许这是第一次。然而问题并没有这样简单，在我看来，我们已经遇到了很多困难，其中有一部分困难与这一事实有关，即我们不仅在努力将语言学的主题与人类学的主题加以对比，这种对比本身能够而且不得不在几个不同的层次上进行，在同一个讨论过程中，从一个层次转移到另一层次的情况是很难避免的。我准备首先概括出这些不同的层次。

首先，我们已经说起一种语言与一种文化之间的关系，这就是说，当我们试图研究某种文化时，对这种文化的语言的认识必须达到何种程度，或者要理解文化成员的意思，我们又必须对这种文化以及语言了解到何种程度。

还有第二个层次，它不是一种语言与一种文化之间的联系，而是语言与文化之间的联系。尽管在这一层次上也有许多重要的问题，然而我认为，我们在这个层次上的讨论似乎并不像在第一个层次上那样频繁。例如，在这次讨论期间，没有谁提到各自作为一个整体的文化行为和语言，这一点给我的印象很深。我们运用语言的方式是相当草率的——我们无时不在交谈，我们对许多事情提出质疑。这绝不是一种普遍状况。许多文化——我倾向于认为，世界上绝大多数文化——对待语言都相当节俭。这些文化都坚信：不应该不加选择，相反，只能在某种特殊的参照构架之中小心翼翼地使用语言。可以肯定，我们的讨论已经提到这类问题，只是人们还没有像重视第一类问题那样来重视它。

第三个层次，更少有人注意到。这种关系不是一种语言或语言与一种文化或文化之间的，而是作为一门科学学科的语言学与人类学之间的关系。在我看来，它或许是最重要的层次，某种程度上，它一直停留在我们这次讨论的背景之中。

现在该怎样解释这种情况呢？语言与文化之间的关系是非常复杂的。首先，语言可以说是文化的一种结果：某个族群说的语言是这些族群的整个文化的反映。但是，我们也可以说，语言是文化的一部分。它是构成文化的众多方面之一——如果你们还记得泰勒①关于文化的著名定义，文化包括许多方面，诸如工具、制度、风俗、信仰等等，当然还有语言。从这种角度看和从第一个层次上看，这些问题是截然不同的。在第三个层次上，可以说语言是文化的一个条件，这可以有两种不同方式：首先，在历时性方面，它是文化的一个条件，因为我们主要通过语言来了解我们自己的文化——我们的父母用语言来教育我们，斥责我们，也用语言来恭喜我们。况且，从理论观点来看，更可以说语言是文化的条件，因为构成语言的要素与构成整个文化的要素是同一个类型：逻辑关系、对立、关联等等。从这个观点看，语言似乎为那些更复杂的结构奠定了某种基础，而这些结构与文化的不同方面是相对应的。

这就是我从一个客观角度来考虑我们的问题的方式。当然还有一种主观角度，同样也很重要。我认为，这次讨论期间，人类学家与语言学家之所以如此迫切地聚集在一起，其原因是根本不同的，他们的动机实际上也是相互矛盾的。会议期间，语言学家们已经反复告诫我们：他们总有些担心这种趋势会在他们的学科中滋长起来——他们已经越来越感到互不相干；而且他们也越来越多地与一些抽象观念打交道，这些抽象观念在其他人看来常常难以理解；尤其在结构语言学界，语言学家们主要关心的问题，与任何整个文化、社会生活以及说这一语言的民族的历史都不发生关联；如此等等。我认为，这些语言学家们之

---

① 泰勒（E. B. Taylor, 1832—1917），英国人类学家，著有《原始文化》（1871）、《人类早期历史研究》（1865）等。他对"文化"的定义见《原始文化》一书。——译注

所以如此渴望与人类学家接近一些，正是由于他们希望人类学家能够把某些具体性归还给他们，而这些具体性原先似乎已经从他们自己的方法论研究中消失殆尽了。如今，人类学家们又怎样呢？人类学家与语言学有着一种非常特殊的关系。多年以来，他们一直同语言学家并肩工作着，在人类学家看来，语言学家似乎突然销声匿迹了，他们正走向分界的那一边①，而这种界限即把科学一方面划分为精密科学与自然科学，另一方面划分为人文科学与社会科学。忽然间，语言学家们又为他们从前的伙伴表演了一套讨厌的把戏，而他们所用的方法与人们长时间以来认为专属于精密科学与自然科学的方法同属一类。那么，让我们看一看，在人类学家这一边，有忧郁，更多的是嫉妒。我们应该乐于从语言学家那里借鉴他们成功的经验，学会在我们的复杂领域里——在亲属关系领域，在社会组织领域，在宗教、民俗、艺术等等领域——运用在语言学界被证明是非常成功的同一种精确研究方法。

我希望能够详细说明——因为，我试图在此解释的是人类学家的观点——这对我们来说是多么重要。这次会议期间，我已经学到了许多，但这并不限于这次会议的会期期间；作为一名非语言学家的人类学家，给我留下极为深刻的印象的是，我曾经参加了由沃格林（C. F. Voegelin）和史密斯（Henry L. Smith）主持的田野作业班，亲眼目睹他们把精确性、谨慎性与严密性运用在这个领域②，这一领域毕竟与人类学的其他领域都在同样的程度上属于社会科学。不仅如此，在过去的三到四年间，一直在打动我们的不仅有语言学与通信工程在理论和实践上建立起来的联系，还有一个事实，即如果你现在有一个问题，其解决方式不仅有可能比我们现有的更精确，而且还可以用工程师设计的机器做一种与自然科学的实验完全类似的实验，让实验告诉你：这一假设是否有价值。几个世纪以来，人文科学与社会科学一直俯首帖耳地把自然科学与精密科学的世界视为从来不可进入的天堂。忽然，在这两个领域之间开启了一道小门，而这恰恰是语言学的功劳。因而大家会明白，就我能作出正确解释的范围来说，人类学家与语言学家的动机是相当矛盾的。语言学家试图联合人类学家，是为了使他们的研究更具体，而人类学家正在试图重新联合语言学家，恰恰是因为语言学家们似乎向他们显示了一种方法，使他们摆脱由于对具体的和经验性的材料过

---

① 即走向精密科学与自然科学。——译注
② 即上文所说的人类学的田野作业。——译注

于了解和熟悉而带来的迷惑。在我看来，我们这次会议期间，有时竟导致了某种——我把它称为不幸的旋转木马游戏，忽而人类学家追随语言学家，忽而语言学家又追随人类学家，一方试图从对方得到的东西，恰恰是对方自身极力想摆脱的东西。我认为，这一点应该引起大家的重视。为什么会产生这种根本的误解呢？首先因为这个任务极为困难。这次会议上，我特别被玛丽·哈斯（Mary Haas）的做法打动了。她试图在木板上写下一些公式来分析一个看似和习用两种语言的现象同样简单的问题——这个问题很简单，因为从外部看来它似乎只有两种关系，两种语言，虽然可能置换的数目相当大。确实相当大，在这次讨论中，又发现了一些新型的置换。应该承认，除去这些置换以外，还可以引入另一些范围，当然，这样会使问题变得更为错综复杂。我认为，这正是我们这次会议的主要收获之一——一旦我们试图用同一种语言来说明语言学问题和文化问题，情况会极为复杂，我们应该时时牢记这一点。

其次，按照我们以往的做法，好像仅仅只有两个搭档——一方面是语言，另一方面是文化——似乎问题只有用因果关系才能提出来："是语言影响了文化，还是文化影响了语言？"然而我们却没有充分地意识到这一事实：即语言与文化两者都是各种基本类似的行为的产物。我说的这位"不速之客"，会议期间一直坐在我们的身边，它就是人的心灵。在座的心理学家奥斯古德（C. E. Osgood）不得不多次逐字逐句地插入一些话题，以便提醒我们对这一基本事实给以关注，这正是对我想论述的观点的绝好证明。

如果想要用纯粹的理论术语来阐述我们的问题，我以为我们就有资格断定：语言与文化之间应该有某种关系，因为语言的发展已经历经几千年，文化的发展也历经了数千年，两个过程是在同一个心理中一起发生的。当然，我暂且不论原先说一种语言而现在已经采用了外语的社会。为了论证的方便，我们可以认为：只有在不受外来影响的情况下，语言与文化才有可能一起得到发展。有没有可能把人类的心灵想象成是由一些互不相通的隔板分隔而成的隔间构成的呢？然而，一旦我们试图找到这些联系或关联，我们就面临着一个或者不如说是两个非常严肃的问题。

第一个问题涉及在什么层次上，我们才能寻求语言与文化之间的关联；第二个问题涉及我们试图联系的是什么。现在，我打算关注这些基本的差别。

我想起劳恩斯伯里（F. G. Lounsbury）为我们举出的一个非常著名的例子，

也就是关于奥内达人①（The Oneida）用两种不同的前缀来表示女性。劳恩斯伯里告诉我们：起初，他对社会层次上正在发生的事情给以极大的关注，却没有发现任何一种关联。实际上，在行为的层次上是找不到任何关联的，因为一方面是行为，另一方面（诸如要求对这两个不同前缀的用法作出解释）是思维范畴，它们属于两个全然不同的层次，不可能彼此发生关联。

但是，我也很难相信，这种把女性一分为二的奇怪现象恰恰发生在易洛魁人这样以极端方式发展了母系原则的一种文化中，这纯粹出于巧合。仿佛为了在某种不为我们所知的场合赋予女性以重要性，这种文化就不得不付出代价，这种代价就是不能认为女人仅仅属于一个逻辑范畴。与世界上绝大多数其他文化不同，要把女人当做十足的社会存在物，那么作为交换，就会迫使这种文化把还不能充当母性角色的那部分女人——例如幼女——当做动物而不是当做人。然而，在提出这种解释时，我试图联系的并非语言与行为，而是为同一种材料赋予范畴的两种并行的方式。

我还想举出另一个例子。如果我们有一个由一位丈夫、一位妇女、一位把这个妇女交给这个男子的群体代表——就亲属关系的单位来说，由于乱伦禁忌，一切社团不可能仅仅包含着一个家庭，亲属关系总是必须联结着两个家庭、两个血缘群体——和一个后代组成的群体，我们就把亲属关系分解为可以设想的最简单成分，如果我可以这样说的话，即亲属关系的原子。显然，如果我们按照相当简单的二分法，把亲属之间的一切行为划分为正与负（我知道这是很不能令人满意的，然而它将有助于证明我的观点），那么显然，我们会发现许多不同类型的组合关系，也可以用具体的民族志方面的观察来说明它们。一旦丈夫与妻子之间出现了一种正关系，而兄弟姐妹之间出现一种负关系，我们会注意到两种互相关联的态度的出现：父子之间是正，舅甥之间是负。我们也可能发现一个对称结构，其中所有的符号都被颠倒了。因此，常常发现 $\begin{pmatrix} + & - \\ + & - \end{pmatrix}$ 类型的排列或者 $\begin{pmatrix} - & + \\ - & + \end{pmatrix}$ 类型的排列，这即是说，它们是两种替换。另一方面，$\begin{pmatrix} + & - \\ - & + \end{pmatrix}$、$\begin{pmatrix} - & + \\ + & - \end{pmatrix}$ 类型的排列频繁地出现，然而常常得到畸形的发展，而 $\begin{pmatrix} + & + \\ - & - \end{pmatrix}$、$\begin{pmatrix} - & - \\ + & + \end{pmatrix}$ 类型的排列是极少的，或许根本就不可能有，因为它们会导致该群体的崩溃，在

---

① 主要分布在美国纽约州，属易洛魁人的一支。——译注

第一种情况下是历时性的，在第二种情况下是共时性的。①

这种分析与语言学可能有什么样的联系呢？除了唯一的一种联系以外，我看不出有任何别的联系。当人类学家采用这种方式工作时，他正是在用多少类似于语言学家的方式在工作。他们都在努力建构一种具有构成单位的结构。但是，在行为领域中，从这些符号的重复以及这种语言的音素或语法结构的重复里是得不出任何结论的；这类事不可能有——它毫无希望。

我想举出研究这类问题的一种更精致的方法，即沃尔夫②的研究，它已经被多次讨论过，当然，在这次讨论中，也会支持我们的想法。沃尔夫试图在特定的语言结构与特定的文化结构之间建立一种联系③。这种研究为什么令人不满意呢？我认为，这恰恰是因为他所理解的语言学层次是经过精细的分析后所得的结果——他试图联系的根本不是对语言的经验性印象，而是真正的语言学工作的结果（我不知道从语言学家们的观点来看，这样的语言学工作是否令人满意，我这样假定是为了论证的方便）——他试图与语言结构建立联系的，是一种粗糙的、肤浅的因而也是经验性的文化观。因此，他实际上试图联系的都是一些属于全然不同的层次上的东西。

当我们转向交往系统的研究时，可以作两点说明。首先，为了建构霍皮人（The Hopi）亲属制度的模式，我们不得不运用一个块状模式（a block model），即三元模式。我们不可能用二元模式，而且顺便说一句，这也成为所有克劳—奥玛哈人（Crow-Omaha）制度的特点。为什么会如此呢？因为霍皮人的制度利用了三个不同的时间连续体（continuums）。我们发现的是第一种，它与母亲的谱系（女性的自我）相对应，这正是我们

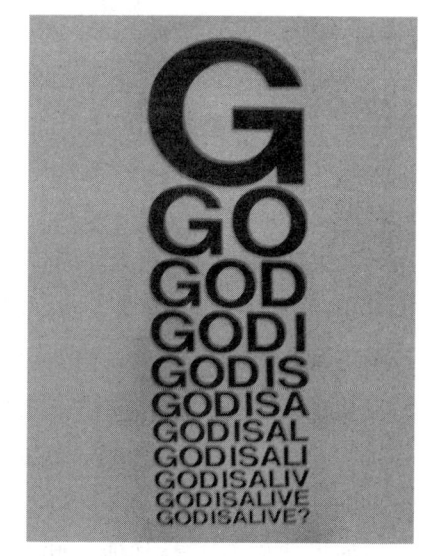

字母结构中的神，阿姆斯特丹现代美术馆

---

① 例证和更透彻的分析，见《结构人类学》第二章。——原注
② 沃尔夫（Benjamin L. Whorf, 1897—1941），美国语言学家，研究希伯来思想及美洲土著语言，倡导"语言—文化对应说"。——译注
③ 沃尔夫：《元语言学论文选》（Collected Papers on Metalinguistics, Washington, 1952）；《语言、思维与现实》（Language, Thought, and Reality, New York, 1956），卡罗尔（John B. Carroll）编。——原注

自己使用的一种时间维度，这就是说，它是累进的和连续的：我们有祖母、母亲、自我、女儿、孙女等等，它实际上就是家谱（参见图1）。现在，当我们考虑其他谱系时，还发现有不同的时间维度：举例说，如果我们采用奶奶的谱系，我们发现，即使是相互延续的几代人，人们也一直用相同的称谓来称呼他们——这就是说，一位妇女被称为"父亲的姐妹"，而她的女儿仍被称为"父亲的姐妹"，如此等等，以至无穷；这是一种空时间，其间不发生任何变化。还有第三种维度，是为男性的自我在母亲的谱系中发现的，在这种维度里，不同的个体被有选择地称为"同胞兄弟姐妹"或"侄甥"。

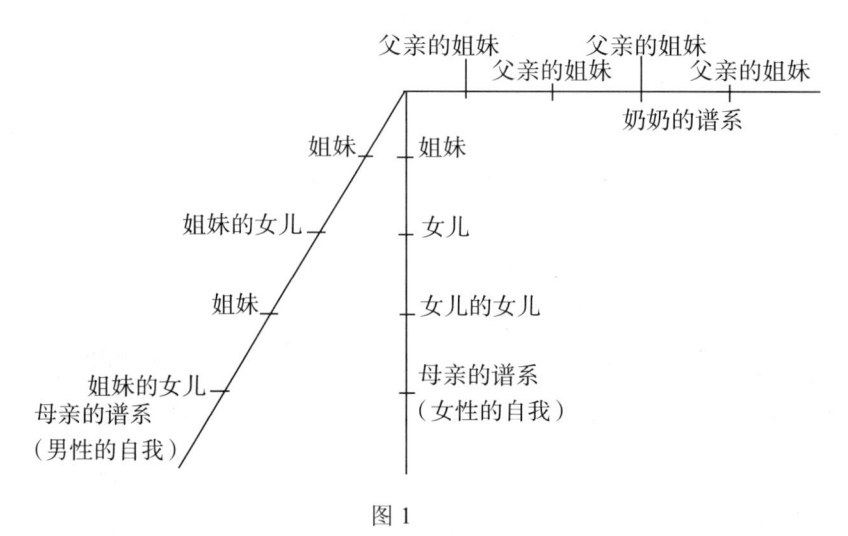

```
                        父亲的姐妹   父亲的姐妹
                              父亲的姐妹   父亲的姐妹
                                         奶奶的谱系
              姐妹 / 姐妹

       姐妹的女儿 / 女儿

              姐妹 / 女儿的女儿

    姐妹的女儿 /    母亲的谱系
     母亲的谱系    （女性的自我）
    （男性的自我）
```

图 1

如果我们想到祖尼人（The Zuni）的亲属制度，这三种维度依然存在，只是被大量减缩了；他们的形式有点儿发育不全。重要的是，我们在母亲谱系中发现的那种"直线型"时间构架被一种"循环型"构架取代，在这个构架中，我们只找到了三个称谓，其中一个称谓同时有"祖母"和"孙女"两种含义，一个指"母亲"，还有一个指"女儿"——一个女性可以用同一个称谓来称呼她的祖母和孙女。

如果我们看一看其他一些普埃布洛人（Pueblo）的制度，比如说阿科马人（Acoma）或者拉古纳人（Laguna），他们都是克雷桑人（Keresan），并且属于不同的语族，那么我们将发现一种全新的情景，即对称性称谓的发展。在与第三个个体的关系中，处在对称位置上的两个个体可以互相用同一个称谓称呼对方。这常常叫做"自换性"（Self-reciprocal）称谓。

当由霍皮人转移到阿科马人，我们又从一个块状模式变换成一个扁平型模式（a flat model），而且还要经过另一些重要的变化。我们由一个具有三元特性的时间构架，通过祖尼人这一中介，变换到全然不同的事物上；它不再是时间连续体，而是一个时空连续体，因为为了

以汉字结构为构图的卫字瓦当，北京古陶文化博物馆

构想这个系统，一个个体就必须通过第三者的调节来思考另一个个体。

这也可以与霍皮人、祖尼人和阿科马人中同一个神话的不同方面有很好的关联。当我们想起一个神话，比如创生神话，很明显，在霍皮人中间，这个神话的总体结构是由一种家谱的方式组建起来的。人们把各种神灵想象成丈夫、妻子、父亲、祖父、女儿等等的关系，这多少有些像在希腊的众神中所发生的关系。在祖尼人中，我们找不到这样一种完备的家谱结构。相反，我们却发现了一种历史的循环结构。这一历史被划分为几个时期，在一定程度上，每一时期都是对前一时期的重复。那么，对阿科马人来说，明显的事实即是：那些被霍皮人或祖尼人想象成一个人的绝大多数人物，却被阿科马人一分为二，成为具有对比属性的许多人。下面的事实使这一点更加清楚，即在前两种情况下[①]，创生场面是一目了然的，而且这种创生场面是以一个二元操作为先导的，某种程度上是二元操作取代了创生场面。在这一操作中，来自上界的力量与来自下界的力量共同创造了人类。它不再是一种累进式的直线运动，而是一个两极对立系统，正如我们在亲属制度中发现的那样。如果这个亲属制度的这些特点果真能够与那些属于全然不同的领域即神话领域的系统发生关联，那么我们就有权向语言学家发问：同样的情况是否并没有出现在语言领域？如果人们发现某些东西——它们确切指什么，我不得而知，因为我并非一位语言学家——并不存在，那将是令人出乎意料的，因为如果这一问题的答案是否定的，我们就应该

---

① 指在霍皮人或祖尼人中。——译注

认为：像亲属关系和神话这样相距如此遥远的领域，依然成功地保持着联系，而联系更紧密的语言与神话领域，却没有表现出任何联系和交流。

我认为，对这一问题的新的提法即是，语言学家们在某个层次上利用了什么。语言学家们从时间方面来研究语法问题。他们发现了一种语言中表达时间观念的不同方式。我们试着把语言学层次上的时间表达方式和亲属关系层次上的时间表达方式对比一下。我不知道这样做的结果会是什么，但对这一问题展开讨论还是可能的，而且还有可能用一种颇有意味的方式来作出"是"或"否"的回答。

请允许我举出这种分析的另一个更为详细的例子，人类学家能够通过这种分析来发现他们与语言学家的共同背景。我准备研究发生在世界上相距甚远的区域里的两种社会的发展过程，第一个区域大致由印度到爱尔兰，第二个区域由满洲①到阿萨姆②。当然，我并不是说这两个地区各自都恰恰表现出一种发展过程，而且仅仅是一种。我只是说，我所提及的发展过程在这些十分模糊的界限里得到了较好的印证，正如大家意识到的那样，这些界限与印—欧语言和汉—藏语言的分界线大致吻合。

我准备从三个不同的角度来考察所发生的事情。首先是婚姻规则；其次是社会组织；最后是亲属制度。

为了明晰起见，让我们首先研究婚姻规则。我们在印—欧地区发现了各种各样的制度，为了准确地作出解释，我们必须称之为一种非常简单的婚姻规则即所谓的延伸交换形式③或循环系统，因为不管有多少群体，都可以通过这种规则联系起来。这大致对应于人类学家说的同舅舅的女儿通婚的情况：群体 A 从群体 B 得到妻子，群体 B 从群体 C 得到妻子，而群体 C 又从群体 A 得到妻子，因此这是一个循环。你可以发现两个、三个、四个、五个乃至任何数目的群体，它们总是可以按照这种系统组织起来。这并不意味着说印—欧语的群体必然在某个时刻或另一个时刻和舅舅的女儿通婚，然而在他们居住的区域里，这种婚姻制度的绝大多数是直接或间接地属于更单一类型的同一家族的。

---

① 满洲（Manchuria）即中国东北的旧称。——译注
② 阿萨姆（Assam）是印度最东北的邦，与中国、不丹、孟加拉、缅甸等国相邻。——译注
③ 列维-斯特劳斯把 A 与 B 对换女子为妻的情况称为"限定性交换"（restricted exchange），或译"局部交换"；而把 A 给女子于 B，B 给 C，C 给 N（N≠B，N = / ≠A），而且 C 或 N 又给 A 的情况称为"延伸性交换"（generalized exchange），或译"广泛交换"。——译注

	印—欧地区	汉—藏地区
婚姻规则	循环系统,直接来自明确的规则或间接来自择偶概率	循环系统,与对称交换系统并存
社会组织	大量的社会单位,结构复杂(大家族型)	少量社会单位,结构简单(氏族或世系型)
亲属制度	(1)主观的 (2)称谓少	(1)客观的 (2)称谓多

那么,在社会组织领域,我们发现了什么?通过"大家族"这一名称,我们发现了印—欧地区特有的某种东西。什么是大家族呢?一个大家族由几个旁系组成;然而,在某种程度上,这些旁系应该彼此不同,否则——比如,大家族 A 婚配到大家族 B 里,而 B 又婚配到 C 里,一个大家族和一个宗族就不会有任何差别了。这个大家族就会变成一种宗族。把同一大家族中不同的旁系区别开来的,正是所有谱系都有各不相同的婚姻规则。在印—欧地区的亲属制度中,这一点以不同的方式得以实现。某些制度(它们仍在印度实行着)规定,只有长辈谱系才遵守规则,而其他一切谱系只要在禁忌等级的唯一限制下,可以随意婚配。当我们研究了古斯拉夫人(Old Slavic)的亲属制度的某些古怪特点时,这种解释就有点儿不同了:所谓的"示范谱系"与主要谱系多少有些对角线关系,这就是说,如果一个人按照指定的规则通婚,那么在下一代的水平上,他就成为一名不同谱系的人,而在更下一代,他又变成另一个不同谱系的人。这没关系。问题在于,对于一个大家族制度来说,所有的群体不可能按照同一规则通婚,而且对任何可以想象的规则来说,都会有大量的例外发生。

这种亲属制度本身需要的称谓很少,它是一个主观的系统。这就意味着,所有的亲属都在他们与主体的关系中得到称谓,而且这个亲属离主体愈远,给他的称谓也就愈含混。我们可以准确地称呼我们与我们的父亲、母亲、儿子、女儿、兄弟和姐妹的关系,但说起姑婶或叔舅就有点含混;一旦关系更远一些,我们就无词以对了。这是一个以自我为中心的系统。

我们比较一下汉—藏区域的某些特点。在这里，我们发现了两种类型的婚姻规则：一个与我们上面描述的相同，即延伸交换；而另一个则是特殊形式的交换，通常称为"换婚"，它的形式之所以特殊是因为并非任何数目的群体它都可以组建，它只能产生2个、4个、6个、8个——偶数——群体，而不能产生奇数性群体。这两个规则共同存在于汉—藏区域。

现在，我们来看社会组织。在第二个区域里，我们没有发现大家族，然而我们确实发现了单一型的宗族制度，它可以在数量上变得错综复杂（一旦这个宗族制度被划分成许多世系），却从来不可能像延伸家族那样从质上变得复杂起来。

就这种亲属制度而言，其称谓是相当多的。例如，大家知道，在中国的亲属制度中，称谓的数目有几百个，甚至可能创造无数个称谓；任何一种关系都可以得到准确的称谓，即使这种关系离主体很远。这就使这个制度完全成为一种客观的制度，实际上，克鲁伯[①]很早以前就注意到：没有任何亲属制度能够像印—欧人的制度与中国人的制度那样差别如此悬殊了。

如果我们试图对这幅情景作出解释，我们会发现什么呢？我们发现，在印—欧系统中，有着一种非常单一的结构（婚姻规则），而排列在这一结构中的要素（社会组织）却是数目繁多和错综复杂的，而在汉—藏系统中，盛行的情况却相反：我们发现了一种非常复杂的结构（婚姻规则），它有着两套不同的规则，而那些要素（社会组织）却很少。结构与要素的分化，在称谓关系的层次上——这是一个语言学层次——所对应的对立特

沟通神人的甲骨卜辞，安阳殷墟博物苑

---

① 克鲁伯（Alfred Lonis Kroeber，1876—1960），美国人类学家，研究北美印第安人的专家，是影响列维-斯特劳斯早期思想的主要人物之一。——译注

090 | 结构主义神话学

点，也是这个构架（主观的对客观的）和这些称谓本身（多对少）所对应的特征。我认为，如果我们用这些术语来表述这种情况，那么我们至少有可能开始和语言学家展开一场有益的讨论。当我描绘这一图景时，我不能不想起雅克布逊[①]在昨天的会上谈起的印—欧语言结构问题：即形式与本质的严重不符，关于规则出现了大量不规则的现象，以及有相当的自由选择不同的方式表达同一种观念。所有这些特点，不正与我们在社会结构方面选出的特点类似吗？

最后，我说，文化与语言之间不会有联系，要么不会有百分之百的关联，这两种情况都是不可想象的。如果没有任何关系存在，我们就可以认为人类的心灵是一团乱麻——心灵在一个层次上的所作所为与它在另一层次上的所作所为没有任何关联。然而另一方面，如果这种联系是百分之百的，那么我们就理应对它有所知晓，而无须在此讨论它是否存在了。因此，在我看来，最有可能的答案就是：在某种层次上的某种事物之间，存在着某种关联，而我们的主要任务即是要确定这些事物和层次是什么。这只有通过语言学家和人类学家的密切合作来完成。我认为，这项合作所产生的最重要的成果将不仅是对于语言学家或人类学家一方甚或双方而言的，这样做多半是为了一种广义的人类学——即一门尽可能吸收一切可用的不同方法认识人的学问，这将为理解我们这位"不速之客"即人的心灵的活动方式提供某种线索。

户晓辉　译　叶舒宪　校

[①] 罗曼·雅克布逊（Roman Jakobson，1896—1982），俄裔美国语言学家，莫斯科及布拉格语言学派的创始人。——译注

作为神话的《创世记》

[英] E. 利奇

  本文译自利奇所著《作为神话的〈创世记〉，及其他论文》（*Genesis as Myth and Other Essays*，Cambridge，1969）一书的日译本《神话创世记》（江河徹译），纪伊国屋书店 1980 年版，第 1—35 页。作者利奇（Edmund Leach，1910—1989）是英国著名人类学家，曾师事功能派人类学大师马林诺夫斯基。曾任英国皇家人类学研究所副所长、剑桥人类学教授。利奇最先把法国结构主义介绍到英国，随后别树一帜，形成英国新结构主义社会人类学派。主要著述有：《缅甸高地的政治制度》（*Political Systems of Highland Burma*，1954）、《人类学的再思考》（*Rethinking Anthropology*，1961）、《列维 - 斯特劳斯》（*Levi-Strauss*，1970）等。本文是利奇创造性地运用结构主义方法分析《圣经》神话的典范作品，在学术界有广泛影响。作者借鉴现代信息理论对神话的特质作出新的理解，深入探讨了神话的二元对立结构及其在《创世记》神话中的具体表现。

  德国著名神话学家曾把神话定义为"用可见的现象表现出来的不可见的现实"[①]。《圣经》中出现的故事不管是否是真实的历史事件，对于有信仰的基督徒来说，都是神的故事（神话）。从这一意义上看，人类社会全都有神话，通常被赋予最重要意义的神话总是现实中所没有的事情。神话所特有的非合理性就在于它改变了事物的性质。然而神话仍然在探求对宗教抱有疑虑的信仰。

  但是，如果神话不是其语言本身所表达的意义，又是表达什么的呢？神话

---

① 施奈温德（J. Schniewind）语，转引自巴奇（H. W. Bartsch）《克雷革马与神话：神学的思考》，伦敦，1953 年版，第 47 页。——原注

使人感觉到"表现出来的不可见的现实",那种神秘的表达方式的本质到底是什么呢?

以上是近来提出的既古老又新颖的问题。如果神话是一种表达方式的话,那么其内容当然可以通过计数式电子计算机具体地显现出来。这种看法的益处在于,可以正确而独立地考察神话的本质和完整无缺的神话体系。神话体系当中有一个共同点,即重要的故事全都改变形式反复出现。《创世记》第一章第二十七节里讲述了人类的创造,但是在第二章第七节里又重复出现。本来最初时只有亚当、夏娃二人,到第八章又不厌其烦地讲述了诺亚的新生。《新约》也不例外,在细节上多有矛盾抵牾之处,同时不停地反复讲同一故事。关于耶稣就有四部福音同时存在,这到底是为什么?神话当中还有一个引人注目的特点,这就是明显的二项对立,神话总是有一种对立的范畴。"最初,上帝造天地。"(第一章第一节)"他们就在那里把耶稣钉上十字架。另外还钉了两个人:一边一个,耶稣居中。"(《约翰福音》第十九章第十八节)"我是阿尔法,我是奥美格;我是开始,我是终结。"(《启示录》第二十一章第六节)神话总是这样,与神对立的尘世中也总是以对立项的形式分开的。男和女,生与死,善与恶,开始与终结……这些例子都说明了这一点。

不过,如果借用通讯工程学的术语来说的话,神话所具有的共同性当中,反复讲述某一类故事可叫做"反复",二项对立可称为信息量的单位"比特"(计算机二进制)。这些具有专门意义的"比特"一旦被提取出来,就成了信息选择的自由尺度。如果有两个信息,到底选哪一个呢?在这种场合就形成了一个单位信息。[①]

信息论的专家使用这些术语,是为了分析由特定的个人(发信者)把编码了的信息注入有干扰的通道(噪音),准确地传给他人(收信者),这一全过程中的种

亚当夏娃油画,布鲁塞尔皇家艺术馆

[①] 申农、韦弗:《通讯的数学理论》,伊利诺伊斯大学出版社,1949年版。——原注

种问题。"信息",对于发信者来说是将自己所要传达的内容编码时所采用的(方式),对于收信者来说则是在接受解码时所采用的方式(接受到的不只是符号,还含有噪音)。在这种情况下,如果反复次数多,纠正噪音所带来的错误也就很容易。

从信仰者的内心来说,神话确实是神的话语的信息传递方式。对于这样的信徒来说,神话的反复性正是说服力的要素。每个孤立的神话都好像因受到噪音干扰而变成混乱不堪的编码化了的信息。无论如何虔诚的信徒,对于神话到底讲述的是什么,多少都会产生一点迷茫的感觉吧。但是,反复出现的结果使得信徒感觉到,即使反复出现的神话在细节方面不统一,却有着共同的本质,从而加深了对它们的理解。

人类学家的观点则不同。他们不能接受信息的超自然发信者这种观念,他们考察的对象仅限于各种各样的收信者。这样,反复就增加信息量,这也可能使信息解码的可能手段变成不确定的东西。这种情形在所有的宗教现象中是最明显的特征,也就是说,教派信仰的激烈的排他性。在一个由基督教徒所组成的社会团体中,神话体系共有一个,但每个教派则按照自己所认为的启示真理而坚定不移地去信仰。对此,或许只能表示惊讶了。然而,信息论的诸抽象命题为理解相反的观点提供了线索。

但是,如果这些虔诚的信徒能够自己任意选择神话体系,并任意理解的话,那么在神话形成之初始,一定有某种支配的原理。一个神话区别于其他神话的特定模式的产生难道是偶然的吗?神话的二项对立的结构表明,这并非偶然。

二项对立是人类思维过程中本来就有的一种特质。在叙述世界时,无论什么场合,总是用"P 不是非 P"这种形式来区别范畴的。一个对象,有生的一面就有非生的一面。所以,要明确地表达生的概念,就

中国创世神:仿汉画像石的伏羲女娲浮雕,兰州黄河公园景观

不能没有其反面——死的概念。同样，人类有男性存在，就有非男性存在，这种异性即女性既可以成为男性性交的伴侣，也可以不成为性交的伴侣。一般说来，上述情形是人类经验中最基本的也是最重要的对立事项。

不论什么地方的宗教，都是以最初的生与死的二律背反来吸引人的。宗教试图超越生与死这种二项对立的语言之羁绊，因而宗教便创造出了"来世"及具有永恒生命的死者之国的神秘观念。来世的特征是同此世相反的，此世的不完整性通过来世的完整性而求得平衡。但是，这种观念的逻辑的统一性却指向一种难以捉摸的归宿——神成了属于来世的东西，因此宗教的中心课题就回到了在人与神之间架起桥梁。

新西兰但尼丁博物馆藏毛利人祖神像

像这样的模式贯穿在整个神话体系的结构中。最初的时候，神话中的神与人是有区别的。后来，人与神之间就建立了各种各样的联系，对于人神之间的中介者给予了更多的注意。到此为止，本文开篇所揭示的神话定义依然是适当的。

性的关系也是这样，整个人类社会中都有近亲相奸和异族通婚的习俗。这种习俗虽然表现形式不同，但彼此之间却有暗合之处。对于个别的男性来说，女性至少可以分为两类，一类是属于"近亲相奸"的同族女性，一类是被许可与之性交的异族女性。这样一来，我们就不得不面对矛盾。在初始时的情形究竟是怎样的呢？假如我们的始祖只有男女二人，那么谁又是异族呢？如果这二人是同族的话，那么他们的性关系当然就是近亲相奸。我们作为他们的子孙，就是由罪孽的结合而繁衍出来的。对于这样一个简单的难题，世界上的神话却作了各种各样的解答。这个谜之所以引人注目就在于它常常伴随着意味深长的伦理问题。这个谜的中心问题已见上述举例。如果我们思考的逻辑常常要区分"我们（同族）"和"他们（异族）"的话，我们的范畴就不至于陷入混乱状态，从而掩盖了"异族"的差别，确立社会性的性关系就会成为可能吧。

由于这个缘故，神学虽然多种多样，但神话的这种情形是不变的。在所有的神话体系当中，我们都发现了无穷无尽的二项对立。比如人／超人、死／不死、雌／雄、合法／非合法、善／恶等等。在此之后就出现了区别于对立范畴的"调解者"。这种意义上的调解者通常就构成了第三范畴的导入，从通常的"合理的"范畴来看，第三范畴就是"异常的"和"不规则的"。所以神话中出现了不合性理的怪物，诸神的化身，处女做母亲。这样的中间领域是异常的、非自然的、神圣的。这就成为所有禁忌礼仪的象征性的焦点。

这种神话分析的方法最初是由罗曼·雅克布逊所首倡的结构主义语言学方法所引出的[①]，更直接地应用则是克劳德·列维－斯特劳斯的功绩。因而，引用后者的一个实例的话，就能够阐明一般的原理。

普埃布洛印第安人的神话在生与死的对立之间构成了一个焦点。在这些神话中，有三种范畴的区分。表示生的意义的是农耕，表示死的意义的是战争，表示对人来说是生而对动物来说是死的意义即生与死之间的调解范畴的是狩猎，在同一集团的其他神话中，则出现了与此不同的三重划分：草食动物（不杀生而生存），肉食动物（靠杀生而生存），食腐肉动物（食肉，但不因食而杀生，所以是调解者）。这一系列关系的象征集中起来看，就暗示出这样一点，即生与死并不像铜币的两面那样单纯，死并非生的必然归结。[②]

我所列示的图1是根据《创世记》开头四章，为阐明类似的神话结构而设制的。图中的三个横段分别对应的是：

（1）七天中的创造故事。（2）伊甸园的故事。（3）该隐和亚伯的故事。此图还可纵向来看，中段的第一栏与上段的第一栏相对应，以下也一样。详细分析如

超越生死之门：雅典卫城的神庙剧场

[①] 雅克布逊（R. Jakobson）、哈利（M. Halle）：《语言的基本法则》，墨顿出版社，1956年版。——原注

[②] 列维－斯特劳斯：《神话的结构研究》，中译文参见本书第014—030页。——译注

下：

上　段

第一天（《创世记》第一章第一至五节，图表中没有列入）。天与地、光与暗、昼与夜、夕与朝的分离。

第二天（第一章第六至八节。图表第一栏）。穹苍上面的水（带来丰饶的雨水），穹苍之下的水（混沌的海），调解二者的太空（所谓空间）。

第三天（第一章第九至十节，图表第二栏；以及第一章第十一至十二节，图表第三栏）。海和干旱的陆地的对立，调解它们的"青

神圣的秩序：宙斯与群神图，雅典卫城博物馆

草、结子的菜蔬和果中包着核的树"。这些东西在干旱的陆地上生长需要水。它们被分类为"自带种子的东西"。根据这一性质，就同两性的动物、鸟类相区别开来了。

静止的（即死了的）实体的世界作为创造的终结，而创造的全过程则是与之对立的运动的（即生的）。

第四天（第一章第十三至十八节，图表第四栏）。运动中的太阳和月亮在第一栏中已固定在太空之中，并且让黑暗和光明交替（也就是生和死的交替）。

第五天（第一章第二十至二十三节，图表第五栏）。鱼和鸟的对立的生存对应着第二栏中海和陆地的对立，同时还起着调解第一栏中天与地的对立及盐水与淡水的对立。

第六天（第一章第二十四节至二十五节，图表第六栏）。家畜（饲养驯化了的动物）、兽（野生动物）、爬行动物，这些与第三栏中静止的三重区分相对应。但是，动物当中的这三种之中，不仅有吃草的，还有食肉的，以及为了人类需要而生存的。后面的《利未记》第十一章中，与世界的严密秩序不相适应的生物，

作为神话的《创世记》 | 097

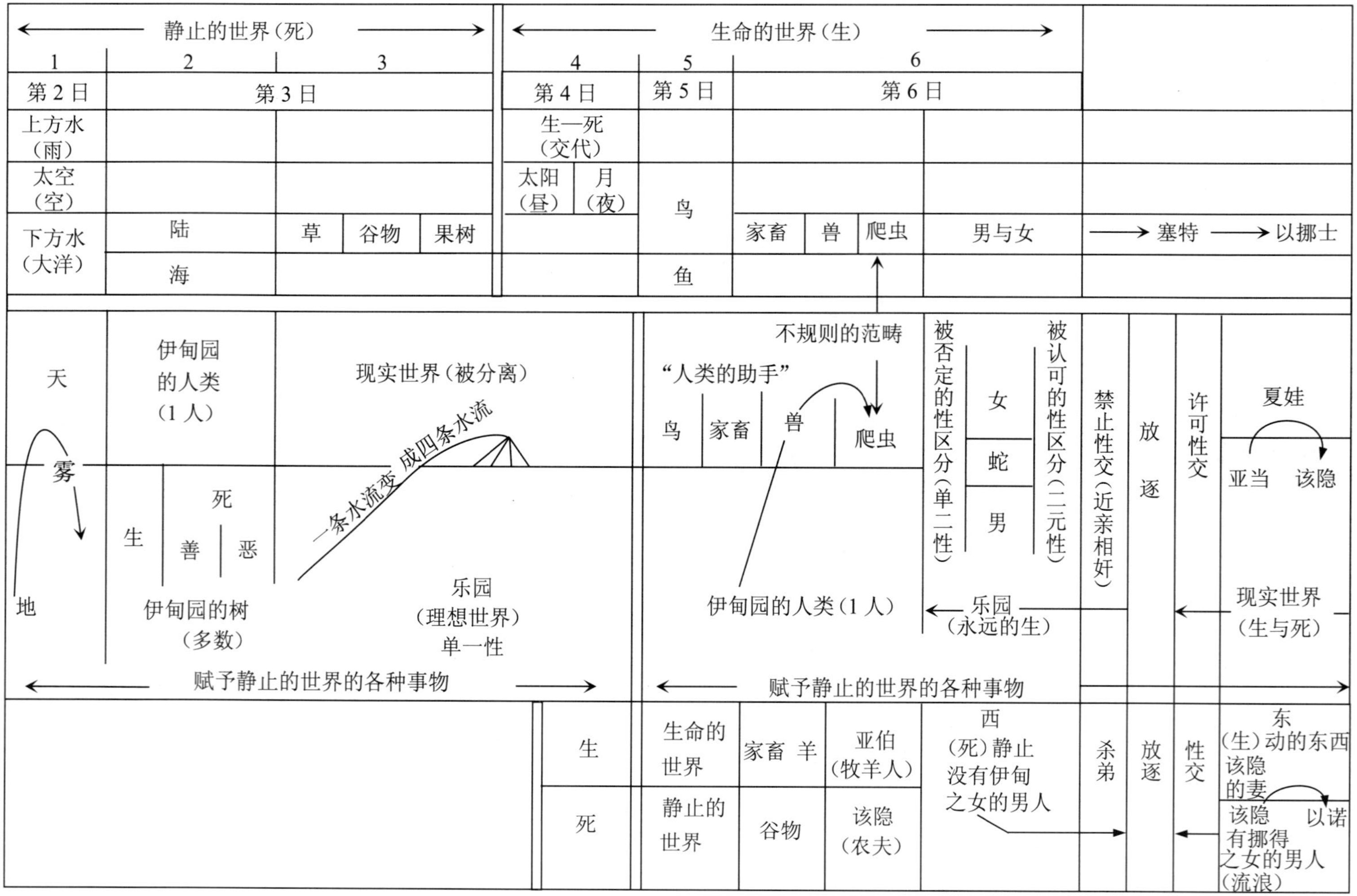
静止的世界（死）
生命的世界（生）
1
2
3
4
5
6
第 2 日
第 3 日
第 4 日
第 5 日
第 6 日
上方水（雨）
太空（空）
下方水（大洋）
生—死（交代）
太阳（昼）
月（夜）
陆
海
草
谷物
果树
鸟
鱼
家畜
兽
爬虫
男与女
塞特
以挪士
天
雾
地
伊甸园的人类（1 人）
生
死
善
恶
伊甸园的树（多数）
现实世界（被分离）
一条水流变成四条水流
乐园（理想世界）单一性
赋予静止的世界的各种事物
不规则的范畴
“人类的助手”
鸟
家畜
兽
爬虫
伊甸园的人类（1 人）
被否定的性区分（单一性）
女
蛇
男
被认可的性区分（二元性）
乐园（永远的生）
禁止性交（近亲相奸）
放逐
许可性交
夏娃
亚当
该隐
现实世界（生与死）
赋予静止的世界的各种事物
生
死
生命的世界
静止的世界
家畜 羊
谷物
亚伯（牧羊人）
该隐（农夫）
西
（死）静止
没有伊甸之女的男人
杀弟
放逐
性交
东
（生）动的东西
该隐的妻
该隐
以诺
有挪得之女的男人（流浪）
图 1

① 第 1 故事《创世记》第 1 章 1—第 2 章 3　　　第 5 章 1—8
② 第 2 故事《创世记》第 2 章 4　第 4 章 1
③ 第 3 故事《创世记》第 4 章 2—16

图 1 是《创世记》前四章所包含的三个创造故事。图中三个长方形分别表示（1）七日（2）伊甸园故事；（3）该隐与亚伯的故事。每个故事都显示出生与死、神与人的对立。世界由于用了"女性"与"爬行动物"的范畴来调解上述对立，变成了有生命的世界。

例如无翅无鳞的水中生物，食肉、食鱼的动物和鸟都被作为禁忌而加以分类。爬行动物对于鸟、鱼、家禽、野兽这些范畴来说是不规则（不正常）的，所以起初也是作为禁忌的东西（《利未记》第十一章第四十一至四十二节）。这一分类在后来产生了不规则的矛盾。为了允许以色列人吃蝗虫，《利未记》的作者把禁止吃爬虫的禁忌作为特别条件加以强调，但是有翅膀的、用四足行走的且会跳跃的昆虫则是可以吃的。这样，可以说二项对立的划分便达到了高潮。

（第一章第二十六至二十七节，图表第七栏）。男人和女人同时被造出来。

上帝赋予所有这一切以生命，对他们说，"你们要生养众多"，但这时的人类还未面临"生"对"死"、"近亲相奸"对"子孙繁衍"的问题。

中　段

紧接在下面的"伊甸园"故事在一开始就把在最初的创造故事中所回避了的诸问题摆了出来。这里虽然也是从天和地的对立开始的，但是调解这一对立是从干燥的不毛之地中吸起来的能滋润万物的雾（第二章第四至六节）。这一主题虽然对生与死的区分不甚明确，但还是在故事中反复出现。活的亚当是从生命的尘土中创造出来的（第二章第七节），动物也是这样（第二章第十九节）。那园子是因为有伊甸流出的河水的滋润而富饶的（第二章第十节）。最后，活的夏娃是用不毛之土所造的亚当的肋骨造出的（第二章第二十二至二十三节）。

继"天"/"地"的对立之后，是"人间"/"乐园"（第二章第十五节）的对立，以及"生命之树"/"死亡之树"（第二章第九节、十七节）的对立。后者（即死亡之树）带有区分性的意义，被称为"区分善恶的树"。

来世（伊甸、天堂）中的单一性在现世中就变为二元性，这一主题在故事中反复出现。滋润乐园的那条河流出了伊甸之后便分为四条支流。把世界划分成几个部分（第二章第十至十四节）。在伊甸园中，亚当可以独自生存，生命可以单独存在，但是在现世中则有男有女，有生有死。这就同最初的创世故事所强

鸟兽体现神圣秩序：殷商青铜器，上海博物馆

调的单性植物和两性动物构成对比。

随后不久，又创造了另外的生物，这是因为上帝认为在伊甸园中一个人独居不好（第二章第十八节）。这些新造出的生物包括"家畜"、"鸟"、"兽"。由于它们都不能成为人的合适配偶，所以上帝又取了亚当的一根肋骨造出夏娃。"他们原是一体"（第二章第十八节、二十四节）。在这一阶段，通过比较上段的创世故事和中段的第二创世故事，我们可以看出，第二创世故事中的夏娃代替了第一创世故事中的"爬行动物"。正如同"鱼"、"鸟"、"家畜"、"兽"相对立的"爬行动物"是不规则的存在一样，对人与动物的对立来说，夏娃也是不规则的存在。于是，爬行动物"蛇"作为最后的调解者，对于男和女的对立来说，是不规则的存在（第三章）。

基督教的美术家往往对这一事实极为敏感。不知为什么，他们对这个奇特的生物（蛇）总是给予两性的外观。另一方面，他们似乎想要表现出蛇和夏娃具有某种同一性。威恩美术馆中所藏福高·福安·德鲁·古斯的《人类的堕落》就把夏娃与蛇描绘为同一姿势。在米开朗基罗的笔下，描绘了亚当和夏娃用那种带有爱慕的眼神看着蛇，并把蛇的面孔画成夏娃的脸。[①]

亚当和夏娃吃了禁果，意识到性别的差异，死便不可避免地降临了（第三章第三至八节）。与此同时，第一次出现了怀孕和生殖的可能。夏娃在被逐出乐园之后，人类开始了最初的怀孕（第四章第一节）。

下　段

农夫该隐和牧人亚伯是在最初的创世故事前三天中反复出现的对立。亚伯所生活的世界对神来说是最喜好的（第四章第四至五节）。该隐杀弟的罪行与亚当的近亲相奸的罪行相当，所以神对该隐的责问及诅咒的形式与顺序同对亚当、夏娃和蛇的诅咒一样（第二章第九至第十九节）。第三章第十六节后半句"你必恋

[①] 格罗戴克（D. Groddeek）：《人的世界》，伦敦，1934年版。还可参看 E. R. 利奇：《伊甸园中的列维-斯特劳斯》，载《纽约科学院院刊》第 23 卷第 4 期，第 386—396 页。——原注

慕你丈夫，你丈夫必管辖你"，这样的话在后面反复出现（第四章第七节）。由此看来，该隐的罪行不只是杀弟，而且还有近亲相奸的同性爱的罪。为了用现实的、多产的异性生殖的生物取代伊甸园中不死的单性生殖的生物，该隐和亚当一样，不得不娶妻（第四章第十七节）。因而，亚当不得不排除自己的妹妹，该隐不得不排除自己的弟弟，从而保持完全的均衡。

以上所论，就是近亲相奸范畴的逻辑根源。与此相近似的模式，不论其表层意思如何变化，总是要在所有的神话体系中出现。如图2所示，这一分析的结果一旦表示为二项对立的体系图式，文化间的相互比较就更容易了。

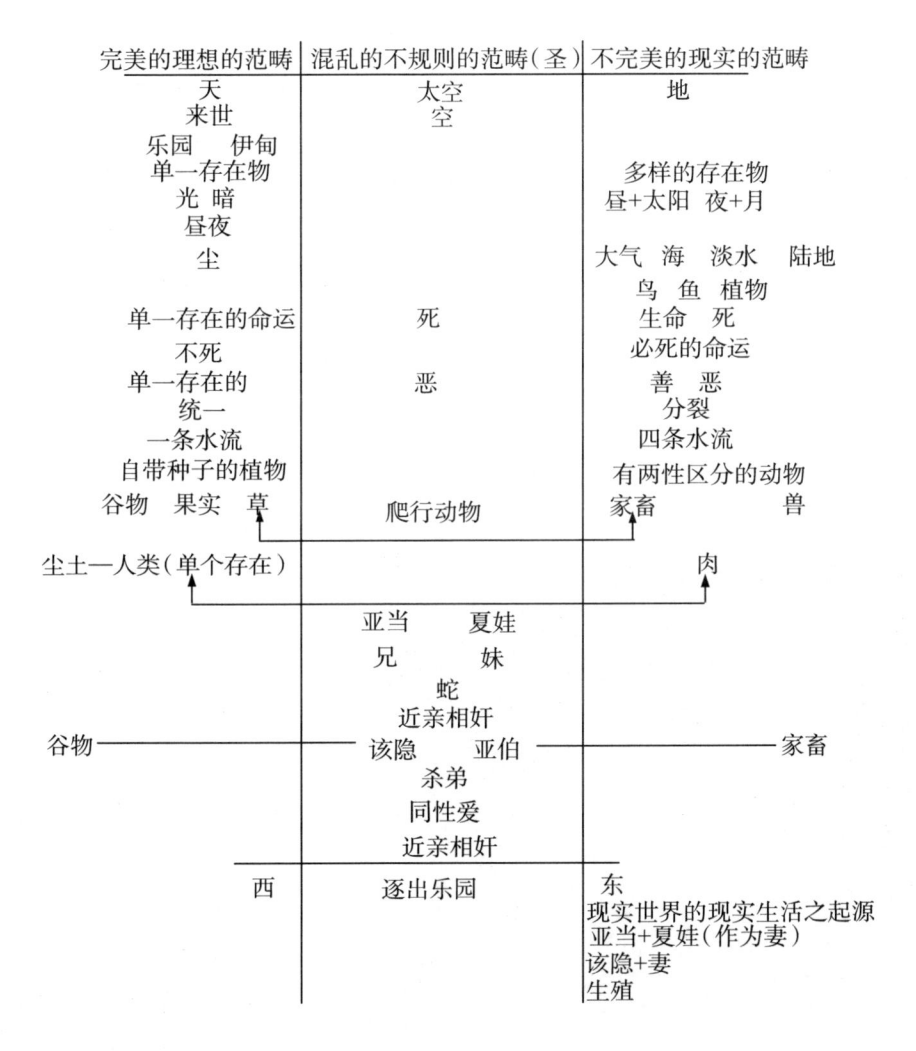

完美的理想的范畴	混乱的不规则的范畴（圣）	不完美的现实的范畴
天 来世 乐园　伊甸 单一存在物 光　暗 昼夜 尘	太空 空	地 多样的存在物 昼+太阳　夜+月 大气　海　淡水　陆地 鸟　鱼　植物
单一存在的命运 不死	死	生命　死 必死的命运
单一存在的 统一 一条水流 自带种子的植物 谷物　果实　草	恶 爬行动物	善　恶 分裂 四条水流 有两性区分的动物 家畜　兽
尘土—人类（单个存在）		肉
	亚当　夏娃 兄　妹 蛇 近亲相奸	
谷物	该隐　亚伯 杀弟 同性爱 近亲相奸	家畜
西	逐出乐园	东 现实世界的现实生活之起源 亚当+夏娃（作为妻） 该隐+妻 生殖

图2. 近亲相奸的范畴在所有的神话体系中都有逻辑根据。神话相互间的类似性，用这种二项形式进行分析便可得到更为清楚的理解。

作为神话的《创世记》 | 101

亚当／夏娃，以及该隐／亚伯，正像我们在著名的俄狄浦斯神话中所看到的，是同一主题的不同表现形式。这两个例子的象征的现实意义可以说完全相同。俄狄浦斯与亚当、该隐一样，起初是被束缚在大地上的不能动的存在。在雅典的俄狄浦斯传说的结尾，他成了在众神的保护之下流落他乡的流浪者。该隐的结局同他一样（第四章第十四至十五节）。在《圣经》中还包含着一个与此相反的模式。《创世记》第二十八章中，雅各在神的保护下独自流浪，后来神授给他一个名字叫以色列（第三十二章第二十四至三十二节），这样他才成为有一定地盘的祖先，顺从神意的人。雅各后来死在异乡埃及，埋在以色列祖先的土地上（第四十章第二十九至三十二节，第五十章第五至七节）。

在俄狄浦斯故事中，相当于夏娃和蛇的角色是伊俄卡斯忒和斯芬克斯。同伊俄卡斯忒一样，斯芬克斯也是女性；和伊俄卡斯忒一样，斯芬克斯也是自杀的。而且和蛇一样，斯芬克斯也是以奇特的不规则的形式存在的。夏娃听了蛇的话，被诱和亚当犯下了近亲相奸的罪。俄狄浦斯也是在解开了斯芬克斯的谜语之后，被引上了近亲相奸的歧途。俄狄浦斯故事中的杀父之罪相当于该隐的杀弟之罪——俄狄浦斯在三岔路口与父亲相遇完全是偶然的事件。

这种类似性作为偶然的巧合似乎不难接受，但作为一种代数法则的话就不是人人都能理解的了。要使怀疑派信服，恐怕还得举出证据来。《创世记》中最初的祖先们的事例当中有好几个可以说明这个问题。作为最早的例子，可以举出诺亚和他的三个儿子及妻子们从被大洪水淹没的世界中逃出，并繁衍下来的故事。在洪水以前，世界的居民中有三种人：神的儿子、人的女儿和由以上两种人结合生下来的巨人（第六章第一至四节）。诺亚的义女们的祖先都被大洪水淹死了，所以诺亚就成了与近亲相奸的罪行完全无关的人类唯一的祖先。第九章第一至七节中神对诺亚所说的话与第一章第

斯芬克斯形象的神龛基石，摄于慕尼黑国家博物馆

二十七至三十节中神对亚当所说的话如出一辙①。

异性间的近亲相奸问题在诺亚故事中虽然被回避了，但如我们在该隐和亚伯的故事中所见的那种同性间的近亲相奸的主题却还是反复出现。诺亚醉酒之后，为自己的儿子含所诱（第九章第二十一至二十五节）。含的子孙迦南人为此而遭到诅咒（《圣经》中用"含看见了父亲裸露的身体"这样的话来表示同性爱的行为。请参照《利未记》第十八章第六至十九节，在那里，让人看见裸露的身体便具有性关系的意思）。

海牙古皇宫神话浮雕

第二个例子，是罗得和两个亲生女儿从火海中逃出的故事。酒醉后的罗得被自己女儿们诱惑（第十九章第三十至三十八节）。两个女儿的后代摩押人和亚扪人因此受到诅咒。在第十九章中，所多玛城中的人们竭力想和访问罗得的两位天使发生同性爱的关系。为此，罗得把自己亲生女儿贡献出来，但他的女儿完好无损地免去了这场灾难。这里隐含的意义是，罗得的近亲相奸反而不会比与异族人发生性关系的罪孽更重，同时也不会比同性爱的罪孽更重。

第三个例子：在所多玛的居民和天使之间的那件事之中，"神的儿子"和"人的女儿"的影响虽然没有产生什么后果，却在表面上同第十八章中的故事有联系，那就是亚伯拉罕接受神和两位天使的访问，得到神的许诺，让年老而未曾生育的妻子撒莱得子的故事。撒莱是亚伯拉罕的同父异母的妹妹（第十章第十二节），因此毫无疑问，两人之间的关系是近亲相奸（《利未记》第十八章第九节）。亚伯拉罕对埃及法老说撒莱是他妹妹，从而把她献给法老（第十二章第十九节）。他对亚比米勒王也采取了同样的态度（第二十章第二节）。以撒对亚比

---

① 神对亚当等说："要生养众多，遍满地面，治理这地，也要管理海里的鱼，空中的鸟，和地上各样行动的活物。""看哪，我将遍地上一切结种子的菜蔬和一切树上所结有核的果子全赐给你们作食物，至于地上的走兽和空中的飞鸟，并各样爬在地上有生命的物，我将青草赐给他们作食物。"神对诺亚等说："你们要生养众多，在地上昌盛繁茂。……" ——译注

米勒王也采取了同样的态度（第二十六章第九至十一节），但与前者有不同之处。以撒的妻子利百加是她的堂兄弟之女，这种关系实际上不是近亲相奸。撒莱的不孕表明了她近亲相奸的一面。她最终靠神助而得子，这种超自然力量的介入表明了她的近亲相奸之罪受到了宽恕。法老和亚比米勒王也因为通奸（他人之妻）几乎受到超自然力的惩罚，但是犯了近亲相奸之罪的丈夫亚伯拉罕却安然无恙地生存下来。

在其他故事中可以看到同样的结构。侍候撒莱的埃及女仆夏甲为亚伯拉罕生了儿子以实玛利，以实玛利的子孙成了身份低贱的流浪者。撒莱的儿子比别的妻妾所生的儿子们地位高，他的后代被送到"东国"（参看把伊甸园以东的挪得之地作为故乡的流浪者该隐的故事）。以撒的妻子与其说是一个迦南女子，不如说是一个同族女子。以扫娶了赫人的女子为妻被认为是犯罪。与此相比，以扫的孪生兄弟雅各和他舅舅拉班的两个女儿结了婚。拉班还是雅各父亲的叔叔的儿子。

见证伏羲女娲兄妹婚的双磨盘，天水伏羲庙

综上所述，这一系列反复出现的故事说明了以下几点：

第一，近亲的同族婚姻优先于其他的婚姻。

第二，神圣的英雄祖先亚伯拉罕实践了这一行为，和同父异母的妹妹结婚（近亲相奸的关系）。这一点为埃及法老所仿效，埃及法老也就有了和自己的同父异母的姐妹结婚的习惯。

第三，与纯粹的雅各（以色列）血统相比，以色列人的邻近部族因带有原始祖先的缺陷而被置于劣等地位。

这个神话所要求的显然是：以色列人是亚伯拉罕的父亲塔拉的后裔。在付出了破坏近亲相奸禁忌的代价之后，这一要求的实现第一次成为可能。但是通过讲述以上这些充满了违反性道德事件的类似故事，亚伯拉罕和撒莱的关系得到了升华，给人以高洁的印象。与亚当、夏娃和该隐、亚伯相比，给人以高洁印

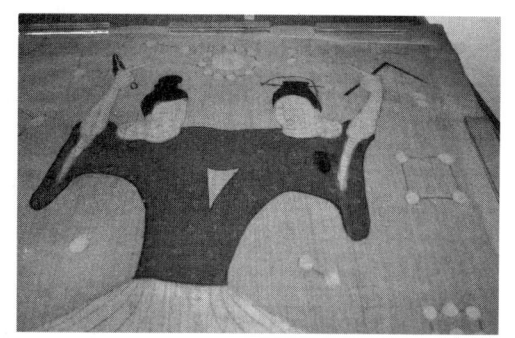

形式感：韩国古典家具的蝴蝶锁　　　　　结构对称：新疆出土绢画伏羲女娲

象的亚伯拉罕的近亲相奸，在含和罗得的女儿以及所多玛城民这样一些无法无天的人物故事背景中也就被人们忽略过去了。

我在此把性的问题和罪孽的问题作为分析的焦点，是为了揭示由一系列多种多样的反复、变形和转换形式所积聚起来的"信息"，而不是说这些东西便是神话中所包含的唯一的结构模式。

我所提出的分析方法的新颖之处并不在于事实当中，而在于程序方面。每个神话都具有各自独立的意义，但我不是着眼于提取每个神话的独自意义，相反我一开始就假定，所有的神话都是某一复合体系中的一个故事，一个神话中出现的模式，在这个复合体系中的其他部分以同样的形式或变形的形式反复出现。所有变体中所共有的结构，经过各种不同形式的反复描述，就变得显而易见了。

某一神话体系的构成总是根据其宗教环境背景而发生的，这种基本结构模式的存在使神话具有真实感。就像诗表达着某种意义一样，神话也表达着某种意义。尽管一般的人即使用心地倾听也听不出来到底表达的是什么，但是"信息"却是客观存在的。假如要拟定出一个程序的话，计算机大概要比人更能胜任实际的分析。显而易见的是，所有的神话体系中确实存在着与此相同的模式。至少我自己这样认为。这一事实在心理学、社会学、科学方面都具有深远的意义。现在看来，神话把不可见的现实表现为可见的现象，这一说法是确凿无疑的。

胡立平　叶舒宪　译　叶舒宪　校

作为神话的《创世记》｜105

《天婚》故事的结构论研究

[日] 伊藤清司

本文是伊藤清司于1982年12月4日在北京师范大学所作的学术报告。作者伊藤清司是日本著名的比较神话学家。1924年生于日本岩手县,早年在庆应大学修完博士课程;近年来任日本口承文艺学会常务理事,庆应义塾大学教授。伊藤清司30多年来致力于神话和民间故事的研究,主要著述有《赫映姬的诞生》《日本神话和中国神话》等。在本文中,作者对流传在中国、朝鲜、日本的"天婚故事"的结构作了比较研究,划分出该故事的几种转换类型,探讨了其流传演变的线索。作者认为,结构分析的终极目的不是说明作品的结构本身,而是要确认某类故事中的不变因素和可变因素,从而理解故事的流传和演变规律。

一

云南省大理地区的白族群众中,流传着题为《辘角庄》的民间故事。据我所知,到目前为止,已有12位研究者在搜集、整理这种类型的民间故事。尽管我所见资料尚不完全,但可以看出,上述白族的《辘角庄》故事的内容大体相同。

从前,白王有三个女儿。小女儿白圭,平时就喜欢牛。父王为白圭选定了婆家,但她说什么也不同意。一天,白圭骑上牛背,离开王宫,任牛随意行走,踏上了漫长的旅程。牛好容易走进一个小村,但是牛犄角怎么也通不过村里的小巷,牛只得像水井的辘轳那样,上下左右地摇晃脑袋前行。因此,后人便把这个村子叫做"辘角庄"。

牛在小巷尽头的一间小破房前停了下来,屋里住着一位老母亲和她当樵夫的儿子。白圭认定牛停下的这家的男人,必定是自己未来的丈夫,于是,同樵夫

南阳汉画像牛郎织女星图

结了婚。白王得知小女儿同穷人成亲,大为恼怒。他咆哮说:"只要白圭两口子不把从他家到王宫间的道路铺上银砖,途中架设金桥,就休想见我!"

白圭夫妇和老母三人,正过着和睦的生活时,母亲病倒了。白圭解下自己腕上的黄金手镯,递给樵夫,说:"你上街,把它换些银子,买点药来吧……"

可是,樵夫根本不知道黄金的价值,奇怪地问:"这样的东西,在我天天砍柴的山里多着呢!"第二天,他真的从山上背来了黄金。白圭夫妇用黄金买来药,治好母亲的病,成了大财主。他们铺下银路,架上金桥,把父王请到辘角庄的家里做客。父王来到女儿家,发出幸福的祝愿。

以上,是由徐嘉瑞先生采集、整理,发表在《白族民间故事选》上的《辘角庄》故事梗概。由于故事后半部有发现黄金、铺银路、架金桥的内容,所以,有时又称《金桥银路》。此外,由于女儿拒绝父亲指定的亲事时,发誓说:"结婚是老天给我安排的命运,我骑上牛背,牛停在哪家门前,我就给谁家当媳妇。"果然,结成了美满姻缘,所以人们又把这个故事叫做《天婚》。我认为,上述题目中,"天婚"最为恰如其分,所以,本文将此类故事,一律称为天婚故事。

白族的这类天婚故事,也曾见于清代的《滇系》和明代的《南诏野史》。似乎很久以前便有流传,流传中,内容稍有变化。

在云南白族天婚故事中,特别引

取法天圆地方的礼器——玉琮,安阳殷墟博物苑

《天婚》故事的结构论研究 | 107

人注目的有几点。其一是故事结尾部分，承认了父女关系，以女儿完成了金桥银路在自己家中招待父亲为结尾，构成的"孝养型"，以及与此相反，女儿向父亲显示出自己实现了天婚的正确主张，鄙视将自己撵出王宫的父亲之类的"对峙型"两种。令人注目的第二点，是姑娘结婚对象的职业大多是樵夫，但也有其他职业，还有的说是在山中烧木炭的烧炭夫。李星华女士在《白族民间故事传说集》中发表的《辘角庄》故事，就是其中一例。第三，是动物的作用。白族故事中，动物是牛或水牛。这种动物，或者是平日为姑娘所喜爱，或者是父王发怒后，将动物作为给女儿的唯一财产。尽管说法较多，但是，动物在决定姑娘结婚对象时都扮演了重要角色。

在中国其他地方，也流传有类似云南大理地区白族的天婚故事的民间故事，如云南的昆明、西藏自治区的昌都、广西壮族自治区、广东省、湖南省、湖北省、江苏省、浙江省、山西省以及台湾省，即主要在中国南部地区多有流传。此外，缅甸、柬埔寨等东南亚地区也有。尽管内容小有变化，但故事的基本结构相同。

中国的这类天婚故事的女主人公，大体是三人姊妹中的小妹，也有的是最年长的姐姐，但姐姐的场合，肯定是生母已死，继母偏爱自己亲生的二女儿和小女儿，虐待长女，并将她撵出家门，引起这段故事。也就是在天婚故事中，添加了"继母·养女"的主题，小女儿的身份变为大女儿了。姑娘骑出家门的动物，不只限于牛，也有的说是马。有的故事没有动物出场，而是听从神的劝告，决意天婚的。这类天婚故事的男方的职业，绝大多数也是樵夫。湖南省湘西地区的苗族故事中，是烧炭夫。此外，还有在山上伐竹子的、在溪谷抓蟹的，多是在深山干活，不知黄金等贵金属价值的人。而且，都是以见姑娘递过来的金币或手镯，才引出在男人干活的山中发现黄金的内容，促使了故事展开，这一点，各类故事都大体相同。结尾部分变化较大，大体可分成两种类

象征天门的商代有领玉璧，安阳殷墟博物苑

型。其一是已经介绍过的白族故事中出现的，最终孝顺父亲的"孝养型"。其二是，平日夸耀自己富有的父亲，看到被撵出家门的女儿变得比自己更富有了，羞愧难当而自杀。有的则是，父亲撵走女儿后，接连遭受不幸，沦落成乞丐的"破落型"。前述的白族的"对峙型"，实际可能是由这类"破落型"变化的吧！试将上述"破落型"天婚故事称为"初婚型A类"，"孝养型"为"初婚型B类"。为什么使用"初婚型"这一词语呢？因为在民间故事中，还有一种同现在介绍的内容具有相同结构的故事，那就是女主人公婚后，不得不离婚，与另外的男人再婚，过上幸福生活的"再婚"故事。关于再婚故事，试以湖南省湘西地区苗族故事为例。

有对夫妇，富有的丈夫虐待妻子，逼她离了婚。被前夫撵出家门的妻子，又与他人再婚，过上富裕生活。前夫与妻子离婚后，家境骤然败落，沦为乞丐。一天，他来到一家富户的厨房乞讨，谁知女主人不是别人，竟是被自己撵走的妻子，他惭愧至极，死在灶坑旁。妻子将尸体埋在灶下，作为灶神爷祭祀。

西汉空心砖浮雕升仙神话图，北京古陶文化博物馆

这个故事，除湖南以外，河南、安徽、湖北、浙江、台湾等地也有流传。都是以前夫死后，成为灶神的奇妙结局为结尾。因此，有人称为"灶神故事"、"灶君的来历"等。还有的用故事中主人公的名字，把这个故事起名为"郭丁香与张大郎"。

现在，我们将"再婚型"中，与妻子离了婚的前夫，同撵走女儿的父亲；被丈夫逼走的妻子和被父亲逼走的女儿，相互置换，就会发现，其结构与前述的"初婚型A类"十分相似。这里，我将上述"灶神"故事称作天婚故事中的"再婚型"。以上介绍的"初婚型A类"和"初婚型B类"，以及这种"再婚型"，三种类型中哪一类是原型？目前阶段难以断定。可是，如果替换父亲对女儿的关系与前夫对妻子的关系的话，"初婚型"就成了"再婚型"，或者很容易转化为"再婚型"。因此，可以认为这些故事，本来属于同一类型。

二

前面提到，天婚故事在东南亚也有流传。此外，朝鲜半岛和日本也有传播。关于朝鲜半岛流传的资料数量还不很多，但在日本却已搜集有100多例资料，见诸文献的，可以追溯到10世纪中叶。朝鲜半岛的故事，直至今日，都属"初婚型"，而且显然都是B类。丈夫的职业是烧炭夫，此外还有是乞丐的，有的则变成了在山里挖甘薯的小伙子。他们的职业和中国故事中的男主人公职业有所不同。可以想象朝鲜故事是受了中国的"初婚型B类"的强烈影响。这一点我们将在后面论述。

日本的天婚故事，如同由柳田国男命名为"烧炭长者型"那样，女人的结婚对象，绝大多数是烧炭夫，少数是编竹工人、乞丐，偶有挖甘薯的。日本也和中国一样，流传有"初婚型"和"再婚型"两种，只是"初婚型"与中国的又有不同。日本的"初婚型"的大部分，都有既不属于A类，也不属于B类的独特的内容。日本"初婚型"中，父亲存在的意义十分微小，有的父亲并没出场。此外，女儿也不是复数姊妹中的一个，多是独生女。女儿或听从神的劝告，或听信占卜者的指点，而与深山中独自谋生的烧炭夫结婚，后来发现黄金，成为大财主，大部分的故事到此结束。

蜥蜴与牛头，阿姆斯特丹热带博物馆藏非洲宗教艺术

圆明园生肖铜兽首，北京保利艺术博物馆

110 | 结构主义神话学

这样，孝敬父亲的内容，以及父亲破落的情节都没有。极少数故事的开头，是父亲断绝了与女儿的关系，后来却挂念婚期已过的女儿的婚事，父亲亲自领着女儿去查访烧炭人的家。尽管父亲在开头时出了场，但在结尾部分，却几乎都没有再出现。因此，我们把父亲不出场或父亲存在与否都并不重要的日本天婚故事，单列为"初婚型C类"。

这个C类，同前述的A类和B类，三者中哪一类历史悠久？现在难以判定。我们不妨稍加探讨。

署名林兰编写的民间故事集中，收有中国天婚故事的"初婚型B类"，是浙江省的故事，题为《各人各福》。另外，云南的白族故事中，有个故事是，父王问三个女儿："你们过上幸福日子，是谁的恩德呀？"大女儿和二女儿回答："是托父王的福。"只有小女儿说："是自家的福禄。"这样，父亲大怒，与小女儿断绝了关系。也就是说，人的命运由本人掌握，他人决定不得。"天婚"一词，即是自己的结婚对象由自己决定的意思。这类故事，有的叫做《靠天靠地靠自己》，起这个题目的人，恐怕是重视了故事的中心思想了吧！因此，从天婚故事的本来的中心思想看，父亲的出场并不是必不可少的条件。这样考虑的话，从理论上讲，C类可能是最古老的类型吧！但是，在日本的C类型中，也有同于白族故事，女儿骑上牛背，牛去的地方即是自己的婆家的内容。从这点分析，也可以解释为C类是由A类和B类演化出来，删去了父亲的变化类型。

下面，图示上述东亚三个地区的天婚故事中最基本的构造。f·F代表女儿，f表示未婚，F是已婚，P是f的父亲；M·M'是丈夫。其中，M是f的初婚的丈夫，M'是F的再婚的丈夫。XY轴的上方（+），表示富裕、幸福的世界；下方的（-）代表贫穷、不幸的世界。

以对立统一为构图原则的西周青铜器：神面卣，北京保利艺术博物馆

箭头表示故事展开的时间经过。○号表示故事的开始，·是结尾。

〔中国〕

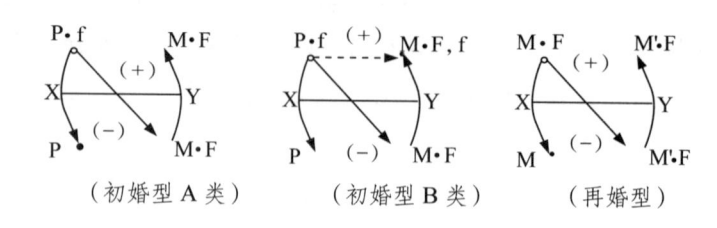

（初婚型 A 类）　　（初婚型 B 类）　　（再婚型）

〔朝鲜〕

（初婚型 B 类）

〔日本〕

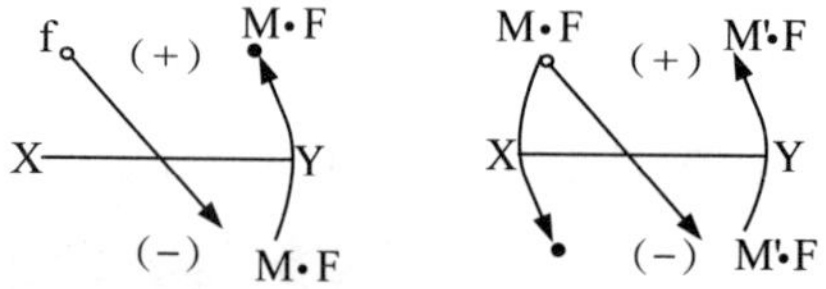

（初婚型 C 类）　　（再婚型）

图 1

如图 1 所示，中国的"初婚型 B 类"与朝鲜的"初婚型"结构一致。不仅如此，细节处也有一致点，比如，女主人公大都是三姐妹中的小妹，所以，也有的地方叫《三姑娘的故事》。数字三，代表什么意义呢？民间故事中经常出现三个要素，这是民间故事的特征。"三"是圣数，在日本有"三次为真"的谚语，意思是第三次，是神的旨意。可以断定，三姊妹中的小妹，就带有"第三次"的意义。此外，"三"意味着多数，或许三姊妹中的小妹，也意味着多数中的最年少的姑娘。在白族的天婚故事中，有个故事是以南诏国王的十位女儿中的第十个姑娘为主人公，最小的孩子获得好运，也是民间故事多种特点之一。为什么小女儿，或者小儿子在民间故事中特别容易发生问题？是不是最小的子女继承遗产这一社会习惯，在民间故事中的反映？确有探讨的必要。中国和朝鲜故事类似点的第二点，是结尾部分，女儿对父亲尽孝敬之心。同是"孝养型"，又有被孝敬的父亲破落（由⇢表示）和没有破落（由→表示）等两种情况，这两种情况，在中朝两国故事中都有所见。毫无疑问，朝鲜的天婚故事比较强烈地保存着中国故事的影响。然而，朝鲜的故事中并没有牛、马出场。尽管由于资料不充分，尚不十分明了，但是，我认为随着中国的这类故事的搜集、分析的进展，完全能够查明朝鲜的天婚故事，是与中国的某一地区的故事，或某一系统的故事有着密切的关系。

中国的"再婚型"和日本的"再婚型"，以及中国的"初婚型 A 类"，在结构上十分类似。如上所述，与"初婚型 A 类"的不同，仅仅在于 P 与 M 相互替换。两种类型故事的细节的不同，很可能是由于 P 或 M 的出场而逐渐发生了变化。就这种结构而言，可以把这种天婚故事，理解为是"命运"故事。以女性，即 f 或 F 为中心分析，可以把这个故事解释为是由于依从自己的命运结婚，而获得了幸福的故事。"初婚型"的 P 或者"再婚型"中的 M 的存在，起着促使这种幸福更为引人注目的作用。P 和 M 的意外的结局，为故事增添了趣味性。

但是，如果以男性，即 P 对 M，或 M 对 M' 为中心来分析这个故事，那么，随着女性 f 或者 F 的变化，两者的关系也发生了（+）与（-）的逆转变化。这个故事的戏剧性，就在于这（+）与（-）的压板儿式的逆转。柳田国男研究日本的天婚故事，即《烧炭长者》昔话时，曾以男性的幸运为中心予以探讨。"烧炭长者型"，就是基于这一着眼点而命名的。柳田试图把故事中的女性解释为是神圣的，是与主宰人类幸福的神灵相关联的。可是，尽管可以这样解释《烧炭长者》，但它是否反映了天婚故事的本来的意义，不进一步研究中国的这类故事的话，是不能断定的。

三

研究这类故事，特别要注意一些问题。下面仅举三点试加说明。第一，女性在确定结婚对象时，除了神的劝告和占者的占卜外，尚有类似白族的《辘角庄》故事那样，听任牛、马等动物安排的情形。这些故事中，动物扮演着相当于神的角色，因此，故事中的牛和马等不单单是动物，而同时是超自然存在的生物。果真这样，今后我们的一个研究课题就是：这类故事，是否受到了动物崇拜这一古老的信仰的影响？

第二个问题是女性的婚姻对象的职业是烧炭夫的问题。烧炭夫不知黄金的价值，后来发现这个秘密，这个部分是故事的中心内容。这里，暗示了金属的冶炼和冶炼时必不可少的木炭的关系。古代冶炼金属离不开木炭，直到现在，铁匠炉也是用木炭来锻造铁器。

可是，中国的天婚故事中，女性的婚姻对象是烧炭夫的内容较为少见，因

冶金神话：郑州出土的商代兽面纹青铜爵

此，男性的职业或许原来并不是烧炭的。一般的以命运为题的民间故事，人们获得幸福与财富，特别是获得金银的方式，多半是与职业相关。比如靠狗的努力而发财致富的《狗耕田》故事，是在狗的坟墓上生长的竹子或树上，落下了金银。因此，以命运为题的天婚故事中，由于发现了黄金，夫妇过上了幸福生活。所以，后世人才把男性的职业改为与金属业关系密切的烧炭。这样设想，大有必要。

尽管这样，这类故事中，烧炭与黄金的关系，即制造木炭与金属制造和冶炼的关系，不容忽视。因为，古时是作为金属冶炼的一个环节而烧制木炭的。故事中，还可以看出金属加工和锻造的要素，架设金桥、铺设银路的内容，反映了金属加工业者的存在。再有，在白族故事中，烧炭人被起上了张保君的名字，据说这个张保君，后来作为本主，即神灵而被祭祀。张保君为什么成为信仰的对象？他莫非是锻造神？关于这点，我希望能得到在座先生的指教。总而言之，这类天婚故事，很有可能与古代的金属文化问题相关。

第三个问题是灶神信仰的问题。这一点与第二个问题中的金属文化也有联系。"再婚型"中的前夫和"初婚型 A 类"中的父亲，都死在灶前，妻子或者女儿将尸体埋葬灶下，作为灶神祭祀。由于如此结局，所以这类天婚故事，又称作"灶神"故事。这个故事中，令人深思的灶，一般认为是普通民家用的炉灶。

114 | 结构主义神话学

不过，我认为，故事中本来的灶，是不是指炼金属的化铁炉，或者铁匠铺的铁匠炉？这样，埋葬了父亲或者丈夫，把他们作为灶神祭祀的女儿或者妻子，她们的结婚对象，会不会是冶炼者或铁匠师呢？在其他的民间故事中，有人被铁匠投进化铁炉烧死的故事。中国古籍，如《吴越春秋》和《吴地记》中，也有在冶炼或锻造时，将人或人体的一部分投入火中的记载。为什么需要牺牲者呢？论述这个问题，需要较长的时间，由于时间有限，只能涉及这些。前夫或父亲死在灶前，成为灶神，这种结尾，似乎有些突如其来。不过，如果假设这个故事原来与金属文化相关，那么，结尾就不显得生硬了。

这类天婚故事，只是流传在亚洲东部。中国、朝鲜和日本的这类故事，都各有特点。通过比较研究，这类故事的原形、本来意义，才逐渐清楚。从在日本搜集到的这类故事的数量推测，中国流传的天婚故事，会是日本的几倍、几十倍吧！不仅由于流传地区和民族的不同，内容稍有变化，各具特色，而且可以想象出，在同一地区、同一民族中，也一定会流传有多种变化的天婚故事。讲演开始时，我曾说，到目前为止，有12名研究者搜索、整理云南大理地区的白族天婚故事。这12人搜集的细节部分，也是有所变化。

我们在促进民间故事的研究过程中，在探讨其基本结构的同时，必须十分注意形成该故事的各种特殊因素，也就是，要明确故事的哪些部分是可变的，哪些部分是不变的。这样，我们可以推断出故事的原形和原义。同时，也可以理解这个故事在流传过程中，怎样变化，改变了故事具有的意义，即故事的历史性。关于这一点，我准备利用其他机会，再举例具体说明。也就是说，民间故事的结构论的研究，最终目的不是释明结构的本身，而是研究民间故事的一个过程、一种方法手段。

马兴国　译　史有为　校

斯堪的那维亚神话的对立系统

[苏] E. 梅列金斯基

本文译自海达·贾森（Heda Jason）和迪米特里·西格尔（Dimitri Segal）编的《口头文学中的模式》（Patterns in Oral Literature）一书，"世界人类学丛书"之一，墨顿出版公司1979年版，第251—260页。作者梅列金斯基（Eleazar Meletinskij, 1918—2005）是前苏联学者，毕业于莫斯科大学。1966年获科学博士学位，曾任教于塔什干大学等院校，并曾任前苏联科学院高尔基世界文学研究所高级研究员。他的主要研究领域是神话、史诗和民间故事，以结构分析见长。主要俄文著作有《童话的主人公》(1958)、《英雄史诗的起源》(1961)、《神话的诗学》(1976)等。英文论文除本文（最初刊于《象征人类学杂志》，1973）外，还有《古亚洲乌鸦神话的类型学分析》（刊于《符号学研究》1973年第6期）等，作者在本文中从空间、时间和角色等几个方面入手，对斯堪的那维亚神话中潜在的结构模式系统作了分析和总结。其基本思路显然来自于法国结构主义探讨文化现象的二元对立模式的特有方法，但在具体运用中又不同于正统结构主义，而是把共时性分析同历时性分析有机地综合起来。从本文中可以看出结构主义在苏联神话学界的反响和变异。

本文的目的，不在从原始资料的批判考据出发对斯堪的那维亚神话作出一种新的解释，而是要勾勒出体现在《旧埃达》和《新埃达》中的、统御着某些神话观念的系统结构模式。这个可以从斯堪的那维亚神话中引出的系统，是由两个空间分系统和两个时间分系统构成的。两个空间分系统是：水平系统和垂直系统；两个时间分系统是：宇宙发生系统和宇宙衰亡系统。

空间系统

在空间系统内，水平的、以人类为中心的系统是建立在下述对立之上的，即有人类居处的大地的中央部分（"米德加尔德"①）和超出这一界限的、在住人圈之外的部分的对立，而这后一部分乃是没有文化的、并同文化敌对的地域（"乌特加尔德"②）。毫无疑问，米德加尔德—乌特加尔德的对立是"自己的"和"异己的"这一基本的语义对立的现实体现。它还含蓄地反映着秩序与混乱、中心与外围、近与远、城镇与荒野、家园与森林的对立。在这个水平的系统中，天空（"阿斯加尔德"③）实际上并不同大地相对立，诸神的

体现二元对立的日本武士浮世绘

住所与米德加尔德在地形上看是不可分割的。④在神话叙述中，阿斯加尔德和米德加尔德通常是有选择地出现。

由于中心与外围、陆地与水的二元对立，米德加尔德同围绕着大地的广阔海洋形成了对比。米德加尔德是朱蒙干德（Jürmungand）的家，朱蒙干德是尘世的巨蟒。这条巨蟒的确切名称可以看成是一种暗示：它或许是作为一般宇宙论系统中的一种肯定的因素而出现的。不过，由于其宇宙衰亡论的倾向，朱蒙干德在斯堪的那维亚神话中也被看成另一种由神所控制的混沌力量。米德加尔德和阿斯加尔德是同死亡之国地狱相对立的，他们位于南方而地狱位于北方。基于中心与外围、东方与西方的对立，米德加尔德同巨人之国约顿海姆（Jotunheim）形成对立，后者实际上等同于乌特加尔德，坐落在大地边缘的一个布满乱石的荒漠之中。也许在斯堪的那维亚同在许多其他欧亚神话体系中一样，北方具有传统的恶魔的性质，所以巨人国有时也被想象为向北方的延展。只有在斯堪的

---

① 米德加尔德，原文为 Midgard，是诸神在宇宙中心为人所建造的一座城寨。——译注
② 乌特加尔德，原文为 Utgard。——译注
③ 阿斯加尔德，原文为 Asgard，是用黄金白银建造的众神之殿。——译注
④ 在神话中，尘世和天界之间由一棵叫做伊格德拉希尔的擎天大树相联结。——译注

斯堪的那维亚神话的对立系统 | 117

那维亚神话的宇宙衰亡模式中,南方才被认为是恶魔性的,那里居住着火焰巨人苏特(Surt)。水平的宇宙模式为有关阿塞斯(Aces)冒险的许多史诗提供了空间背景,这些冒险被看做是阿塞斯同巨人们(约顿①和特塞②)的冲突,还有一部分是阿塞斯同矮人们(兹渥革③和黑侏儒)的冲突。众神和巨人们被描绘为处在持久不息的战争状态中,战争的原因主要是托尔④发动的攻击巨人们的无数次东征。托尔也是世界巨蟒的主要对手。《埃达》诗把托尔表现为一个几乎完全献身于保护"他自己的人们"免受异邦人、神祇、巨人和恶魔侵害的英雄。这一模式适合于宇宙的水平投影。同巨人们的斗争常常是为了占有女性(女神是巨人们永恒的欲望对象)和奇异的东西(能够产生财富或带来新生的宝贝),这些东西是由铁匠和矮艺人们用高超的技艺为神制造出来的。这些财宝主要是通过神话中的恶神洛基⑤的努力才散播到众神、巨人和矮人之中的。洛基能轻而易举地从这一世界走到那一世界,在不同的世界之间行使某种萨满教的调解职能。不过,他作为调解者的职能当然是被限制在水平宇宙模式范围以内的。根据世界的四个部分(北、南、西、东)而得名的、在世界的角落支撑苍天的矮子的观念也构成了水平模式的一部分,虽然显得有些孤立。

  垂直的宇宙模式的中心是宇宙树伊格德拉希尔(Yggdrasil)。这是一棵巨大的秦皮树,联结着天空和大地、大地和地下世界,按照顶端和底部的二重对立将宇宙沿着垂直轴划分成三个部分。这个垂直的三元划分被恰当地表现为位于不同水平上的动物形象:鹰在树的顶端,巨蟒在咬树根,而鹿则在树的中部吃树叶。从巨蟒所在的树根跑到鹰那里的一只松鼠乃是宇宙树顶端与底部之间的动物调解者。

  将世界的不同部分联结起来的宇宙树的观念特别与萨满教的观念相关。奥丁经历了一次公开的萨满教启蒙仪式:首先被矛枪刺穿,然后在宇宙树上吊了九天。这就强调了宇宙树作为奥丁的"马"的作用。除了奥丁之外,还有另一个与宇宙树密切相关的形象,那就是众神的守护神海姆达尔(Heimdal)。他最初可能是奥丁的人形化身(或是动物形化身)。实际上,海姆达尔拥有一个大号角,这个号角既能吹,又能用来饮蜜酒,不过其绰号"尖角"可能暗示出它是自鹿

---

① 约顿,原文为Jotuns,是复数,指一群巨人。——译注
② 特塞,原文为Turses,是复数,指一群巨人。——译注
③ 兹渥革,原文为Zwergs,是复数,指一群矮人。——译注
④ 托尔(Thor),主神奥丁的长子。——译注
⑤ 洛基(Loki)是冰霜巨人的后裔,火神,因为非作歹变成了一个恶魔。——译注

118 | 结构主义神话学

蜕变而来的（而鹿在西伯利亚萨满教中同宇宙树具有不可分割的关系）。宇宙树也是生命树和命运树。它四季常青，从上面滴下生命之蜜或奶露，滋养着树根处的圣泉（掌管圣泉的是尼莫尔）。三个司命运的仙女诺恩氏（Norns）依次将泉水洒在宇宙树上（湿润与干燥的对立就像生命与死亡的对立）。

西伯利亚的类似观念使我们明白了宇宙树为什么同创始和生育的观念有机地联系着。这不仅涉及萨满的诞生，也包括凡人的诞生（因此在斯堪的那维亚神话中我们看到了与树相关的人类初生的形象，如从秦皮树和柳树中出现的人的"胚胎"）。生育观念和宇宙树之间关系的缩影是诺恩氏，她们可以和萨满树的女性精灵相比，后者赋予新生者以灵魂，或保护分娩。诺恩氏作为助产者和个人命运的决定者具有特别的功能（幸运与不幸的对立）。事实上，世界的命运和众神本身亦与宇宙树密切相关。

宇宙树高耸入天空中的顶端是众神聚集的地方。众神的永恒的居所（阿斯加尔德）同奥丁主管的阵亡者的特别处所（瓦尔哈拉大殿）同位于天空中，在那大殿里，奥丁收容了在战斗中英勇捐躯者的灵魂。在战斗中决定命运的是奥丁和众仙女瓦尔基里氏。

尼格尔海姆（Niglheim），普通的死者的归宿处，位于大地的深渊之下。高天的死者之国和地下的死者之国的差异与对立，以及与之相应的瓦尔基里氏和诺恩氏的对立，对于垂直宇宙模式来说都是重要的。这样，在生与死的对立的同时，垂直宇宙模式又产生出两种不同的死亡的对立，产生出在生与死之间作出某种调解的机会以及通过战争与死亡重新获得生命的机会。在有关奥丁的神话中，战争被构想成生与死之间的调解者，这个调解者对两个方面都起作用。在垂直模式中，巨人实际上是非实在的，只不过偶然提到在秦皮树的根下面看到人们、巨人和地狱。

在垂直模式和水平模式之间存在着某些对应物。这些对应物可以被想象为转化形态。两个模式之间的主要联系在于把北方还有东方同底部等同起来（底部乃是死者之国，更普遍的是恶魔势力的所在）。在水平模式中水元素（海）的意义主要是否定的，而在垂直模式中作为泉水出现时则是肯定的。朱蒙干德显示出与啃咬宇宙树根的尼德霍革（Nidhogg）有某种程度的对等关系。垂直模式不包括洛基在阿塞斯、巨人和矮人之间的萨满式调解，萨满的功能只有由奥丁来履行。垂直模式广泛地描绘了众神的天上世界以及天上那"幸福的'死者之家'"，但没有表现众神与巨人的对立以及众神同巨人的斗争。众神与巨人之间的对比

斯堪的那维亚神话的对立系统 | 119

在一定范围内可以解释为相应于神之家与死者和地下势力之家的对立。在水平模式中，文化与自然的对立是最为突出的，而在垂直模式中则是宇宙秩序与混沌的对立。

在奥丁得到那能带来诗性灵感和智慧的圣泉蜜酒的故事中，我们看到了从水平模式到垂直模式的转化的实例。《新埃达》叙说了奥丁如何从巨人苏唐（Suttung）的女儿昆洛德（Gunnlod）所守护的峭壁上偷得了诗性蜜酒。奥丁与她厮混了三个夜晚，为此而获准饮用那蜜酒，当他一回到阿斯加尔德时便将蜜酒从口中"吐了出来"。整个故事是在水平投影上展开的，其背景是阿塞斯同住在大地尽头的山石峭壁中的巨人们的永恒争斗。仅有一个不明显的情节变化与世界的垂直模式相关：奥丁化作一只蟒到达那峭壁，回到阿斯加尔德时则是一只鹰。如果我们还记得鹰和蟒分别代表着宇宙树的高层和低层、顶端和根部、众神的天上住所和地下势力的王国的话，就会把这段插曲——即从蟒到鹰的转变——看成是沿着宇宙树所进行的垂直运动（向下和向上）了。在许多民族的神话中，峭壁（山崖）类似于宇宙树；相应的，峭壁女主人昆洛德和她所守护的蜜酒看来同住在圣泉边的诺恩氏就有某种潜在的关联了。昆洛德的父亲苏唐可以同宇宙树根部的蜜泉的主人尼莫尔（Nimir）相联系，甚至还可同尼莫尔的人形对应体，即宇宙树的守卫者海姆达尔相联系。这样，由于转变是从水平模式到垂直模式的，那峭壁也就成了为生命之蜜酒所浸润的，为圣泉所滋养的宇宙树了。与此同时，奥丁在自愿被吊在宇宙树上并作出某种自我牺牲之后便得到了一口圣蜜酒。在从水平模式到垂直模式的转变中，文化英雄变为第一个萨满教巫师，在他从原始的守护者那里偷得了蜜酒之后，经历了一次严酷的启蒙仪式（宇宙树的母题同萨满教有着特殊的关系）。经过仪式性的启蒙以后，从巨人那里窃得蜜酒（靠一个狡诈的计谋）就转化成了巨人赐予的礼物。与巨人女儿的私通转化成在母系方面与巨人结成的尊荣的亲属关系。与此相应，对巨人们本身的处理亦发生了变化：他们不再是童话故事中的愚蠢的食人魔鬼，而变成了古代智慧的守护者，他们主持子孙们的启蒙仪式，不仅给予蜜酒，也赋予魔法的符号。

时间系统

在时间的展开过程中，宇宙模式分化成两个分系统：一个是宇宙发生的，一个是宇宙衰亡的。但二者之间并不是对称的，因为事实上宇宙衰亡一方面弥漫在整个斯堪的那维亚神话中。

《埃达》中的宇宙发生神话（不是诸独立的创世神话之总和）描述了世界从虚空中出现的过程，也就是宇宙从混沌中创生的过程，那虚空被想象为原始的深渊"金侬加裂缝"（Ginnungagap）。最早的人形生物起源的母题分解成了以下几个故事：第一个巨人伊莫尔（Ymir）从冰中出现的故事；众神的祖先布尔（Bur,

现代艺术中的二元对立，阿姆斯特丹现代美术馆

其字面意义是"祖先"）从大母牛安德胡姆拉（Audhumla）所舔的石头中出现的故事；最早的一对男女从由阿塞斯们（奥丁、罗德尔和霍尼尔）所复活的树干中出现的故事。这样，最早的人形生物起源的母题就得到了一种系统的处理；巨人、神和人在一系列实体性的自然物质（冰、石、木）中有其各自的对应体。此外，还有一个渐进性生长的造物主角色的迹象，表明从自然发生到构造秩序的过程。由布尔的儿子们所主持的伊莫尔的牺牲仪式以及随后而来的世界从牺牲者的肢体中的创生（肉为地，血化海，头骨变做天空，骨骼生成山峰），乃是至高无上的创造活动，是从混沌到宇宙秩序的升华。

在宇宙发生的诸神话中，有些神话与宇宙衰亡观念有关，如驯服由女巨人安戈勃达（Angrboda）和洛基所生的神话怪物的故事。这些怪物是世界巨蟒朱蒙干德、死亡女妖海尔（Hel）和芬里尔（Fenrir）狼。有关黄金时代的埃达神话（那时阿塞斯用金子来制造一切，快乐地玩着骰子戏）在新创造的宇宙秩序中赋予那"内心诅咒"出现之前的时刻以永久的魅力，而那诅咒则注定要在后来毁灭黄金时代。关于第一次战争（在阿塞斯和万斯之间）的宇宙衰亡神话已经预示了即将来临的死亡，因为条约和誓约均已破坏。由于万斯（Vans）在某种方式上与多产、繁荣和丰饶的仪式有关，所以死亡的角色就更为重要了。

创造人类的神话说，人被造出时没有呼吸或命运。阿塞斯使他们有了生命，因而诺恩氏才给了他们命运。诺恩氏只是到了黄金时代的末尾才出现。命运，这一斯堪的那维亚神话中的重要因素，对于已建立的世界秩序来说是不可缺少的组成部分。但是它也充分表明危险的可能性不仅限于人类个体，而且也包括神，

斯堪的那维亚神话的对立系统 | 121

以及整个世界。

构成古代斯堪的那维亚神话体系中心的有巴尔德尔（Baldr）的神话，它实质上是一个关于死亡起源的宇宙衰亡神话。它也是世界末日的悲剧的序幕，或者说是斯堪的那维亚末世观念的一个恰到好处的导言。如果说伊莫尔的牺牲相当于从混沌到宇宙的转化，那么，巴尔德尔的牺牲便是为宇宙重归混沌作了准备。

就部分而言，宇宙衰亡的神话表现了宇宙发生神话的一种镜像（这种像镜子一样的关系是两个分系统的重要特征）。驯服地下的诸妖怪的故事与这些妖怪被释放并同诸神战斗的故事恰恰形成了对立的反光。不管怎么说，托尔（Thor）依然是世界巨蟒的主要敌手；海姆达尔又同洛基战斗（正如他们在争夺弗蕾娅的宝石时曾化身为海豹所进行的战斗）；战神提尔（Tyr）向地下狗怪嘉尔姆（Garm）挑战，而在过去这狗的胞兄芬里尔狼却是他试图加以驯服的（奥丁现在正与芬里尔战斗）。过去从海洋中升起的陆地现在又沉入海中；诸神安置在天空中的群星相继掉了下来，阿塞斯们曾特别指定让它发光的太阳也熄灭了；冰与火，这两种曾以其相互作用催生了世界的物质，现在毁灭了世界。

宇宙衰亡的分系统显然是封闭的。它的某些特征与宇宙发生神话、诸神流浪冒险神话是有矛盾的。惟其如此，在某些神话中，洛基和奥丁联合在一起，从功能上看几乎彼此重叠了，而在宇宙衰亡神话中他们却构成强烈的对比。奥丁作为诸神和巴尔德尔（他是恩赫嘉尔①的领袖）的父亲，同洛基这位地下众妖怪的父亲，死亡之船的舵手，谋杀巴尔德尔的罪魁，是根本对立的。在那些描述宇宙发生活动的故事和诸神探险的故事中，奥丁和托尔常常彼此重合（如奥丁提升起大地，托尔引出大地中央的巨蟒）。在宇宙衰亡神话中，他们却是共同活动着的。阿塞斯和诸农神万斯在宇宙发生神话中是对立的，在宇宙衰亡神话中合为一体了。最后还有矮人，他们同诸神形成某种对比，在宇宙衰亡神话中却同诸神一样害怕地下诸妖怪的侵袭。

两种模式系统的相互关系

空间模式和时间模式的相互关系在斯堪的那维亚神话中构成了一个问题。由大海所环绕的大地这一形象是从下述观念中派生出来的：在宇宙发生过程中大

---

① 恩赫嘉尔，原文为 Einherjar。——译注

地是从海洋中出现的，在宇宙衰亡时它又将隐没于水中。在宇宙发生过程中，阿塞斯同巨人们不论在时间轴上还是在空间轴上都构成对比：巨人们先于阿塞斯而出现，阿塞斯为了用他们中的一个人——伊莫尔的身体创造世界而杀了他们。在空间轴上，这一对比是由阿斯加尔德和约顿海姆之间的对立所揭示的，这两个领域处在无休止的战争状态中。接替奥丁所扮演的关键角色——创造主——的，是武士托尔。贯穿于空间和时间的同一对立的这种延展乃是诗性思维的特征。这一延展同时存在于空间分系统和时间分系统。然而，应该指出，我们在上文中提到的宇宙发生说和宇宙哲学之间的叠合只属于水平层面。在这一层面上所展开的情节中，时间的进程不是非常明确的，因为它们是建立在循环原则之上的。它们描绘了宝物在各个不同的神话角色之间的循环传播（尽管这类主题属于溯源神话）。这样，神圣的蜜酒从阿塞斯手中传到了矮人，又从矮人传到巨人，最后又回到阿塞斯手中。阿塞斯与巨人之间的仇恨为奥丁、托尔和洛基的探险提供了背景，但是一般的宇宙秩序状况却没有时间方面的变化。

垂直的空间模式则显示出较明显的不可逆的时间进程，宇宙树构成了世界命运的焦点。一般说来，宇宙树在宇宙衰亡的图景中是最重要的因素，虽然它主要是从宇宙发生之中分离出来的。宇宙树的观念实际上提供了另一个可替换的观念，即从某一人形生物的肢体中创造世界的观念。二者重复的部分由下述事实得到补偿：从伊莫尔的身体创生世界的主题并没有超出宇宙发生的框架，好像世界真是从伊莫尔化生而成的，不过世界的结构却不是更多地取决于人体的形状，而是取决于一棵树的形状。

神话角色的系统

诸神作为一群神话的生物与巨人（约顿和特塞们）和矮人（兹渥革和黑侏儒）相对立，也同某些属于另一等级的女性如诺恩氏和瓦尔基里氏相对立。他们要比阿塞斯地位低下。巨人和矮人都与阿塞斯发生联系而不是彼此发生联系。一个重要的区别特征是身高（如巨人和矮人比神和常人要高或矮），这也许说明了关于阿塞斯的冒险的叙述中一种特别的平衡：阿塞斯总是与一个巨人或两个矮人相遇；巨人更是经常受到两个或三个阿塞斯的挑战（托尔或奥丁与其同伴），而洛基则独自与众矮人相抗衡。

万斯（他们看来与白侏儒相等，因而有了常见的头韵的惯用语"阿塞斯和艾尔维斯"①）作为一群有限的、通过某些次要模式与土地崇拜相联系的神而同阿塞斯相对。万斯拥有巫术和预言的能力。虽然巫术和预言术是奥丁的属性，爱与和平是巴尔德尔的属性，土地福利是托尔的属性，但只有万斯才显示出这三种属性的结合。

奥丁是有关创造的事件的一贯当事者，有时同共同参与者洛基在一起。在有关巨人的冒险故事中，奥丁和托尔是可以互换的，而洛基则可充当两人中任何一个的伴侣。奥丁一伙同托尔一伙按照参与者的数量之别而构成对立。从神话学类型的观点来看，托尔同奥丁之间的区别是文化英雄（奥丁）同英雄（托尔）之间的区别，后者清除大地上的妖魔鬼怪（参照希腊神话中普罗米修斯同赫拉克勒斯的对比）。奥丁那萨满教巫师的迷狂同托尔的好勇斗狠的狂暴恰相对照。同时，当托尔以战斧或铁锤武装起来时，又同持矛的奥丁彼此形成对比，那矛乃是武力或杀伤巫术的象征。假如说托尔是武装的自由民的基型（prototype），那么奥丁则是职业武士的躯体的基型。托尔像许多史诗英雄一样，保护"他自己的族群"，如保护人和神免遭"外来者"（如巨人和地下诸妖怪）的侵害；奥丁则是人间的不和与战争的煽动者，因为他掌管着征战杀伐的胜败权。作为启蒙仪式的引导人，奥丁让死亡偶尔降临到他的战士同伙当中，不过那只是完整的仪式活动中的暂时之死，随之而来的是神话中的恩赫嘉尔的生命超越。

事实上，奥丁、托尔和洛基是神话史诗中仅有的三个积极的角色。他们被赋予了一种确实的史诗性人格。托尔拥有史诗中那种巨大的肉体力量（其另外的表现是他的狂暴、贪食等等）。在这一意义上，他同奥丁、洛基的机智狡猾形成对照。托尔和洛基的对立正是那种强壮与巧智的对立。洛基作为托尔的伙伴和助手，具有使托尔获得成功的必要的机智。在宇宙发生神话中，洛基作为奥丁的一个有趣的分身而出现，但在宇宙衰亡神话中，却成了奥丁的罪恶的敌手。奥丁的机智是高等的

奥丁神石雕像，丹麦出土，公元1世纪

---

① 艾尔维斯，原文为 Elves, 意为侏儒。——译注

智慧与低下的狡诈、洞察力、老练以及全能巫术的混合体,当然要胜过洛基的狡猾与谋略。当奥丁和洛基联合行动时,洛基或是实施他们共同的计划,或者按照奥丁的谋略行事(如偷窃弗蕾娅的项链,以致她在两位英雄之间挑起怨恨;再如抢夺矮人安德瓦利的黄金)。

提尔的武力作用实际上在于维持秩序:他是最主要的破坏性妖怪芬里尔狼的驯服者。提尔既同仇恨的煽动者奥丁相对立,又同总是保护"他的族群"免受外来的混沌力量侵害的狂暴武士托尔相对立。奥丁、托尔和提尔作为特殊的天上之神,总是不断地保持着彼此的联系(位于天空之中也许是作为整体的群神的不变特征)。从其残存的起源方面的特征看来,提尔是天空的原始主宰(就像宙斯),而奥丁只是在后来才成为天界主神,成为以芬里尔狼为主的地球上的妖怪们的主要敌手。

《埃达》的叙述情节构成了一种语义系统,这种语义系统是按照某种方式从各个溯源神话的混合体中发展出来的。这一系统由某些相互补充的部分而组成(诸如蜜酒的神话象征体系:它是智慧的体现、智慧的源泉,也是肉体复活的源泉、永世常新的食物源泉)。

获取有魔力的饮料(食物)的主题被分解为几种范式(诸如神圣—世俗,内容—容器,内部的—外部的,液体—固体)并分派给几个角色(奥丁、托尔、洛基)。与这些角色相联系,构成了特有的叙述循环,如有关文化英雄和英勇的武士们的神话,有关欺骗者的恶作剧的神话逸事。由于每一种循环叙述都与基本情节相关,所以按照三种不同的方式讲述这一基本情节,便能够避免神话内容的重复了。

叶舒宪　李耀辉　译　王宏印　校

下编

神话收集者：普洛普和列维－斯特劳斯

［英］罗伯特·斯柯勒

> 本文译自英国学者罗伯特·斯柯勒（Robert Scholes）所著《文学结构主义导论》（*Structuralism in Literature: An Introduction*）一书第四章第一节，耶鲁大学出版社 1974 年版，第 60—74 页。作者在本文中对结构主义的早期代表人物普洛普和拉格莱同结构主义的后期代表人物列维－斯特劳斯进行了比较。分析概括了他们之间在研究角度和方法上的异同，评价了他们各自在结构主义文学理论发展中的地位和作用。

结构主义者的突出成就和许多局限，都表现在伏拉基米尔·普洛普和列维－斯特劳斯对民间叙事文学的两种研究方式中。之所以如此，当然是因为他们二人非凡的洞察力和独创性，也是由于他们所选择的研究对象即神话的素材的性质。神话、民间传说、童话——这是所有叙事文学的基型（prototypes），是后来发展起来的虚构文学的雏形和模式。在对叙事文学的历史的研究中，我们发现，在发展了叙事文学的现代形式中，原始叙事文学的基本成分经过精心的加工和变形，几乎难以被识别出来了；但是我们也发现，现代小说形式从来没有完全失去原始的特点，它们经常回转到它们的源头，吸收那里所特有的近乎魔术般的力量。神话的普遍性，是这种传统的一个重要方面，列维－斯特劳斯曾在他的一段极富创见的论述中对此加以强调：

古希腊斯芬克斯陶像，荷兰莱顿国立考古博物馆

维也纳街头的斯芬克斯像背面

在此引入一段评论将有助于神话不同于其他语言现象的独特性。神话是语言中"翻译者是背叛者"这种说法最不适用的部分。由此看来,尽管所有已经得出的观点都要证明相反的情况,但在全部语言表现方式中,神话应该被放在与诗歌极端对立的位置。诗歌是一种不能翻译的言语,除非冒各种失真的危险,而神话之作为神话的价值,即使通过最拙劣的翻译也能保存下来。即使我们对产生神话的人们的语言和文化所知无几,一个神话在世界各地的任何一位读者看来仍然是一个神话,神话的实质不在于它的风格,它所独具的音韵效果,或它的句法,而在于它所讲述的故事。神话是在特别高的层面上运转的语言,在这一层面上,意义实际上从它赖以不停运转的语言背景中成功地"脱离"了出来。①

值得指出的是,刘易斯(C. S. Lewis)对神话形式问题发表了几乎与法国人类学家相同的意见,尽管他们在思考方式和态度方面没有多少共同之处。他说:"除了语言之外,这样的故事很难让人相信它的真实性。但是这令人意外地符合逻辑。假如某些完美的哑剧艺术、无声电影,或者连环画,能不说出一句话就使人明白,那么,神话也能够用同样的方式影响我们。"②

让我们暂且来考察一下这些陈述的含义。我们所面临的是文学延续的可能性问题。在这种可能性中间,神话和诗代表着对立的两极。在诗歌中占主导地位

---

① 列维-斯特劳斯:《神话的结构研究》,中译文见本书第 014—015 页。——编注
② 《批评的实验》,英国剑桥 1965 年版,第 41 页。——原注

的是语言的词汇方面即语言的纵聚合方面①——一个特定的语词在它所从属的语言传统中的反响。诗歌,正如诗人罗伯特·弗洛斯特(Robert Frost)所说,是"在翻译中失掉的东西"。诗歌所突出表现的是在一种文化、一种语言、一个人使用语言的方式之中的独特性。然而,在神话中,语言的结构方面即横组合方面占主导地位,在这方面,多种语言有着相通之处。语言的结构具有普遍性,因而神话的结构亦有普遍性,但语言单位因为是任意性的,所以不存在普遍性。

斯芬克斯木雕,雅典餐馆装饰

这就是普洛普和列维－斯特劳斯集中注意神话结构的原因,也是神话素材成为结构主义者活动的特殊"领地"的原因。不过,普洛普和列维－斯特劳斯在研究中走上了不同的方向,使得他们的活动显示出很大的差异,乃至使人想到在结构主义内部有一种根本的分歧。这一分歧加上其他的分歧,使得为"结构主义"下定义几乎成为不可能,而这在某种程度上又是结构主义的批评具有活力和多样性的原因。普洛普的主要著述出现在20世纪20年代,可以把他看做是俄国形式主义小组中的一员。他的著作确实影响了其他的形式主义者,也影响了一部分重要的法国结构主义者。

普洛普首先解决的是民间故事的分类和组织的问题。根据维谢洛夫斯基和彼得尔的著作,他注意到许多按照"母题"或"要素"对故事进行分类的尝试都是没有系统的、任意的组合。他收集了100个俄罗斯童话,区分了其中不变的要素和多变的要素,得出这样一个原则:童话中的人物是多变的,而他们的功能在童话中却是不变的和被限定的。他把"从对情节发展的意义来看的人物的行动"称为"功能",进一步归纳出四条法则,使民间文学和虚构文学的研究立足于一个新的基点之上。就其明晰性和普遍性来说,第三条法则和第四条法则具有某种科学发现般的令人震惊的效果:

1. 功能是民间故事中恒定不变的要素,不论这些功能由谁来完成和怎

---

① 语言中每个词都和一组可以替换的词处于纵聚合关系。与此相对的是横组合关系,即句子中词与词之间的水平关系或线性关系。——编注

神话收集者:普洛普和列维－斯特劳斯 | 131

样完成。功能构成一个故事的基本成分。

2. 童话中已知的功能的数量是有限的。

3. 功能的顺序总是同样的。

4. 从结构上看，所有的童话都属于同一种类型。①

在对童话的功能进行一个又一个的比较中，普洛普发现功能的总数从来没有超过 31 项；而每个童话总是具有这 31 项功能中的多数功能，但不是全部都有，而且它们的排列顺序总是相同的。（为了使读者对这 31 项功能有具体的了解，我将逐一列举这些功能，为了便于说明，还须援引与此相关的普洛普著作的原文。）一个家庭的成员在开场时被一一列举，或是未来的主人公被介绍出场；在此之后，故事开始了，故事是由下列一些经过选择的功能构成的：

1. 某家庭的一个成员不在家。

2. 主人公闻知一个禁令。

3. 禁令被违反。

4. 敌手试图进行探查。

5. 敌手得到有关他的受害者的消息。

6. 敌手企图欺骗受害者，以便能控制他或占有他的所有物。

7. 受害者设制计策，结果却无意中帮助了他的敌手。

8. 敌手损伤或加害于家庭的某位成员。

8a. 家庭的某位成员缺少某物或想得到某物。

9. 灾祸或缺乏出现：主人公接到一个请求或一个命令；他获准出走或被派遣。

10. 追寻者同意或决定抵抗。

11. 主人公离家。

12. 主人公受到考验、讯问、攻击等等，作为他接受一个魔法师或援助人的方式。

13. 主人公对未来的给予者的行动有所反应。

14. 主人公得以利用某种魔法的力量。

15. 主人公被转移、被解救，或被引向所要寻求的对象的所在地。

16. 主人公和敌手直接战斗。

17. 主人公被加以标记（印记）。

---

① 《民间故事形态学》，中译文见本书第 006—008 页。——编注

18. 敌手被打败。

19. 最初的灾难或缺乏得到了解除。

20. 主人公归来。

21. 主人公受到追捕。

22. 主人公从追捕中获救。

23. 主人公回到家或到了另外的国家,没有被认出。

古埃及斯芬克斯,罗马国家博物馆

24. 假主人公出来冒充。

25. 向主人公提出了一项困难的任务。

26. 任务完成。

27. 主人公被认出。

28. 假主人公或敌手暴露。

29. 假主人公改换面目。

30. 敌手受到惩罚。

31. 主人公结婚,并登上王位。

普洛普把前七项功能叫做"准备"的单元,用这样的概括标号还可以再区分出其他各组母题。于是,我们有了从第八到第十项功能的"节外生枝"单元,以及下面的"转移"、"战斗"、"归返"、"真相大白"诸单元。正如后来的评注家敏锐地指出的,尽管这些单元不完全合乎逻辑,但普洛普概括出的结构却显然是我们在阅读从民间故事到小说的整个虚构文学都会遇到的。

除了这31项功能之外,普洛普还确定了有关8种童话角色的7个"行动范围":

1. 敌手

2. 给予者(供给人)

3. 援助者

4. 公主(被追求者)和他父亲

5. 派遣(主人外出)者

6. 主人公(追索者或受害者)

7. 假主人公

在有些故事中，一个人物可以扮演几个角色（比如，反面人物可以是假主人公，给予者也可以是派遣者），或者一个角色也可以由几个人物来担任（比如，多种敌人）。不过这些是这类叙事文学所需要的全部角色，而且构成在其他方面与童话相去甚远的小说的基础。

我们还可附带看到，普洛普的模式在某些方面同拉格莱（Lord Raglan：《英雄》，伦敦1936年版）独立构想出来的关于一种典型的神话英雄经历的事件表是相似的。拉格莱的英雄故事同普洛普所研究的童话有很大的不同，他的方法论也远不如普洛普的系统。他只想说明，他是如何把神话形式所具有的某些持久的和重现的特征，从那些已作为历史存在的神话英雄的经历中识别出来的。如同弗雷泽（Frazer）、康福德（Cornford）、韦斯顿（Woston）、盖斯特（Gaster）和其他一些人，拉格莱属于英国原生的前结构主义学派，他们是诺斯洛普·弗莱[①]的重要理论先导。他们颇有说服力地表明神话的叙述结构对于某些原始宗教仪式的依赖关系。关于神话与仪式之间因果关系的争论或许还会继续下去，但是二者之间的密切关联、它们对相似的和基本的人类需求的答案，已经成为研究人类的公认前提。拉格莱英雄模式具有22个特征，它们并不完全是普洛普所说的功能的意思——这或许是因为那些英雄神话不只是作为叙述结构而起作用，除此之外他们还具有一种仪式性质的意指因素。下面是该模式：

1. 英雄的母亲是一位王族血统的处女。
2. 他的父亲是国王，并且
3. 通常是英雄的母亲的近亲，但是
4. 英雄的受孕是不寻常的，而且
5. 他也被认为是某一位神的儿子。
6. 当他降生之际，他的父亲或外祖父企图杀掉他，不过
7. 他被神秘地带走了，
8. 在一个遥远的异国为义父义母收养。
9. 我们对这孩子的童年一无所知，
10. 成年后他回到或来到他未来的王国。

[①] 诺斯洛普·弗莱（Northrop Frye，1912—1991），加拿大文学理论家，原型批评派的代表人物，主要著作是《批评的解剖》（1957）。——校注

11. 在战胜了某一国王（或者是一个巨人、一条龙，或一只野兽）以后

12. 他同一位公主结了婚，这位公主常常就是前任国王之女。然后

13. 他成为国王。

14. 他平安无事地统治了一段时间，并

15. 制定了法律。但

16. 后来他失去了众神和他的臣民的支持，

17. 他被从王位上和王城中赶了出去。此后

18. 他神秘地死去，

19. 通常在某一山顶上。

20. 他的孩子，如果有的话，未能继承他，

21. 他的尸体没有被埋葬，但是

22. 他却有一个或多个圣墓。

培根画作中的斯芬克斯，维也纳皇家美术馆培根画展

拉格莱用这个模式"刻画"过某些著名的神话英雄。例如有 20 条能适用于忒修斯（Theseus）①，赫拉克勒斯（Heracles）②适用 17 条，耶稣若不是被有意去掉的话，显然也会很好地同这一模式吻合。世界各地的许多文化英雄，关于他们的生平故事在很大程度上与此模式相近似。拉格莱的观点是指出所有这些相似性的仪式基础，但是不论有没有仪式，这些相似性表明在广阔的人文领域中存在着一种基本的叙述语法。不论拉格莱还是普洛普都没有对此给予理性的关注。普洛普满足于描述他所看到的，他是偶然地想到，童话一定源出于神话，而某些骑士传奇则又肯定是童话发展演变的结果。他倾向于指出的是，任何给定故事的审美情趣都在于某种功能，不是其不变的内在结构功能，而是可变的外在标志的功能。"所谓'外在标志'，指的是人物各种外在特征和表现的总和：他们的年龄、性别、地位、外貌、外貌的特点等等。这些标志使童话故事丰富多样，具有魅力和美感。"（第 87 页）由此可以清楚地看出，普洛普意识到了审美方面（丰富多样、具有魅力和美感），但实际上没有认真考虑它。如果一个故事的结构自身具有某种审美特征，那么他便有意忽略之。看来他会将审美效果归

---

① 忒修斯，希腊神话中的英雄。——校注
② 赫拉克勒斯，希腊神话中的英雄，曾立下 12 件大功。——校注

之于童话表现方面的某种特征，而不是童话的结构。从这种通过民间流传的方式获得的有限的本文结构的观点出发，达到一种真正的结构主义的文学本文观，这至今仍是结构主义文学理论试图解决的大难题之一。不过普洛普已经把有关叙述文学的本质的最基本的东西都教给了我们。他教会我们从确实的、严格限定的内在联系的角度去考察情节——功能和人物——角色。这样，他的著作成为后来许多理论

古希腊带翼斯芬克斯，摄于雅典历史博物馆

家的出发点，特别是格莱马斯①、布雷蒙德②和托多洛夫③等人，他们的著作我们将在后面的章节中讨论。

对于普洛普来说，结构分析的单位是作为独特建构的单个童话。他从一批为数 100 个外观相似的童话中纽绎出一种主导性的童话结构，其 31 项功能包括了这批童话中所能找到的所有的结构可能性。我已经提到，普洛普的兴趣虽然主要不在于审美方面，但他还是对童话的形式特征、基本构成单位和组合法则进行了研究。就实质而言，他是在建构某种类型的叙述文学的语法和句法，后来的理论家们对此作出修饰和扩充以便使之适用于其他类型的叙述文学形式。克劳德·列维－斯特劳斯对问题持另外的看法，认为个别的叙述作品并不值得重视。对他来说，结构单位不是童话故事而是神话，是在所有的童话（不论是完

---

① 格莱马斯（A. J. Greimas，1917—1993），法国高等学术研究院教授，结构主义叙事学的代表人物之一。——校注

② 布雷蒙德（Claude Bremond，1929— ），法国符号学家，结构主义叙事学的代表人物之一。——校注

③ 托多洛夫（T. Todorov，1939— ），保加利亚裔法国符号学家，结构主义文学理论家。——校注

整的还是片断的）中都可以找到的神话。在这种意义上的一个神话是一种素材（主要是叙述文学）的主体，它所涉及的是特定文化的一个特殊方面，或者更确切地说，是那种存在于素材之后的神话，它经常以某些修改了的形式为我们所知，所以有待于从这些变体形式中重构出来。

普洛普关注着一种审美形式——童话本身即是为了审美的目的而修饰改造了的神话素材。在寻求一组童话主导形式的过程中，可以说普洛普找到了对于叙述文学的人类反应的动力学基础。他没有继续探求如下问题：某一特定功能在童话的读者心中会产生什么样的反应。但是他将一种独立自存的结构分离出来，以便满足人们对某种形式的叙述愉悦的普遍愿望。与此相异的是，列维－斯特劳斯所关心的不是一种美学的形式，而是一种逻辑的形式，是蕴含在原始神话中的观念体系，不论它在神话中是多么含混。他认为，一个神话经过美学上的重新建构而变为民间故事或童话，这是将该神话的原初逻辑加以晦涩化的一种转换形式。不过由于神话明显具有一种使人愉悦的叙述形式，因而它可以使人们对某些问题，比如有关人类状况的某些真理——通常是很艰难的思索，变得轻松惬意。普洛普探讨的是牡蛎如何养育出珍珠的过程，而列维－斯特劳斯所要说明的是那些赋予结构以意义的最原始的沙粒。

在研究过程中，列维－斯特劳斯的方法同普洛普和拉格莱的方法在表面上有些类似。他一开始先把那些需要考察的神话叙述体分类成单位，这些单位每一个都可以被概括成一个短句。这些单位同普洛普的"功能"和拉格莱的"要点"有些相似，但又不完全一样。每一个单位体现一种"关系"。实际上这种关系往往意味着某种像普洛普的功能一样的东西。比如，"俄狄浦斯杀死斯芬克斯"，在列维－斯特劳斯对一组底比斯神话的分析中，它是一个单位；相当于普洛普的功能中的第18项，即主人公在面对面的较量中战胜了敌手。不过，列维－斯特劳斯的单位又不完全是叙述的功能。有的单位仅仅是对名字的解释，比如"俄狄浦斯=肿脚"，与其说是一种细节的解说，倒不如说它体现了叙述中的一种关系。使用"关系"这样一个术语可以使列维－斯特劳斯以一种非科学的热忱把他的范畴运用到他的素材上，这曾使他的同行们感到惊讶。也是出于同样的动机，拉格莱曾概括出他的第19项要点"主人公通常死在一座山顶上"。在许多的神话和故事中都存在着一种并非叙述功能的重要因素，它们的作用与其说是句法学的，不如说是语义学的。在叙述中，它们并不仅仅起修饰作用，而且扮演着十分重要的角色。在这种情形中，山显然同宗教仪式有关，因而也同神话中不能再变为童话的审美化过程中保留下来的一部分有关。

神话叙述体被简化为关系单位，叫做"神话素"（mythemes），这是分析过程中争议最少的部分。接下来的一个阶段，即重新组合，是全部分析最关键的部分。在列维－斯特劳斯看来，一个神话是从某种文化整体到其个别成员的编码化的信息。只要一种文化保持其等质性，一个特定的神话活力就能因此而持久，该神话的种种新的变体不过是同一信息的不同表现。如果我们以适当的方式将神话素加以组合，那就可以破解其编码，译读其信息，这不仅仅是它们传递给我们的叙述顺序问题。下面是列维－斯特劳斯在其《结构人类学》一书中的著名论文《神话的结构研究》中提供的实例：

> 神话将被当做交响乐的总谱式的一组线性系列来研讨，它们的排列是无意识的；我们的任务是建立正确的组合。比如说，我面前有某一类型的序列1，2，4，7，8，2，3，4，6，8，1，4，5，7，8，1，2，5，7，3，4，5，6，8……我们的编排就是把所有的1分列出来，所有的2和3分列出来，以此类推，结果如下图：
>
> ```
> 1  2   4      7  8
>       2  3  4      6     8
> 1           4  5   7  8
> 1  2              5  7
>          3  4  5  6     8
> ```
>
> 我们试图对俄狄浦斯神话进行同类运算，对神话素作出某些组合，直到我们发现与以上列举的原则相协调的组合为止。为了便于讨论，我们假定最佳编排如下（尽管它肯定要在希腊神话专家的帮助下得到改进）：

卡德摩斯寻找
被宙斯劫去的
妹妹欧罗巴

      卡德摩斯杀
      死毒龙

   龙种武士们
   自相残杀

         拉布达科斯（拉

			伊俄斯之父）＝瘸腿（？）
			拉伊俄斯（俄狄
			浦斯之父）＝左拐子（？）
	俄狄浦斯杀		
	父拉伊俄斯		
		俄狄浦斯杀	
		死斯芬克斯	
			俄狄浦斯＝肿脚（？）
俄狄浦斯娶			
母亲伊俄卡斯			
忒为妻			
	厄忒俄克勒		
	杀其兄波吕尼		
	刻斯		
安提戈涅不顾			
禁令埋葬其兄			
波吕尼刻斯			

让我们先来考虑数字模型。在从左至右地读那叙述行列的时候，我们立即发现"8"是所能达到的最高数字。行列中的五个数字都有所重叠（重叠总是部分的，而不是全部）。这样我们便有了一个八栏五行数字排列。这个排列很容易作出，因为数字本身已经设定了自己的位置。早在写下第一行数字的时候我们就知道在什么地方留下空档，因而到了写第三行中的一个"5"时，我们也知道它的确切位置所在。神话的单位当然不这么简单（虽然我们可以借助于普洛普的"功能"建构一个坚实的基础）。俄狄浦斯神话的图表使所运用的方法和相关的问题都得到清楚的展现。我们应当公正地承认列维－斯特劳斯自己所说的他在分析这个神话时所运用的技术"可能是不正当的"，因为"我们所见到的俄狄浦斯神话是晚近的形式，它经过文学的改造之后更加突出的是美学的和道德方面的见解，而不是宗教或仪式的性质"（第209页）。不过在几页之后，他又断言一个神话由"它的所有变体"所组成，并且他还倾向于把弗洛伊德的俄狄浦斯故事变体也包括进来。正是列维－斯特劳斯的这种不顾自相矛盾的倾向使所有的人——除了他的最忠实的赞颂者——都感到为难。现在还是让我们看看他是怎

样处理俄狄浦斯故事的。

首先，他删除了不少内容。当然，我们得承认他有权利这样做，至少暂时有这种权利。正如他自己所指出的，这个论证不是用具有科学意义的术语来表达的，而是用一种类似街头商贩都可以理解的语言表达的。使用这种语言的目的不过是要说明"他正在试图向旁观者兜售的机械玩具的性能"。这个机械玩具是怎样运作的，它能为除了商贩而外的所有人运作吗？第一个谋略是行列中诸要素的排列。列维－斯特劳斯有意使它含混不清。排列是"与以上所列举的原则相协调的"——但是，原则从来没有被真正地列举过，只是用隐喻暗示过和间接地类推过。后来他看到"属于同一行列的所有联系都显示出一个共同的特征，我们的任务便是去发现这种特征"（第211页）。但是恰恰是这种共同的特征致使这些联系被安排在同一行列中，这是我们研究的出发点。基于某些理由，列维－斯特劳斯在这里尽力提示，他的论证是一种归纳，尽管从一开始，他的演绎方法就很显然。他把行列中的神话素，按照他所发现的原始人信仰中的某些特质加以排列。第一行突出血缘家族成员之间的亲密关系——这实际是指俄狄浦斯和伊俄卡斯忒的乱伦和在两对兄弟和姐妹之间的乱伦，他们突出了他们同诸神和男人的愿望的对立关系。第二行突出表现的是亲属之间的关系被弑兄与弑父的行为所破坏。于是，这两个行列并列在一起就表现出二元对立逻辑的两个部分：对血缘关系的过高估计与血缘关系的过低估计相对立。第三行列、第四行列之间的关系有些隐晦。因为在第三行列中被杀的妖怪在某些神话变体中被说成是（自生的，出于泥土之中），所以这一行被认为是表现"对人类起源于土地的否定"。我们在第四行中所看到的"跛脚"或"直走与直立的困难"，在许多神话集中被当做人起源于泥土的一种特征。因此可以断定，第四行是对人类起源于泥土的肯定。接下来有一个段落对这个神话的意义作了总结，如果能够理解这个段落，也就可以把握住列维－斯特劳斯方法的核心了：

现在回到俄狄浦斯神话，我们就可以明白它的含义了。对于一种信仰人类是由泥土中生长出来（比如说，参看波塞尼阿斯的著作第8卷，第29章，第4节：植物为人类提供了一种模式）的文化来说，无法在这种信仰和人类实际上是由男女结合而生的知识之间找到一个令人满意的转换，神话与这种无能为力有关。尽管俄狄浦斯神话不能明确解答这个问题，却为解答它提供了一种逻辑工具。它把元生问题（一元生还是二元生？）与派生问题（异类生还是同类生？）联系了起来。通过这种类型的联系，高估血缘关系比低估血缘关系就等于回避土地生长的企图比这种企图的不可能成功。尽管经验与理论相矛盾，但社会生活以其结构的相似性确认了这种宇宙论。因此，这种宇宙论是真实的。（第212页）①

理解这种理论是困难的，而要使人相信它就更困难。没有人会否认俄狄浦斯传说涉及某种乱伦的社会关系，许多人会同意在这个故事中也出现了人生于土的问题，不过只有寥寥无几的门徒会接受列维－斯特劳斯读解出来的神话背后的逻辑结构。诚然，他在神话学方面还是有所建树的。专家们发现他对南美洲印第安人神话的研究更为令人满意。埃德蒙·利奇把这种方法应用于《圣经·创世记》的分析（在一篇著名论文《列维－斯特劳斯在伊甸园》中）②，是对《圣经》神话的极有说服力的解释。这方面有一些重要的东西，即对神话产生的智力过程——这种过程是有价值的，也是饶有兴味的——卓有成效的把握。不过，人们因此被引导离开了文学自身的范围，遁入一条几乎没有路标的道路。此刻只有少数几个人跟随列维－斯特劳斯穿过那神秘的丛林，多数人则半途离去，他们担心在这行程的尽头，找不到人类的心智，只能看到列维－斯特劳斯那特具想象力的大脑。当然，他会说——他也确实说过——这本来就是一回事。

俞建章　译　叶舒宪　校

---

① 中译文见本书第020页。——编注
② 参看本书所收《作为神话的〈创世记〉》一文。——编注

民间故事的形态学与变形论

——从普洛普到格莱马斯、伊万诺夫和托保罗夫

[日]北冈诚司

本文译自日本《言语》杂志第 12 卷第 9 期（《民间故事的结构专集》），第 42—51 页，昭和五十八年（1984 年）九月。作者北冈诚司是日本比较文学专家。他在本文中概括描述了在民间故事研究中结构主义方法的发生和发展，对以普洛普和格莱马斯为代表的"形态学"理论和以伊万诺夫和托保罗夫为代表的"变形论"作了比较和评价。对于了解结构主义叙事学的分化发展有一定作用。

一、形态学和变形论（普洛普）

普洛普在 20 世纪 20 年代所做的工作，即使从他本人对当时有关民间故事的理论关切之专注来看，更进一步，即使以 20 多年来持续扩展直至今天的故事学和神话论的动向来看，特别值得注意的都可说是《民间故事形态学》和"童话故事的变形"理论（均始于 1928 年）。

《形态学》引人注目的成果有二：一是个别具体的"登场人物"／一般抽象的"角色"的区别（人物/角色论。斜线表示对立）；一是个别具体的"行为"／一般抽象的"功能"的区别（行为/功能论）。也就是这样一点：通过对两组原文每次变动的可变性实体（人物、行为）及其在一定类型（故事）的全部原文中相通的恒定关系（角色、功能）予以区别和对比，从而拟定并具体例示后者的一般图式。

"变形"理论的成果还未整理，但用今天的话来说，乃是将应称作变形规则（变形类型）的东西定式化，并根据这种定式对变形实例予以具体说明。

人物/角色论 普洛普在上百篇俄罗斯故事中描写了各种登场人物——诸如"蛇、熊、火鸟/魔女、恶魔、海王/继母、侍女、国王、公主"等。这些人物，如同正面显示的约定俗成的名字那样，其固有属性（如：动物/幻想的物体/人）、社会地位（国王/侍女）和个人天资（贤/愚）之间都存在着明显的差异，这些差异乃是实体性的要素（得以形象化的要素）。

可是，即便在各实体之间有着明显差异的这些要素中，为了使故事情节总体展开，也被赋予了一个相同的基因。就上述人物而言，"加害者"都成了与"敌对者"相同的"角色"。换言之，只要比较一下一定类型的本文，便可看出，这些相互不同的人物超越了其实体的差异，从而把成为"加害者"的"角色"沟通在一起。可以说，在这个范围内他们是相同的（但不能使其相同性直接形象化）。

"山中女妖、森林精灵、牛、老鼠、濒死的父亲、老人、苹果、河流和壁炉"等类形象作为实体，相互之间明显不同。可是在为支撑情节展开而被总体情节给予的基因——试验主人公资性时根据主人公的反应而使用的咒具/成为能给予助手的"赠与者"的"角色"——这一点上，却是完全一致的。在这个范围内，他们之间也是相同的。

普洛普形态学的首要功绩在于，它把作为实体的"登场人物"和实体（要素）间的关系，以及作为整体（故事情节）和部分（人物）之关系的"角色"作了区别，明确指出：尽管登场人物因数量和种类的无限繁多而各有不同，但只要他们的角色被限定，并从属于一定类型的本文群的范围之内，便是一致的、不变的。同时，还把这些角色分别命名为"主人公"、"伪主人公"、"敌对者＝加害者"、"助手"、"咒具"、"被寻找的对象"、"赠与者"、"派遣者"，使其结晶为明确的概念。

行为/功能论 其次，从前文所列的一群人物（与"加害者"的角色相对应）进行的个别具体"行为"来看，有"蛇抢公主"/"魔女吸食处女的心"/"侍女剜出女主人公的眼珠"/"国王命人把公主和女婿装进桶里投入海中"/"公主将伊万关在牢里"/"继母把女儿从家中赶走"等事件（《形态学》，着重点为北冈所加）。这些事件全不相同，即使予以形象化也是一些差异极大的场面。（上述单句所表现的"部分复句"的内容，乃是主题的一种，也就是具体人物进行的具体行为。）

不过，与这些相互差异的人物所扮演的同一角色一样，他们进行的个别具体行为（如着重点部分所示）虽然互不相同，但在这些行为中仍有总体情节在起作用。即使就情节的展开而言，也有着相同的意义（结构上的意义）。也就是说，在上述六个相互不同的主题（具体行为）中，构成了"敌对者谋害主人公"/"寻求的对象被其他人物谋害=加害"的"功能"，这种"功能"无疑是受总体情节制约的。故在此范围内，这些主题和具体行为也是相同的。

"山中女妖常给姑娘说家事"/"苹果、河流、壁炉提议给女孩子吃粗糙的食物"/"濒死的老人请求三个儿子连续三天为自己写墓志"（《形态学》，着重点为北冈所加），以上三件事的主题是一致的。这里表现的个别具体行为（主动的/被动的行为者）完全不同，可是在这些具体行为亦即主题中，被总体情节赋予的意义="功能"却完全一样。因此，这三个主题在此范围内也是一致的。

普洛普形态学的第二个功绩，是把这些个别具体的"行为"与故事情节整体展开方面所具有的结构上的意义（单个行为被整个故事所赋予的意义）作了区别，给后者规定了叫做"功能"的明确概念，使"功能"表现出角色（如"赠与者"）和角色（如"主人公"）的关系（与此相反，单个的具体行为表现了人物"山中女妖"和人物"伊万"的关系）。同时在从上百篇民间故事里抽出的"功能"中，根据其所处的位置而分别予以不同的名称。如以下顺序排列所示：

①外出；②禁止；③违反；④探查；⑤泄露情报；⑥奸策；⑦分清敌我；⑧加害；⑧（a）缺乏；⑨居间调停；⑩对抗开始；

（Ⅰ．自我世界）

⑪登程；⑫由赠与者考验；⑬主人公的反应；⑭获得助手/咒具；⑮移动；⑯斗争；⑰烙印；⑱胜利；⑲解除不幸和缺乏；⑳归途；㉑追踪；㉒救助；

（Ⅱ．非我世界）

㉓觉醒后的归还；㉔伪主人公的不当要求；㉕难题；㉖解决；㉗主人公被发现、认知；㉘伪主人公原形显露；㉙主人公的变形；㉚惩罚伪主人公和加害者；㉛主人公结婚。

（Ⅲ．新的自我世界）

附带补充一点：在一定类型的体系亦即类型空间中，登场人物及其个别具体的行为（实体）是促使这个类型空间所包含的总的本文相差异并走向特定化的要素；相反，角色、功能（关系）则是促使该类型空间所包含的总的本文等于该类型的本文（故事）并走向相同化的要因。普洛普形态学所明确揭示的，正是这种相同化的要因。

变形论 与形态学相比，"变形"论作为对象的，则是彻头彻尾的实体（登场人物及其附属物等），是特定化的要因（《形态学》Ⅸ章中有关功能的结合类型及其他的记述，可参阅关系变形和结构变形的理论）。

比如：前面的"蛇抢公主"这个主题（据普洛普的观点，这是下文一系列变形基点中的原主题），如果把它放在变形规则中，按照"信仰替换"的规则来变形的话，就成了"恶魔掠夺公主"甚至"恶魔掠夺神甫的女儿"；如果是"迷信替换"规则发挥作用的话，就成了"用魔法掠夺公主"；如果是"古典型替换"规则发挥作用的话，就成了"蛇夺国宝"；如果是故事的"内部动机替换"规则和"逆化"规则合在一起发挥作用的话，那就变成了"山中女妖掠夺老夫妇的儿子"（性别的逆化）。

除了这种"替换"原理外，普洛普变形论的成果还在于确立了所谓"同化""变更"的变形类型（亦可谓为变形规则），根据种种有关动机等对此作了层层区分，并按照这些区分整理、记述了具体的变形现象。

形态学和变形论 普洛普的这两个范畴有着互为前提、互为补充的不即不离的关系。这种关系一方面表现在《形态学》中，那就是在提示了功能的一般图式之后，作为联结单一的抽象的、一般的功能图式和无数个别具体的故事，本文的中间媒介，给功能图式提供了少数变形类型；另一方面也表现在"变形"论中，那就是记叙了主题、构成要素的"替换"以及其他变形，并以此为框架，预先对《形态学》确立的一般图式作了反复说明。可以说，这两点直截了当地展示了形态学和变形论的关系。

然而，今天的故事学和神话论，虽然是以普洛普的故事论为直接依据构筑起来的，但仍存在有普洛普那里的互为前提、互为补充的关系。这种把形态学和变形论的关系割断而向一边偏倒的倾向，或者是使其优劣关系发生逆转的倾向，是不难发现的。比如：一方面虽把变形过程考虑进去了，但却以它为主并将其限定在共时性的逻辑周转（如肯定→否定）中，全未考虑历时性的变形要素，从而导致结构主义的形态学日趋肥大/变形论向退化方向倾斜；另一方面，虽然把功能考虑进去了，但却把它放在了和所谓主题化以及其他要素同列的位置上，使得形态学和变形论方法上的优劣关系发生逆转，从而又导致变形论日趋肥大/形态学向退化方向倾斜的情形（后者受到列维-斯特劳斯的很大影响）。

如果寻找一下能够代表这种极端化的倾向，作者本人对自己的工作也感到满意的事例的话，那么，在故事学和神话论的领域中，普洛普遗产的最好的继承

民间故事的形态学与变形论 | 145

者，恐怕首先当推法国的格莱马斯和苏联的伊万诺夫与托保罗夫的研究工作吧！

二、角色、功能的结构化（格莱马斯）

格莱马斯从事的和普洛普形态学有关联的引人注目的工作，首先是《结构价值论》（1962年），尤其值得注意的是其中"角色典型省察"和"寻求变换典型"两章。在这两章中，作者为我们展示了"角色目次的范畴化"和由31种功能的"对化"、"相同化"、"范畴化"所形成的"结构化"，也就是《形态学》两种成果的"一般化"。

角色典型 格莱马斯将普洛普提出的故事的七种角色的"库存目录"，与句法学领域的两种角色和戏剧领域的六种角色重合在一起，拟定了图1这样的"一般化"、"范畴化"的"角色典型"。

$$\text{发信人} — \boxed{\text{对象}} \rightarrow \text{收信人}$$
$$\text{援助力量} \rightarrow \boxed{\text{主体}} \leftarrow \text{敌对势力}$$

图1

和普洛普的角色表的内容紧相关联，图中对象←$\boxed{\text{主体}}$的第一范畴轴，在故事中是作为"被寻求的对象"（公主及其他）←"主人公"这种角色之间的关系被表现的（据格莱马斯的观点，此轴的"对象"是"主体""欲求的对象"）；图中"发信人"— $\boxed{\text{对象}}$ →"收信人"的第二范畴轴，在故事中是作为"赠与者"— $\boxed{\text{助手·咒具}}$ →"主人公"、"派遣者"— $\boxed{\text{被寻求的对象}}$ →"主人公"以及其他角色的关系被表现的（不可否认，此轴的"对象"是"交换的对象"）；图中"援助力量"→ $\boxed{\text{主体}}$ ←"敌对势力"的第三范畴轴，在故事中是作为"赠与者"、"助手·咒具"→ $\boxed{\text{主人公}}$ ←"加害者"、"伪主人公"这种角色之间的关系被表现的（此轴与行动着的"主体"的"能力"密切相关）。而且，这三种轴各自还与vouloir（欲望）、savoir（知觉）、pouvoir（完成）的"样态"相对应。

功能的结构化 格莱马斯的"还原"程序大为不同，如果简单地巡视一下他的还原结果的全貌，并首先给出一个将它图表化的个人意见的话，那就有如图2所示的情形（将下面这个树状图按顺序从上往下看，即可见出格莱马斯的还原结果）。

首先，R（Recit 故事）表示全未分化的或最抽象的、用结构图（译者注：指

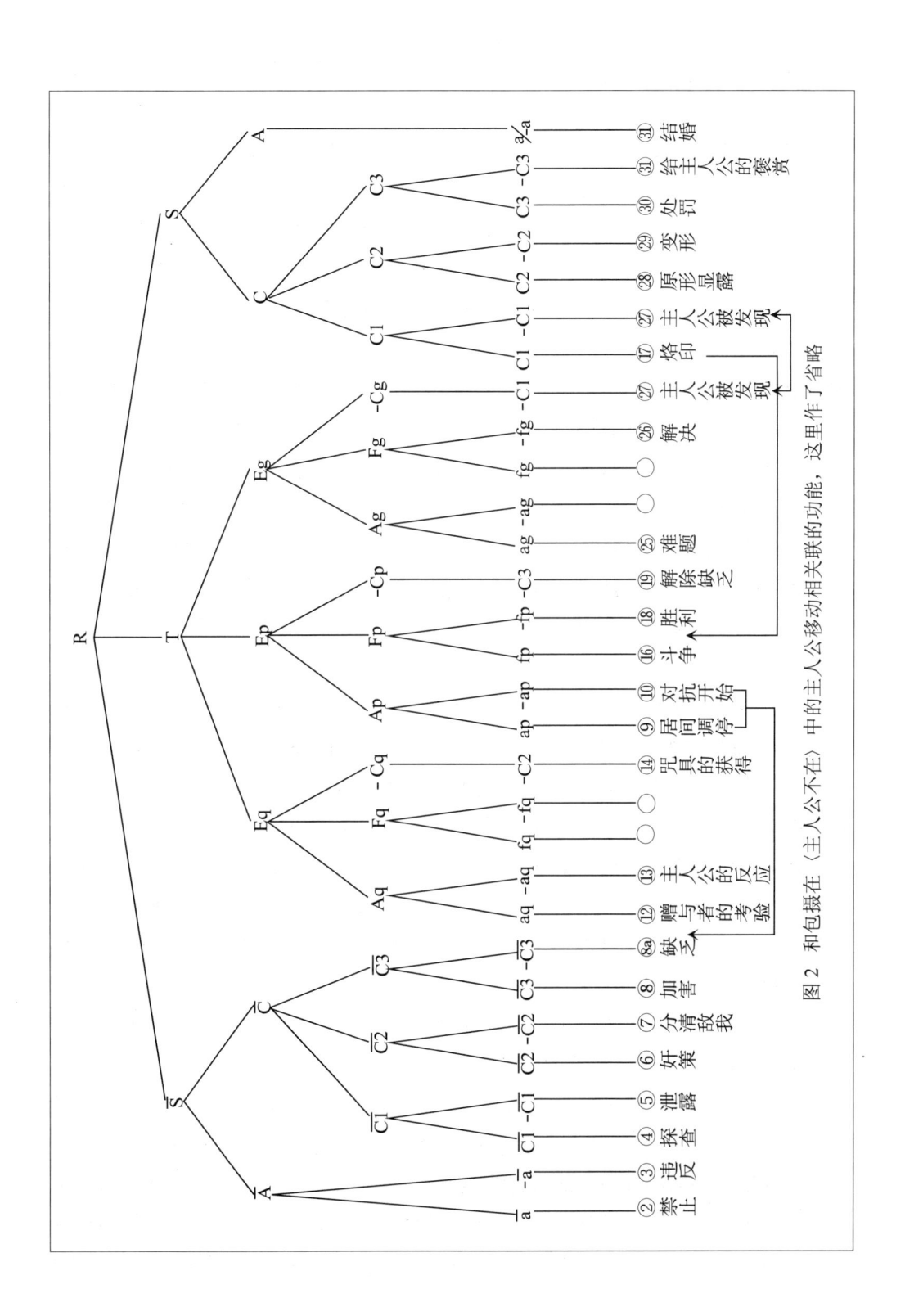

图 2 和包摄在〈主人公不在〉中的主人公移动相关联的功能，这里作了省略

图 2）捕捉的故事情节的总体。这种表示方法，也含有使故事成为一个统一的整体的意义。

作为一个统一整体的故事 R 的最初分支，（从传说故事的共同体的价值体系来看）便是"负"方$\bar{S}$（Situation）和在选择轴上与之对立的"正"方 S（格莱马斯所谓的"制度典型"），以及把负方$\bar{S}$转变成正方 S 的变换过程 T（Transformation）这三项（最后是格莱马斯所谓的"变换典型"）。在这个结构图中，就故事而言，是将呈对立状况的两方中的一方变换成另一方的过程。

从第二分支来看，对立状况中的一方——"负"方$\bar{S}$，分解成了"社会智力领域"中的〈契约毁弃〉$\bar{A}$，以及作为其"系数"而产生的"个人领域"中的〈价值物的最远〉$\bar{C}$（〈 〉表示格莱马斯说的"范畴"）。与此相对的正方 S 也分解成〈价值的回复〉C 和〈契约成立〉A。随着这种变化，变换过程 T 也分解为〈资格〉、〈中心〉、〈称誉〉这三种〈考验〉E（épreuve）。因此，在这个结构图中，对故事来说，又成了这样一种过程：主人公由于经受并通过了这三种〈考验〉，从而使得〈契约毁弃〉、〈疏远〉的状态变换为〈价值的回复〉和〈契约成立〉的状态。

从第三分支来看，分解成了〈契约毁弃〉$\bar{A}$ 和与之对立的〈契约成立〉A 各一对机能。

为了表现上述情形，格莱马斯首先将普洛普的功能⑨"告知不幸、缺乏，依赖主人公/命令并派遣主人公/允许主人公行动＝居间调停"改作"告知命令"（以下只写"命令"）；将与此相连的功能⑩"主人公同意与敌人对抗/决意＝对抗开始"也变为"承诺"。接着，把原先的两种功能合并为⑨"命令"/⑩"承诺"一对，从二者中抽出共同的上位概念拟定了起名为〈契约成立〉的"范畴"（范畴用大写字母 A 表示，与此相应，作为 A 分解结果的⑨"命令"/⑩"承诺"这对"意义原素"，也分别用共同字母 a/−a 表示，但"功能"用小写字母表示——将它符号化。由这种相同字母形成的符号化，表示"相同化"）。

与此相对应，作为发端的一对功能②"由主人公发布禁令＝禁止"和③"禁令被破坏＝违反"也被改作负的"命令"（不许进行）和负的"承诺"（拒绝不许行动这种负的命令而大胆行动），符号化了的 $\bar{a}$/−$\bar{a}$ 也相同化了。于是，〈契约毁弃〉$\bar{A}$ 也变成了②"禁止"/③"违反"这样一对功能，并被分解为 $\bar{a}$/−$\bar{a}$ 了。

根据格莱马斯的观点，最后的功能㉛"主人公的结婚"也不是像普洛普的分析展示的那种"单一的功能"，与上述⑨"命令"/"承诺"一样，它应被分解为 a/−a 范畴的 A，也就是〈契约成立〉。之所以如此，是因为"结婚"乃是"在把被寻求的对象［公主］送给对方的发信人［国王］和接受此对象的收信人=主体［伊万］之间被交换的契约"（着重点表示前文"角色典型"中的"角色"。［］中是引者补充的登场人物）。换言之，功能㉛"结婚"应被改作范畴〈契约成立〉A，与⑨/⑩的情形相同，可以说也被分解成应该叫做"要求"a/"承诺"−a 这样一对功能了。

已经构成负状 $\overline{S}$/正状 S 的一对范畴〈疏远〉$\overline{C}$/〈回复〉C，与和它成为一对的上述〈契约毁弃〉/〈契约成立〉的情形不同，在第三分支中没有直接分解为普洛普的"功能"，而是分解成了作为中间下位范畴的三种〈负的交换〉$\overline{C}_1$、$\overline{C}_2$、$\overline{C}_3$/三种〈正的交换〉C_1、C_2、C_3。在这里，〈交换〉的（正）/（负）的区别，是与对主人公有利（对敌对者、伪主人公不利）/对主人公不利（对敌对者、伪主人公有利）这种对立状况相对应的。数字1、2、3形成的区别，是与交流中交换"对象"（参照"角色典型"）的不同相对应的。也就是说，被交换的对象分别表现为 1."通信"（既有语言通信的情况，也有用"烙印"这样的记号来通信的情况），2."活力、精力、能力"，3."幸福及其象征"。（由于这三种对象位于"角色典型"的第一、第二、第三轴中，因而分别对应于 1. savoir"知觉"、2. pouvoir"完成"、3. vouloir"欲望"三种样态。）

在把通信作为交换对象的第一交流（savoir）里，负方 $\overline{C}_1$ 分解成④"决心打探出敌对者的情况=探查" $\overline{C}_1$/⑤"把未牺牲者的有关情况泄露给敌对者=情报泄露" −$\overline{C}_1$，这样一对功能；与此相对立的正方 C_1，则分解为⑰"对主人公的印象" C_1/㉗"主人公被发现、认知" −C_1，这对功能（负的交换是语言的通信，正的交换是记号的通信，它们分别表现为发信/收信）。

在把活力、能力作为交换对象的第二交流（pouvoir）里，负方 $\overline{C}_2$ 分解为⑥"敌对者欺骗他未来的牺牲者=奸策" −$\overline{C}_2$/⑦"未来的牺牲者被骗，无心帮助敌对者=分清敌我" −$\overline{C}_2$这样一对功能；正方 C_2 分解成了⑭"主人公获得咒具、助手" −C_2 和㉘"伪主人公原形显露" C_2/㉙"主人公被给予了新的形姿=变形" −C_2 这组功能。

出现上述情形的原因在于：㉘"伪主人公原形显露" C_2 如果表现出没有能力将伪主人公、加害者的"假面剥去"而行动的话，那么，与之相对立的⑥"奸策" −$\overline{C}_2$，便借"为了欺骗主人公，加害者、敌对者常常化装出现"之故，而带上"假面具"行动。可以说，这种情况即使在主人公那里也是一样的。在⑦"分清敌我" −$\overline{C}_2$中，主人公作为没有显示其"真正本性"和"能力"的人物（"糊涂虫"、"乡巴佬"），也就是作为无能的、"戴着假面具"的人物行动着。与此相对，在㉙"变形"－C_2中，主人公揭下了这种无能的"假面具"，展示了他有能力的"真正本性"（另外，⑭"助手、咒具的获得"之所以也和㉘"伪主人公原形显露"一样，与C_2一起被相同化，某一人物之所以获得了助手和咒具，乃是因为该人物具备了"作为主人公的资格"，并且获得了"主人公的特性"la nature heroiquet 和"能力"）。

在把幸福及其象征作为交换对象的第三交流（vouloir）里，负方$\bar{C}_3$分解为⑧"敌对者加害于家族中的某人=加害"$\bar{C}_3$和⑧（a）"家族中的某人缺少什么东西=缺乏"－$\bar{C}_3$；正方C_3分解为㉚"对敌对者的处罚"C_3/⑲"解除不幸和缺乏"－C_3（以及伴随着"结婚"的"对主人公的褒赏"）。

把负方$\bar{S}$变换成正方S的过程T，分解成了〈资格的考验〉Eq、〈中心考验〉Ep 和〈称誉考验〉Eg 这三种〈考验〉；这三种〈考验〉在第三分支中也没有直接分解为"功能"，而是各自被区分为〈契约成立〉A、〈抗争〉F 和〈结果〉C 这样的下位范畴。而且这些下位范畴也和前面三种正/负交换情形不同，它们没有同普洛普的"功能"直接关联起来，而是首先被拟定了三种〈考验〉中共同"功能"的分化图式，在此基础上，将普洛普的诸功能变成了比结果（位置）更特殊化的异功能（allofonction），如表1那样互相关联着（其中一部分作了修正）。

表1

下位范畴	范畴\功能	资格考验	中心考验	称誉考验
A（契约）	命令(a) 承诺(-a)	Aq { ⑫赠与者的考验（aq） ⑬主人公的反应（-aq）	Ap { ⑨居间调停（ap） ⑩对抗开始（-ap）	Ag { ㉕难题（ag） ———（-ag）
F（抗争）	面对（f） 成功（-f）	Fq { ———（fq） ———（-fq）	Fp { ⑯斗争（fp） ⑱胜利（-fp）	Fg { ———（fg） ㉖解决（-fg）
－C（结果）	＝结果（C）	－Cq＝⑭咒具的获得（-Cq）	－Cp＝⑲解除缺乏（-Cp）	Cg＝㉗主人公被认知（-Cg）

这里的直线表示：从〈考验〉的一般图示（左栏中五个功能连锁）来应判断存在于逻辑关系中的功能，这种功能在普洛普功能连锁中是欠缺的。在这里，第一种〈考验〉被称作〈资格〉，是因为它在"获得"了"助手、咒具"的某个人物那里是"赋予作为主人公资格的力量"；第二种〈考验〉被称作〈中心〉，是因为它表示了最初的"不幸、缺乏"由于这种〈考验〉而被消除之后的故事"顶点"〈最高峰〉；最后的〈考验〉被称作〈称誉〉，是因为隐藏原形的主人公被"发现、认知"，其功勋重新被人称颂，其美妙的"变形"结果赢得了人们的赞叹之声。

三种〈考验〉像这样地介绍了五种功能连锁的一般图式，并将普洛普的功能作了分解。

这第三分支的结果，总算使故事达到了31个功能连锁这个普洛普给出的定义。

三、原型、图式、变形（伊万诺夫和托保罗夫）

伊万诺夫和托保罗夫两人的变形论，以征服蛇的神话（"根本神话"）为题材，首先虚构了对原型及其构成要素进行分析性展示的图式，用追踪的方法，考察了该图式中展示的原型的各个构成要素的种种变形（参照《关于雷神追蛇的印欧神话、图式的复原》《斯拉夫上古遗产的研究》《神话、民俗学中的不变和变形》及其他）。

他们二人展示的"根本神话"的原型复原，表现为如下五个"插入句"组成的连锁。

1. "雷神居住在**上方**，尤其是面向**山上**、**空中**（日、月同居的空中）、四方、被分成"上中下"三部分的宇宙树之**顶端**"。

2. "蛇居住在**下方**、被分成三部分的宇宙树之**根部**的黑色羊毛上面"。

3. "蛇盗窃**有角的家畜**（将其藏于洞窟之中、山岩背后）。雷神击碎岩石，把家畜（或者人类）解救出来"。

4. "蛇或隐藏在各种生物（人、马、牛及其他）之下，或变形为这些生物。蛇隐身于树下或石下。雷神乘马或者马车，用武器（大槌＝闪电）烧毁树木、砸碎岩石"。

5. "雷神战胜蛇后，水出现了（降雨）。蛇在大地的水中销声匿迹"。

（着重点所示之处，原文是大写字母。粗字体处，原文是斜体字）

表 2　原型的构成要素

根本神话的原型(插入句的编号)	基本要素图式	(角色) ①神话的主人公	②神话主人公的敌对者	③发现居住	④偷盗	(功能) ⑤隐变	⑥解救	⑦追	⑧杀	分类素(根本物质"元素") ⑨石	○树	○金属	○火	○水	宇宙论分类素 ○日	○月	○上	○下	抽象的分类素 ○色	○常数
1		雷神		山上、天上、树顶						岩	宇宙之树顶端	金、银、青铜(偶像)	闪电(雷神的附属物)		雷神居住的太空	雷神居住的太空	雷神的住所		红、白、人参色	由四部分构成的雷神、第四个日、7、9
2		蛇	蛇	树根或洞中						石	宇宙树根部			水				蛇的住所	黑羊毛	作为蛇的附属物的12个乘数的3
3	(雷神的武器)雷神、闪电	蛇	把家畜藏在洞中	蛇盗家畜	变成家畜(人、马、牛之下)或变为人、马、牛	家畜			岩			闪电(雷神的武器)							四种五类人和动物
4	(武器)雷神、闪电	蛇			蛇隐身于树下		雷神追蛇	雷神杀蛇	石所。石是雷神隐身的处所的武器。树是雷神隐身的处所的武器	干树或白火云(武器)、树是雷神的武器所		闪电(武器)、火云(武器)	(雷神的武器)雨云(雨)			雷神从这里追杀蛇	蛇隐身之处	雷神的白马和黑马、红马石	(武器)四轮马车和四匹雷神/两匹马、三种、四轮马车和四匹马
5		蛇	水中				发水		死蛇					水河雨			水从这里流出	水所在之处		

分析这个原型，找出"角色"和"功能"（变动的主题中包含的具体行为），把其他的构成要素改作各种分类元素，从而拟定出如表2所示的这种图式（因字数的关系，一部分作了省略）。

如果给出原型构成要素中被添加的各种变形样态语句中的部分内容的话，那就成为下述表现。

1）**神话的主人公**　（参照图式）在原型中是"雷神"，可它却变成了动物化了的神（参照：埃及太阳神拉作为猫征服了蛇）/人化了的神（太阳神）/英雄、武将（赫拉克勒斯）。在被基督教化了的时候，它又变成了神和圣人。

2）**主人公的敌对者**　一方也与此对应，从原型中的蛇变为龙（具有把蛇和鸟双方的特征、或蛇和有角动物双方的特征合并在一起这两种意义）、熊等。被基督教化了的话，就变成了圣古拉希、恶魔等。

在根本神话中，蛇隐藏（⑤），雷神解救（⑥），第三个人物是"家畜"。可是它变成了供蛇享用的处女（在征服蛇的神话中，被珀耳修斯所解救了安德洛墨达、征服龙的圣埃奥路乞依故事中的埃利札古埃达等），进而又变成了和蛇斗争者的母亲（用箭射蛇的孩子阿波罗和抱着他的母亲拉托娜）。

作为主人公附属品的武器，在原型中是"石"、"树"、"闪电"、"云"（⑨—⑫、⑭），可是它却变成了小刀（太阳神拉）、短刀（古代火和锻冶之神）、长刀（俄国·圣像）、枪（同上）等。

也有这样一类变形：主人公的属性向其敌对者转变，相反，蛇的属性又移动到雷神那里等等。即使就大部分原型的总的构成要素而言，那些被挖掘出来并具有报告意义的各种变形事例，在这里也只能作出上述的部分介绍。

今天，我们正面对着格莱马斯所代表的形态学和伊万诺夫、托保罗夫所代表的变形论都向肥大方向发展这样一个新的综合课题。

尚永亮　译　叶舒宪　校

列维－斯特劳斯方法的神话

[美] M. 弗雷里奇

本文译自赫达·贾森（Heda Jason）和迪米特里·西格尔（Dimitri Segal）合编的《口头文学的模式》(*Patterns in Oral Literature*)一书，英国墨顿出版公司1977年版，第223—250页。文章作者弗雷里奇（Morris Freilich，1928—）是美国东北大学社会学和人类学教授，主要研究功能分析的理论、文化概念以及结构主义方法等，曾在北非等地从事人类学田野作业。主要著述有《文化的意义》(*The Meaning of Culture*，1972)、《神话、方法与疯狂》(*Myth, Method and Madness*，1975)等。在本文中，弗雷里奇分析了列维－斯特劳斯的结构主义神话研究方法的优劣得失，肯定了他的理论建树，也指出了他的理论缺陷，并根据自己对文化概念的理解，试图修正和发展列维－斯特劳斯的方法论，提出一系列关乎结构主义神话学发展方向的建设性研究程序与原则。

那么，对伟大的讨厌比较，可以留下来满足这些比较本身的需要，因为即使当我们感到不得不赞成这些比较时，它们仍然只是一些毫无实效的陈词滥调。有评价能力的批评家真正关心的是诗歌的实际价值，它的善，甚或它的真诚，而不是它的作者的伟大。

——诺斯洛普·弗莱[1]

序　曲

据说，从科学上来讲，《神话学》(*Mythologiques*)是一次庄严的失败[纽蒂

---

[1] 诺斯洛普·弗莱（Northrop Frye，1921—1991），加拿大人，历任加拿大和美国若干大学的教授，为原型批评的主要代表之一，并以神话分析著称。主要论著《批评的解剖》(1957)、《同一的寓言》(1963)等。本段引文出自《批评的解剖》(*Anatomy of Criticism*，Princeton University Press，1957)导言部分，第27页。——译注

神圣的风水：雅典卫城帕提农神庙遗迹

尼（Nutini），1971］。然而，学术界却几乎把它的作者奉为神明。我们对列维-斯特劳斯存有迷恋，又醉心于他的巨大的独创性，并且三番五次地拒绝承认他的著作是一种"不充分的科学"，我们是怎样使这二者调和一致的呢？普拉蒂斯（Prattis）提供了一些线索：

……列维-斯特劳斯给自己确定的任务不外乎要改变科学程序的规则……实证主义作为西方意识形态的一部分，仅仅为我们提供了运用证伪标准的一种知解代码。或许还存在不同的知解代码，这些代码并不依赖于实证主义事业所要求的那种逻辑和经验的恰当性的技术细节。（1972：1324）

绝大多数人都会同意存在着"不同的知解代码"，因此列维-斯特劳斯的革命［库恩（kuhn），1962］获得了我们的情感上的支持。然而，我们还需要关于如何对待"新人类学"［阿登尔（Ardener），1971］的更多的信息。而且列维-斯特劳斯的指导方针与他所分析的故事属于同一体裁：它们都是神话。本文的宗旨便是要描述列维-斯特劳斯关于方法所写出的"神话"的种类，并利用他的方法开发出一种神话分析的策略。

回 旋 曲

列维-斯特劳斯试图利用成堆的材料、极富吸引力的假设，以及（有时）很难追随的逻辑来证明：心灵可以被神话的结构分析"征服"。很多学者都不同意这一点，而且将来也不会同意，没有人漫不经心。这位神话学大师的门徒和评论家们至少分享着两种基本的信念：（1）凡是列维-斯特劳斯写的，都值得研究；（2）他的著作并不符合每一个人的"科学"观念。拥护者们声称，列维-斯特劳斯的贡献把他列入了诸如达尔文、马克思和弗洛伊德这类扭转乾坤式的人物的行列，而批评者却指责他写的是神话。①

列维－斯特劳斯对这些非难及相关的争辩置之不理，他满怀信心并充满献身精神地探求某一个问题。在神话中，一切都可能发生，现实似乎完全是随意性的。然而，广泛分布在不同时间和空间中的神话却谜一般的显示出数量惊人的相似（1963a：208）。列维－斯特劳斯认为，神话之所以向我们呈现出这些奇异的相似性，是因为世界各地的神话的意图都是相同的，即解决人类生存的困境。人类心灵的生存依赖秩序，它所遇到的现实却常常显得无联系、无组织甚至是混沌一团。神话以救世主的姿态出场，它使心灵免受疯狂的袭扰。或许因为神话所传达的信息是无时间性的，所以它解释了"现在、过去和未来"，神话用编码来传达信息，或者如列维－斯特劳斯所指出，"在一切[神话中的]意义（sense）的后面存在着非意义（nonsense）"。在故事的明显的意义之后，非意义以编码信息的形式存在着（1963b：209）。分析的技巧是两方面的：找到隐藏在简单的和可感觉到的东西背后的非意义，进而一点一点地发现每一个非意义的真正含义。要把这种"技巧"转变成通用的和具有科学有效性的方法，并非易事。让我们考察一下列维－斯特劳斯解释他自己的研究方法的企图。

神话想象的沃土：雅典卫城俯视图

---

① 对列维－斯特劳斯著作的反映包括：（a）英雄崇拜："一个英雄式的贡献，包括对我们的心智运算方式和伦理学与美学建构基础的深刻启示"（加德纳[Gardener]，1970：356）；（b）轻描淡写的批评："列维－斯特劳斯似乎对他的证据采取了不适当的自由放任的态度……我们不禁要说，当他从云雾中降落下来与特殊情况打交道时，他常常是繁琐的，或者根本就是错的"（梅伯利－刘易斯[Mayberry-Lewis]，1967—1968）；（c）小丑式的攻击："与马克思不同，列维－斯特劳斯面临着一个重要的机会，他却无动于衷。他发现孔德、迪尔凯姆和毛斯的理论是头脚倒置的，他却加入了他们的行列"（哈里斯[Harris]，1968）。——原注

一个神话的意义或信息是完全隐藏的，必须通过对某一特定神话所属的神话系列的仔细研究来收集线索。如列维-斯特劳斯所说，"一个神话不是从它所反映的当代的或古代的制度中，而是从它在一个转换群（a transformational group）里与其他神话的关系中取得意义"（1970：51）。把一个神话系列放在一起——找出一个神话与另一个神话的密切联系所在——需要选出"第一个神话"。这并不是随意的，而是"通过直觉（！）到它（第一个神话）的丰富性和有益性"（1970：2）来完成的。下一步要做的工作相当复杂，需要一段较长的引述。

……按照在先前的著作中规定的原则对它（第一个神话）进行分析以后……我在这个神话的内部，或者通过对源自同一个共同体的几个神话中推导出的序列之间的同构联系的阐述，为每一序列建立一个转换群。这本身就使我们超出对个别神话的研究，转而考虑沿着一条单一轴线（single axis）构成的某些主导性模式。在这条轴的每一点上，都有这样一个模式或图式，这样，我们可以说描画出了代表另一条轴的垂直线，这条轴是通过同一个运算建立起来的，但这一次没有用源自一个共同体的貌似不同的神话，而是通过那些源自其他一些共同体却与第一个神话相似的神话来建立的。结果，这些主导模式被简化、复杂化甚至被变形（！）。每一个模式都成为新轴的一个来源，这些轴在不同的水平上与第一个轴保持垂直，通过前瞻（prospective）和回顾（retrospective）的双重运动①把它们迅速连接起来，序列或者由源自更远的共同体的神话中推导出来，或者由最初因为它们显得无用或无从解释而被我们忽视的神话中推导出来，虽然这些神话属于我们已经讨论过的民族。接着，就像星云逐渐扩散，而它的中心却聚集凝缩，并且变得更加有条不紊（！）。松散的云丝互相连接在一起，间隙得以弥合，联系建立起来。我们可以看到，某种类似于秩序的东西在混乱中出现了。排列在转换群中的序列，就像围绕一个胚胎分子一样，与原先的群联结起来，再现出它的结构和决定倾向。这样便出现了一个多面体，它的中心部分显露出一个结构，它的四周却继续弥漫着变动的混乱。（1970：2—3）

---

① 结构语言学认为，共时语言学只有一种展望，即说话者的展望，因此也只有一种方法；而历时语言却要既有随着时间进展的展望，又有往上追溯的回顾的展望。参见［瑞］德·索绪尔《普通语言学教程》中译本，商务印书馆1980年版，第131页和第296页。——译注

由于上引段落将在本文中多次提到,为了参照的方便,我把它称为"关键段落"。在这个关键段落中,我们得知,凭直觉选择的"第一个神话"是根据"先前的著作中阐述的原则"来分析的。这些著作包括《结构人类学》,在那里,我们看到这样的声明:"本文作者迄今运用的技术包括分别分析每个神话,把故事尽可能分解成最短的句子,把每个句子写在一张索引卡片上,并在卡片上标明与故事的展开对应的号码"(1963a:211)。

下一步要做的工作,在《图腾制》①中得到了描述:

在这种情况下,就像在其他情况下一样,我们所采用的方法由下列运演构成:(1)把我们所研究的现象界定为两个或更多的真实项或假设项之间的一种关系;(2)建立这些项之间转换可能性的一张图表;(3)把这个表作为分析的一般对象,只有在这个层次上,我们最初认为在其他经验现象中只有一种组合可能性的那种经验现象才能产生那些必然的联系,它的完整系统必须事先被重建(假定?)起来。(1963c:16)

要把我们研究的现象(最小的句子)转换成一系列关系,就需要把这些句子集中在最少的类目之下。这些类目是通过寻找"贯穿"在已经分离出来的句子中的主题而找出来的。例如,列维-斯特劳斯发现,俄狄浦斯传说可以由11个句子来概括:(1)卡德摩斯寻找被宙斯劫去的妹妹欧罗巴;(2)卡德摩斯杀死毒龙;(3)地生人互相残杀;(4)拉布达科斯(拉伊俄斯之父)的名字意即"跛脚";(5)俄狄浦斯杀死他的父亲拉伊俄斯;(6)拉伊俄斯意即"左拐子";(7)俄狄浦斯杀死斯芬克斯;(8)俄狄浦斯意即"肿脚";(9)俄狄浦斯娶他的母亲伊俄卡斯忒;(10)厄忒俄克勒杀死他的兄弟波吕尼刻斯;(11)安提戈涅不顾禁令安葬她的哥哥波吕尼刻斯。(1963a:214)

贯穿在这些句子(从T.1到T.4)里的四个主题,使列维-斯特劳斯作出下列归类(1963a:216):

T.1 高估血缘关系　　　　　T.2 低估血缘关系
卡德摩斯寻找妹妹　　　　　地生人互相残杀
俄狄浦斯娶母为妻　　　　　俄狄浦斯杀死父亲

---

① 列维-斯特劳斯于1962年发表《今日图腾制》(*Le totēmisme aujourd'hui*)一书,《图腾制》(*Totemism*)是罗德尼·尼达姆(Rodney Needam)的英译本,1963年由波士顿比肯(Beacon)出版社用平装本出版。——译注

安提戈涅安葬哥哥	厄忒俄克勒杀死兄弟
T.3 对人的土地起源的否定	T.4 笨拙的行者
卡德摩斯杀死毒龙	拉布达科斯＝跛脚
俄狄浦斯杀死斯芬克斯	拉伊俄斯＝左拐子
	俄狄浦斯＝肿脚

这四个要素使列维－斯特劳斯常常在神话中发现的那种关系有可能分化出来；用公式的形式表示即是 a：b=c：d（读作 a 比 b 等于 c 比 d）。但在提出这种分析之前，必须对要素 4（T.4）作出某些解释。"笨拙的行者"并不容易与任何分离出来的其他要素发生"关联"，因此这个要素必然隐藏着深意。"笨拙的行者"究竟指什么呢？当然，列维－斯特劳斯论辩说，当我们经过一个漫长而艰难的旅程之后，的确是步履蹒跚了：正像人从大地深处出现时一样。因此，列维－斯特劳斯得出结论："笨拙的行者"（T.4）的真正含义是"对人的土地起源的坚持"！

现在，一切都显而易见了，正如所有神话一样，这个神话也消除了一个困境：

> 对于一种信仰人类是由泥土中生长出来的文化来说……无法在这种信仰和人类实际上是由男女结合而生的知识（显然是从日常经验中得来的）之间找到一个令人满意的转换，神话与这种无能为力有关。（1963a：216）

人真的像传说所说的那样是土地创生的吗？或者说，人是否真是来自男女的结合呢？谁也没有亲眼看见一个人从大地中茕然而生，但是传说告诉我们：实际发生的确实如此。

> 尽管俄狄浦斯神话不能明确解答这个问题，却为解答它提供了一种逻辑工具……高估血缘关系（T.1）：低估血缘关系（T.2）等于回避土地生长的企图（T.3）：这种企图的不可能成功（T.4）。尽管经验与理论相矛盾，但社会生活以其结构的相似性确认了这种宇宙论，因此这种宇宙论是真实的。（1963a：216）

我们总想问："宇宙论是真实的"这种信息是一个神话应有的吗？让我们更简要地概述一下他使用的程序。列维－斯特劳斯采用了"在时间之内"整理的故事线索，并用一系列（表面上）存在于时间之外的主题取代了这条线索。如果我们接受了他的信条，即神话跟音乐一样，都是"消除时间的机器"（1970：

神话造型的逻辑：殷墟妇好墓出土象牙雕神话禽兽杯

16)，这种做法就是言之成理的。不清楚的地方是：这些特殊主题是怎样发现的，为了得到a：b=c：d这个公式，我们是否总是应该停留在四个主题上呢？我们有理由暂且得出结论说，直觉是分离出第一个神话并对它进行分析的主要方法。这并不是严肃的科学责任感，因为一旦我们开始比较的过程，那个关键段落似乎已经暗含了研究中某些自我修正的机制，用列维-斯特劳斯的话来说，"接着，就像星云逐渐扩散，而它的中心却聚集凝缩，并且更加变得有条不紊。松散的云丝互相连接在一起，间隙得以弥合，联系建立起来。我们可以看到，某种类似于秩序的东西在混乱中出现了"。

首先，让我们考察一下列维-斯特劳斯似乎已经完成的最简单的一小部分比较分析。这项工作对我们的目的来说似乎很偶然，因为在那个关键段落中，它是作为能够找到"方法"的来源之一而被提到的。在1967年任法兰西学院社会人类学主席的就职演讲中，列维-斯特劳斯把俄狄浦斯传说与易洛魁人（The Iroquois）和阿尔衮琴人（The Algonkian）讲述的一个乱伦故事作了比较。后者（下文称作美洲印第安人的神话）有四个主要人物：一个女孩（"女孩"）、她的兄弟（"兄弟"）、兄弟的替身（"替身"）以及替身的母亲——一个有着"猫头鹰之妇"（Mistress of the Owls）头衔的通妖术的巫婆。美洲印第安人的神话讲到，女孩的情人每天晚上怎样和她约会，她认为这个情人就是她的兄弟，兄弟说自己完全是清白的，并非常合理地解释了妹妹的过失。另一位男人，替身，看起来很像他；而且（不太合情理），在兄弟身上发生的事情，也发生在替身身上，反之亦然。兄弟为了证实自己的清白，当着妹妹的面杀死了替身。兄弟非常害怕替身的母亲——巫婆会给儿子报仇，因此，他试图骗那位巫婆，让她相信自己的儿子还活着。他打算接任替身的角色。兄弟和妹妹结了婚，他相信，这样将使巫婆确信：他就是她的儿子。"她不可能相信我和自己的妹妹结了婚，"兄弟宣称说，"因此她一定会相信我是她的儿子，就是替身。"

列维-斯特劳斯从俄狄浦斯—美洲印第安人的"二重奏"中获得信息以后，在这两个神话中确认了三个主题：（1）乱伦：母—子和兄—妹；（2）主人公的双重人格：作为垂死的婴儿和得胜的英雄的俄狄浦斯，以及作为自身和替身的兄弟；（3）一个谜语——在"猫头鹰之妇"①的角色中这个谜是隐含的，在俄狄浦斯—斯芬克斯的情节中它是明显的。给出这些共同的主题以后，列维—特劳斯感到惊奇："……随便就能发现同样的母题在一起，这仅仅是巧合吗？这种类似是否有更深的基础？在进行比较的同时，我们是不是已经发现了有意义整体的一个片断呢？"（1967：35）。惊奇迅速变成确然无疑，列维-斯特劳斯为这个困惑提供了答案：谜语与乱伦之间的关联。这种关联"似乎在被历史、地理、语言和文化隔离开来的民族中间普遍存在着"（1967：37）。答案在于谜语的含义，列维-斯特劳斯说，谜语的真正含义是：一个没有答案的问题。这就是说，乱伦=谜语=没有答案的问题。最后，通过一种简单的转换，我们得出第二个"等式"：贞洁=清白=没有问题的答案。通过把这两个"等式"放在一起，列维-斯特劳斯发现了两个神话中隐藏的信息。

> 正如已经解决了的困惑一样，乱伦使注定要保持分离的要素联系在一起：儿子娶了母亲，兄弟娶了妹妹；同样，答案排除一切例外，成功地找回了它的问题。（1967：39）

信息呈现出来（谜语与乱伦表明：不可能的东西是可能的），原先用来获得这种信息的逻辑——研究犹太法典的学者们所说的诡辩论②是这种逻辑的一个类型——提供了更多的"愉快的困惑"③。除非我们假设愉快的困惑=隐藏的

---

① 在阿尔衮琴人的神话中，"猫头鹰之妇"常常给主人公们提出谜语。——原注

② 原文为 Pilpul，意即诡辩性的立论，特别在犹太学者研究犹太法典时，用来指犹太法师的辩证法。——译注

③ 如列维-斯特劳斯或许已经猜到的那样，能够说明这种逻辑的特点的传统式诡辩论故事正是一个谜语。两个烟囱清扫工一起完成一天的工作，第一个（S）满身烟尘，而他的伙伴（C）却设法保持着身体的洁净。谁必须清洗呢？显然是 C，保持清洁的那一个，必须清洗！当 S 看着 C 并发现他很干净时，他假装自己也很干净。为什么一个干净的人应该清洗？然而，当 C 看着 S……短语"愉快的困惑"（pleasant puzzlement）来自克鲁伯（Kroeber，1948），他很怀疑"结构"概念的价值。——原注

列维-斯特劳斯方法的神话 | 161

规律，否则在此就失去了神话分析的目标。由这些神话中发掘出的信息似乎远没有令世界震惊，除此以外，还有一个摇摆不定的方法论问题：仔细推敲一个神话（姑且这么说），直到找出想要的那个段落为止。我们倾向于接受利奇（Leach）的观点：他在民族志方面"担心"，列维-斯特劳斯可能"无意中选取了适合他的理论的证据，这与弗雷泽的惯常做法非常相像。他的证据的确说明了他的理论，然而假定他选择了别的证据：整个论证会不会分崩离析呢？"（利奇，1970）。没有"别的证据"的帮助，"整个论证"就会有些许的瓦解之虞。让我们重新考察一下列维-斯特劳斯为俄狄浦斯神话与美洲印第安人神话的比较所提供的材料。

列维-斯特劳斯分解出三个隐藏着信息的主题，很奇怪，他只解释了两个。谜语的"真正含义"是"一个没有答案的问题"。双重身份隐藏着主人公的两个侧面。然而乱伦，（按照热尔特律德·斯泰恩①的说法）仍旧是乱伦。而且，我们在解释"谜语"时所得到的意义，最好与"公案"②一词联系起来。谜语具有广泛的吸引力，因为它们挑逗我们的智力。这里的挑逗（就像其他场合下的任何挑逗一样）是一个仍然可以得到解答的、棘手的挑战。用《牛津字典》上的话来说，一个谜语就是一个"问题，陈述或描述，用来考验听者智能……的[一个]挑战"。按列维-斯特劳斯的说法，我们可以说，一个谜语就是一个期待着一位足智多谋的主人公的答案。现在，在两个神话中都存在一个答案：斯芬克斯能够得到回答，猫头鹰之妇也能够被欺骗；在两个神话中，答案和足智多谋的主人公正面相遇了。中心信息几乎可以随时把握到：足智多谋的主人公获得了答案却犯下乱伦。显然，"乱伦"就像神话中一切重要的关系和主题一样，是少许隐藏着"非意义"的意义：它是一种以有点儿像"个人悲剧"的形式编码的信息。现在，这种信息一目了然了，而且（我相信）它的某种价值在于：足智多谋者的命运是成功：花费昂贵的代价去攻克难关。发明者、先锋音乐家、画家、作家、学者，以及其他"足智多谋的英雄人物"的生平，就很好地说明了这一信息的真实性。运用相同的材料对神话作同样的一般研究，却得出了两种不同的、但同样貌似有理的解释，这就让人进一步怀疑列维-斯特劳斯式的神话研究方法。但是那个关键段落还嚷嚷着要继续探索。或许两个

---

① 斯泰恩（Gertrude Stein，1874—1946），美国女作家、评论家。——译注
② 一种公案式的"问难"具体说明了把这个概念界定为没有答案的问题的益处："拍一只手有什么声音？"——原注

神话还不足以成为把混乱引向秩序的自我校正手段？或许需要 20、200，甚至 2000 个神话？自我校正手段的存在与不存在，将通过浏览列维-斯特劳斯的"远程"分析来加以检验。当附带性工作似乎已经提供了最低限度的回报时，我将到此为止。

"生食与熟食"咏叹调

把列维-斯特劳斯引向近 200 个神话的主要神话或第一个神话（M_1）是由巴西中部的博罗罗印第安人（The Bororo Indians）讲述的一个母子乱伦的故事（1970：35—37）。在挖掘了 M_1 的意义的同时，列维-斯特劳斯向我们提供了关于博罗罗人的一些一般知识（包括材料）：（1）起居方式；（2）社会组织；（3）文化理论；（4）语言。列维-斯特劳斯认为后者尤其重要，因为他费了很大的劲来理解博罗罗人的某些特殊词语。通过返回博罗罗人在他们的神话中运用的词——即返回"神话语言"——列维-斯特劳斯为理解神话的意义找到了一些重要线索：

> 这位主人公名叫 Gerguiguiatugo，这个名字……可以分解成：atugo，"涂画的"、"装饰的"，是一个形容词，用作名词时指美洲虎；geriguigui "陆生乌龟"……[或者] Jerigigi [乌鸦星座]……这种乌龟是派瓦宗族（the Paiwe clan）由以得名的图腾动物之一……我们知道主人公就属于这个宗族。根据母系血缘关系的规则，这个宗族也一定是他母亲的宗族。他母亲的名字是 Korogo……[一个跟 Koroge 非常像的词]。它实际上指一个敌对部落，这个部落被征服以后，同化成派瓦人的一个亚宗族。（1970：43）

列维-斯特劳斯着重强调了审慎地对待神话语言的重要性。在谈及 M_1 的一个拙劣译文时，他写道：

> 很遗憾，这种自由应该用来对待一个神话的用语……一个神话可以和人们设想它所指的民族志的现实相抵触，但这种歪曲仍然构成神话结构的一部分。或许情况是这样：这个神话保持了对已经消失的风俗或仍然保存在部落的另一部分区域中的风俗的记忆。（1970：45）

正如他对待俄狄浦斯神话一样，列维-斯特劳斯用最简单的形式把 M_1 呈现出来，而这种形式仍然可以传达出故事内容或表层信息。

这个主要神话的原初主题是由主人公与他的母亲犯下的乱伦。然而，他是"有罪的"这种观念似乎主要存在于他父亲的心目中，父亲盼望儿子死去并图谋实现这一愿望。这个神话本身并没有给出裁决，因为主人公请求并得到了他的祖母的帮助，多亏了祖母，他才通过了各种考验。最后，有罪的似乎是父亲，他试图为自己复仇，结果却被人所杀。

殷墟妇好墓发掘景象

　　"对乱伦表现出奇怪的漠然"是列维-斯特劳斯在 M_1 中发现的一点儿"非意义"。这个非意义是通往 M_2 的桥梁，在 M_2 中，他选择了由博科德雷（Bokodori）酿成的大屠杀作为通往 M_3 的桥梁。一旦把这三个神话（$M_1 M_2 M_3$）进行比较，我们就会发现并解决一个重要的问题。由连续的量到分离的量的转变是"通过彻底消除一个连续体的某些部分"来完成的。排除一个系统中的某些要素暗示出有一个"排除者"（remover）。他发生了什么事，为什么？

　　　　……缩减的发起者自身得到了缩减……（表现为某种缺失）。全盲的或瘸腿的神话人物，以及独眼或独臂的神话人物在世界各地都司空见惯……（因为）正如一个已经被分离了的系统，虽然在数量上更贫乏了，但是在逻辑上却变得更丰富了一样。因此神话常常赋予残疾人或病人以正面意义，他们体现了中介的方式。（1970：53）①

　　有缺陷的或"否定性的"人的正面价值及其颠倒——对一个积极贡献者的否定（比如阿喀琉斯②和他那不幸的脚踵）——是一个重要的见解。它有助于我思

---

　　①博罗罗人是通过消除最"不重要的"要素的方法来解决连续的东西变得越来越不连续这个问题的，他们给较大的、更重要的要素以更多的扩展余地。这也是某些美洲犹太人居住区的解决方式，在那儿，某些住宅区不得不被清除，以给高贵的公寓建筑留下更多的扩展余地。——原注

　　②希腊神话中，阿喀琉斯是珀琉斯与海中神女忒提斯所生。传说忒提斯曾把儿子浸到堤克斯河水里，所以阿喀琉斯周身刀箭不入。只有他的踵部是致命的弱点，因为他的母亲是捏着他的脚跟把他浸入这条冥河的，该处没有沾到冥河之水。西文中"阿喀琉斯之踵"的典故即源于此。——译注

考连续的量和不连续的量之间的关系,因为这是一个仍然使现代科学感到困惑的问题。方法论上的疑惑仍然是:这个见解是怎样得来的?

"是复仇而不是乱伦,导致了超自然的处罚"(第一种非意义的变体),这一事实是通往一个新的神话子集($M_4 M_{16} M_{150}$)的桥梁,也是达到对上述神话的最佳解释的桥梁:

> 对家庭关系的过度构想导致正常联系着的诸要素的分裂。多亏一个中介者的引入,才重建了联系,而这一神话试图解释的恰恰是这个中介者的由来:水(在天和地之间);身体的服饰(在自然与文化之间);丧仪(在活人和死者之间)和疾病(在生与死之间)。(1970:63)

这种解释又引回到子集 $M_1 M_2 M_5$,在那里,主人公憔悴的原因便一清二楚并且相互关联起来。由妹妹提供的食物的丧失(M_1)变成了提供食物的一位母亲的丧失(M_2),由此变成非食物(M_5)的吸收。而且,由不能留住消耗的食物(M_1)变成不能排泄消耗的非食物(M_5)。

这些结论并非逻辑上的必然,而只是合乎情理,而且由此产生的这个"愉快的困惑"使我们承认了列维-斯特劳斯在所有这三个神话中发现的乱伦:M_2 中"正常的"(阳具对阴道)和"横向的"(在同一代内),M_1 中"正常的"和"纵向的",以及 M_5 中"变态的"("箭"插入肛门)和"纵向的"。最后产生了导致许多附加神话的问题。

> 在 M_1 中,这位英雄犯下的罪恶所引起的……天[孩子]与地[父亲]之间的分裂迅速得到承认……在这种情况下,中介者何在呢?(1970:64)

在一个系列里出现乱伦和食物这样奇怪盟友的原因,现在已经很清楚了。

> 我打算表明:M_1(主要神话)属于一个解释食物烹饪起源(虽然这个神话事实上并没有这一主题)的神话系列;烹饪在土著人的思维中被想象成……天与地、生与死、自然与社会之间的一种中介形式。(1970:64—65)

为了理解主要神话的"烹饪"的一面,列维-斯特劳斯又在其中挑出了一个附加主题["巢鸟的故事"],这又引向东部和中部格人(Ge)部落中讲述火的起源的那些神话(M_7—M_{12})。在这一过程中又发现了一个新主题——人与动物之间的姻亲关系——这又(通过 M_{20})引向新的神话并发现了一个隐藏信息,即给予者:受用者=鸟:人=人:猪。亲属之间的赠礼的确是自然与文化之间的对比。自然在美洲虎（带来文明的技术）的协助下转变成文化,当野猪（形式上是人）猥亵地对待人类的女性（在性方面迅速吸引她们）时,文化又"退化成自然"。

现在,列维-斯特劳斯的所作所为就更清楚了。一个主要神话（M_1）导致对几个神话子集（$M_1M_2M_3$, $M_4M_{16}M_{150}$, $M_1M_2M_5$）的确认,由此引出一些新问题或答案,而这些问题和答案又是通往附加神话的桥梁。

列维-斯特劳斯说,这个程序可以帮助我们理解"内容"与"形式"

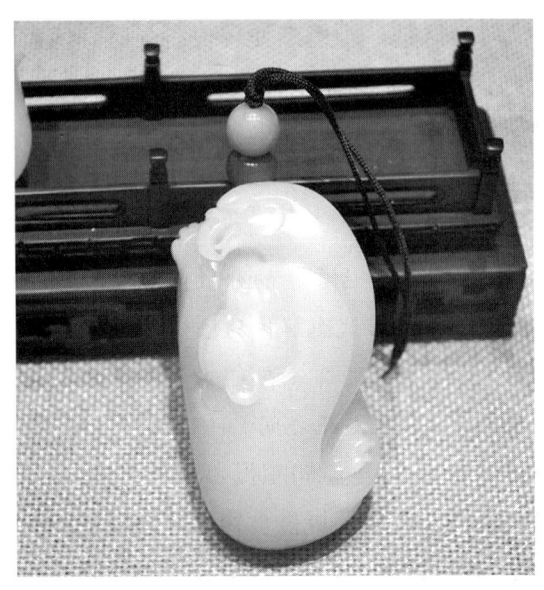

鹰熊合体玉雕,2009北京国际珠宝展

之间存在的关系:

> 我由之出发的细节属于内容,但当我已经着手论证时,这种内容事实上已经被颠倒过来变为形式了。这就使我们看到,在结构分析中,内容与形式不是分离的实体,而是对于深入理解所研究的同一个对象不可或缺的互补视角。而且内容不仅转变成形式;在刚刚开始作为单纯的细节时,它就已经延伸到与最初系统属同一类型和同一种范围的一个系统里,在其中,它只充当了一个要素。(1970:98)

由关于巢鸟的神话（神话系列S_1）引向关于野猪起源的神话（神话系列S_2）,这种旅程（表面看来）是值得的。"这种程序将被有力地证实",列维-斯特劳斯声称,"如果这种过程是可逆的话"。事实上,列维-斯特劳斯并没有真正进入"回动装置",下一个神话系列（M_{22}—M_{34}）应该以猪的起源开始,而不是以美洲虎起源的神话开始,接着是各种起源神话。而且这些神话最终将和巢鸟神话发生联系,这个事实既不值得引起惊讶,也不"证明"任何东西,因为巢鸟神话也讨论起源。M_1和M_2都有"一个土加罗（Tugaro）英雄创造了天界的起源……[或]尘世的起源"(1970:50)。一旦我们在神话之间来回跳跃,我们迟早必须着陆,回到那些再次涉及起源并有一只巢鸟的神话上。然而对列维-斯特劳斯来说,这恰恰是一个"证明",它的确证实了原先讨论的一切神话都是相互关联的:

> 烟草的烟雾产生了野猪，野猪提供了猪肉。为了烤熟猪肉，一只巢鸟必须从美洲虎那里取火；最后，为了消灭这只美洲虎，另一只巢鸟必须在火里把它的尸体焚毁，这就导致了烟草的诞生。（1970：106）

影子与实体的对比问题产生了：

> 没有比这更可笑的情景了，没有谁比那些用影子来牺牲实体的人，或努力攫取他的猎物的影子而不是猎物本身的人有更多的可能来用嘲弄掩盖这个中心人物了。（1970：109）

这又引入一系列关于女人起源的神话（M_{29-32}）。经过微妙的逻辑处理（包括发现一个无中生有的分裂，并向我们呈现出对这本书①的掩饰之词："这最后一种解释似乎很牵强"［1970：118］），我们得到一系列与笑及其后果有关的神话（M_{36-50}）。这些神话"在笑及身体舒张的各种形态之间建立了一种联系"，而有些附加的神话表明，笑与火的起源有某种关联。

下面的概述不久就是合情合理的。所有的神话都把火的起源归因于动物。每一个动物物种都按照它所吃的食物，包括生肉和腐肉来界定。所有神话（用各种办法）说明腐烂的成分。因此似乎有理由②认为，这个关于火的起源的神话

> ……是按照……生食与熟食之间……以及新鲜物与腐烂物之间的双重对比来运作的。生食/熟食轴是文化的特征；新鲜物/腐烂物轴是自然的特征，因为烹饪为生食带来了文化转变，正如腐烂是它的自然转变一样。（1970：142）

这两条轴都暗含着一个生—死的过程，因此有理由跳到关于死亡的神话上（M_{70-86}）。这些神话确定了两个基本问题，并为这两个问题提供了答案：

> 有没有可能避免死亡——也就是说，让人在不愿死的情况下不死呢？反之，一旦人变老了以后，有没有可能使他恢复青春呢？或者，如果人死了，有没有可能使他们起死回生呢？第一个问题的解决总是以否定性的措辞来陈述的：不听、不摸、不触、不看、不尝……第二个问题的解决总是用肯定的措辞表述的：听、摸、触、看、尝。（1970：162）

在跟随列维-斯特劳斯经过了86个神话以后，该到此为止了。

---

① 指列维-斯特劳斯《神话学》第一卷：《生食与熟食：神话科学导论》。——译注
② 为了方法论上的缘故，我们须记住：列维-斯特劳斯所说的不是似乎有理而是证明："这样就证实了……"（1970：142）——原注

列维-斯特劳斯方法的神话 | 167

从神话（和音乐）到方法

列维－斯特劳斯的神话学跳背游戏是通过对位法赋格曲（contrapuntal fugue）形式的两个评论来完成的。首先，我们听到的是悦耳动听的科学式的音响："替换"、"组合"与"措辞之间的关系"、"证据"、"证明"以及"演绎"，"规则"和（最强音式的）"方法"。进入相反的方向，却是对现实的粗糙的注解。

神话分析没有真正的终端，我们并没有把握隐秘的统一性……因此，这本关于神话的书本身即是一种神话。（1970：5—6）

而且（由于语言是一级代码，神话是二级代码）

……本书是作为一个三级代码的尝试性草稿提出来的，它试图确保几个神话之间的相互可译性。这就是把本书看做一个神话也并非错误的原因：事实上，它是神话总体中的神话。（1970：12）

要从列维－斯特劳斯那里得到这个真实的信息，我们就必须遵循着他的引导；"在本文的背后或之外"寻找这一信息并在我们所想到的"最佳假设中"发现它的现实（1970：6）。以下有五个这样的假设：

H_1：这位大师把他的音乐弹得太快。一旦我们放慢了"录音"，真相将显露出来。在列维－斯特劳斯的分析中，疑惑迅速转变成"确然无疑"；思维风格变成了"规则和方法"，而且例证成为"替换"和"证明"。从整体来看，某些或多或少有些含糊的概述是作为一种"神话分析的方法"或"神话的结构研究"提出来的。

H_2：关键术语必须小心界定，因此也要以和定义一致的方式加以应用。

H_3：许多分析所围绕的关键概念是"文化"。

H_4：一旦列维－斯特劳斯的思维风格得到阐述、定形和实施，它将会引起人类学理论的重要推进。

H_5：创新性科学兴盛的奥秘在于冲突。

一、"文化"的含义

"文化是什么"的问题是联结我的所有假设（H_{1-5}）的一个链条。它通过促使我们对列维－斯特劳斯的关键问题作（比他给我们的）更深入的探讨，使这位大师的音乐减慢下来。(1) 我们怎样才能由自然过渡到文化？(2) 这次远足的代价是什么？(3) 相反的旅程（从文化到自然）是什么样子，而且人类怎样用符号表示这种"退化"呢？(4) 是谁或什么把具有"数量"优势的连续过程（自然、永恒、不朽）分解成具有"逻辑"优势的分离过程（文化、时间、死亡）(列维-斯特劳斯，1970：50—55) 的呢？而且，"文化"是列维-斯特劳斯所有过程分析的关键术语。中介、联结和断裂、一致性、同态性、变换和对比：这些及相关概念产生了"愉快的困惑"，因为它们的中心所指——文化，被悬置在定义的空白之中。

夸张变形结构：殷墟出土玉雕长冠神鸟

一旦更好地理解了文化，我们就能从这位神话学大师惊人的独创性中获益更大，并把他引起的冲突用于更加富有成效的目的。①

克拉克洪（Kluckhohn）和凯利（Kelly）在很早以前（1945）就指出，"文化"最好描述成：

……历史上为生存创造的方案，外在的和潜在的，合乎理性的、不合乎理性的以及非理性的，它作为人类行为的潜在向导存在于任何特定的时间之内。

文化并非行为，也不是行为的结果（面具、图腾、工具、武器等等），也并不一定是理性的（适应性的、功能性的、有能力的、有效的）。文化是行动的一种潜在向导；文化之母是历史或时间，文化之父是连续性或秩序。通常，人与"文化"有一种逃避关系。他的行为是"不协调的"。他从逻辑上与来自历史的引导不相协调。这种不协调的行为包括：(1) 不能娶表姐妹为妻（某人万一这

---

① 以下对"文化"简要的分析，参见弗雷里奇著作（1972）中的阐述。——原注

列维-斯特劳斯方法的神话 | 169

样做了);(2)在斋戒日进食;(3)规避服丧禁忌;(4)清醒者或醉酒者的违章超速行驶恐怕极少引起我们的注意。[①]一旦我们在这个领域里停留更长时间,一旦我们的田野作业的实践得到改进,一旦我们把文化逃避等同于负疚感的观念时,我们将更容易"看到"土著人对他的文化的控制和热爱:

小偷小摸是司空见惯的……(正如)与其他任何一个异性的婚外联姻(一样),除非他们不属于同一代人或这种关系明显被乱伦禁忌所禁止。

这份材料不是来自现代贫民窟中"退化了的人",它指的是梅伊纳库人(The Mehinacu),这些说阿拉瓦克语(Arawakan-speaking)的热带森林的园艺家们居住在巴西中部的新几河上游一带。就统计数字而言,梅伊纳库人的民族志学家格雷戈尔(Thomas Gregor)告诉我们,"在一般的梅伊纳库人看来,这个部落将近一半的人都是巫师"(罗伯特和格雷戈尔,1971)。

很奇怪,不协调的行为(与文化引导不相一致)却是可以预测并加以规范化的。这些规则是怎样产生的呢?显然,至少有一个附加的引导系统——这种引导并不基于历史或时间——监督着我们的行为。我把第二个引导系统称为"灵活—规范"(smart-norms)。灵活规范与空间紧密相连,(因而)需要审慎的经验研究。如果灵活规范不能与实用标准具有同等有效性和效应性,它们就容易被摒弃。儿童问题——"我为什么要做 x"是对一个规范是属于空间范畴(即一个灵活规范)还是属于时间范畴(即一个正当规范)的严格盘查。例如,"为什么我应该娶表姐妹为妻"这个问题并没有合理的答案。因此,这个引导所包含的是一个正当规范(proper-norm)。把后者与灵活规范比较,"穿过大路之前,先左顾右盼","我为什么应该如此"的问题却有一个合理的答案,即"不然,你有可能没命"。

显而易见,一旦列维-斯特劳斯的许多二分法被组织在这个正当—灵活的二元框架内,它就获得了更丰富的洞察力。社会生活"天生"(这里包含的是习得而不是本能)是基于共有的灵活规范的。因而"自然对文化"就可以转化成"灵活对正当"。但是,"自然对文化"(列维-斯特劳斯却相反)并不能等同于"动物对人"。动物的社会性基于灵活规范。人类的社会性基于灵活规范和正当规范。按列维-斯特劳斯的说法,我们可以说自然:文化=(灵活性+0):(灵活性+正当性)。

[①] 参见有关抵制文化引导的其他一些著作,弗思(Firth,1939),马林诺夫斯基(Malinowski,1926),奥普勒(Opler,1947)。——原注

我们知道，灵活规范（我认为）是为了物质上的生存。我们还需要正当规范（或文化）来求得精神上的生存。正当性"赋予"心灵以健全性，而灵活性却给心灵赋予一个"居住"的躯体。人类的困境并非"To be or not to be"①，而是"灵活（和生存）还是正当（健全地思维）"。列维－斯特劳斯从直观上英明地把"心灵"展现为一台数字计算机，每一点现实都被一分为二：正题—反题，实体—影子，生的—熟的，妻子的给予者—妻子的占有者，粗犷—柔和以及加—减。为什么人类的心理不断创造出二元对立呢？因为人的现实就是二元的：时间对空间，正当的东西对灵活的东西，物质生存对心智健全。那么心灵为什么要创造"中介者"呢？因为灵活的东西不断转化成正当的东西，就像时间（重复过程）渗透到空间（适应过程）一样。那么，这里我们最终还是回到了神话上来。因为马林诺夫斯基所说的神话的"特许状"（charter）功能②最好理解成神话的转化功能。

神话必须定期地和有效地把灵活的东西（S，似乎是有实效的、效应性的和在空间上是有用的）转变成正当的东西（P，它变成惯例，"为了自身的缘故"而被遵守的一种规则）。两极对立是怎样融合为一的呢？两个分离的和不同的实体（分离过程）是怎样变成一个统一体（连续过程）的呢？显然，第一步是在互相冲突的配对中间"找到"一个中继站：在这里，中介者就是信息。在神话和时间的帮助下，这个中介者把S转变为P。

但环境（空间）不断构成新的适应性问题，这就需要新的灵活性来解决。新的灵活规范（最初）必须与旧的正当规范保持分离。这就需要并发现不同类型的中介者（如列维－斯特劳斯充分显示的那样）：一个分离的中介者，一个产生冲突的"中介人"，一个没有人能够寄居的中继站。许多神话赖以编织它们的疑问和答案的人类困境本身，现在显得更加清晰了然了。物质生存或心智健全；实用主义或美学；法律或正义；功能或意义；自然或文化（列维－斯特劳斯）；空间或时间（柏格森）；控制或意图（拉波波特）；符号（面向外部，即面向空间）或象征（集中在内部，即集中在时间内；弗莱）；生存在自然中或生存在历史中

---

① 这句话是莎士比亚的《哈姆雷特》第三幕第一场中王子哈姆雷特的独白，意即"活下去还是不活"或"是生存还是死亡"。——译注
② 马林诺夫斯基认为，"神话在原始文化中有不可缺少的功用，那就是将信仰表现出来，提高了而加以制定；给道德以保障而加以执行……"，由此，他推导出一个著名的命题：神话是社会群体的信仰与道德的法典，是社会制度的特许状。参见他的《巫术科学宗教与神话》中译本，第85—86页，中国民间文艺出版社1986年版。——译注

（怀特海）；生命的领域或心灵的领域（德日进）以及灵活或正当。[①]

人类希望最好是两个世界兼得。在神话语言中，他下落（到空间）并与猪发展了亲密关系，而且他上升（到时间）并与鸟发展了亲近关系。然而，巢鸟不能（毫无冲突地）把一头猪当做联姻的亲戚，就像吉柯医生（Dr. Jekyll）与海德先生（Mr. Hyde）不能和平共处一样[②]。现在，我们准备利用列维－斯特劳斯的观念发展出一种神话方法。

二、神话策略中的非意义：一种称为 NIMS 方法的分娩阵痛

列维－斯特劳斯试图在他的神话研究中发现什么呢？他想知道"人作为自然的一部分，是怎样和为什么要千方百计地把自己视为'不同于'自然的，即使他们为了生存而不得不与自然保持永久的'联系'"（利奇，1967：45）。更简单地说，人类生存在空间里，并利用大量空间现象（也就是自然）来维持身体的生存。但是，人类也生存在时间里，因此，他们正确地把自己视为"不同于"自然。神话的两个方面反映了人的这两个侧面：

……神话思维的这种二元性质，通过与它的对象构成一种同构意象来与这个对象取得一致，然而它从来不能与对象浑然合一，因为思维和对象是在不同的层次上运作的。（列维－斯特劳斯，1970：6）

换言之，神话必须涉及"对象"——存在于空间中的现象——并通过使用表示或构成对象的同构意象的概念来与这些对象打交道。但是，这种思维并不希望完美无缺地表现"对象"，因为"思维和对象是在不同的层次上运作的"：二者分别在时间和空间的层次上运作。总之，神话容纳了空间现象（对象）并把它们转变成时间现象（思维），而且这种转变错误地表现了对象。

与列维－斯特劳斯相反，神话并不是滞留时间的工具，不如说它们是把空间转化成时间的工具。空间及其产生的适应性问题——通过提出"灵活规范"得以解决——必须转变成时间及其适应性问题。秩序、和谐、平衡和协调、韵律和关系——这些及相关现象充溢着时间世界。在自然中的生存策略——灵活，必

[①] 有关讨论参见怀特海（Whitehead, 1960），路易斯（Lewis, 1957），摩根斯坦（Morgenstern, 1980），德日进（Teilhard de Chardin, 1965），拉波波特（Rapoport, 1968），弗莱（Frye, 1957）。——原注

[②] 吉柯与海德是英国作家史蒂文生（R. L. Stevenson, 1850—1894）的小说《化身博士》（1886）中的人物。吉柯医生为探索人性的善恶，服用自己发明之药，创造出一个叫海德先生的化身，把身上所有的恶念都分给海德，自己成为善人，但吉柯终因无法摆脱海德，自杀而死。——校注

须转化成在时间中的生存策略——正当。在所有转变中必有所失，这里也一样。在把空间转化成时间的同时，神话失去（或最好说——隐藏）了这一事实，即人是生存在这一个变幻莫测而且每每是悲剧丛生的世界里的一种动物。在把空间的多变性转化成时间的有序性的同时，神话为我们提供了自欺的一种主要工具，一种协助我们维持心智健全的工具。

在把空间转化成时间的同时，神话也隐藏了那些属于自然的成分并用文化的点缀掩盖了它们，但神话做的不止于此。人作为一种既生存在空间也生存在时间里的半吊子生物——人是自然的人和文化的人——生活在一种永久的冲突状态之中，自然规律（灵活的东西）与文化规律（正当的东西）是相互矛盾的。在来自自然和文化的永久的压力下，人在"发泄"中，在对社会冲突的介入中找到了快乐。因此，人喜爱神话，同样他也喜爱战争。当对冲突进行被动研究日趋减少之际，我们一定会期待着对冲突积极介入的行为的增加。

通过模拟人类生存的结构，神话以人对待他的直接环境的方式来对待自然：它们隐藏，它们也揭示，它们掩盖，它们也暴露。为了找到神话意义的结构，隐藏的东西就必须暴露出来。而且为了暴露隐藏的信息，我们必须更多地了解"隐藏者"——人类。因而，神话分析的方法必须以有关人类这个系统的概述为起点。

三、人的本质

对客观知识的渴求是我们所谓的"原始人"的思维最容易被忽略的方面之一。即使它很少指向与现代科学关注的层次相同的事实，它也包含着类似的智力应用和观察方法。在两种情况下，宇宙都是一个思维的对象，至少同样是满足需要的手段。（列维-斯特劳斯，1962：3）

1. 人有两个主要的问题需要解决：生存和秩序。
2. 致力于生存问题时，人把宇宙当做满足需要的一种手段。
3. 致力于秩序的发现和利用时，人把宇宙当做客观知识的来源之一。
4. 人获得生存和秩序的主要策略是信息加工。
5. 人们认为有助于满足需要的信息，是用一些类似于"灵活的东西"的表达方式来界定的。
6. 人们普遍认为与"客观知识"具有同等价值而收集起来的信息，是用一些类似于"正当的东西"的表达方式来界定的。
7. 灵活律（smart-rules）（需要对空间的适应）高度重视变化，因为环境条件总在变化。

8. 正当律（proper-rules）（需要对时间的适应，即通过与过去的顺接来提供秩序）高度重视不变。

9. 冲突遍及人类的整个生活，因为每一种情境都可以由两种不同的和普遍矛盾的系统来分析：生存或秩序，变化或持续，"灵活性"或"正当性"，功能性知识或客观性知识。

10. 人发展出许多手段来对付生活中的矛盾，其中主要的手段即是我们所说的"躲藏"。[①]

四、神话的本质

1. 神话模拟了人类生存的结构。

2. 神话在模拟人类生存结构的同时，把现实呈现为由一系列二元对立构成的。

3. 神话试图消除人类的基本困境：是灵活而延缓（身体的）生命还是正当而保持心智健全（下文称作 SvP[②]）。

4. 神话试图消除的矛盾包括：

  4．1. 相互矛盾的灵活规范：S_1vS_2。

  4．2. 相互矛盾的正当规范：P_1vP_2。

5. 神话试图解释的自相矛盾的事物包括：

  5．1. $P \rightarrow t$[③]（即为什么正当性时时导致悲剧）。

  5．2. $S \rightarrow l$[④]（即为什么灵活性时时导致损失）。

6. 神话试图解除的困惑包括那些不存在经验性解释的现象（例如，事物是如何开始的，死后会发生什么，等等）。

7. 神话通过对中介者 $M_1……M_n$ 的确认来消解困境、矛盾、自相矛盾的事物及困惑。

8. 中介者既分离又结合了冲突观念，因为一个中介者：

  8．1. 包括在冲突观念双方中都没有的因素。

  8．2. 包括在冲突观念双方中都有的因素。

---

① 对这些概述的论证见弗雷里奇（1972）。——原注
② v 是英文 versus（对，比较）一词的第一个字母。——译注
③ t 是英文 tragedy（悲剧）一词的第一个字母。——译注
④ l 是英文 loss（损失）一词的第一个字母。——译注

9. 中介者减轻也增加了难题及自相矛盾的事物等（译者按：指数量上增加，难度上减轻）；例如，难题 SvP，一旦由 M 调解，就变成两个简单一些的问题：

9．1． SvM。

9．2． MvP。

10． 一个神话的结构包括：

10．1． 在一个神话中能够发现的所有成对对立的总和。

10．2． 这些成对对立之间的内在联系。①

11． 在模拟人类生存结构的同时，神话的结构既隐藏又暴露出那些困扰人类心灵问题的信息。

12． 神话通过用可笑的内容掩盖（列维-斯特劳斯所说的）非意义（以编码形式呈现的信息）的方式来隐藏信息。

13． 神话中存在三种非意义：

13．1． 文化非意义：与神话文化不相协调的信息。

13．2． 经验性非意义：与共同经验不相协调的信息（例如，《创世记》中说女人"出自"男人的身体）。

13．3． 文体的非意义：传达信息的方式与用来创作这种类型的故事的交流文体不相协调。

14． 共同构成"一个神话"的主要亚系统是：

14．1． 内容："历史"，一个可笑的故事。

14．2． 结构：技术，传达信息的成对对立。

14．3． 隐藏的信息：关于什么是"正当"和什么是"灵活"的传授。

15． 正因为神话把内容、结构和信息整个交织在一起，它们才帮助人解决了一个基本问题：把灵活的东西转化为正当的东西。

---

① 比较康加斯·马兰达（Köngäs Maranda）和马兰达（Maranda）(1971) 提出的定义："结构可以定义成把一个整体的构成因素组织起来的内在联系。这样，结构分析就包括发现重要的因素及其秩序……结构分析的核心应该是首先在这些因素自身内发现成对对立组合以及能够容纳它们的中介者。"在我看来，他们两个与我说的是一回事儿：一个神话的重要因素就是成对对立（O_1……O_n），因此，意义的结构就是存在于这些成对对立之间的所有关系的总和。——原注

神话的叙事意图：殷墟出土玉鸮

五、神话分析中确定结构与信息时的运算规则①

1. 神话是文化的产物，因此分析者必须保持特定神话与它的文化背景（"神话文化"）之间的密切联系。

2. 要保持一个神话与它的文化（"神话文化"）之间的密切联系，就需要神话分析者对神话文化具有透彻的了解。

3. 对神话文化的透彻了解包括按照神话得以应用的文化语言（"神话语言"）来理解这一神话被讲述或书写时的原貌的能力。

4. 对神话文化的透彻了解包括对这个神话所属的整个知识背景的理解能力（例如，"亚当和夏娃"是在《摩西五书》或《旧约》中出现的众多故事之一。有人说，如果分析者对《旧约》没有确切的理解，他就不可能对这个神话进行透彻的分析）。

5. 既然神话的意图在于消除令人困惑的问题，结构分析就应该以这个神话"讨论"的第一个问题为起点。

6. 我们必须用二项式表示第一个问题。②

7. 第二步是找出中介者。③

8. 然后必须确定这个神话"试图解决"的下一个问题。

9. 然后再确定中介者2，等等。

---

① 神话中的结构和信息，正像普通语言学中的结构和意义一样，是密切相连的。结构与信息之间的不断分化将把我们引入许多语言学家当前陷入的同一个死胡同。参见古德纳夫（Goodenough）颇有启发的文章（1971）。康加斯·马兰达和马兰达（1971）也解释说："在这一研究过程中，我们已经发现：在我们的结构模式中，为上面讨论的这一原则"信息"，即社会心理功能留有明确的位置。"——原注

② 我们应该对下列问题及时取得共识：(1) 神话涉及问题的基本类型；(2) 怎样把这些问题翻译成结构语言。例如：我建议"俄狄浦斯"试图回答的问题（问题1）是命运（神的意志）对规划（人的意志）。《创世记》的第一个问题是"虚无如何化生万物？"（也就是零：万物=X：Y）。——原注

③ 按照列维-斯特劳斯的说法，我们可以认为：如果一个神话中处理的一个问题不允许有中介的余地，那么就把这个问题转换成一个可以调解的问题。例如：《创世记》里零：万物的问题就可以转化成"上帝（Elohim，一个没有实体、没有形式等的系统）和自然（即万物）之间的关系是什么？"［麦肯齐（Mckenzie, 1960）］。——原注

10．确定非意义使问题的发现（即二元对立）和解决（即中介者）更容易。

11．非意义（编码信息）包括与神话"内部"发现的三个亚系统在逻辑上不相协调的信息：

  11．1．神话文化。

  11．2．神话文体。

  11．3．神话社会（神话"生存"在其中的经验世界）。

12．某个特定的句子（M）可能会干扰（11）中的所有三个逻辑系统。我们可以说，这个 M 的信息比只干扰一个逻辑系统的句子具有更多的非意义。可以假定：其他事物都相同时，非意义越是显得"疯狂"（madder），它包含的潜在意义就越多。

13．这三个不同的系统在各种疯狂层次上与非意义打交道：交流语言、神话语言和理论语言。交流语言是神话分析者拥有的最软弱无力的解释工具。因为它的中心意旨不在于发现潜在意义，而是把神话学家早已熟悉的那些知识同感兴趣的公众交流。一旦交流语言被当做一种主要的解释工具来使用，就会产生严重的问题。例如《创世记》中许多事情的发生都是由于上帝说了某些话，诸如"要有光"。这里确定的因果系统与"语词"（Word）[①]的概念联系在一起。我的交流语言是英语，因此我总想问（用列维－斯特劳斯的说法）"'语词'的真正含义是什么"。但是，我们最好问"DBR（希伯来语'语词'一词的词根）是什么意思"。DBR 意即"支持"、"驱使"或"推动"；这个概念"告诉"我们：恰当的语词可以改变现象，创造新的形式。英语"word"一词有这种意思，英语"word"这一概念来源于希腊语 logos，它的词根 legein 的意思是"带来秩序"。英语中的这一概念着重强调语词创造的有序性和一个归类系统把相似的事物汇集在一起的方式。

14．因此，非意义的解释必须依靠：

  14．1．理论语言。

  14．2．神话语言和神话文化。

15．理论，在这个词作为一种具有预言能力的逻辑—演绎系统（logico-deductive system）的形式意义上，它实际上并不存在于社会科学之中。因此分析者在很大程度上要依靠：

  15．1．神话语言。

[①] "Word"在《圣经》里指上帝启示道理的语言。——译注

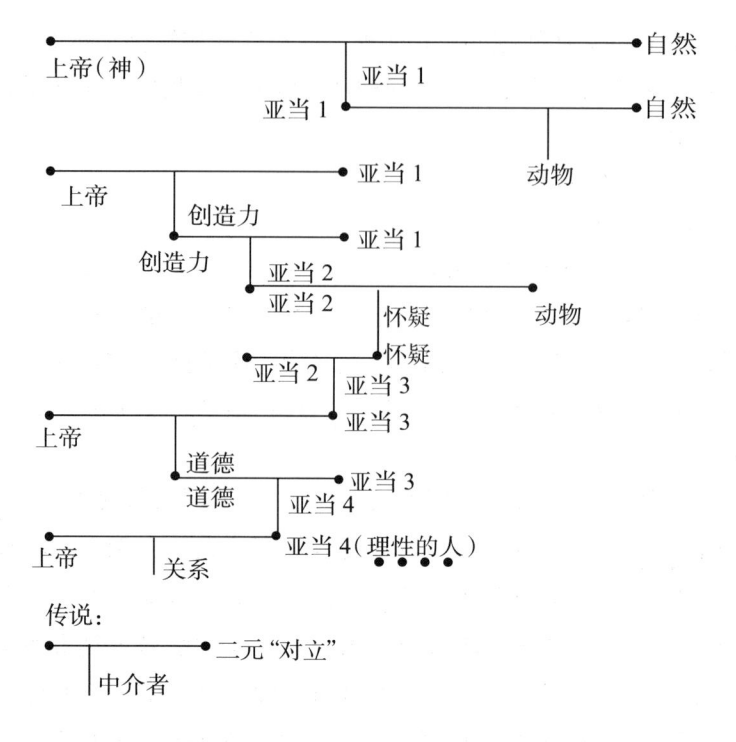

```
上帝(神) ———————————— 亚当1 ———————————— 自然
                         亚当1 ———————————— 自然
                                            动物
    上帝 ———————— 亚当1
         创造力
              ———————— 亚当1
         创造力  亚当2
                 亚当2 ———— 怀疑 ———— 动物
                         怀疑
                 亚当2  亚当3
                        亚当3
    上帝 ———— 道德
              道德  亚当3
                    亚当4
    上帝 ———— 关系 ———— 亚当4(理性的人)

传说:
  ●——————● 二元"对立"
  │中介者
```

图 1：《创世记》（第一至三章）的意义结构

15．2．神话文化。

这样一来，神话分析者必须能够用神话"自身的语言"来研究它并且要全面精通神话文化的原因，也就一目了然了。

六、测试一种未成熟的方法

我称为 NIMS 的分析方法已经被用于对《创世记》（第一至三章）的分析并且在一定程度上取得了成功。①"结构"的确定（图 1）和非意义的解释，需要对《创世记》（第一至三章）进行没有最初非意义的复述。

一个孤独而热爱秩序的神（上帝 Elohim）创造了各种各样的形式（自然）并

---

① 参见弗雷里奇（1975）。这篇文章曾经给一些著名的结构主义者看过，并引起了复杂的反应。至少有一位（天主教的）主教和几位（犹太教的，包括保守派和革新派）拉比曾说它的结果"极为有趣"而且"值得深思"。同样值得注意的是，我的分析归结到一个形而上学的立场，它与马克斯·舍勒（Max Scheler）生前主张的立场非常相像："……最高的存在……没有人的协助就不能发现自身的局限……据说，人不可能容忍一种未完成的上帝的观念，或者一种处在形成过程中的上帝的观念。我的回答是，形而上学对那些弱者以及需要保护的人来说并非一张保险单。"（舍勒，1961：94）古代《创世记》神话的创作者和舍勒（他在1921年以后放弃了早期的宗教观念）表现出的意见一致方面，为 NIMS 提供了特别有力的证明。——原注

用非自然的编码系统把它们标记出来。这项工作被说成是"好的"和"非常好的"。把所有创造物二分（天，地；陆地，海洋）以后，上帝表明，他也有两个部分：一种神秘而无限的特质（由生命树来象征）和一种道德的品性（由善恶树来象征）。创造并没有解除上帝的孤独感，所以为了获得"关系"，他要创造自己不甚完美的复制品。亚当1，和他的创造者一样孤独，他被放在一个尽善尽美的地方（亚当1：伊甸园=上帝：尽善尽美）。孤独的亚当（亚当1）太像动物，不能与上帝构成一种"关系"，因此亚当1不得不向其他动物寻求"友谊"。孤独的亚当像他的创造者那样酷爱秩序，他尽力"整顿"动物世界：他利用了名物的等级。亚当1在动物中找不到"朋友"；他酷似上帝，不能在动物面前得到欢娱，他又太像动物，不能和上帝结成关系。这就是说，上帝：亚当1=亚当1：动物。上帝欲使亚当1和自己更为接近，所以就赋予亚当1以"创造性"（这个非意义就是众所周知的"夏娃"）。孤独的亚当接受了创造性并逐渐转变成创造性的亚当（亚当2）。然而，创造能力也不能解除上帝的孤独感，通过它或它本身并不会对亚当2造成重大影响。创造的亚当仍然感到孤独，他再一次到动物世界寻求友谊，并发现了最灵敏的动物。这就是说，蛇在创造的亚当和其余动物之间暂时充当了中介者（创造的亚当：蛇=蛇：动物）。这种短暂的关系教会亚当2如何来怀疑，一旦他理会这种教益，他就再一次转变成一个新的存在：亚当3——富有怀疑精神的创造的亚当。

怀疑一旦和创造性结合在一起，就会成为一种强有力的孕育力。因为实际的怀疑会变成"勇气"，一个创造性的、富于怀疑和无畏精神的系统处于对新世界的不断探索之中。亚当3也一样，他要"追求"道德世界。亚当3在创造性（"夏娃"）的激励下，从空间世界（及其"灵活的"生存规则）跳入时间世界（及其"正当的"生存规则）。亚当3已经发现了道德，因而使自己转变成亚当4——道德的人，理性的人。[①]

亚当4再次"落入"空间——他更多地认识到自己也是"动物"，与其他动物一样，他也需要食物。他像世界上的人那样行动，他要隐藏。换言之，"隐藏动物性特征"是人试图保持心智健全的主要策略之一。亚当4，现在已成为人，他就不得不隐藏。上帝一时并没有顾及亚当新出现的心理问题，他试图用自己"原始的"或神圣的力量全力与亚当接近。上帝注意到亚当生存的境况，他用时

---

① 原文为拉丁文 Homo Sapiens，意即类的人或理性的人，本文据上下文酌取不同的译法。——译注

间世界里能够发现的最高贵的品质——道德掩盖着自己的"私处"（原始的力量），而亚当的私处却是用时间里（即文化中）很低廉的物品，即编织的衣物遮掩着。道德的人（亚当4）（至此）仍不能和上帝的神秘品质（由生命树象征）发生关系。但亚当有勇气、有创造力、有怀疑的力量，他也许总是在努力与它发生联系。亚当4必须被赶出伊甸园，在那里一切都已成为过去，所以他才能够施展刚刚获得的才能。在伊甸园之外，亚当4才能建立他自己的世界。

在《创世记》（第一至三章）中，非意义信息远不只是为创造提供一种解释。这些神话塑造了人类的心理及其独创性，它们涉及：

1. 语词能够改变环境并创造出秩序和美。
2. 创造的背后隐藏着孤独感。
3. 创造始于混沌。
4. 创造在关系中达到高峰。
5. 尽善尽美的地方对一个创造性系统来说从来不可能是一个乐园。
6. 创造把人留在自然之"内"。
7. 一旦创造受到怀疑精神的激励就会引向道德。
8. 道德产生的决定性因素是挑战而不是安全。
9. 孤独引导上帝创造并导致了神—人关系。
10. 孤独使上帝为关系而放弃了全知全能。
11. 一切都随之而出：上帝、人、道德、关系……
12. 关系包括暴露和隐藏：上帝暴露了他的神秘品性，然后用道德隐藏了它；亚当4隐藏了他由动物而来的背景，然后暴露了他的道德性。
13. 转变也包含一些损失：人为道德付出了生命；上帝为关系而失去了全知全能。上帝的言行充满了对亚当4和道德的同情。

和《摩西五经》的其余部分一样，《创世记》提出了一个非常类似于在德日进（Teilhard de Chardin，1965）的著作中发现的进化论信息。在指出伴随着大变革的阵痛所带来的损失的同时，《圣经》中的原文似乎利用了热力学的思想。

神话分析向何处去？

像其他一些神话创作者一样，列维-斯特劳斯关于神话的许多言论都是繁琐而费解的，因此这些言论容易有多种解释。像其他神话一样，由列维－斯特劳斯发掘出来的神话中所隐藏的信息，与它们暴露出来的信息一样多。然而，这并不是对他的严厉责备。不仅列维－斯特劳斯，每一位分析者都是神话的创作者，因为我们所有的人都参与了人类的绝大多数所表演的游戏：藏露游戏（hide-reveal）。一种特定的分析，就像一盏聚光灯集中照在一块黑暗的区域上，使中心位置显得重要而清晰，而周围区域却比原先更暗了。我们应该提防的是列维－斯特劳斯把他的神话称为"方法"的倾向。因此，让我们从列维－斯特劳斯那里只拿走他能够给我们的东西吧。

列维－斯特劳斯告诉我们，每一个重要的事物，都是以两个和相互冲突的形式出现的。我发现这是一项颇有价值的假设，它不必和人的心理的基本特质（"结构"？）相联系。假设一个特定的结构是好像由二元组合及其中介者构成的，这种做法已经帮助我确定了神学学者们认为有价值的信息。在这项努力中，我已经从列维－斯特劳斯的观点，即神话在非意义中隐藏了它们的基本信息的观点中获得了裨益。夏娃从亚当身体中"蹦出"（人类繁衍的一个关键性转变），一条会说话的蛇，一个迅速转怒为悔并在他的秩序被破坏以后又提供礼物的上帝——这些及其他一些非意义需要解释。然而，只有我们知道了代表"意义"的是什么，这种解释才是可能的。我原先确定的三种类型的意义系统——语言的、文化的和经验的——还需要进一步细化。这项工作可以通过利用贾森（Jason）对口头文学中潜在的十三个同位素（coordinates）的分析（1969）而得到大大的补充。

列维－斯特劳斯告诉我们，神话为困扰人心的问题提供了答案。然而，我们却始终没有得到"神话"的一个确切定义。他甚至没有告诉我们怎样确定特定神话要"解决"的问题是什么。我们怎样才能以一种"科学的"、可复制的方式来发现特定神话的第一个问题呢？我们怎样才能准确无误地把这个问题翻译成"二元对立"呢？有些"二元对立"（生与死）的确是逻辑上的对立——否定这一个，必然就要肯定另一个——另一些对立（父与子）所表示的仅仅是把两种现象加以对比的方式，在这一事实面前我们将何去何从呢？我们怎样才能确信自己已经发现了"中介者"呢？

按照贾森的分析逻辑（1969），一个特定的神话可以有几个不同层次上的结构：结构（texture）层次、叙述情节层次，或许还有信息层次、价值系统、时间和空间方面也被纳入模式。列维－斯特劳斯本人注意的是信息层次。我们能不能建立一个主要模式，即把这些不同层次当做亚结构的"结构"呢？有没有可能把基于列维－斯特劳斯的观念的方法论与尼基弗洛夫（Nikiforov，1927）、普洛普（Propp，1968）或贾森（Jason）提出的模式联系起来呢？对这些及相关问题的回答，将够我们高兴和忙碌一阵子了。但愿这些答案将把结构主义从奇思遐想转变成科学。

我们可以和列维－斯特劳斯一起说：

> 如果神话的结构分析有某种未来，那么在最初阶段它选择并运用概念的方法就必须经受严厉的批评。每一个术语必须被重新定义并限定在特殊的用法上。最重要的是，那些被我当做顺手拈来的工具来使用的所有分类方法，都必须经过分析而改进成为更加精致的范畴，并在方法论上加以应用。（1970：30，着重号为引者所加）

参考书目：

Ardener，E.（E. 阿登尔）

1971 The new Anthropology and Its Critics.（《新人类学及其批评家》）*Man* 6：449-463.

Firth，Raymond（雷蒙德·弗思）

1939 *Primitive Polynesian Economy*.（《原始波利尼西亚人的经济制度》）London：Routledge.

Freilich，Morris（莫里斯·弗雷里奇）

1972 "Manufacturing Culture：Men the Scientist,"（《制造文化：人作为科学家》）in *The Meaning of Culture*. Edited by M. Freilich, 267-325. Lexington，Mass.：Xerox College Publishers.

1975 Myth, Method and Madness. *Current Anthropology* 6：207-226.

Frye，Northrop（诺斯洛普·弗莱）

1957 *Anatomy of Criticism*.（《批评的解剖》）Princeton：Princeton University Press.

Gardener，Howard（霍华德·加德纳）

1970 Piaget and Levi-Strauss：The Quest for Mind.（《皮亚杰与列维－斯特劳斯对心灵的探索》）*Social Research* 37：348-365.

Goodenough，Ward（沃德·古德纳夫）

1971 Culture，Language and Society. (《文化、语言和社会》) McCaleb Module in *Anthropology. Reading*，Mass：Addison-Wesley.

Harris，Marvin（马文·哈里斯）

1968 *The Rise of Anthropological Theory*. (《人类学理论的兴起》) New York：T. W. Crowell.

Jason，Heda（赫达·贾森）

1969 A Multidimensional Approach to Oral Literature (《口头文学的多元化研究》) *Current Anthropology* 10：413-426.

Kluckhohn, Clyde, W. H. Kelly（克莱德·克拉克洪，W. H. 凯利）

1945 "The Concept of Culture," (《文化的概念》) in *The Science of Man in the World Crisis*. Edited by Ralph Linton. New York：Columbia University Press.

Köngäs Maranda, Elli, Pierre Maranda（艾利·康加斯·马兰达，皮埃尔·马兰达）

1971 "Structural Models in Folklore," (《民俗中的结构模式》) in *Structural Models in Folklore and Transformational Essays*. Edited by Elli Köngäs Maranda and Pierre Maranda. The Hague：Mouton.

Kroeber, Alfred（艾尔弗雷德·克鲁伯）

1948 *Anthropology*. (《人类学》) New York：Harcourt, Brace.

Kuhn, T.（T. 库恩）

1962 *The Structure of Scientific Revolutions*. (《科学革命的结构》) Chicago：University of Chicago Press.

Leach，Edmund（爱德蒙·利奇）

1967 Mythical Inequalities. (《神话的不规则性》) *New York Review of Books* 16：45.

1970 *Lévi-Strauss* (《列维-斯特劳斯》) Fontana/Collins.

Lévi-Strauss, Claude（克劳德·列维-斯特劳斯）

1962 *La pensée sauvage* [*The Savage Mind*] (《野性的思维》) Paris：Plon.

1963 *Structural Anthropology*. (《结构人类学》) Translated by Claire Jacobson and Brooke Grundfest Schoepf. New York：Basic Books.

1963b Réponses ą quelques questions. (《对一些问题的回答》) *Esprit* (November). Paris.

1963 *Totemism*.(《图腾主义》) Translated by Rodney Needham. Boston：Beason Press.

1967 *The Scope of Anthropology*.(《人类学的范围》) Translated by S. O. Paul and R. A. Paul. London：Janathan Cape.

1970 *The Raw and the Cooked*：*Introduction to a Science of Mythology*,(《生食与熟食：神话科学导论》) volume One. Translated by John and Doreen Weightman. New York：Harper and Row.

Lewis，Wyndham（温德姆·路易斯）

1957 *Time and Western Man*.(《时间与西方人》) Boston：Beacon Press.

Malnowski，Bronislaw（布罗尼斯拉夫·马林诺夫斯基）

1926 *Crime and Custom in Savage Society*.(《野蛮社会中的犯罪和习俗》) New York：Humanities Press.

Mayberry-Lewis，David（大卫·梅伯里-路易斯）

1967-1968 Science by Association.(《科学的联合》) *The Hudson Review* 20：707-711.

Mckenzie，John，S. J.（S. J. 约翰·麦肯齐）

1960 The Word of God in the Old Testament.(《〈旧约圣经〉中的上帝之词》) *Theological Studies* 21：22.

Morgenstern，Irving（欧文·摩根斯坦）

1960 *The Dimensional Structure of Time*.(《时间广延的结构》) New York：The Philosophical Library.

Nikiforov，A. I.（A. I. 尼基弗洛夫）

1927 K voprosu o morfologicheskom izuchenii narodnoj skazki［On the morphological study of the folktale］.(《论民间故事的形态学研究》) Sbornik otdeleniia russkogo iazyka i slovesnosti Akademii Nauk SSSR 101：173-178.（Translated 1973 by H. Jason in *Linguistica Biblica* 27/28：25-35.）

Nutini，Hugo G.（雨果 G. 纽蒂尼）

1971 The Ideological Bases of Lévi-Strass' Structuralism.(《列维-斯特劳斯的结构主义的意识形态基础》) *American Anthropologist* 73：537-544.

Opler，Morris（莫里斯·奥普勒）

1947 Rule and Practice in Jicarilla Apache Affinal Relatives.(《吉卡里拉——帕

奇人的姻亲关系的规则和实践》）*American Anthropelogist* 49：453-462.

Prattis，J. I.（J. I. 普拉蒂斯）

1972 Science，Ideology and False Demons.（《科学、意识形态及谬误的守护神》）*American Anthropologist* 74：1323-1325.

Propp，Vladimir La（弗拉基米尔·伊阿·普洛普）

1968 *Morphology of the Folklore* （second edition）.（《民间故事形态学》）Austin：University of Texas Press.

Rapoport，Anatol（阿纳托·拉波波特）.

1968 Technological Models of the Nervous System，（《神经系统的技术模式》）in *The Modeling of The Mind*. Edited by K. M. Sayre and F. J. Crosson. New York：Simon and Schuster.

Roberts，J. M.，T. Gregor（J. M. 罗伯茨，T. 格雷戈尔）

1971 Privacy：A Cultural View，（《隐私：一种文化观》）in *Privacy*. Edited by J. R. Pennock and J. W. Chapman. New York：Athezton.

Scheler，Max（马克斯·舍勒）

1961 *Man's Place in Nature*.（《人在自然中的地位》）Translated by Hans Meyerhoff. Boston：Beacon Press.

Teilhard De Chardin，Pierre（德日进）

1965 *The Phenomenon of Man*.（《人的现象》）New York：Harper and Row.

Whitehead，A. N.（A. N. 怀特海）

1960 *Process and Reality*.（《过程与实在》）New York：Harper Torchbooks.

户晓辉 译　叶舒宪 校

现代神话学与列维-斯特劳斯

[日] 松村一男

本文摘译自日本《现代思想》杂志 1985 年 7 月号。作者松村一男生平不详。他在本文中追溯了列维-斯特劳斯学术思想的渊源，总结了他的神话研究方法及其发展，指出了这种方法的特征及缺陷，并与法国神话学者迪缪塞尔（又译"杜梅齐尔"）的"历史结构主义"方法作了比较，对现代神话学的前景作出推测。

前 言

自从 1955 年列维-斯特劳斯发表《神话的结构研究》以来，已有 30 年了。这篇论文对于神话研究的方法论具有划时代的意义。此后，他又继续发表新作，主要有《阿斯狄瓦尔战功歌》，集神话研究之大成的《神话学》四卷本——卷一《生食与熟食》、卷二《从密到灰》、卷三《餐桌礼仪的起源》和卷四《裸人》。看来，这些著作基本上完成了他的神话研究工作，后来在他关于神话的

安徽凌家滩出土八角星纹玉版，首都博物馆早期中国展

一些讲演中，并没有什么特别新颖的观点。

笔者手边的《神话学》英译本长达 1500 页以上，提到的神话按编号，就有 813 个，若是分别计算它们各自的异文（细分成 a，b，c……），则有 1400 多个神话。而且，这些都是南北美印第安人的神话。除少数专家以外，对一般人来讲，差不多都是陌生的故事。如此鸿篇巨制，涉及的神话又与我们所熟悉的大相异趣，加之列维－斯特劳斯的论述又颇为晦涩费解，这就很难说他在神话研究上的成就广泛得到人们的认可。本文不能对其全部的神话研究工作进行详细的论述，而只在有限的范围内进行考察，这个内容有两个：第一，列举渗透在他的研究中的种种思想，从而将列维－斯特劳斯的神话研究方法理出头绪；第二，通过与现代神话学的其他研究方法相比较，指出列维－斯特劳斯在神话研究中的得失，并展望今后神话研究的前景。

安徽凌家滩出土玉雕神人像，首都博物馆早期中国展

"列维－斯特劳斯是怎样成为民族学家的"

列维－斯特劳斯吸取前人的成就，为自己的学术研究奠定了基础。这一点大体也贯穿在他神话研究以外的著作中。下面主要依据《忧郁的热带》一书，按照年代顺序，依次举出触发列维－斯特劳斯思想灵感的各种见解，并指出他本人在综合了这些观点后所形成的见解。

地质学　列维－斯特劳斯在少年时代曾着迷于地质学。他认为如果注意到两个地层间的截面"差异"，那么，乍看上去似乎"无秩序"的景象也启示一种主导意义，呈现出有景象的，"其他各种意义乃是这种主导意义的局部转换，或经过变形的转换"。也就是说，乍看似乎"无秩序"的景象也启示着秩序的存在[①]潜存在无秩序背后的秩序，暗示这种秩序的差别及秩序通过变形或转换表现出

[①] 地质学的问题也是试图理解地形的巨大差异中那些不变和恒定的东西，也就是要能够把地形归结为有限的地质阶层和地质运动。参见《神话与意义》第一章，英文版 1979 年。——译者

各种形式，这些概念已暗示出列维-斯特劳斯的基本观点。

索绪尔 列维-斯特劳斯也从索绪尔那里学到了同样的观点。我们使用的言语（Parole）本身是自成体系的"合理事物"，但在它的背后还有语言（Langue）这一更重要的范畴，只有它才能使言语成立。也就是说，这种研究方法的目标主要是深层而非表层，是规范而非个别现象，是共时分析而非历时分析。

弗洛伊德 列维-斯特劳斯在探索人类共同的心灵的应有状态方面，积极地采用无意识的概念，但同时，他又摒弃了以往理性和非理性这种二律背反观点，要在非理性的背后找出理性的秩序。这一观点也是从弗洛伊德那里学来的，不过，把无意识当做理性的秩序，并非弗洛伊德本人的思想，而是列维-斯特劳斯在他所受到的其他影响之下，按照自己的理解研读其著作的结果。①

马克思 列维-斯特劳斯首先学到马克思的如下观点，即：社会科学在现象这一层级是无法成立的，理想的研究方法是立足于从模式着眼。列维-斯特劳斯的理论在形成过程中受到以上各种思想的影响，其中，索绪尔的结构语言学最终起到了更为显而易见的作用。其他三种方法——每种方法的本义另当别论——在列维-斯特劳斯看来都体现了一种共同的分析方法。三种方法（地质学、弗洛伊德、马克思），都清楚地表明理解就是将实在的一种类型还原为别的类型；真正的实在一定是含糊的；而且，在真实要隐藏其自身的这种对策中，已可一目了然地看出所谓真实的本性。在三者之中的任何一个领域，都提出了感性领域和理性领域的关系这同一问题，它们所探求的目标也是相同的。也就是说，这是一种"超理性论"，它具有试图把感性领域统一于理性领域而又丝毫无损于感性领域的特点。

卢梭 为阐明人类精神之中普遍存在的"超理性"，人和社会两方面都需要研究。列维-斯特劳斯在选择研究对象时，受到卢梭的强烈影响，这一点在他以下的观点中可以看出：首先，要了解普遍的人，即卢梭的"自然人"，就必须在"时空之外"树立人类社会的一般模式；而为了树立模式，又必须考虑表面上看来与我们毫无关系的不同类型的社会。卢梭的下述论断表明了这一观点："研究人类的普遍性，必须高瞻远瞩；为发现人类的本性，则先要从观察差别入手。"

法国社会学 人类学中有一部分结构分析是由迪尔凯姆→毛斯→列维-斯特劳斯这样一脉相承发展起来的；毛斯以解决迪尔凯姆的矛盾为目标，提出了结

---

① 路西（Rossi）：《美国人类学家》，英文版1978年，第20—48页。

构概念，列维-斯特劳斯又使之与结构语言学结合，并得以发展。

有两个问题是迪尔凯姆的理论没能得到解决的：一是没有把社会与个人统一起来，①二是试图把象征体系看做实体，并与某种特定的内容联系在一起（特别是关于图腾崇拜的起源）。②毛斯为摆脱迪尔凯姆陷入的困境，采用了"整体的社会事实"这一概念，其中包括社会的、个人的和生理的事实，以及无意识和意识的表现形态。它们成为一个总体的要素，而整体"必须以有系统而又统一化的方式揭示出来"。这种方式只能是普遍的结构。而且，按照这种观点，"所有心理学现象在某种含义上都是社会学现象"。这样，"尽管毛斯常常诉诸

象征体系：古埃及法老王陵壁画，北京国家博物馆古埃及展

无意识来赋予形形色色社会现象以共同而又特有的特质，那也不足为奇"③。此外，毛斯还说过："在巫术中，就像在宗教和语言现象中一样，起作用的是无意识观念。"④这句话也表明他与列维-斯特劳斯的密切联系。

结构语言学 由索绪尔发展而来的布拉格学派——尤其是雅克布逊和特鲁别茨柯伊，其音位的结构分析方法，对列维-斯特劳斯影响很大。特鲁别茨柯伊关于音位学基本原理的如下论述在许多方面和迄今所见到的影响列维-斯特劳斯的各种观点相同；尽管对象不同，他对神话的分析，用了几乎完全相同的方法。"首先，音位学从研究意识的语言现象转向研究无意识的深层结构；第二，它不把项看做为独立的实体，而把项与项之间的关系视为分析的基础；第三，它引入体系的概念。现代音位学不仅明确指出音素经常是某一体系的要素，而且还阐明具体的音素体系及其结构。最后，音位学以发现普遍规律为目的，这些规律有时用归纳法去发现，但有时人们却在逻辑上加以演绎，从而赋予它们以绝对性。"⑤

---

① 迪尔凯姆：《社会学方法规范》，法文版1895年，第208页，参见迪尔凯姆：《宗教生活的基本形式》，法文版1912年。——原注
② 迪尔凯姆：《社会学方法规范》，法文版1895年，第208页，参见迪尔凯姆：《宗教生活的基本形式》，法文版1912年。——原注
③ 《毛斯业绩介绍》，法文版1950年，第227页。——原注
④ 《毛斯业绩介绍》，法文版1950年，第227页。——原注
⑤ 《结构人类学》，法文版1958年，第39页。——原注

现在归纳一下列维－斯特劳斯建立在以上各种理论基础之上的观点。存在着一种普遍结构,它虽然并不出现在表面,但却在背后统括现象(地质学、弗洛伊德、马克思、毛斯、结构语言学);社会现象也和语言一样具有结构(毛斯),这种结构起源于无意识(弗洛伊德、毛斯);结构的发现要运用(演绎)模式(马克思、卢梭、结构语言学);为此,还必须考察与现代社会差别最大的社会(卢梭);为了发现结构,应该着眼于项的差别及其相互关系,而不能把单一的项看做实体(结构语言学)。

神话的结构

神话"看上去是随意的",其中,"人们所能想到的一切关系都有可能成立",但同时,"世界上的各个不同地区,神话却具有种种相同的特点,甚至连细节也常常雷同"。这表明,神话在表面随意性的背后存在着恒定性结构。而且,"如果说在人类所创造的看来最荒唐无稽的神话中也有结构的话,那么,人类所创造的其他事物中当然也会有结构"。因此,在列维－斯特劳斯的研究中,阐明神话结构就占据重要的地位。下面谈谈他的方法,有时还要对这种方法的正确性发表评论。不过,他的方法尽管大体上一致,但早期和后期也有差别。本文先概述他在《神话的结构》一文中所持的早期立场,尔后,再指出其观点向后期的发展。

有一点,首先应该确认,即:列维－斯特劳斯虽然使用音位分析法来分析神话,但这样做并没有任何确定无疑的根据。诚然,神话是语言活动之一,神话与语言体系之间有相应的关系,他的这一观点似乎是正确的,但是否能用同样的方法来分析叙述层次上的结构和音位层次上的结构,这仍然是个没有解决的问题。列维－斯特劳斯只不过是把分析音位的方法运用到了神话分析上而已。当然,在这种运用中,他只能有一种结构的一元论观点起了作用,但是我们在研究他的神话分析时,应该只注意它本身的正确性,而不能随便地把它与音位分析的成果混为一谈来加以评价。

在使用音位学模式进行分析时,首先必须设立关系项。列维－斯特劳斯早期的分析是以每个神话及其异文为对象的,项是在本文的基线上被设定的,用他本人的话来说,就是"把尽量短的本文"假定为项,它被称为"大构成单位"或"神话素"。[①]

[①]《结构人类学》,日文版1972年,第233页。——原注

构图中的关系：春秋鱼龙纹盘图案，录自《商周青铜器文饰》

其次的问题就是作为故事的神话具有前后关系，即具有不可逆的时间。无论在音位学中，还是在列维－斯特劳斯对神话以外的亲族结构和图腾崇拜的分析中都不存在这个问题。必须说明如何从不可逆的时间中抽出无时间而又稳定不变的结构。

列维－斯特劳斯是这样解释的：如果神话具有"有关过去、现在、未来"的"恒定结构"，那么"神话就可以同时属于言语领域（被分析为言语本身）和语言领域（在语言中定型化），而且在第三层次上，仍然表现出作为绝对对象的特征"。这就是说，神话可以在按照故事的前后关系和不顾这种关系这两种状况下同时进行分析，而且也必须这样分析。因为，他指出历时而又共时的分析才表明神话的结构。但是，神话以外的话语难道不也是这样吗？他并没有提出有说服力的论据来证明不是如此。

这种历时和共时的解释被比拟为管弦乐总谱的读法。在《生食与熟食》中，列维－斯特劳斯进一步强调了它与音乐的近似性。"音乐似乎最适宜于揭示神话的本质"，"神话介于截然相反的两个符号体系——音乐语言和说话语言之间。为了理解这一点，就必须从双重角度进行研究"。[①] 而且，该书本身就是献给"音乐"的，其中有许多章节都用音乐术语作为标题。

然而，列维－斯特劳斯所说的"音乐"是一般意义上的音乐吗？看来，这只是指近代西方音乐。耐人寻味的是除《裸人》的"终曲"以外，在《神话学》的《生食与熟食》的以下各卷中，他没再提到音乐，而在"终曲"中，列维－斯特劳斯承认他所说的"音乐"只是音乐的一部分——只有在谈到特定的音乐，即

---

① 《生食与熟食》，英文版1969年，第27页。——原注

16世纪、17世纪出现的音乐时，神话的特殊的历史性的"这种［神话与音乐］的对称性，才是有效的。音乐与神话开始表现为相互倒置的映像的时期，与赋格曲式的发现是一致的。后者是一种结构方式，它以业已发展到完美境地的形式存在于神话中，也许在某一时刻，音乐借用了这种方式。如果我们要问，音乐发现赋格时期的特点是什么？答案就是这一时期与近代的开始恰相对应。在这段时期内，神话心智的形态在新的科学知识面前一步步失去地盘，而让位于新的文学表现形式。在发现赋格及其后的曲式的同时，音乐继承了神话心智的结构，而同时，文学叙述则从神话变形为小说，舍弃了这种结构"①。但是，这种阐释也不适用于日本。

不管怎样，列维－斯特劳斯想让音乐本身与神话在结构上相互对应，证明自己的神话分析方法正确，在这一点上看来他失败了。但是他还是坚持认为神话结构存在于近代西方音乐之中。《神话与意义》是他的讲演集之一，其中就论述道：瓦格纳的《尼伯龙根指环》也与神话一样有其主题。他的分析虽然精彩，但是并未解决以下两个问题：第一，这是将民间传说改编的音乐作品，很难看做音乐结构；其次，人们欣赏瓦格纳，但对他的音乐主题或许并不理解。而且由于诉诸无意识，结果就等于说意识也可以不了解主题，如此而已……

回到神话本题吧。列维－斯特劳斯说："神话的目的在于为解决矛盾而提供逻辑模式。"以俄狄浦斯神话为例，"人由泥土创生的信仰"和"人由男女结合而生的事实"是相互对立的，这个"矛盾无法解决"。如果把这个"矛盾结构"与另一个"高估血缘关系和低估血缘关系"这一"能够近似地表述的派生问题"一并加以考虑，那么，"这两个问题之中任何一个问题都与另一个问题同样是自相矛盾的，在这个范围内，就能通过肯定两者相互同一来解决上述难题（或者更正确地说，是以后者取代前者）"。列维－斯特劳斯还指出：在祖尼族神话中，有时异文之间彼此对称，但却表示相反的关系。特立克斯特还指出存在着一种神话的心智由某种对立的意识产生，并发展到它的渐进性媒介的"媒介结构"。也就是说，"神话结构"分为（1）两项对立，（2）转换，（3）媒介。但俄狄浦斯神话缺少（3），而在保留矛盾的情况下停止于（2）的阶段。这就是说有以下两种情况：一是把矛盾与类似的矛盾相提并论，并使矛盾合理；二是辩证地扬弃

---

① 《神话与意义》，英文版 1981 年，第 652 页。——原注

矛盾。对于它们的区别，列维－斯特劳斯并未加以说明。

到了后期，列维－斯特劳斯对这个问题作了不同的表述。神话的目的被称为"连续与不连续"的一种"调和"或"根本性"的"中和"。我们应该注意到这与列维－斯特劳斯早期"解决矛盾"的表述之间的微妙差别。此外，他在后期已不再使用"神话素"这一概念了。这是因为他研究的对象由个别神话转到了南北美洲的神话群，所以其分析集中于神话的相互关系。与此相应，方法论也发生了变化。一方面是上述两项对立、转换和媒介，这些概念只在名称上变成了神话方法，但仍然原封不动地沿用。另一方面，分析却主要依据三个基本要素来进行，这三个基本要素是："两个或者几个神话中各种固定特性所组合成的骨架，通过各个神话而归结为这些特性的种种功能型式——信码，以及作为个别神话主题的信息。"这个定义可以说极为费解。首先，信息是指各个神话讲的是什么（主要是事物的起源），而这个问题可以在涉及宇宙学、天文学、气象学、动物学、植物学和社会学等各种层次上加以论述，这就是信码。再说即便在这些不同信码的层次上，在许多神话中也有着共同的固定关系。这种关系（例如，用以辨别非直系兄弟的共同的型式就是骨架）在以下的 M_1、M_{12} 这两个神话之间，这三个基本要素是这样使用的："骨架固定不变，信码发生变化，信码发生变化，信息则倒转。"然而，这些要素有客观标准和科学根据吗？看来，什么是一个个神话的信息，取决于列维－斯特劳斯的直观。这并不是说要否定他的分析，而只是认为其客观性没有得到证明。因为，正如下面也要讲到的那样，由这些要素所表现的神话之间在形式上的逻辑近似性暗含着惊人的可能性，但这是否能够按照他所指出的方向来解释，大概又当别论。

列维－斯特劳斯通过对神话的这种分析而表现出来的"神话的心智"——归根结底就是"野蛮人的心智"——无论是久远的过去、遥远的未来，还是现实的今天都是如此，"都把时间性凑在一起，塞进同样的逻辑形式中"，"并且，它还把我们试图以不同的原理解释为属于完全不同学科对象的事物一股脑儿都纳入这一庞大的结构之中"[1]。换句话说，它被说成这样一种心智："其目标在于以尽可能简洁的手段达到对宇宙的一般理解"，"不仅要达到一般理解，而且还要达到完全理解"[2]。

---

[1] 大桥保夫编：《结构、神话、劳动》，日文版1979年，第68页。——原注
[2] 《神话与意义》，日文版1980年，第81页。——原注

"仅仅一种神话？"

现在谈谈目前研究神话的其他方法。这里不可能一一涉及，而只能限于从民族学、心理学（弗洛伊德、荣格）、文献学和历史结构（迪缪塞尔）等角度进行的研究。

首先，民族学研究的特点在于，在不理解神话的情况下利用神话。在列维-斯特劳斯看来，这种研究是在语言的层级论述民族间的历史影响，但是，它却提供了一条线索去了解民族间的传播关系和所研究的社会的社会状态，这是事实。这种研究与列维-斯特劳斯的研究处于不同层次，自有其价值可言。而且他在《裸人》中也谈到了神话的这种历史传播关系。

列维-斯特劳斯认为神话是普遍无意识的表现，这一点与心理学角度的研究不谋而合。但弗洛伊德所说的普遍无意识是个人生来就有的，在这一点上，他和荣格的集体无意识不同，至于列维-斯特劳斯所说的无意识则是在语言中也可发现的理智秩序，与弗洛伊德、荣格强调感性冲动的观点相对立。另外，弗洛伊德和荣格在分析作为无意识表现的象征和原型时，使之相对独立于梦或神话的整个语境而不考虑其结构；列维-斯特劳斯则不然，他不是探讨象征（或项）本身，而是研究项之间的关系及其结构。

再看看迪缪塞尔（Dwmézil）。他不像以上三人那样研讨无意识问题，他并不以假定无意识的存在为前提，其出发点是排除所有哲学的假定，他的研究对象只限于过去某一时期，曾构成一个统一体的印欧语系——它的存在已由19世纪以来的历史语言学所证明。迪缪塞尔根据当时社会结构、神话、叙事诗、传说、礼仪等方面的记载，利用文献考证方法研究并指出：印欧语系是按照三个功能层次的世界观来理解世界的，这三个功能层次由三个主要领域——圣性、战斗性和丰富性构成。而且，他还说明了按照上述世界观来看待世界这一点，在分裂后的印欧语系，各民族中是怎样保持它的本色，或者怎样发生了变化。他认为"三功能体系"由来于意识还是无意识，是个不可知的问题。

列维-斯特劳斯承认他受到迪缪塞尔的影响，这是因为迪缪塞尔表明在上述种种层次即信码中构成印欧语系三功能世界观这一结构的分类体系发挥着作用。迪缪塞尔的这种方法是在历史领域所论述的结构论方法，基本上可称之为历史结构主义（historical structuralism）。迪缪塞尔不是分析单一的要素，而是主要分析要素之间的关系，这一点与列维-斯特劳斯相同而与弗洛伊德或荣格相反。但是正像前面提到的，我们也还不能忘记就其出发点而言，他的方法与列维-斯特劳斯的结构主义是两码事。迪缪塞尔本人声明："我不是结构主义者，过去不是，将来也不会是。"他称自己"只不过是研究特殊的古代传统，经过语言学训练的宗教史学家而已"[①]。但是这只是反对把他的观点与狭义的列维-斯特劳斯结构主义混为一谈（即使这样做是正确的），而不是否认研究方法的近似性本身。

列特尔顿在其迪缪塞尔研究中，也提到了迪缪塞尔和列维-斯特劳斯的区别。他认为两个人是"在有关抽象和概括方面极不相同的层次上来从事研究的"，就列维-斯特劳斯而言，是在人类心灵本身这一层次上进行研究；就迪缪塞尔而言，所研究的"则是更为直接得多的层次，即在系统论的观点上来看相互联系的种种传统受到历史和地理条件制约的总体"。他指出："这两种研究方法相互矛盾，还不如说互为补充。"

尽管有互补的一面，但并不是说从列维-斯特劳斯和迪缪塞尔的研究中就找不出相互矛盾和对立的问题。例如：我们先假定迪缪塞尔提出的三功能体系源出于普遍无意识，这个假定就会在两方面与列维-斯特劳斯相抵触：第一，三功能体系只能在印欧语系和受其影响的一部分非印欧语系的神话中找到；第二，三功能体系表示另一种类型的结构，它有别于列维-斯特劳斯的一般神话结构。为回避这种矛盾，就必须承认在神话中有可能并存不同的结构。然后，再假定三功能体系是意识的产物。这样还是会有矛盾：第一，因为其结果就等于说，神话除去无意识层以外，也在意识层表现结构；第二，如果不能从印欧语系的神话群中抽取出列维-斯特劳斯所说的无意识层的神话结构的话，那就必须承认存在着一种特殊的、只具有意识体系的神话。归根到底，与其像他那样认为所有神话都有发端于唯一的无意识的结构，似乎倒更应当承认神话也可能同时存在多种结构，或者说也存在着在意识上体系化了的神话。

还有一个关于礼仪的问题。列维-斯特劳斯在《裸人》中严格地区分了神话和礼仪。他说："心智向互补的两个不同方向运动带来两种范畴（神话与礼仪）。"神话的心智为捕捉现实而把自己的网撒在现实之上，但现实极富有流动性，所以它总是从网眼中逃脱，我们得到的只不过是现实的最为对立的特征。礼仪则

[①] 转引自列特尔顿：《新比较神话学》，英文版1981年，第348—357页。

赋予自己这样一件繁难的任务：通过片断的操作以及不厌其烦地重复这种操作直到无数细节这两项工作来缝补破绽，填塞孔隙。它还与神话相抗衡，竭力使人保持这样的幻想：以为非连续性有可能还原为连续性。有效经验的最小构成单位，通过片断操作而发现，并通过反复操作而增多，礼仪对此种发现和增多的强制性冲动表明了一种强烈要求，即要保证威胁且连续性的各种切断联系或介入行为得以实现。

诚然，为证明神话的独特性，有必要使礼仪区别于神话，但这一点也和迪缪塞尔的三功能体系相矛盾。因为在礼仪中也可以发现三功能体系。基拉尔特也批评了列维－斯特劳斯对礼仪的解释，他认为："自我同一性的丧失或磨炼，本身并不是目的，而只不过是达到礼仪最终目标途中的方法，礼仪的最终目标被确定在赢得明确的自我同一性这一新的稳定状态上面，所以毫无疑义地会（重新）差异化。"归根到底，看来还是伯尔克尔特的如下见解正确，即："神话和礼仪都是交流的手段，能促进相互间的理解和加强相互联系，它们虽不一定相互依存，但却处在相近的关系之中。"

从上述各点来看，由列维－斯特劳斯所说的那种无意识思维结构产生的神话结构是否真有普遍性，这很值得怀疑，但笔者认为不应完全抛弃他的观点。事实上，如果注意到他所指出的对立、对称、倒转、转换等有规则的形式，就会从中导出过去从未考察过的被掩盖了的结构和联系。姑且不谈前提的确切性方面尚有部分疑点，对变换式的重要性却必须肯定。

《生食与熟食》是列维－斯特劳斯神话分析的一部分，让我们从中举出作为标准的博罗罗族神话（M_1）和谢伦特族神话（M_{12}）为例：

$$M_1 \longrightarrow M_{12} \quad （一般式\ M_x \longrightarrow M_y）$$
$$（f） \qquad 图\ A \qquad （f）$$

$$[M_z \longrightarrow M_x] \approx [M_x \longrightarrow M_y]$$
$$（f） \qquad 图\ B \qquad （f）$$

M_1说的是用风和水来消除的方法取火，M_{12}讲的是从外界获得火。两个神话都以火和水为主要题材。在M_1中，风和水（台风）灭掉卡马德之火而只留下文化英雄之火；M_{12}的英雄则从美洲虎处得到火（一个谈消极的取火方式，一个谈积极的取火方式）。此外，两个神话都有死亡与复活的主题。

接着，列维－斯特劳斯考虑了博罗罗族和谢伦特族的生态环境，他指出"所有神话都有固定的要素，它不受深层结构的支配"，但不应当因此而否定"为理解属于不同社会的同一神话……的异文之间所出现的差异，就必须考虑深层结构"。博罗罗族住在水边，水在宗教上具有重要意义，死者的遗骨都被投入河水或湖水中，那里是灵魂的归宿。而谢伦特族则害怕干燥。就是说，对博罗罗族来说，水意味着死亡；对谢伦特族来说，火意味着死亡。

以 M_1 为标准，M_{12} 就是它的变形。列维－斯特劳斯用图 A 来表示。在讲述包含生与死、火与水在内的水的起源的神话中，按照上式就会有与 M_2 逆反的关系，也就是说，应当有图 B 中的神话 M_z，它是谢伦特族神话 M_{124}，以取水和与鳄鱼之战为中心。M_{124} 正是 M_1 的逆反（如 M_1 的天上水和 M_{124} 的地下水等），再看 M_{12} 和 M_{114} 也是具有对照性的。火的主人美洲虎与水的主人鳄鱼分别与主人公有联系。既然火与水相对立，它们各自的主人与主人公的关系也就成了对立的相反的关系；美洲虎对主人公温驯，而鳄鱼则袭击主人公。

以上介绍的只是列维－斯特劳斯理论的一小部分，实际上还有同其他信码及神话的关系，问题非常复杂。他的这些分析值得应用于其他地区的神话分析，利奇对《旧约圣经》，吉田对日本神话，都作了这样的尝试，并取得了与列维－斯特劳斯同样的成果。

尽管列维－斯特劳斯的研究在其革命性和普遍性上还有疑问，但对于分析某种神话是很适用的，而且还为我们研究人类种种活动方式（礼仪、科学小说、音乐、民间故事等）的理想状态，提供了大量线索。只有不拘泥于普遍性的问题，发挥其方法的有效性，进行不同于以往的崭新的神话分析，才是使列维－斯特劳斯的理论得到灵活运用的途径。

毛丹青　译　刘绩生　校

作为美学的结构主义

——评列维-斯特劳斯的艺术论

[日] 谷川渥

本文译自日本《思想》杂志 1984 年第 4 期。作者谷川渥是日本学者，生平不详。他在本文中从感性事物与理性事物之间的关系这一角度出发，对列维-斯特劳斯的结构主义立场和态度作了别具一格的批判分析和理解。文章指出，列维-斯特劳斯试图用一种"超理性论"来克服感性与理性的传统对立，这实际上是一种美学（感性学）的尝试；但通过对结构主义的四个主要研究领域（数学、语言、音乐、神话）的考察，谷川渥发现结构主义者要建立一种统一美学认识与科学认识的"超理性论"的意图未能实现，因为他们从对象中所抽象出来的"结构"并不是能够诉诸直观感觉的存在，而列维-斯特劳斯认为艺术是将不可感知的潜在的对象结构用"美的能指"呈现给知觉的观点也是难以成立的。尽管如此，结构主义提出的问题和方法在艺术研究和美学学科中仍将具有重要启示意义。

引 言

在《忧郁的热带》（1955）一书中，列维-斯特劳斯列举了对他影响最大的三门科学：马克思主义、地质学和精神分析学。对此三者，他作了这样的概括："它们都提出了感性事物与理性事物的关系这同一问题，探讨的目的也相一致。它们都是一种超理性论，目标都在于将感性事物统一于理性事物而丝毫无损于其特点。"但是，我们却应把旨在统一感性事物（le sensibie）与理性事物（le rationnel）的"超理性论"（super-rationalisme）这一概念，不仅看做是他对上述三门科学的概括，而且也是列维-斯特劳斯对他本人学术活动所处地位的鉴定，或者更毋宁说最终带有宣言的含义。因为，无论是谁大概都能很容易地看出：从《忧郁的热带》到四卷本《神话学》末卷《裸人》（1971）的《终曲》，列维-斯特劳斯一直都在论述感性事物与理性事物［或理智性事物（l'intelligible）］的关系。

例如，早在《忧郁的热带》中，他就这样写道："如果说鱼类像审美家一样依据明暗辨别气味，蜜蜂按照重量来区分光的强度——因为对它们来说，黑暗重而光亮轻——的话，那么，画家、诗人和音乐家的作品以及野蛮人的神话和象征，即使谈不上是认识的最高形式，至少也理应表

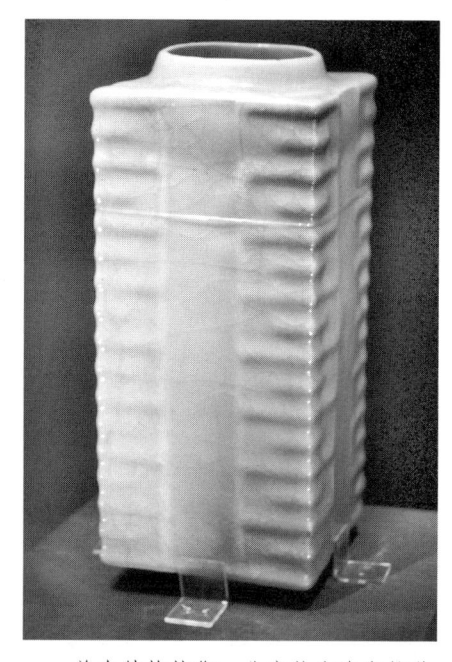

美在结构均衡：北京故宫陶瓷馆藏明代琮式瓶

现为唯一最基本的真正共同的形式。"我们无须再多加引述，后来，他直截了当把这种"共同形式"——它不承认有一个内在基础可以把感性与理性，感觉的、具体的事物与理智的、抽象的事物严格区别开来——称为"野性的思维"（la pensée sauvage），并把"由感性方式表述对感性世界的思辨性整理和应用"称作"具体的科学"（la science du concret）。他在卢梭的研究工作，特别是其植物学研究中所领会到的自然也不会是这种"具体的科学"以外的东西。"'各种关系和结合之链'，但在'感性对象'中具体化了，这就是自然世界对我们的赐予——卢梭用这些话给植物学下了定义。显而易见，从这一观点出发，他想要肯定感性事物与理性事物的结合。"

在列维-斯特劳斯本人一直探讨感性事物与理性事物统一的态度上值得注意的是，他还把这个问题放在与认识形式的关系中加以研究。在《神话学》第一卷《生食与熟食》（1964）的《序曲》中，他明确表示："我们希望达到这样一种境界，即：逻辑特性就像味道、气味一样直接表现为物质属性。"而为了实现这一愿望，就要把目标指向"将感性事物与理性事物的对立一举放在符号的层次上来加以克服"。但是，可以毫不夸大地说，标榜要从符号的观点来重新认识感性事物与理性事物的对立，证明"感性属性的逻辑存在"，这一基本思想无论如

作为美学的结构主义 | 199

何发挥，都使我们立即联想到美学的奠基人鲍姆加登。人所共知，鲍姆加登根据含义为"感觉、感性"的希腊文"aisthésis"创造了"Aesthetica"一词，表示"低级的认识学"即"感性认识之学"，以别于作为高级认识能力之学的"逻辑学"。此处所谓"感性的"系指莱布尼茨哲学体系意义上的"不清晰的表象"，即像颜色、气味那样，虽能相互区别却无法再分解为要素并由此而下定义的某种"杂乱"（confusa）或"模糊"（obscura）的感觉。值得注意的是，实际上，试图肯定这种既不能进一步分析又不能再还原的感性属性的价值，曾经是莱布尼茨一派"普遍符号学"（characteristica universalis）的课题（不过，莱布尼茨本人终未能阐明这个"semiotica"[①]部分）。以符号学为媒介对感性作出新的解释和评价，这最初是鲍姆加登"感性论＝美学"的出发点。在对这一事实作了回顾之后，我们大概也不妨在这里把列维－斯特劳斯自己所标榜的"超理性论"改称为"美学"。通过"放在符号的层次上"来证明"感性属性的逻辑存在"，这不是一种美学的尝试，究竟又会是什么呢？实际上，我们多次察觉到，在列维－斯特劳斯学术活动的根基中，潜存着一种只能称之为"美学的"热情。当列维－斯特劳斯本人讲到如下一番话时，他并没有掩饰这一点。"对神话的好奇心产生于一种极为深沉的感情，但我们至今还不能对这种感情的本质作出解释。什么是美的事物，美的感情又由什么产生？或许这些正是我们模模糊糊地试图通过神话最终要了解的问题。"

以下，我们想从"作为美学的结构主义"这一观点出发重新认识列维－斯特劳斯的研究工作，根据他就"画家、诗人和音乐家的作品"即各种艺术所作的论述，重新整理出他的论点，并揭示出所存在的问题。虽说是"放在符号的层次上"，但列维－斯特劳斯决不是像 R．巴尔特那样现买现卖地运用语言学的概念，毋宁说他的立论仍停留在原理阶段。正因为如此，对我们极有启迪。同时，作为一种美学，还包含着促使我们重新深入思考的本质问题。本文正是基于这一前提，试图对"结构主义"进行一次内在批判。

一

从 G．沙邦耐《与列维－斯特劳斯谈话》（1961）一书中可以看到：列维－

[①] 即英文"Semiotics"，由皮尔士提出。该词与"Semiologie"（即英文"Semiology"，由索绪尔提出）在用法上是有区别的。国内有人曾拟以"符号学"译前者，表示对一般记号系统的研究，而以"记号学"译后者，表示对文字和其他艺术记号系统的研究。但由于国外对这两个词的用法尚未确定，所以，一般仍把它们一律译作"符号学"。——译注

斯特劳斯根据"人首先是运用语言的存在"（即 homo loquens）的观点，提出要在分节语言中划分文化与自然的界线，认为正是在这里才真正发生"飞跃"；他还提到这个涉及语言起源的"麻烦问题"给我们提出了"人类心智与动物心智的根本差异、人脑的构造，特别是人类特有的功能即象征功能的出现"等课题。列维－斯特劳斯承认这些问题超出了民族学的固有领域，但早在叙述 M. 毛斯学术贡献的文章中，他已对上述"飞跃"和"象征功能"作了相当详细的说明。在他看来，语言是一举出现的。换言之，"全宇宙一举形成了意指作用①（significatif）"。但是语言出现的非连续性即"飞跃"，并不立即导致人类认识的"飞跃"。这是因为人的认识作用是渐进性的，在认识作用的连续性与语言象征作用的非连续性之间，存在着根本的对立。因此，尽管"能指"（signifiant）与"所指"（singnifié）这两个范畴相互联系地同时构成，但作为理智过程——它使"能指"与"所指"二者之间得以确立最完善的局部适合关系——的认识，却只能极其缓慢地发展。这样，人类自诞生以来，就无法摆脱这样一种基本状态，即：能指的存在过剩于与它叠合的所指，因而，人在要理解世界时，总是不得不处理意指作用的过剩问题。于是，就像在礼仪观念中能够清楚地看出的那样，人们把这过剩部分按照象征思维法则分配在事物之间。

谈论这种与任何语言起源理论都有关联的不可验证的神秘性，是一件很容易的事情，但是这里应当注意的是，列维－斯特劳斯把这种过剩的能指称为"游离的能指"（signifiant flottant），并以它作为一切诗歌、艺术和神话创作的源泉。也就是说，艺术和神话都是人类对宇宙——它因语言的出现而一举形成意指作用——这个庞大的"游离的能指"进行挑战的标志，在这个意义上，二者系同根所生。

据列维－斯特劳斯说，艺术之所以被赋予这种特权地位，是因为它以一种与分节语言本质迥异的方式参与意指作用。这就是说，艺术作品在多大程度上作为对象的符号而不是作为对象的如实复制，它就在多大程度上表现我们未能直接感知的对象的结构。这也是由于在艺术作品中与在语言这种符号体系中不同，能指与所指不是仅仅以一种"随意的"关系相联系，而是在二者的结构之间存在着极其深刻的等同关系。因为这个缘故，艺术家就把不能直接感知的对象的

---

① 指记号关系中的"能指"与"所指"之间的关系。它与"指示作用"不同，后者指作为物理实体的指示者与所指者之间的关系。所指者与所指（意义）不一定同一。如"鸽子""指示"具体的飞禽，又可"意指"和平。后者一般称作能指的"意义"。——译注

动感结构：傅抱石《云中君和大司命》，北京保利艺术博物馆

结构提到意指作用的水平上，因而这里进行着双重运动：首先面向自然，继而使自然存在转化为文化存在。所谓自然与文化的联系，以及由前者向后者的转化在艺术中找到特权性的表现形式，正是在这个意义上说的。

在与语言的特殊联系中考察艺术，这种姿态本身，在美学史乃至艺术哲学史中绝不是什么新东西。康德早就把"艺术与人们谈话时所用的表达方式的类比"作为艺术分类原理（见《判断力批判》第51节）。在他之后，直到克罗齐一派依据"表达"概念建立的艺术语言理论，即使说艺术和语言二者几乎总是被人们相联系地谈论着，那也不是过甚其词。如果说列维－斯特劳斯给这种状况带来了"转折"，那就应当说，这首先是由于他把来自语言学的"结构"概念引进了艺术领域。

诚然，在美学领域，早在所谓结构主义鼎盛期的前一代，在人们试图对美的对象进行多层结构分析之后，"结构"概念本身就开始成了研讨的课题。过去的美学只停留于强调形式（Form）和内容（Inhalt）或形态（Gestalt）和内涵（Gehalt）、现象（Erscheinung）和意义（Bedeutung）、实在（Realiat）和理念（Idee）等的二元对立及其融合统一。与此不同，分别在 R. 茵伽登的《文学的艺术作品》（1931）、E. 舒里欧的《各种艺术的呼应》（1947）及 N. 哈特曼的《美学》（1953）中得到系统表述的把艺术作品看做多层结构的观点，的确可以说使人们有可能把论点阐述得更为明确。此外，法国美学家 C. 拉洛根据把艺术作品看做多声部结构的基本观点，1943年就已试用"结构主义美学"（l'esthe'tique structurale）这一历史概念，并把它分为"单声的"、"和声的"和"多声的"三种类型，后来又在1951年着手进行各种艺术的"结构主义分类"。这里，我们不可能详细叙述，但为了突出他与列维－斯特劳斯论点的类似点和不同点，只想举出拉洛的这样两句话:"自然界只有结构。只有艺术才是超结构(supra-structure)。"

实际上,列维-斯特劳斯是通过将"语素"(morp he'me,作为意指作用要素的第一次分节)和"音素"(phone'me,作为其本身欠缺意指作用的分节要素的第二次分节)这种语言双重分节模式直接与他特有的"文化的/自然的"概念大致叠合,而将"结构"直截了当地运用于艺术之中。无须再加指出,此处"自然的/文化的"这一区别,换句话说,当然与"感性的/理性的"这一原理上的区别相呼应。那么,这样阐明的艺术作品的"结构",与艺术作品作为多层统一体的"结构",在哪一点上不同呢?也就是说,列维-斯特劳斯的艺术论,给以往的美学理论开拓了什么样的新前景呢?

二

在考察这个问题时,最有助于我们探讨的大概就是他那艺术首先是"缩减模型"(modèle rèduit)的艺术观了。

在《野性的思维》(1962)中,他专就造型艺术作了论述。根据这些论述,艺术作品在种种意义上乃是"缩减模型"。以西斯廷教堂米凯朗基罗的顶板画为例,固然画面宏大,但表现的主题是时间的终结。在这一点上,它只是一个"缩减模型"。宗教建筑只要象征宇宙,同样也是"缩减模型"。即使是"实物一般大"的作品,也必然有所缩减:绘画缩减了对象的体积,雕刻缩减了颜色、气味和触感,而且,二者都缩减了时间。

实际上,对于音乐,列维-斯特劳斯也把它看做一种"缩减模型"。在《裸人》的《终曲》中,他声称:音乐以"缩减模型的形式"给听众展示了"充满希望和失望、磨炼和成功、期待和实现的人生本身"的图像。"乐节与和声的展开都提出一种冒险。听众将其精神和感性委之于作曲家的创造。如果说终于兴奋得流泪,那是因为,这种冒险在比现实短暂得多的时间里完完全全奏效,果然达到成功,并在获得真实的冒险中罕见的幸福感同时结束。"

列维-斯特劳斯这种把艺术普遍看做"缩减模型"的思想,就其本身而言,可以说是把艺术作品看做一个"小宇宙"这一传统观点的变奏。在这一点上,多层结构艺术观也不例外。不仅如此,而且在那里,"大宇宙"与"小宇宙"的对应比在其他任何观点中都更为完满。例如,哈特曼也好,舒里欧也好,都认为艺术作品的多层结构简直就是世界层级结构地地道道的"缩减模型",这多少反映了西方传统的金字塔世界观:万物全都按照物质→生命→意识→精神,或矿

大宇宙中的小宇宙：古埃及中王国时期奈芙瑞特石碑

物→植物→动物→人类这样的阶梯顺次"升级"。无论是哈特曼关于由作为感觉和实在形象的"前景"依次经过"现象关系"所支撑的"后果"而最终把握理念的论点，还是舒里欧关于存在样态由"物理存在""上升"到"超越存在"的艺术观，即使没有明确讲出，我们都可以毫不夸大地说，它们的背后都有这样一种根本信念作为基础，按照这种信念，艺术作品归根到底乃是由最低级的无机物递进到最高级的人类（甚至还有"上帝"）这一世界结构的"缩减模型"。

顺便指出，我们甚至可以上溯到叔本华,在他的《作为意志和表象的世界》(1819) 一书中找到这种艺术观最早的典型形态之一——尽管他并未明确地应用"结构"一词。叔本华认为，"意志"是一切存在的根源，其他艺术都是要再现作为"意志"客观化的"观念"；而音乐则不同，它是"意志"本身的直接客观化。因此，在音乐与作为"观念"现象的自然界之间，存在着某种平行关系乃至类比关系。例如，音乐的四声部结构的各个声部，就与自然界中观念的阶段具有类比关系，它们分别由下而上地对应于矿物界、植物界、动物界和人类；而和声的最低音部位于距其他三个声部较远的下边，这也与自然界中无机物与有机物之间的巨大差距构成类比。此外，位于最高音部的旋律，与其他声部相比，节奏显得自由，这正仿佛是人类较之其他存在自由一样；而且，这一点还可类比于人生过程本身：如果说有无数旋律存在的话，那么，这就与人类在个性、容貌、生涯上存在着无限差异相对应。

那么，与上述乍看起来似乎明显近似的多层结构艺术观相比，列维-斯特劳斯的论点有什么特点呢？这个特点大概在于：他首先在于与认识的关系上来考察"缩减模型"。他认为，无论就尺寸而言，还是就属性而言，缩减都会引起认识过程的颠倒。为了从整体上认识现实对象，我们总是倾向于先由局部开始，也就是通过分割对象，来克服对象的阻抗。但是，如果缩小尺寸，对象的全貌就不会显得那么可畏。通过量的转换，我们对于对象模拟物的认识能力就会加强

刻画"漩涡眼"幻觉的红山文化玉鸮牌（局部），首都博物馆

并多样化，从而还有可能仅仅看一眼就掌握整体。总之，在缩减模型中，整体的认识先行于局部的认识。"即使这只是一种幻觉，创造并保持这种给理性和感性带来喜悦的幻觉，正是此种技巧存在的理由。而这种喜悦，即使仅仅根据刚才所述，也已经有理由被称为美的喜悦。"[1]但是，缩减模型是人工的产物，因此它就不单单是被动的对象模拟物，而且也会使我们懂得它是如何制成的。而掌握作品的特定创作方法（"技巧"），同时也就等于说占有了用别的创作方法来创造同一作品的其他可能有的状态。这样，欣赏者不知不觉变成了行动者。"换言之，所谓缩减模型的内在功能就是，以获得理性视野来补偿那无望获得的感性视野。"[2]

可见，对于列维-斯特劳斯来说，缩减模型颠倒了通常的认识过程，而且，通过在理性水平上补偿无望获得的、实际上不存在的感性视野——当然这里要借助于"想象力"，从而又得以实现感性事物与理性事物之间的独特的统一。所谓缩减模型带来"美的"喜悦，或承担着"美的使命"，也是在这个意义上说的。

在上述理论中，列维-斯特劳斯用了"能力"和"占有"这样的词，这一点确实有启发性。尽管他本人在这里并没有明确谈到，但在与G.沙邦耐的"对话"[3]中提到了"占有对象的欲望"。可以认为以上论点与这个概念有本质联系。固然，该概念是在下述语境中谈到的，即：归根结底要与原始社会的艺术相对比，而突出西方艺术建立在"人不仅能存在和交换信息，而且还能通过模拟物

---

[1] 《野性的思维》，普隆出版社1962年版，第35页。——原注
[2] 《野性的思维》，普隆出版社1962年版，第36页。——原注
[3] 指G.沙邦耐《与列维-斯特劳斯谈话》一书。——译注

作为美学的结构主义 | 205

将存在据为己有这一错觉"之上的特征。但是，只要一般的联系认识来谈论作为缩减模型的艺术，那么，这在原则上就绝不会与人的占有欲无关。本来，所谓由自然向文化转变，不是由人来占有自然，究竟又是什么呢？事实上，列维－斯特劳斯在该"对话"的另一个地方就断言：一般来说，艺术就是最高度地"用文化来占有自然"。

这样，如果说在列维－斯特劳斯那里，艺术即缩减模型这一基本观念不论抽去了什么都与认识相联系，而且认识说到底又与占有相联系的话，那么，下面，我们就不能不讨论一下，这种"占有"，这种"用文化来占有自然"，其内容究竟是什么。这个问题同时也必然会导致对艺术中"结构"概念进行探讨。

三

按照列维－斯特劳斯在《裸人》的《终曲》中"作为作业假说"所作的论述，结构主义研究领域包括数学存在、自然语言、音乐与神话四个主要方面。数学存在从其任何表现形式来看，都由自由的纯结构构成。在这一点上，数学存在与产生于声音和意义的交错关系，并仅仅通过二者的双重体现而存在的语言现象处于相互联系而又对立的关系中，位于语言现象的对极。另有一根轴与连接这两极的轴交叉，音乐与神话在该轴的两极构成对称关系。这就是说，在超脱了声音和意义的数学结构与在声音和意义的结合中得到体现的语言结构之间，音乐结构更侧重于依靠声音来体现，神话结构则更侧重体现于意义。两者都可看做是分别欠缺意义或声音的语言派生物。尽管如此，为了讲述神话，仍然少不了语言，所以，在这个范围内，神话与音乐的对称性不可能那么严格。但是，神话在口述外还伴有歌唱、姿势和程式化表演等，这就填补了原来因侧重于意义而造成的空白；与此相平行，音乐则由听众自由地补充其意义。"就音乐而言，是通过隐喻的意义在作品周围整体性地与声音浑然一体来补充其欠缺的一面,而神话则以换喻的方式重新引进声音。一方面，音乐中所还原的意义与声音的整体协调一致；另一方面，声音作为意义的部分而被附加。"这种平行关系归根结底来自如下一点：神话居于语言的上位，而音乐则居于语言的下位。神话用各种语言来讲述，都能近似地保持其意义体系的价值，而音乐不管用语言怎样解释总是讲不透彻，其原因盖在于此。

但是，利用声音和意义这一概念轴来确定音乐和神话的这种对比地位，不能不使我们想起在《生食与熟食》的《序曲》中利用自然和文化这个成对概念对音乐和神话二者所作的比较。在那里，列维－斯特劳斯更强调二者的类似性。在《结构人类学》(1958)一书中，在阐述神话的结构分析时，列维－斯特劳斯就已经把神话比作管弦乐的总谱。在上述《序曲》中，他又从新的角度作了进一步发挥。

列维－斯特劳斯指出：神话与音乐的共同点在于它们首先都需要时间因素，但是它们与时间的关系具有很大的特殊性。因为二者似乎都只是为了否认时间才需要时间。为克服这种"历史性和推移性时间与恒常结构之间的二律背反"，列维－斯特劳斯极力主张音乐与神话中都有"双层聚合体"和"双层组合段"[①]。也就是说，双方都首先由内外两个聚合体出发。就神话而言，由历史事件或人们所相信的历史事件组成的无限序列相当于外部聚合体，各个社会通过从中抽取一定数量的有关事件来创造神话。音乐也同样有外部聚合体，即可以在物理上实现的声音的无限序列，各个音乐体系从该序列中筛选出各自的乐音。至于内部聚合体，在二者中都同样存在于听众的心理和生理时间之中。作为这种时间因素，列维－斯特劳斯列举出脑波周期性、有机的节奏、记忆力、注意力等。他指出，这些甚至是"关键性"的要素。在神话中，只要所讲的故事能够"惊心动魄"，它们也都不可能忽视，即使不像在音乐中那样具有本质意义。

音乐使两个组合段作用于聚合体。一个是生理上的、自然的，音乐通过它来利用有机的节奏，否则就会使非连续性介入，这种非连续性在介入之前大概一直处在潜在状态，淹没在持续性之中。另一个是文化上的组合段，乐音的音阶相当于此。在该组合段，这些在数量和间距上因文化而异的音阶关系构成第一次分节的层级。

这样，列维－斯特劳斯声称：音乐和神话都是"排除时间的机器"，它们都从"双层聚合体"出发，使文化与自然的"双层组合段"发挥作用，以克服时间与结构的二律背反，结论是："音乐在我之中使自己存在，我则通过音乐来倾听自己。神话与音乐都表现为乐队指挥，听众则成为沉默的演奏者。"列维－斯特劳斯引用波特莱尔的话："音乐暗示与形形色色头脑类似的观念"，而将"沉默的演奏者"方面所要研讨的结构明确地称作"共同的心灵结构"。

[①] 聚合体与组合段是由索绪尔提出的成对概念，后来成为结构主义的基本概念之一。前者指由具有某种类似性因而可于组合段内某一位置上互换的成分共同组成的（潜在）集合体，后者指话语中的成分依一定构句规则所组成的相邻整体，其中每一成分都受其语境的制约。组合段中诸成分具有实际的"并列性"，聚合体中诸成分具有潜在的相互"替代性"，这种可替代性受组合段规则的制约。——译注

但是，如果说这种"共同的心灵结构"是我们精神的，即主体方面的结构，那么，它与先前由艺术作品提到意指作用水平的对象的结构之间是何种关系呢？目前，大概只有一个办法来解答这个问题，那就是认为：人类精神结构同时也是对象的结构。的确，在与 G. 沙邦耐的"对话"中，列维-斯特劳斯发表了如下提法："在通常情况下被掩盖的对象的特性，即那种与人类精神的结构和功能形式共同的特性本身。"并且，似乎是为了阐述这个论点，他在《野性的思维》的一条注释中写道："精神也是一种物质，所以，这种物质的活动提示给我们种种物质的本性。这就是说，虽说是纯粹的思考，归根结底也是宇宙的内在化。它以象征的形式表现外在事物的结构。"可是，即便假定是这样，只要认为依靠类比于语言双层分节的"双重组合段"来创作作品就是"用文化来占有自然"，那么，按照拉洛式的说法，作品的结构岂不就已经不再是单纯的"结构"，而是"超结构"了吗？如果在这里按照因结构主义兴起而明确起来的不同含义来加以区分，我们就不能不认为，它已经不是"结构的"（structurel），而是"结构主义的"（structural）东西了。结果，问题在于，列维-斯特劳斯尽管在谈到艺术时用了"结构"一词，但是，最终他也没有说清其含义究竟是"结构的"还是"结构主义的"，就这样来阐述他的理论。而这一点又与这样一种反论性的状况相一致：由于作为"自然"与"文化"连接点的"人类精神"这一概念上的需要，作为他的立足点的这二者的区别或非连续性，并不像他所标榜的那样具有非连续性。他虽然声称要在分节语言中划分"自然"与"文化"的界线，但由于想在到处都发现与语言双层分节相类比（或与语言结构相同）的结构，结果，"自然"与"文化"二者的非连续性，还有"结构"概念本身，都只好在不知不觉中变得含糊不清。诚然，列维-斯特劳斯本人以如下说法作了保留：这个非连续性问题是"哲学上的重大问题"，解决这个问题不是民族学家的事。但是，当他仿效"人所公认的神话结构分析之父"[①]瓦格纳，把自己的《神话学》写成由《序曲》开始，到《终曲》结束的"四部曲"，并以企图放弃第一次分节层次而停留于第二次分节层次为理由把序列音乐连同抽象派绘画一起予以否定时，他的"结构"概念本身的根源所在就显而易见了。但是，这一点确实招致了他的论述的含糊性，而且，我们不能不怀疑，也许正是这种含糊性才使此种论述得以进行。

[①] 《生食与熟食》，普隆出版社 1964 年版，第 23 页。——原注

四

与这一疑问平行,我们还应当注意到列维－斯特劳斯理论中一个最本质的问题,即作品中的时间性问题。他主张,神话和音乐作品的成立,要依据"聚合体"通过"组合段"而达到的"静止化",即把时间纳入结构使之化为乌有,就是确保结构的存在,这也才叫做"克服时间与结构的二律背反"。列维－斯特劳斯似乎认为这个论点可以适用于整个艺术。因为他就绘画也已道出了同样的意思。为了使问题更为明确,让我们在必要的范围内考察一下他的美术理论。

不过,在《终曲》中,他把绘画划在结构研究的主要方面之外。其理由,列维－斯特劳斯本人并未说明,但是根据《序曲》中的论述来推测,大概是因为在他看来,与音乐等相比,绘画不是纯粹"结构主义的"艺术。因为在那里,列维－斯特劳斯指出,在素材方面,绘画与音乐不等价。这就是说,音乐本身就已经是文化上的创作,在自然界存在的只是噪音;而作为绘画所用素材的色彩,在运用之前就已存在于自然界之中。这从以下事实也可看出,即:为了表达色彩的微妙的细微差别,几乎可以说必然要借助于自然界事物的名称(顺便说一下,在日语中,许多色彩名称一开始来自植物名称,据根这一事实,大概也可以对此表示赞同)。列维－斯特劳斯认为,由于这个缘故,我们在表示色彩的细微差别时,当然就不得不运用换喻性的("麦秸黄"、"柠檬黄"……)措词;而在表现声音的细微差别时,就不得不运用隐喻性的("秋天小提琴的叹息"……)措词。

也许就是这种素材方面的所谓不纯性,乃是他把绘画划在结构研究主要领域之外的依据。尽管如此,在《野性的思维》中所阐述的美术理论,却使我们看出,列维－斯特劳斯至少是把绘画看做结构研究的一个领域,因为在那里,的确以一种与神话和音乐中"聚合体"的"静止化"问题相呼应的形式,考察了"事件"与"结构"之间的关系。

据列维－斯特劳斯说,美术以一个乃至几个对象和一桩乃至几桩事件的集合为出发点,旨在发现其结构。但是,"从更一般的角度"来看,这些"事件"只是"偶然性"(contingence)的一种样态。这种偶然性或处在"机会"(occasion)的层次上,或处在"创作"(exècution)的层次上,或处在"用途"(destination)的层次上。只有在第一种情况下,偶然性采取事件的形式。就是说,画家从外

作为美学的结构主义 | 209

部即姿势、表情、照明、状态等捕捉处在创作行为之外，或存在于创作行为之前的偶然性，从而掌握带有此种样态的对象与结构的感性、理性关系，并将它引入作品使之具体化。此外，有时偶然性（如素材或画具的阻抗、意料不到的事件等）也内在于创作过程之中。有时，偶然性又会以作品的用途这一形式处在创作行为之外并后于创作行为。在这种情况下，画家当然一边考虑着未来用途的潜在样态，一边创作作品。

　　这样，列维－斯特劳斯就把美术创作过程看做是画家在结构与偶然性相遇这一框架内同模特、素材、使用者三者之一的对话。当然，美术形式全都包括这三种样态，形式上的相互区别只是由于这三种样态相对分量上有所不同而已；但是，列维－斯特劳斯根据选择哪个对话者，对三种类型的美术作品作了区别：当选择模特为对话者时，那就是西方的造型美术；选择素材时，那就是野蛮人的美术和原始美术；选择使用者时就是应用美术（工艺美术）。

　　列维－斯特劳斯的上述理论有很大启发性，无疑是他的艺术论中最成功的部分之一。但是，从时间性的观点来看，可以说他的论旨到头来无非是要把创作行为放在正中而将艺术活动的时间性截为三段，根据重点放在哪一段来区分美术的三种形式。这种论述固然无懈可击，但正因为如此，这里的时间性就是一种非常平板、呆滞的时间性。列维－斯特劳斯不说"时间性"而代之以"偶然性"，并断言"事件"只不过是它的一种样态。但是对于画家来说，这真是偶然的吗？我们的疑问归根结底是针对贯串列维－斯特劳斯全部论述中有关时间性的解释。当他试图把名为"事件"的时间性引进结构中并使之化为无时，这种时间性的本质不能给结构打下某种烙印。在列维－斯特劳斯那里，能够找出对这种本质的思考吗？

　　在考察这个问题时，以最易理解的形式给我们提供资料的，仍然是他对神话的结构分析。列维－斯特劳斯在辑入《结构人类学》第二卷（1973）一书的论文《结构与形式》中，将 V. 普洛普《民间故事形态学》（1928）中所表现的"形式主义"与自己的"结构主义"作了对比，严厉批评前者分离形式与内容，并在实质上忽视了内容。正像歌德把"原植物"（Urpflanze）设想为一切植物的原型一样，普洛普试图把一切民间故事都还原为最终由三一律[①]功能链组成的仅仅一个"原民间故事"。但是，列维－斯特劳斯认为，这会使人们无法了解各种各样

[①] 欧洲古典主义戏剧的创作原则。规定剧本情节、地点、时间三者必须完整一致，即每剧限于单一故事情节，事件发生在一个地点并在一天之内完成。——译注

民间故事的具体差别。而结构主义则采用作为由少数要素构成的变换群的结构模式而不严格区分具体的事物和抽象的事物，它可以把"一切神话体系中时间表象所显示的双重性"，即既在"时间之内"同时又在"时间之外"这一性质考虑在内。总之，神话由于它那既是历史的同时又是非历史的这种双重结构，当然就同时属于不可逆的言语领域和可逆的语言领域。

但是问题在于，事实上列维-斯特劳斯的考察完全忽略了这种言语的时间性本质。试以希腊神话忒拜故事的分析为例，虽然他本人表示只是想举例说明一种"特定的技法"而以此作了保留，但正因为如此，他那结构分析的特点反而明显地表现出来。人所共知，如果说排成四纵列的神话素群最终被还原为对"人出生于泥土"

苏美尔城邦拉格什国王与神羊浮雕，公元前2100年，摄于荷兰莱顿国家考古博物馆

的肯定和否定，以及血缘关系的过高估计和过低估计这样的意义对立，那么作为用一句话表现的行动的神话素所构成的时间相继秩序，只能说在实质上等于无。比方说，"卡德摩斯杀死毒龙"这一神话素与"俄狄浦斯除掉斯芬克斯"这一神话素，在列维-斯特劳斯的分析中，都作为诛灭怪物而最终还原为"否定人出生于泥土"这一意指。如果这种分析正确，那就应当说即使颠倒二者的时间顺序也无关紧要了。然而，我们事先已经知道故事的经过：卡德摩斯奉父亲之命出门寻找妹妹欧罗巴，以杀死毒龙为转折点在陌生的异乡建立城市，并成为其第一代君王。因而，断断不会认为出现在卡德美亚①；让俄狄浦斯猜隐谜的斯芬克斯，只是单纯作为一个怪物而与卡德摩斯的毒龙的意义同等。俄狄浦斯被继承了卡德摩斯直系血统的父王遗弃出忒拜城——它原先由背井离乡的卡德摩斯选定为自己的土地，而他不知真情，却把异乡当做故乡；又由于神谕告诫他不能返回故乡，结果反而来到了真正的故乡。作为这种双重（或三重）意义

---

① 即忒拜城，因创建该城的卡德摩斯而得名。——译注

英雄屠龙陶瓷像，摄于慕尼黑国家博物馆

上的背井离乡者，俄狄浦斯承受着远比卡德摩斯复杂得多的身份危机。与此完全相同，出现在俄狄浦斯面前的斯芬克斯所承担的意义也远远重于卡德摩斯的毒龙，这一点，对谁来说都是一目了然的。而这种意义上的轻重，如果忽视了构成故事的行动的时间顺序，那就绝不可能领会。也就是说，应当肯定，在故事中推移的时间，绝不像列维-斯特劳斯事实上所希望的那样，是呆滞、平板的时间，而是随着故事的发展多层次地不断增强意指效果的动态的时间。所谓考虑故事的具体内容，除去正确地把握这种动态的时间外，还能是什么呢？

如上所述，列维-斯特劳斯的结构分析，看来决定性地缺少对故事时间性本质的考虑。与此对比，我们联想到亚理士多德的悲剧论。众所周知，亚理士多德在《诗学》第六章中，列举了构成悲剧的六种成分包括：情节、性格、言词、思想、形象、歌曲。值得注意的是，他把作为"若干行动组合"的情节置于首位，以下按照重要的程度，以性格、思想、言词、歌曲、形象的顺序排成等段序列。并且，情节按照其是否包含"突转"或"发现"二者之一或是否兼含此二者，又分为简单的情节和复杂的情节（第十章）。这样，亚理士多德式的结构分析由于显示出彻头彻尾建筑学式的特点，因而就能够触及悲剧靠"突转"或"发现"而使人惊心动魄的本质；这种本质，如果按照列维-斯特劳斯式的二项对立图式，那是绝不可能认识到的。之所以会有这种差别，是由于：一方事实上忽视作为一个行动的神话素的前后相继秩序，只是以可逆的形态将这些神话素垂直地加以罗列；另一方则着眼于作为行动组合的情节的本质。亚理士多德明确指出："悲剧艺术的目的在于组织情节（亦即布局），在一切事物中，目的是至关重要的。"①

实际上，如果说故事使我们"惊心动魄"，不管这本身是多么"关键性"的事实，它的引起，正像亚理士多德所说的那样，肯定首先是由于有一种带目的论性质的时间流贯其中。何况，如列维－斯特劳斯本人所说，假定神话是由"聚合体"中一系列有关事件的选择和排列构成的话，那么，可以说这恰恰反过来证明了目的论前提的存在。导致一系列事件成为有关事件的正是涉及生与死、起源与末日或性与痛苦等这样一些人类的重大问题——这些问题由列维－斯特劳斯准确地归结为如下公式："人是一元生的，还是二元生的"②——也就是说，显然是目的论和价值论性质的问题。

完全不考虑，特别是在谈论到艺术这种人类高度文化活动之一的问题时完全不考虑目的和价值的所谓结构分析，究竟是一种什么样的分析？但是，一开始就完全排除这种考虑，在这种情况下，真的能够着眼于结构吗？

结 束 语

列维－斯特劳斯指出，艺术作品将不能直接感知的潜在的对象结构提到意指作用水平使之显现出来。但是此时，这种结构果真就显示在知觉之前吗？关于这一点，列维－斯特劳斯的论述似乎始终是含糊其辞。的确，在某种场合，他明确地断言过："一切美的能指都是结构的感性显现。"③尽管如此，当我们考察他本人对波特莱尔的《猫》、拉威尔的《波莱罗》④等作品进行的具体分析时，却无论如何也看不出他所阐述的"结构"在感性上的显现——即使在理性上可以理解。如果说我们不能真正感知，因而也不可能体验这种通过繁琐程序抽取出的、作为各种关系体系的结构，那么它必然也绝不可能是"美的能指"。也就是说，此时结构与我们的美的体验无关，因此也就不能不认为标榜揭示潜在结构的结构分析，对于美的体验来说是毫不相干的。

列维－斯特劳斯提到"游离的能指"是一切美的创造和神话创作的源泉，而

---

① 引文据罗念生译本，见《诗学·诗艺》，人民文学出版社1962年版，第21页。又，以上引述亚理士多德悲剧论的部分，请参看该书第20—21页、第32页。——译注
② 《结构人类学》，普隆出版社1958年版，第239页。——原注
③ 《裸人》，普隆出版社1971年版，第574页。——原注
④ 拉威尔（Maurice Ravel）是法国作曲家，管弦乐《波莱罗》为其主要作品之一。——译注

且同时还断言："科学认识即使谈不到抹杀，至少也能部分地限制"它。如果确实是这样的话，那么，逻辑上就会推导出如下结论：科学能在多大程度上抹杀"游离的能指"，与此相应，诗歌和艺术创作也就在多大程度上没有可能。实际上，列维－斯特劳斯本人也明确地表述了这一点："依靠科学认识，我们能把种种对象还原到相当程度。我们凭借科学认识对于对象所能理解到的，都只不过是已被科学认识从美学认识那里剥夺走的那一部分。"①与艺术的"隐喻"方法相对比，列维－斯特劳斯把科学方法——在以另一物取代某物，以原因取代结果的同时，由局部认识发展到整体认识——称作"换喻的"方法。这时，科学认识和美学认识的不可并存性，就已经在他本人的论述内部成了逻辑上的必然结论。

可是，结构主义的雄心本来在于建立一种旨在统一美学认识与科学认识的"超理性论"。换言之，只要其目标在于建立一门科学，结构主义就必须把用"隐喻的"方法获得的认识改称为"换喻的"认识。但是，只要美学认识与科学认识不可并存，只要"隐喻的"认识与"换喻的"认识截然分开，这种"超理性论"越是"科学"，结构主义也就不能不越是远离美的、感性的认识。而且，当结构主义把作品的结构说成人类精神的"隐喻"时，它决不能克服人类精神为该作品的"隐喻"这一反命题。这里的确存在着一种根本的两难推理，它使结构主义的雄心本身无法实现。

那么，结构主义仅仅是一种毫无意义的流行思潮吗？从各种立场出发宣告结构主义的破产，这无疑是轻而易举的事。然而，就我们所知，至少，在把感性事物作为科学的前提条件提出来加以探讨方面，在把艺术广泛地重新放在文化的脉络中进行考察方面，在抵制美学领域中主观主义的专断方面，以及在以解释学的重新思考形式打破学术上的僵死局面方面，我们应当承认结构主义在知识领域的确发挥了巨大的作用。即使现在还不能果断地把它称为"美学"，至少不可否认，它尖锐地揭示出了美学这门学科所蕴含的本已存在的问题。

刘绩生 译　叶舒宪 校

---

① 《M. 毛斯业绩介绍》，第49页。——原注

迪缪塞尔教授与新比较神话学

［美］S. 列特尔顿

本文译自美国神话学家司各特·列特尔顿（Scott Littleton）的《新比较神话学》（*New Comparative Mythology*, 1981）一书绪论部分。作者对"历史结构主义"方法的代表人物，法国学者乔治·迪缪塞尔的比较印欧神话的理论作出了评述和分析。迪缪塞尔将作为社会意识的神话的结构同社会组织本身的结构联系起来，提出在上古印欧各民族中普遍存在一种"三功能系统"的假说，以此阐释了许多印欧文化特有的现象，特别是该系统在诸神谱系和神话传说中的各种置换形式。本文着重讨论了"三功能系统"假说所依据的实证材料的广度，也指出了该假说的薄弱环节。

此书是关于20世纪来最富创见性的，同时也争议最大的学者——迪缪塞尔发展起来的比较印欧神话的理论和方法的评述和分析。乔治·迪缪塞尔是法兰西学院印欧文化教授，多年来，他一直是巴黎大学神学院宗教研究方面的领袖人物。

迪缪塞尔受教于杰出的法兰西印欧语学者安东尼南·梅耶（Antoine Meillet），彻底接受了艾米勒·迪尔凯姆（Emile Durkheim）和马塞尔·毛斯（Marcel Mauss）的社会学，并受到12世纪初期那些为原始宗教研究建立功能研究方法的学者的影响，他在比较神话学的研究中，创立了一种至少可以说是独特的方法。在神话、史诗、宗教仪式和古代印欧民间故事的传统的比较研究中，他增加了功能社会学和人类学研究法。在研究语言间的关系、神话间的关系、社会结构间的关系方面，他提出一个全新的概念。在我看来，这个概念不仅对于社会人类学，而且对整个社会科学都是具有深远意义的。

然而，这种新的比较神话学几乎毫无例外地都被英美人类学者所忽略，甚至，被那些主要从事神话和民间传说分析的学者们所忽略。这除了迪缪塞尔的作品没有一篇译成英文这一原因外，这些学者忽略比较神话学说的主要原因可归咎于比较神话学（特别是比较印欧神话学）与人类学关系的历史。在这段历史的早期——20世纪以前，艾达尔伯特·库恩（Adalbert Kuhn）和马克斯·缪勒（Max Müller）等学者在这方面所作的努力（假如不总是应该得到尊重的话），通常应该是得到人类学者、社会学者、社会哲学家等诸类学者们的重视的。但是，进入20世纪以后，主要由于安德鲁·朗格（Audrew Lang）和缪勒在用"自然现象象征说"来解释神话

印度教大神毗湿奴化身像，19世纪铜像

是否恰当的问题上发生了冲突，也由于继之而起的一个更为严谨、深邃的理论在整个社会科学中的形成，人类学者对于比较印欧神话学的兴趣就大大地减弱了。博厄斯（Boas）[①]在美国、马林诺夫斯基（Malinowski）及其他人在英国所倡导的新经验主义的精神阻碍了这方面兴趣的发展。除了弗雷泽（Frazer）[②]和少数人的观点基本上还停留在19世纪以外，涉及神话学时，人类学者的兴趣几乎毫无例外地集中在现在仍然存在的原始人们的神话和民间故事上。

人类学者的这个着重点的转移已在许多有关联的学科中反映出来。在对多种印欧神话（如希腊、日耳曼等）进行研究的学者当中，比较主义由于它与库恩、缪勒及其他人的被遗弃的"自然现象象征说"联系在一起，因而变成了人们竭力回避的东西。

然而，在前几十年中，我们已经可以看到比较印欧语研究的复苏，这个现象很大程度上（如果不是完全的话）是由于迪缪塞尔和他的学派所作的努力而激发出来的。这个坚持从社会学角度（或至少用迪尔凯姆[③]的学说）来解释神话资

[①] 博厄斯（1858—1942），生于德国的美国人类学家。——译注
[②] 弗雷泽（1854—1941），英国人类学家。——译注
[③] 迪尔凯姆（1858—1917），法国社会学家，现代社会学奠基者之一。著有《社会劳动的分工》等著作。——译注

料的学派，既引起了一代欧洲语言学者、古典主义学者、民间传说学者、神话学学者和宗教历史学学者（如果人类学者不包括在内的话）的敬重，又引起了他们的愤怒。自从这一新的比较神话学学科出现以来，许多地区的专家在批评迪缪塞尔和他的学生的（这些批评有时显得过分简单化和众多的曲解）同时，不得不再一次赞同这样一种观点：特定的印欧语地区的神话学中特定的问题，在一个更广泛的比较背景下观察，他们也许可获得解决。而且，这些专家已被迫考虑这样一个问题，无论在古代意大利、斯堪的那维亚、伊朗，甚至在希腊，这个背景包括与共同的社会结构，共同的意识形态在功能上相互联系的共同的一系列的神话。

印度供奉的神猴哈努曼像

　　简言之，迪缪塞尔的神话学的出现就如同在大多数学科里引起了一场革命，这场革命冲击了古老的印欧语世界。任何一个研究印欧宗教的学者再也不可能认为其研究的宗教完全是独特的。即使有人完全拒绝迪缪塞尔对主要神话及其所涉及的神的具体解释，他也不得不了解这些解释所根据的基本设想是什么。

　　这场革命的另一方面是重新引起人们对结构或体系的兴趣。说迪缪塞尔已成为当代最重要的结构主义解释者之一，是很恰当的。持同样观点的不只是著名的法国社会人类学者列维－斯特劳斯，因为迪氏所关心的不是孤立的事件和情节，而是像他所说的"明了或含蓄的体系"。古代印欧语地区的神话和社会形态正是根据这个体系形成的。在这点上，研究各种印欧宗教的学者们也不得不接受迪氏观点。即使在迪缪塞尔的比较体系本身还未曾为人接受的时候，这个新比较神话学的出现就已推动了拉丁语学者、日耳曼语学者、印度语学者等诸类学者的研究向着更系统的方式发展。这个至少向着结构分析方向的转移，不仅是那些赞同迪缪塞尔的人促成的，而且也是那些竭力想证明迪缪塞尔是错误的，而又不得不站在他的立场上正视他的观点的人们促成的。

　　然而，新比较神话学的另一个效果唤起了人们对这样一种观念的兴趣，即从印欧语系及其他语系的神话、英雄传奇等等如何反映一个共同的潜在的意识出发（这种意识不仅存在于神话和宗教之中，而且也存在于社会组织的本质方面）来探讨它们是最为恰当的方法。这种观点对于在欧洲称为"宗教史"的科学尤其适用。正如我们将在正文中看到的那样，在"宗教史"研究领域中堪称为领袖人物的米尔克·艾利亚德（Mirdcea Eliade）在神话的观念的研究中，的确已考虑了迪缪塞尔的理论。

所有这些即使没有涉及任何一般的理论原理，对人类学者来说当然应该是有兴趣的。然而，迪缪塞尔的"革命"，确是运用了人类学的理论原理来考虑比较神话学科的，这就迫使我们必须要借助于当代人类学理论来估价新比较神话学，同时也迫使我们排除前人的偏见来对迪缪塞尔关于印欧神话实质的看法作一个全面的探讨。

当迪缪塞尔借助于迪尔凯姆的基本原理（神话中描述的人物、地点、事件、情节必然都是主要的社会文化生活的真实反映）来分析印欧语材料的时候，他试图表明最早的印度、欧洲及其他地方的印欧社会都具有一套共同的"集体表现"特点。他断言，即便不是全部，但大多数的印欧社会（至少在人们所知的最早的年代），都是这样一种特征：它们都是等级森严的三分法式的社会组织，每一个等级在神话和史诗里都有相应的一群神和英雄的形象予以集体的表现。这三个等级依地位的先后次序分为僧侣、武士、平民阶层，他们各自都与他们在神话中的相应形象一起，为整个社会或超自然的制度的存在分别起着具体的作用。显然由此，迪缪塞尔选择了"职能"这个术语来探讨他们。第一个或者说是最重要的职能（僧侣阶层及其在神话中的代表形象）是与维持神秘宗教和法律统治或制度有关的；第二个职能（武士阶层及其在神话中的代表形象）是关于体魄的力量；第三个职能——对印欧人来说也是最不重要的职能（平民阶层及其在神话中的代表形象）是负责生计的供给、物质的充裕、动植物的丰产以及其他有关的活动。作为这样一个在职能上有内在联系的、三分法的社会或超自然制度或结构的基础是一个三分法的观念，是一种人们在一般情况下把现象按以上所提到的三种职能归成三类的思维倾向。

当然，要人类学者接受迪缪塞尔所用的"职能"这个术语还是个难题。尽管迪缪塞尔接受了社会学的理论，至少是接受了迪尔凯姆以及他的学派所信奉的体系，但对于人类学家来说，这个术语在某种程度上依然是模棱两可的。迪缪塞尔运用的这个术语不仅是指大多数人类学者和社会学者所认为的，由印欧语社会的三个阶层完成的职能，即这些职能是怎样帮助维持社会和超自然的制度，而且还指这三个阶层本身。这里所使用的"职能"这个概念，分明脱离了长期为人接受的英国人、美国人，当然也包括法国人的习惯用法。迪缪塞尔的这个术语的用法，乍看来容易使人误解，因而它可能会削弱迪缪塞尔理论的效果。不过，这个用法还是有逻辑性的。

迪缪塞尔对于"职能"这个术语的运用与传统用法的令人遗憾的差异之所以会产生，可能是因为他过分强调了印欧的观念意识的重要性。迪缪塞尔认为这个观念意识是三个基本分类原则之概括，这三个原则是：权力、力量、供养，每个原则在数学意义上都是另外两个的职能，它们共同形成一个综合体、一个"含蓄或明了的体系"，这个体系已由迪缪塞尔将之限制在几个印欧传统之中。迪缪塞尔使用的"职能"这个术语，归根结底指的既不是社会阶层及其成员的行为，也不是他们的神的形象。其实，它指的是用来给这些现象下定义的原则。把它们称为"第一"、"第二"和"第三"指的是这些原则通常借以得到体现的等级次序。因此，依据迪缪塞尔的理论体系，也许认为任何与权力原则有关的现象，无论它是一个社会阶层，这样一个阶层的责任和愿望，还是一个相应的神的等级，都属于"第一职能"，这种看法是正确的。然而，我以为倘若他能遵循这个术语的更通俗的用法就更好了。

在此我需补充一点，对迪氏的"职能"术语的用法的批评相对说是较次要的。它实质上不影响全面估价他的结论的合理性。我提出这个问题只是为了让读者更好地理解迪氏所用的这个术语的含义，并将之与在社会学和社会人类学作品中常见的意义区别开来。

简言之，迪缪塞尔在比较分析古印欧世界呈现出的社会及神话形态的基础上，总结道：（1）原始印欧语社会母体在解体前，是以三分法的观念为特征的；（2）这个观念的要素由这个社会的继承者带到了历史上的幅员辽阔的印欧大陆的各个地方；（3）这些要素可以在大多数（但不是全部）早期印欧神话和史诗文学中找到。如从古印度的《吠陀经》到公元前冰岛的《埃达诗》，从《摩诃婆罗多》到《海蒙斯金拉》。这个观念无论是表现在神话、史诗中，还是在社会结构中，都是印欧语特有的，因为在近东尼罗河两岸和中国，以及其他一些"旧世界"的地区（公元前 2000 年印欧移民到来之前）没有与此相似的东西。

那么，这些就是迪缪塞尔借以创立新比较神话学的基本设想。在那些采用了这一设想从事研究工作的各区域的专家们（the regional specialist）当中，有克恩·德·弗里（Jan de Vries），直到他去世，他一直都是研究日耳曼宗教的权

迪缪塞尔教授与新比较神话学 | 219

威；还有凯尔特语学者法兰斯瓦·勒·胡（Francoise Le Roux）、阿文（Alwyn）和布林利·吕斯（Brinley Rees）以及伊朗语学者斯迪·韦坎德（Stig Wikander）、J. 达奇斯－桂尔敏（J. Duchesne-Guillemin）和卡亚·巴（Kaj Barr）。

当然，还有一些人像著名的英国古典学者 H. J. 罗斯那样，强烈地责问这个新比较主义的实用性；还有其他的一些人，他们对比较主义本身并不存在什么敌意，然而他们似乎对于迪氏大多数见解基于的那些被称为结构的，甚至是社会学的、社会人类学的设想表示反感；另外还有一些人，特别是约翰·布罗（John Brough）和保罗·希姆（Paul Thieme），指责他在论证自己的三分法体系中所用的材料是有高度选择性的，并指出这种三分法体系并非印欧语所特有。在以下章节里，我将详细分析有关迪缪塞尔著作的两种不同的观点，且就他的长处提出一些我个人的看法。

然而，一个更为迫切的任务是，以迪缪塞尔用来论证其观点的背景资料，对其理论作更精细和详尽的检查。

"三分法体系"之概观

介绍乔治·迪缪塞尔理论体系的最好方法也许是从它的内容来考虑，并像他那样，首先从北印度的古印欧语社会着手。众所周知，古印度社会组织是由四个种姓构成的，他们是婆罗门或僧侣、刹帝利武士、吠舍或平民、首陀罗（他们是其他三种姓的奴隶）。在这些种姓中，只有前三种被称为雅利安，这个名称像当时许多种族对自己的称呼一样，开始只是"人"的意思，因此从这个词的最基本意义上看，首陀罗是被排除在种姓之外的，至少首陀罗包括被征服者和土著人。从总体上来看，尽管下等种姓的各主要部落当中彼此有所渗透，如今吠舍和首陀罗之间的界限在许多地区仍划分不清，但这种种姓制度是仍然流行的，尤其在南印度。

迪缪塞尔认为如果一个人分析古梵语宗教文学的话，他会发现最早的印度神谱是反映这个分等级的社会结构的，特别是三个雅利安种姓。甚至在作为全部印度作品中最古老的《梨俱吠陀》里可以发现等级森严、职能相异的三个阶层的神——这种形式在后来的吠陀和婆罗门教中不断地出现，并且的确在伟大的印度史诗《摩诃婆罗多》中以某种改变了的形式保持了下来。

这三种神中居于最高地位的是至高无上的神密多罗和伐楼拿[①]。迪缪塞尔认

[①] 二者均是婆罗门教与印度教神名，智慧和威力相同，前者统治白昼，后者统治黑夜，共同统治天地、保卫世界、惩罚罪恶，形成对偶神，又称"宇宙大王"和"真理的主宰"。——译注

为：这两个神的特征是象征和集体体现着婆罗门这个处在人类社会最高地位的种姓阶层。而且，迪氏总结说，关于管理宇宙，这二神之间存在着明确的超自然力的分工。密多罗主要掌握理性的、法律方面的权力。确实，早在1907年，缪勒就提出密多罗可能是契约这个观念的人格化；而另一方面，伐楼拿代表那令人敬畏的，有时是令人恐怖的，神秘的宗教方面。因此，密多罗和伐楼拿分别反映婆罗门两个基本的职能：（1）法律和契约的争端的仲裁者；（2）宗教魔力的实施者，掌管祭品、占卜、结婚仪式等等。在此，密多罗、伐楼拿，以及他们在无上的助手［共享统治权力的某方面的小神，如薄伽（Bhaga）①、阿梨耶（Aryaman）②］和僧侣等级或阶层（像出现在最早时期那样）之间的关系，这就是迪氏称为第一职能的例子。在概括第一职能和本质时，迪氏提出，它涉及的是"对世界上神秘的宗教信仰之管理"。

在第二个神的级别上，人们可以找到一群年轻、精力充沛和好战的神，如摩录多（the Marurts）③，支配他们的是庄严的形象因陀罗（Indra）④，他是武士理想的人格化，正是因陀罗率领军队与魔鬼作斗争，而不像密多罗和伐楼拿，他们总是以自身的力量来达到自己的目的，因此，因陀罗是刹帝利这一阶层的代表，他的主要职能是保护社会，使之不受武装侵略的威胁。那些武士阶级或阶层与其人格化形象的关系，便构成第二职能，并被迪氏称为"他们的行为是一种力量的体现，而不只是好战的表现"。

最后，是居最低地位的一群神，他们的主要职能是保持和促进动植物的丰产，主管人的全部幸福和舒适的物质生活。在他们当中最主要的是双马童（Asvins）⑤或叫"双胞神"。在此同样包括（在其他地方如我们将会看到的）一个女性特征的神婆罗室伐底（Sarasvati）⑥。这是神的最低阶层，其成员被看成农作物生产阶级的集体象征，并构成第三职能，被迪氏称为"这种丰产关系着健

---

① 薄伽，亦薄伽梵，原为婆罗门教对于长者的尊称，佛教中对佛祖释迦牟尼的尊称。——译注
② 阿梨耶，佛教称谓，即"圣者"，指僧人德智兼备者。——译注
③ 摩录多，婆罗门教的风神，特指风暴。——译注
④ 因陀罗，婆罗门教与印度教神名。由雅利安人从古代伊朗带到印度，先被佛教吸收，称为"释寻植因"，后又成了印度教中的雷雨之神、战神、金刚手，直到被称为"世界大王"等。——译注
⑤ 双马童：婆罗门教、印度教的神名，为一对孪生弟兄，据说其形象有时是一对并肩相连的小马，头是两颗明亮的星，能救苦救难，尤会治病。还能使妇女生子、老妪得夫、沉船获救等。——译注
⑥ 婆罗室伐底：婆罗门教，印度的文艺女神，意译为"辨才天女"。大乘佛教吸收作为菩萨，称"大辩才天女"或"妙音佛母"。——译注

武士与猎人：哈卡斯人萨满神鼓两重世界

印欧社会武士阶层的见证：维也纳皇家美术馆藏武士铁甲

康、长寿、安宁、享乐、满足等"。

简言之，这便是迪缪塞尔所勾勒的古代印度神话和社会的一幅图画：三种职能上结合的人和神的阶层，受着由一对各自代表法律和神秘宗教作用的神所体现的联合或双重的君权观念所支配。这些等级或职能的结合便形成了一个社会和超自然的整体。

假若前面所说的体系被局限在早期梵语印度社会，那么把它套进整个印欧范围就会有困难；然而，正如前所说，迪缪塞尔力图要证明在大多数古代印欧语社会中的神话及社会结构中都存在着同样的三种职能和君权结合的观念。除印度外，他最好的证据还来自其他印度—伊朗语地区，以及那些历史上与意大利语、日耳曼语、卡莱特语有联系的地区。最早的印度、伊朗，或任何一个印欧语集团的三分法的资料，可以在公元前14世纪的著名米塔尼西亚（The Mitannian）马提娃扎（Matiwaza）与他的赫梯征服者之间签订的条约（现保存在Boghazkoy的档案中）中找到。马提娃扎属于印度—伊朗军事贵族集团，这个集团在几个世纪前曾对北叙利亚的强盛的哈利（Hurrian）民族施加过影响，他请求他的诸神作为这个条约的见证人。这些见证人是按以下顺序出现的：密多罗—伐楼拿（Mitra-Varuna），因达拉（Indara）[即因陀罗（Indra）]和娜沙提亚斯（Nāsatyas，即双马童）。迪缪塞尔认为这些神无疑与其后来在《吠陀》中的相应形象一样，是代表同样的社会和超自然的职能和君权观念。他指出，尽管我们对公元前14世纪的米塔尼社会结构相对来说不甚了解，但是其印欧语统治阶级被称为马亚（marya）或马勒（maru）（与因陀罗和他的摩录多相应）这一事实似乎至少说明

222 | 结构主义神话学

了印欧武士阶层的存在；他断定：条约中记载的一系列神很可能有其他两个阶层的表现。

另外，还有一个较后期的印度—伊朗的例子，我们可以在赫罗多特斯描写的塞瑟人的原始神话中找到，其中有一个描写了三个燃烧的金属物体——金杯、金斧、带柄金梨从天而落，并被原始人塔吉特斯（Targitaos）的小儿子重新寻得的故事。迪缪塞尔在这个神话中找到了表达社会和神话的三分法的明确标志（象征）。这三个金器分别象征着第一、第二和第三种职能，而它们的发现者——克罗克塞斯（Kolaxais），促成了占统治地位的塞瑟（Scythian）的阶层或部落；克罗克塞斯的两个兄长寻找那些燃烧的器具而屡遭失败，由此便产生了塞瑟人的武士和平民阶层。所以，在这印度、伊朗的最西部人群里，三种印欧社会职能集中由三兄弟代表着，他们的最小兄弟是至高无上的。虽然，在此没有第一个职能的重合特征，但迪缪塞尔认为其他方面的证据却是清晰而足以证明他的论点的，尤其是某些圣物的象征性，譬如，由于杯子是与祭司们准备和消耗祭祀的饮料相联系的（这是一个早被确认的印欧类型），饮料包括蜂蜜酒苏摩（Soma）[①]和豪麻草（Haoma）[②]等，所以它在多数古印欧语传统和现代欧洲民间故事中作为第一职能的一个象征。

至于有关伊朗本身，迪缪塞尔从公元前7—前6世纪之间的琐罗亚斯特（Zoroaster）[③]的神学改革中，发现了这一印欧体系的最明确的体现。为了以一种伦理学的和玄学的二元论来取代古伊朗的多神论（这与早期梵语印度的多神论十分相似），琐罗亚斯特设想出一系列多少有点抽象的神作为主神（the God Principle）的扈从。值得注意的是，这些被称为"永恒慈善"的神与前面讨论过的印度诸神相对应：阿沙（Asa 司秩序）和瓦乌、麻纳阿（Vohu、Manah 司幸福观念）分别与伐楼拿和密多罗相对应，所以被看做是第一职能的代表；艾克萨特拉（Xsathra 司力量）与因陀罗相对应以作为第二职能的代表；豪尔威塔（Haurvatat 司健康）和亚美勒塔（Ameretat 司永生）这一对与双马童相应而与第三职能有关，女性形象阿梅梯（Armaiti 司虔诚的思想）也是如此，她是琐罗亚斯特笔下的古伊朗女神安娜希塔（Anahita）[④]，也是同前面提到过的婆罗室伐底相对应的神。

[①] 苏摩，婆罗门教酒神名，苏摩酒的神格化，原为一种蔓草。——译注
[②] 豪麻草，伊朗宗教仪式中使用的一种药草，被尊为一种神圣的崇拜对象。——译注
[③] 琐罗亚斯特（约公元前7—前6世纪），古代波斯宗教的创始人。——译注
[④] 安娜希塔，伊朗宗教的繁殖女神。——译注

在结束关于印度、伊朗地区的讨论之前，应该指出的是：并非所有论据都像上面提到的那些例子那样清晰明确，如古伊朗神密特拉（Mithra）[①]（对它的崇拜在经过琐罗亚斯特的改革后继续存在，并在伊朗和其他地方得到了繁荣，直到伊斯兰教和基督教的传播才终止），假如我们用迪缪塞尔的观点来分析的话，就会有一些相当困难的问题了。尽管密特拉与密多罗名字明显相似，也尽管对密特拉的崇拜十分突出，但此神同时显示着第一和第二这两种职能的特征。事实上，在后来的《波斯古经》和书面艺术中，（如果说密特拉确实是与密多罗有关系的话）密特拉通常是一个年青刚健的武士的代表。

至于西方，迪缪塞尔发现早期的罗马也有社会和超自然的三分法的极好例证。依我看，无论证明他整个体系的命运如何，他对学术界作出的贡献是极为重要的。

乍看起来，罗马似乎具备少有神话而富有宗教仪式的文化特征。虽然有维吉尔和奥维德，也有许多相似的罗马和希腊神，但至少在表面上，罗马几乎没有自己的神话。然而，通过对载于李维（Livy）的第一部著作中的和其他作品中的公认的罗马城市早期传奇稗史资料的全面考证，迪缪塞尔总结道：罗马神话事实上已经被历史化了。迪缪塞尔在他有关这个专题的一系列卓越的著作中，提出在罗马最早的三个皇帝罗缪勒斯（Romulus）、若谟（Numa）和好战的丢勒斯·赫斯梯留斯（Tllns Hestillus）的身上分别找到了代表联合君权的神（罗缪勒斯等于伐楼拿，诺谟等于密多罗）和第二职能的神（丢勒斯·赫斯梯留斯等于因陀罗）的证据。第三职能缺乏清晰的证据，但迪缪塞尔认为他的体现者是塞拜恩人（Sabines）[②]（他们一贯被当做宁静、享乐、奢侈的爱好者）。迪缪塞尔认为传说的塞拜恩战争表达了一个未曾提到过的印欧神话主题：头两个职能的代表与第三职能的代表发生了冲突，后者失败了，由此而被吸收到社会制度中来了。承认他在此的解释的话，前面所讲有助于说明印欧语社会中种植者的低下的地位；在神话里，种植者是最后才被吸收到社会里来。这场假设的各职能间的战争将联系到其在古代斯堪的那维亚的神话中的出现进一步加以讨论。

另外，迪缪塞尔还在罗马神谱中发现了三分法体系。包括丘比特、玛尔斯和圭利勒斯（Quirinus）[③]的所谓前丘比特神殿（Pre-Capitoline）或古代三合一中，

[①] 密特拉，为上古印度—伊朗神灵之一，约始于公元前2000年，可参见《梨俱吠陀》。——译注
[②] 古代意大利中部山民。公元前290年被罗马征服。——译注
[③] 玛尔斯和圭利勒斯皆为罗马神话中的战神。——译注

他认为它们分别代表第一职能的神秘宗教那半部分，第二职能和第三职能的一部分，而这幅图画是由一些无名的不为人所知的早期罗马神完成的：迪尤斯·菲狄尔斯（Dius Fidius）常常与丘比特对应，代表君权的密多罗部分；俄帕斯（Ops）与英语词"丰富的"（opulent）的词根有关，则经常与圭利勒斯相对应。

迪缪塞尔声称他在说日耳曼语的人中，尤其是斯堪的那维亚人当中，已经发现了一些神话和社会的三分法例子。迪缪塞尔在《日耳曼神》和其他地方都试图证明斯堪的那维亚诸神：欧席恩（Othinn）和提耳（Tyr）分别是君权统治和神秘宗教的法律方面的代表；武士托尔（Thor）相当于战神玛尔斯和因陀罗，是第二个职能的代表；孪生神弗里尔（Freyr）和纽奥德（Njordr）被看做与圭利勒斯、俄帕斯，以及双马童相对应，是第三职能的代表。另外，迪缪塞尔认为女神弗里亚与婆罗室伐底和安娜西塔（Anahita）有关系。也认为，在阿瑟（Aesir，一个神的统治集团，欧席恩、提耳和托尔都在其中）与瓦尼尔（Vanir）（弗里尔和纽奥德都在其中）之间的神话冲突中，前面所提及的有关两种职能与第三职能代表之间的战争主题得到了体现。像塞拜恩人一样，第三职能的代表瓦尼尔被打败并因此被贬入了社会制度之中。

我认为,从属于这种冲突及其结果的神话已被用来证明斯堪的那维亚的印欧语社会平民处于低贱地位是有理由的：他们的神——瓦尼尔具有适应陆地上的生活特点（因此它对于耕种土地的人们就尤为重要），在神谱中被排在最后。清楚而自成体系地反映在罗马和斯堪的那维亚神话中的这一主题，反映了一些具有历史意义的事件。如：农业与非农业人们之间的战争，其中后者是战胜者。这一看法当然是猜测性的。然而好战的游牧（或半游牧）、狩猎和乌合之众的民族战胜了拥有更为稳定的新石器时代的经济的民族，很容易促进一个新的、规模更大的社会以及一个新的语言区域的形成——也许就是最早的印欧语言区域的

东魏佛三尊造像，北京保利艺术博物馆

迪缪塞尔教授与新比较神话学 | 225

形成。

我应该马上接着指出，迪缪塞尔本人并未提出这种猜测，而是我自己根据他提供的证据所作的猜测。这个猜测中的"神话即历史"论观点也许过于明显，但我们应记住，在其他地区、其他时代一些类似的事件确实是神话的基础，并且在这事件已经不再是名副其实的"历史"了以后很久，它们仍保留在人们的记忆之中。

迪缪塞尔和他的学生在凯尔特民族中发现了许多似乎是与以上三种假定的印欧语职能有关的三分法例子，比如，围绕着北爱尔兰的三个玛查斯（Machas）的传说就是一例。三者中一个是女预言家，即圣者奈来德（Nemed the Sacred）的妻子；第二个是靠武力获得王位的女侠；第三个是一个农夫的美丽妻子，她给农夫带来了额外的财富以及一对双胞胎。然而，无论是爱尔兰人、布莱索尼克（Biythonic）或是高卢人（Gallic）的神谱都尚未得到任何肯定的总体划分。在很大程度上，这是由于人们对这些神谱，尤其是古代高卢人的神谱缺乏全面的了解。至于对后者的了解，学者常常是不得已以那些显得武断的或以政治利益为基础的翻译小说为依据。由于一些在此不便详述的原因，迪氏认为，正像卢肯（Lucan）和其他人所说的那样：高卢人的三种以人祭神的方法代表了一个三分法的公式，并认为每一种方法都可被看做是用来保证三种印欧职能中其中一种的社会和超自然的效力的。绞刑与第一职能有关，火焚与第二职能有关，而溺死（在一个小桶中）则保证了第三职能的实际效力。

在早期印欧语社会的其他地方，证据是不足的，总的来说也不太有把握。例如，虽然希腊人的神话在全世界的神话中是最闻名的，但到目前为止，在它们当中我们只发现很少量的三分法的线索。至于提到神谱，狄奥斯库里兄弟，也就是宙斯的孪生子，确实像是与双马童相应，这个观点在迪缪塞尔之前就已提出，而迪缪塞尔认为他们被算作第三职能的代表。但其他两个阶层就不是划分得那样清晰了，譬如，宙斯像密特拉一样，具有第一和第二职能的品性特征。这位奥林匹斯山上的主宰通过结合有魔力的符咒（像伐楼拿）和力量（像因陀罗）来达到他的目的，同时他还掌握了宇宙秩序、誓言和契约的神圣性（像密罗）。

也许，到目前为止发现的最好的唯一的希腊神话三分法的例证是帕里斯（Paris）的著名判断，说的是特洛亚王子必须在宙斯之妻赫拉和好战的雅典娜，以及娇娆的阿弗洛狄忒之间做一个选择，为了感化他，每一个女神（这里她们分别被看做是三个职能的代表）都赠给帕里斯一个礼物。赫拉给他世界的统治

希腊石棺浮雕三女神

权（第一职能），雅典娜给他以军事本领（第二职能），而阿弗洛狄忒给他人间之乐趣（第三职能）。帕里斯选择了后一女神，因此，由于他放弃了赫拉和雅典娜（也就是说第一、第二职能），特洛亚最后的灭亡便成定局。

另外的希腊例证则是来自希罗多德（Herodotus）所记载的克吕索斯（Croesus）[①]和梭伦（Solon）[②]之间的著名对话和柏拉图的《共和国》。克吕索斯要求这位雅典的立法者说出他所见到过的最幸福的人，并肯定自己会被提名；然而梭伦却点了雅典的泰勒斯（Tellos）的名字。泰勒斯是一个富翁，一个自负的武士，他光荣死于战争。接着，克吕索斯又问下一个是谁，这回梭伦点出了两个青年，健壮的阿基甫（Argive）兄弟——克莱欧毕斯（Cleobis）和毕屯（Biton），他们在赫拉的神庙中效忠到死。最后，克吕索斯问他自己怎么样，梭伦仅仅指出他很富有，很难说他的死是否幸福。正像迪缪塞尔提醒我们的那样：克吕索斯在他临终时一点也不富有，而且死得既不光荣，也不虔诚（他最后成了塞勒斯的一

[①] 公元前6世纪小亚细亚吕底亚国最后一个国王，极为富有。——译注
[②] 古雅典政治改革家、立法者、诗人，相传为古希腊"七贤"之一。——译注

个臣子）。迪缪塞尔认为，在此三种印欧职能得到了双重表达，虽然每个例子中他们并非都按一般顺序表现出来。就人物本身来说（包括克吕索斯），他们分别代表第三、第二、第一职能；然而，死的方式则分别反映第二、第一和第三职能。说到柏拉图，迪缪塞尔认为印欧制度在这位希腊哲学家的理想国的三分法观念中也有所反映。后面，我将详细地讨论希腊社会思想中的印欧意识传统的继承的这一最有趣的例子。

除了三种职能的神外，迪缪塞尔认为在多数印欧神谱中，还有一些神应该被看成在根本上是脱离三位一体结构的任何一级的，有些神（或女神）通过结合三个等级的特性于己身以维护和保持其结构的完整。这包括许多神，如罗马的吉那斯（Janus）、维斯泰（Vesta）和吠陀的伐由（Vayu）及阿耆尼（Agni），他们主要是与开始和结尾有关。如迪氏指出，在古印度，伐由通常在祭祀的开始，于密多罗和伐楼拿之前被招来施魔法，而阿耆尼则在双马童之后，这些神被他称为"最初的神"（dieux premiers）和"最后的神"（dieux derniers）。这些神在规范名单上和施魔法的过程中被列在三种职能的神之前或之后。因此"最初的神"通常是作为这个名单的开头（如伐由），而"最后的神"则作为其结尾（如阿耆尼），还有同一类型的其他神似乎既是开始者，又是终止者（如吉那斯和斯堪的那维亚的海姆达尔）。在印欧体系的女性形象中，安娜西塔、婆罗室伐底和弗里亚，通常被迪缪塞尔划分为"最后女神"和第三职能的形象。然而，雅典娜好像几乎与三种职能都有联系，虽然迪缪塞尔在一些作品中认为她是第二职能的代表。可能最清晰的一个贯串整个体系之中的女性形象的例子，是前面说过的北爱尔兰的三个玛查斯。她们虽然表面上是三个，但只不过是一个女神的几个方面。无论怎样，迪氏认为这些多职能的神和女神，在逻辑上和职能上都是与神谱的三分法有联系的。用迪缪塞尔的话说，他们构成了这个体系的"脊梁骨"。

那些极乐于解体迪缪塞尔建立的理论的反对者们虽然对此理论没有提出什么非议，然而在我看来，支撑三分法体系的"脊梁"这一观点是他整个观点链条中的较弱一环。至于诸如吉那斯和伐由这样的神到底在何种程度上属于那些不能用三种职能范畴标准划分的额外种类的神，我们在以后再来探讨。

谈到社会组织结构时，迪氏指出：除印度外，神话的三分法远比原先看起来是作为其基础的社会的三分法持续得久远，只有在印度，古老的印欧社会制被保存了下来。然而他认为这些社会制度的残痕是可以在大多数，如不是全部的

早期印欧语言区域中——找到的。我已经提到马亚和马勒表明了武士阶层的存在，也提到过塞瑟斯所代表的情况，当中划分森严的三个等级部落，被认为是塔吉特斯（Targitaos）的

迈锡尼出土陶器上的三女神像

儿子们创立的。迪缪塞尔认为在古伊朗和凯尔特族分别出现了划分清晰的像婆罗门一样的僧侣阶级——古波斯僧人麦奇（Magi）[或梅加文斯（Magavans）]和凯尔特巫师特鲁依德（Druids）；而在《波斯古经》中，他发现了其他三个分别由武士、耕农、手工业者组成的古伊朗社会团体，尽管后一个团体在何种程度上代表了伊朗的前印欧语土著人（首陀罗），以及它是否是第三职能的一个方面并不清楚。

迪缪塞尔引证了僧侣阶层——弗拉敏斯（Flamines）在罗马的继续存在；确实，他曾在一部早期著作中试图在语言上将 Flamen（弗拉门）和 Brahman（婆罗门）联系起来。这个观点到目前为止并未得到普遍的接受。但他对这两个宗教阶层所作的文化比较，特别是有关一套戒律和仪式的纯洁形式的比较，的确是暗示这个关系的可能性。同时指出三个原始的罗马部族——罗马勒斯（the Ramnes）、鲁塞利斯（the Luceres）和梯泰塞斯（the Titienses）很可能分别是僧侣、武士和平民的代表。

总的说来，日耳曼语社会的三分法方面，情形是相反的，甚至连僧侣这个等级都不存在。然而，围绕着国王或首领的一群马鲁特式的（Marut-1ike）年轻武士——Männerbund 的存在则是很有意义的。如果说有关芬兰人和费阿那（Fianna）的传说就是早期爱尔兰社会生活（包括凯尔特）的真实反映的话，那么，这样的组织似乎在凯尔特人当中也出现过。而且日耳曼人和凯尔特人似乎都具备那种脱离了武士阶层的自耕农阶层的特征，虽然在此二者之间的界限（尤其是在日耳曼语人当中）远不像刹帝利和吠舍之间的界限那样明显。

在希腊，早期爱奥尼亚部族的包括①僧侣和地方法官，②武士，③体力劳动者，④手工业者在内的四个层次可以说反映了印欧社会职能。如果像迪缪塞尔认为的那样，后两个组织可以结合一体的话，那么这个部族便也有一个与其他早期印欧语社会没有什么两样的三分法的社会结构。

最后，正像前面提到的，迪缪塞尔认为这种把事物划分三个严密等级来加以观察的独特的印欧倾向形成了一个根深蒂固的思想陈习；简言之，它变成了一种意识形态。其结果是迪缪塞尔和他的同事们不断遇到三分法公式的反馈，包括三分法中的三分法。比如，对宇宙的三级划分：高空的大气层被指定为第一职能，较低的气层被看做第二职能，地面本身则是第三职能，这些都能在后来的印欧语系的文学中找到。此外，像在 Behistun 发现的著名的黛里奥斯（Darus）①碑文里的那种劝说人们保持契约的神圣，保卫社会以防外来侵略，防止灾荒和瘟疫的规劝，以及把灾难分成三种分别影响君权统治、军事和供给的三分法，都反复出现在印欧作品中。从爱尔兰《征服记》（*Lebor Gabla*）到印度的梵书（Satapatha Brahmana）都是如此。

几年前，著名的瑞典神话学者史弟根·威康德（Stig Wikander）（他也许是迪缪塞尔最出色的门徒），他发现将英雄和半神形象的三分法划分不仅在印欧神话中，而且在史诗和传奇中也经常出现。比如，他证明在伟大的印度史诗《摩诃婆罗多》当中的五个主要人物——班度五子（Pandavas）分别是从不同的吠陀神来的：如五子之首坚战（Yudhisthira）就是来自密多罗的，因而代表了第一职能；武士阿那（Arjuna）来自因陀罗并代表第二职能。

威康德指出后期斯堪的那维亚文学最突出的是斯诺里（Snorri）的《新埃达》（*Edda*）、《海姆斯克林拉》（*The Heimskringla*）和塞克索·格兰梅弟克斯（Saxo Grammaticus）的《丹麦史话》，它们都反映了前面所概括的斯堪的那维亚神谱"历史即神话"的观点。当然这些文学属于公元后的作品，而欧席恩仅仅被看成是一个文化英雄，他从特洛亚的废墟中逃生出来，领着一群特洛亚逃亡者穿过欧洲最终到达了斯堪的那维亚，与《埃涅阿斯纪》（*Aeneid*）相似之处颇为明显。它说明新近转向基督教的斯堪的那维亚，像从前的罗马一样都希望与东地中海

---

① Darus（前 550—前 485），波斯王。——译注

古代的高度文明建立联系。尽管有不少基督的象征和"神话即历史"的观点，然而三分法的观念仍然是存在的。

最近，迪缪塞尔的另一个学生路西恩·葛雪尔（Lucien Gerschel）论证罗马人的确用这种传统的印欧思想习惯来解释他们挫败迦太基这一事件。这当然是一个有据可查的历史事件。迦太基人被认为是第三职能的代表，因此罗马人的最后胜利被认为是毋庸置疑的，因为，按预言家们所说，罗马击败一切对手而占居统治地位乃是它的天命。

前述内容是迪缪塞尔教授持续至今的理论体系的精髓所在，是他和他的同事所引用的许多实例加以论证其体系的一个范例，在第二章里，我将描述引起这个体系形成的各个步骤，以逐渐放弃一个弗雷泽（或新弗雷泽）理论发展到倾心于迪氏提出的"社会学方法"开始，以发现印欧人对社会、超自然和意识的三分法，以及统一君权的爱好为结束。

谢建珍　张宁　译　孙景尧　韩冀宁　校

附 录

唐传奇的结构分析

——以契约为定位的结构主义的应用

（台湾）古添洪

  本文选自古添洪的《比较文学·现代诗》一书，台北国家书店 1976 年版，第 89—126 页。作者古添洪（1945—）是台湾大学比较文学博士，主要著述有《比较文学·现代诗》《比较文学的垦拓在台湾》《从比较神话到文学》等。在本文中，作者试图将结构主义与诠（阐）释主义加以综合和改造，建立一套可以用于唐传奇研究的理论与方法。这种方法以法国结构主义者格莱马斯的学说为基础，试图将各种人文现象均纳入以契约为定位的结构模式之中。作者按照这种模式分析了杜光庭《虬髯客传》、元稹《莺莺传》等五部唐传奇作品，对传奇这种特殊的中古文体的结构特征作出了独到的阐释，同时也确证了契约定位的结构主义方法在传奇类文学研究中的应用广度。文章论点新颖，材料亦较充实。在将西方的结构主义理论方法应用于中国文学研究的实际方面，或许对我们很有启示。

  文中有些英文术语的译法与通行译名有别。请读者注意。

一、楔　子

  当代文学研究诸方法中，有着眼于文学作品结构本身的结构主义（Structuralism）。本文即试图以结构主义所提供的理论与方法对唐传奇的结构作一分析。结构主义之兴起，为期尚短：所提供之理论、方法、模式虽多，但正如《结构主义在文学》（*Structuralism in Literature: An Introduction*）一书的作者 Robert Scholes 所屡说，是引起我们兴趣多而使我们满意者少。笔者阅读完《结构主义在文学》

唐代马球壁画，摄于首都博物馆考古与发现展

一书以后，认为 Greimas 所提供的理论，较有普遍性，较适于作为分析传奇结构的工具。据笔者的观察，他所提供的三结构型（types of syntagms）——实践的（performatial）、契约的（contructual）和离合的（disjunctional）——实可合并为契约型，于是以此为出发点加以合并、加以扩充，使更完备，而成为一以契约为定位的结构主义式的研究方法。在此，笔者不得不预先声明，以契约为定位的结构主义来研究传奇，所得的是契约定位下的传奇结构，如以其他为定位的结构主义来研究传奇，所得的是传奇结构中的其他诸面。不同的定位，所得的即是不同定位下的结构。就犹如我们以历史的、社会的、哲学的、心理的定位来研究一篇作品的内容，所得自属不同，虽然是相辅相成甚或在许多地方重叠复合。本文先对结构主义作一综述，然后是笔者以 Greimas 的理论为出发点的契约定位，最后是传奇的结构分析。唐传奇就内容而分，可分为五类，即狭义的、历史的、讽刺的、爱情的、古怪的。笔者于每类各选一篇，以考察此以契约为定位的结构主义的应用广度。所选的五篇，皆是唐传奇晚期成熟之作，依次为：杜光庭《虬髯客传》、陈鸿《东城老父传》、李公佐《南柯太守传》、元稹《莺莺传》及李朝威《柳毅传》。所据版本是台湾世界书局出版之《唐人传奇小说》。

二、Greimas 的三结构型的批评

结构主义精神在哪里呢？Robert Scholes 在《结构主义在文学》一书中的话可作为简短的答复。他说："结构主义的精神在于它对系统的理念。它承认文学有其完整的、自我规范的本体，虽因适应新状况而改变了形态，但仍保留着它的有着系统的结构。"[①]他指出了结构主义所易犯的两种危险性，"一是去假设一完全的系统，而事实上这完全的系统是不存在的"[②]，一是形式的谬误（formalistic fallacy），"这谬误并非由于把研究对象的某些面孤立起来作为研究，这种孤立是必需的，而是由于不肯承认除了他所孤立的诸面外尚有其他面，或者由于坚持他所孤立的诸面是一封闭的系统，没有文学以外的因素影响"[③]。

在实际的批评工作中，结构主义有着它的局限。譬如说，"Poulet 也许就会指控结构主义简化了文学作品，为了寻求骨格子一样的结构而像在 X 光照射下一样泯灭了它真正的本质"[④]。这种指控在某一意义而言是对的。为避免这种毛病，Robert Scholes 建议结构主义和诠释主义（hermeneutics）应携手合作，各就其本位把被研究的文学作品中的重要成分找出来，互为补充地成为一整体。诠释主义的工作在于发掘文学作品的意义，而结构主义则是建立一有系统的文学模式作为个别文学作品的外在参证。两种研究方法并非是敌对的而是互惠的。

正如 Robert Scholes 屡次所指出的，到目前为止，结构主义者所提供的理论与模式是引起兴趣多于使人满意。因此，我们不能把现成的理论或现成的模式用于实际的批评工作而没有困难、没有缺失。因此，改变与修正是必须而无可避免的。当我们对唐传奇作结构主义式的研究时，这问题就更显明了。在该书第四章"朝向一个结构主义式的小说美学"中，Scholes 谈及普洛普所归纳的 31 功能点（functions）和拉格莱所归纳的 22 结构点（points），作为故事的一般模

[①] Robert Scholes, *Structuralism in Literature: An Introduction* (N. Y.: Vail Ballou Press, Inc., 1974), p. 10.

[②] Robert Scholes, *Structuralism in Literature: An Introduction* (N. Y.: Vail Ballou Press, Inc., 1974), p. 10.

[③] Robert Scholes, *Structuralism in Literature: An Introduction* (N. Y.: Vail Ballou Press, Inc., 1974), p. 11.

[④] Robert Scholes, *Structuralism in Literature: An Introduction* (N. Y.: Vail Ballou Press, Inc., 1974) p. 9.

式。Scholes 认为普洛普所归纳的 31 功能点,当我们读小说或故事时都会碰到。我不尽同意 Scholes 的乐观看法。我们要知道,普洛普的 31 功能点是从神仙故事抽离出来的,而不是从一般小说归纳出来的,每一文体自成其模式。这就解释了为何拉格莱从英雄神话归纳出来的结构点共 22,而不是 31。如果我们不是溺于盲从的话,我们将会有理由相信,无论普洛普的 31 或拉格莱的 22,都不是法定不移的固定数目。显然,他们的 31 与 22,并不是逻辑上必然的。拉格莱归纳了英雄神话为 22 点后,即据此来衡量著名的英雄故事,看这些故事的结构用了若干点。我实在怀疑这

神灵化身:殷墟 1001 大墓出土商代大理石鸮神像,台北中研院

方法是否能真正表现出这些故事的结构及其品质。既然,普洛普与拉格莱所提供的二模式是如此的机械,如此的具数量而不及品质,而且仅是从神话故事或英雄神话归纳而成,显然,我们无法利用这二模式来衡量唐传奇的结构及其品质。

虽然没有现成的理论与模式可直接用之于传奇的分析,但结构主义式的分析传奇当有可能与有成果是可确信的。事实上,我们不需要模式,因模式总是无可避免地是机械性的、排斥性的,不能使人绝对满意的。因此,在此的工作是在结构主义的基础上建立一套可用于传奇的理论与方法,以分析传奇的结构,及连接于其结构的表达意涵(message)。这样就不再是徒具骨骼的骷髅,而是连着血肉的整个身躯,也就是结构主义适度地与诠释主义的结合。

审察了 Scholes 在该书所述及的结构主义的理论、方法后,笔者认为 Greimas 在与普洛普共同研究民俗故事(folk narratives)时所归纳的三结构型较适合于传奇的结构分析。民俗故事比英雄神话及神仙故事更为小说化,也更接近传奇。他先以结构点(syntagms)作为单位,而归纳这些结构点的组合为三组,即:

(1) performative (tests, struggles)

(2) contractual (establishing and breaking of contracts)

(3) disjunctional (departures and returns)[1]

---

[1] Robert Scholes, *Structuralism in Literature: An Introduction* (N. Y.: Vail Ballou Press, Inc., 1974), p. 108.

（1）实践的（考验、挣扎）
（2）契约的（契约的建立与破坏）
（3）离合的（分离与回归）

每一组由两个结构点组成。据笔者的考察，契约一组实可统摄实践组与离合组。契约组以契约为着眼点，但无论契约的建立与破坏，都包含着人物的活动，这人物的活动也就是实践组所指陈的活动。实践组以人物的活动为中心，人物如何受试验，如何挣扎，以建立或破坏契约或从事其他与契约有关的诸行为。离合组所包括的分离与回归，也是指涉人物的活动，Scholes 即指出这二结构点与其说是根源性的倒不如说是引申性的（derivative）。笔者也以为分离与回归只是与契约的建立、破坏及其他关系所带来的牵连活动，如有时因契约的破坏而分离，因契约的建立而回归等。这分离与回归并非每一故事所必具，而只是为某些神话故事所具有，如 Ulysses 的离家与回归；Persephone 的下冥府、回阳间等。以人物的活动为定位，结构必分离而无法有3简明的模式，也没法制定此模式以分析任何故事；以契约为定位，则易于建立涵盖一切的模式，以作为分析的原型。在契约组中，在 Greimas 的系统中，仅有建立与破坏两个结构点，是不足的，Scholes 已指出应加入一项，即完成（fulfilment）。据笔者的考察，尚可加入一项，也就是发现（discovery）。譬如说，上帝对人的契约是神妙不可测的，需要人们努力地去发现。又如社会的道德律，也非是人人可知，而是在生活中慢慢发现的。契约的发现，可充分解释追寻神话（quest myth）的基本结构。因此，以契约作定位的结构，包含了四个结构点，那就是建立、完成、破坏与发现，至于确定契约的品质的优劣，也可列入发现一项中。

艺术对现实的"破坏"与"发现"：阿姆斯特丹梵高美术馆

唐传奇的结构分析 | 239

三、笔者的契约定位的结构分析

以契约为定位的结构分析其所据何在？其价值为何？其应用广度如何？简言之，契约是诸种人文现象的基本形态，每一人文现象几乎都可归结到契约论上。人神之间是一种契约，父子、夫妇、朋友之间的伦理关系是一种契约，公民与社会及国家之间也是一种契约；换言之，宗教、伦理、社会、政治等人文现象都得归结于契约为其基础。在神话上，我们也不断发现到契约这一原型。举例说弗雷泽（Frazer）的民俗神话学名著《金枝》(Golden Bough)，在讨论"圣王"(Sacred King) 时，圣王的竞夺即基于一契约。该书谓：在 Aricia 地方，每一要角逐森林圣王的角逐者，首先要从扶圣树上摘下一枝黄金的树枝。这黄金的小枝也许即通常于圣诞节用做装饰的槲寄生，长着黄花与簇簇的白酱果。它的黄金的颜色象征着太阳，吸取并保存太阳的神力。[①]圣王在圣林中，拿着刀提防着角逐者，他以前也是把前任圣王谋杀而获得此圣王地位。[②]其中角逐的仪式、预期的被杀等，都可看做是契约，每一角逐者，也就是契约的签署者。再如《旧约》里一再出现的上帝与人民的契约，更是明显的例子了。

以《出谷记》（又名《出埃及记》）的梅瑟（又名摩西）为例。梅瑟有一回去放羊，突然见到荆棘丛中火光熊熊，而荆棘却没有丝毫的受损，走近前看，原来是上帝显现。《旧约》里是这样记叙的：

> 上主说："我看见我的百姓在埃及国的苦楚；我已听见他们因督工人的压迫所发的哀号，我原晓得他们的痛苦。因此我降临，要救他们脱离埃及人的手，领他们离开那地，往一个美丽宽阔的地方，流乳和蜜的地方，就是容纳罕人、赫特人、阿摩黎人、培黎齐人、希威人和耶步息人的地方。现在伊撒尔人民的哀号迫近了我，我已看见埃及人对他们所施行的压迫。所以你现在起身去，我打发你到法郎那里，你从埃及将我的百姓伊撒尔人领出来。"梅瑟对天主说："我是什么人？我竟敢去法郎那里，将伊撒尔子民从埃及领出来呢？"天主向他说："我与你同在，你要以此为我打发你的证

[①] Theodor H. Gaster, ed, *The New Golden Bough: A New Abridgment of the Classic Work by Sir. James George Frazer*（New York: The New American Library, Inc., 1959），p. 23.

[②] Theodor H. Gaster, ed, *The New Golden Bough: A New Abridgment of the Classic Work by Sir. James George Frazer*（New York: The New American Library, Inc., 1959），p. 31.

明，就是几时你将我的百姓从埃及领出来，他们要在这山崇拜天主。"①

这就是天主与梅瑟的契约。天主与梅瑟签约，天主要梅瑟到埃及去把伊撒尔人领出来，而自己答应与梅瑟同在以帮助梅瑟。梅瑟为了要证明自己是天主的使者，要求天主给他某些权信，天主答应他某些圣迹能力，梅瑟把竹杖画成蛇，使水变为血等，这些都是契约订立的过程及内容。当伊撒尔人民离开了埃及到达此座山举祭献时，上帝显现，颁布他的法令，也更是显然的上帝与人民的契约了。《旧约》里是这样说的：

想象的天主：台北震旦艺术馆藏红山文化玉雕神像

> 我是上主，是你的天主，我曾将你从埃及地，从为奴之家领出来。除此之外，你不可有别的神。……恼恨我的，我要追讨他的罪，从父亲直到他三四代子孙。爱慕我的、遵守我诫命的，我要向他施以慈爱，直到千世。……孝敬你的父亲和母亲，好使你的年龄在上主你的天主赐给你的地方，得以久长。不可杀人。不可行邪淫。不可偷盗。不要作假见证反诬别人。不可贪恋别人的房屋，不可贪恋别人的女人、仆、婢、羊、驴和一切属于别人的东西。②

上帝在这一段言辞中，说明了他的身份、他的法令，以及法令破坏与完成所将带来的惩罚与偿酬。这些上帝的法令使我们很容易想到《新约》中耶稣的十诫。该二书以《旧约》《新约》为名，可见契约在宗教上、道德上的根源性。为了证明契约深入于某一人文现象的基层，在此我们再征引卢梭在其名著《民约论》（The Social Contract）中的契约说。卢梭认为当人类度过了最原始的社会阶段，当面临生存上的巨大阻力，个人无法单独克服它，需要新的综合的力量来维持各自的生存时，于是虽未必成文而实际存在的契约便产生。卢梭猜拟其时

---

① 《梅瑟五书》（《旧约全书》之一），思高圣经学会译，台北，1948年，第271页。
② 《梅瑟五书》（《旧约全书》之一），思高圣经学会译，台北，1948年，第343—344页。

唐传奇的结构分析 | 241

当急的问题是：

去寻求一种合作的方式，以用全体的力量，来防卫、保护每一个人，确保每一分子的获益。

当每一分子联结于总体时，每一分子仍保有其自身的自由及只听命于自己。

而唯一的有效方案就是社会契约。社会契约是大家所订所愿意遵守的。在此一意义上，也就是保有自身的自由及只听命于自己。这实际的契约卢梭猜拟为：

我们签约者把自己及自己全部的力量归结于全体意志的最高指挥下；同时，在我们互惠的天性里，我们尊重每一分子为全体的不可分离的部分。[①]

这契约的法人就是政府，每一签约者就是公民。当然，这契约几乎一直没有明文列出，而公民也没有正式的签约手续，但这契约是实质地存在的。现代国家的宪法，就相当于这社会的契约。总之，从弗雷泽的"圣王"神话，从《旧约》的梅瑟传说，从卢梭的《民约论》，我们确认契约是人文现象的基本形态，抓住了人文现象的骨髓。用此作为分析文学结构的定位，应是有其依据，有其价值，有其普遍性的。

以契约作为定位的结构主义分析既属可行，我们现在把它的要素及可能有的诸方面作一探讨。前面我们已引述了Scholes所提出的结构主义所易犯的毛病——追求绝对形式的谬误，排除其他外来因素的谬误——我们在建立此一契约定位的结构主义时，力图避免这两种谬误，并追求结构与表达意涵（message）的结合，于是，我们考虑的第一个重要因素，就是契约本身的品质问题。契约本身要求签约者遵守，因此，也就是法律。于是，面对契约本身，我们会问：它是最高法还是权宜法呢？它是自然法还是人为法呢？它是公正的还是邪恶的？它是全体人类所共制的还是某些强力者私订的？这一契约本身的追询，就使得我们的契约定位的结构主义得以脱离纯粹的结构形式。第二个问题必然引起的，就是契约实践性，那就是建立、完成、破坏与发现。前三者与契约的本质尤其息息相关。契约的实践带来实践后的结果——偿酬与惩罚。偿酬与惩罚和契约的品质是不可分的。如果契约是最高的、自然的、公正的，其建立与完成，自然是得到偿酬。如果契约是权宜的、邪恶的，那契约的建立与完成，虽或暂时地带来偿酬，而最后却带来惩罚。相反的，一个权宜性的、邪恶性的契约的破坏，并不带来惩罚，而是带来

[①] Rousseau, "The Social Contract," In Robert Maynard Hutchins's *Great Books of The Western World*, Vols. 38, Translated by G. P. H. Coll (Chicago: Encyclopedia Britannia, Inc., 1952), p. 391-392.

惩罚。相反的，一个权宜性的、邪恶性的契约的破坏，并不带来惩罚，而是带来偿酬。简言之，偿酬并非如一般人所以为的，必然与契约的完成相表里，须视契约的品质而定。一般而论，最高法、自然法的完成，应带来偿酬；但如果带来的竟是惩罚，那作者是带着悲观的、讥世的态度来看世界。简言之，偿酬与惩罚和建立、完成与破坏的诸种结合，泄露了作者的表达意涵。至于契约的发现，被发现的法往往是最高的自然法，源自于人性的法。我们前面已提及，契约的发现过程与追寻神话的结构相结合，也就是一种启蒙神话（initiation myth）或过渡祭礼（rite of passage）。在追寻神话里，主角终于发现了真理，这真理的发现，推进一步，就获得了智慧而影响了主角的人生态度，从某一境界到达另一人生境界，那就是过渡祭礼的结构。而这智慧的本质，也就反映着作者的表现内涵。第三个问题相随契约而来，那是角色（characerization）的问题。一个契约的成立，必须包含两类的角色，那就是立约者（contractors）和签约者（contractees）。当然，在某些场合里，某一角色可同时兼有两种身份。比如说，老李和自己立下一契约要独自攀登玉山，这时，老李同时是立约者也是签约者。其他，值得我们注意的，就是立约者与签约者的关系可明可暗。签约者知道自己签了约，那是明的。反之，就是暗的了。譬如说，老王为了报答老张救护他的女儿的恩惠，决心要终身暗自帮助老张。这契约对老王而言，老王是立约者也是签约者，对老张而言，老张是不自知的签约者，在老王的暗自保护之下。所以，一个签约者对契约本身可以是毫无所知的，甚至是非自愿的。这种情形是常有的，尤其是就人类与宇宙的最高法——天命——而言。宇宙最高法有时是不为人晓的，如命运，如神的意旨或自然的意旨，而人却事实上牢牢地被束缚于此法中。把立约者、签约者与报偿、惩罚连起来，我们发觉报偿、惩罚的执行者也是多变的，这也与契约的本质及立约者、签约者胜负问题有关。执行的权利通常落在立约者手上，尤其当契约是完成

体现神意：北京故宫藏清代玉熊

的。假如契约本身的邪恶，又被签约者完全地破坏，则惩罚往往落在立约者身上而由签约者执行。此外，我们也得注意立约者把契约收回或补赎罪过与签约者破坏了公正的法律而补赎罪过，也影响着奖罚而影响着故事的结构。最后，也几乎可说是最重要的，就是一契约的破坏往往指向一新契约的建立。如果契约的破坏仅止于破坏，那故事结构的本身即缺乏完整性，就犹如一个不成功的启蒙神话或过渡祭礼。参与祭礼的人未能过渡至新的阶段，新旧契约的冲突及斗争也就是故事中人物的冲突与斗争。新契约的建立，往往是作者的表现意涵的所在。以上便是笔者以 Greimas 的三结构型为出发点而扩充、修正契约定位的结构主义。

四、传奇的文体特色所造成的特殊结构

在对唐传奇作单篇式的分析以前，我们在此对传奇这一文体的特色作一综述，这特色形成了唐传奇特具的结构，而这结构也可说是传奇作者与传奇读者所默许的契约下所产生的。这文体的特色前人已说过了，就是符合温卷而形成的史才、诗笔和议论。赵彦卫《云麓漫钞》八谓：

> 唐世举人，尤籍当时显人，以姓名达主司，然后投献所业，窬数日又投，谓之温卷。如幽怪铭，俚奇比异。盖此等文备众体，可见史才、诗笔、议论。[①]

传奇之作，初为温卷而写。温卷之作，是考生于参加科举考试之余，投献主考官，以表现其史才、诗笔、议论三者皆臻上乘，足以为官。史才、诗笔、议论三者为古文家所喜好，也是官吏所应具的才能。史才是判别史实是非的能力，洞察古今，足以修国史；诗才是写诗之才华，得见其性情；唐人重诗，重诗才自不在话下；议论则见其洞察社会上政治上沿革得失之能力，更是官吏不可或缺的。白居易《与元九书》谓："又闻亲友间说，礼、吏部举选人，多以仆私试赋、判、传为准的。"[②]赋即前所谓诗才，判即前所谓议论，传即前所谓史才，足见此三者为温卷用之传奇所必具。温卷之作，作者为考生，读者为主考官，其目的为考生向主考官自荐其史才、诗笔、议论。就契约观点言，此即为作者与读者的默认契约。

[①] 引自刘开荣：《唐代小说研究》，台北商务书局1966年版，第14页。
[②] 引自刘开荣：《唐代小说研究》，台北商务书局1966年版，第14页。

由于传奇为温卷之作，必得炫露作者之史才、诗笔、议论，故影响传奇这一独特文体的结构而自成一格。"传奇"一词，传字即含有"传记"之义，传记则符合史才一要求。史之第一要务为"真"，有凭有据，故传奇中往往插入一些陈述，一些证人证物，以证实其事。如《南柯太守传》末段："公佐贞元十八年秋八月，自吴之洛，暂泊淮浦，偶觌淳于生梦，询访遗迹，翻覆再三，事皆摭实，辄编录成传，以资好事。"此节时、地、证人皆存，但却与故事结构无关，可说是为了史才而存。因诗笔之故，传奇中往往插入许多诗词，以炫耀作者才华，如《莺莺传》中所录"河南元稹亦续生会真诗三十韵"，实与该传奇故事之结构无关，是为了符合诗笔一要求而存，兼之以此作为证物以符合史才之真。由于议论为传奇所必需，传奇中往往于结尾处加入议论，如《虬髯客传》结尾谓："乃知真人之兴也，由英雄所冀，况非英雄者乎？人臣之谬思乱者，乃螳臂之拒走轮耳。我皇家垂福万叶，岂虚然哉！"更有甚者，不惜割裂篇幅以插入议论，如《莺莺传》中突插："时人多许张为善补过者。予尝于朋会之中，往往及此意者，夫使知者不为，为之者不惑。"这种议论的插入，往往阻碍着故事的进行。更有因议论之故，作者借故事中人物以道出其个人对社会的议论，而这议论与故事中人物的个性、处境相违背。如《东城老父传》贾昌经过许多生活挫折，由富贵而贫穷而悟道，悟道以后孩子来看他亦不予接待，已是六亲不认。而当陈鸿祖问及开元之理乱时，贾昌竟说了一大堆今非昔比的话，对当时社会及政治大力批评。试想，一个已悟道而六亲不认的老人贾昌，他还有俗念对政治、社会作如此入世的批评吗？传奇中的道德性的尾巴，可认为是该传奇故事的散文性的结论，而使艺术归入道德，尚略有其价值。至于半途割裂地插入及假故事中人物以道出与人物处境龃龉的批评，则对故事的结构有所妨碍了。简言之，传奇中史才、诗笔、议论三者，对故事结构的发展几乎是毫无贡献；有时，更妨碍了故事的发展而使结构断裂。当然，不是现存的一切传奇之作皆为温卷而写，但传奇始自温卷，史才、诗笔、议论三者已成为传奇一文体的特具内容，则稍后非为温卷而写的传奇，也不自觉地沿其体制。就像明清小说源自话本变成了书写性的小说后，仍保留着话本的痕迹：欲知后事如何，且听下回分解。

五、单篇分析

在下列实际的分析工作中，为了眉目清晰，我们先把原故事顺序分作若干情节单元。每一情节用句子来标出,以甲乙丙丁作记号于前面,对该若干情节的时间顺序以子丑寅卯作记号于后面。情节单元的多寡没有多大关系,这工作与散文或小说的分段分章无甚差别。由于传奇小说中有些够不上情节的独立片断文字,他们仅仅是为了史才、诗笔、议论而存在,与情节发展没大关联,我们加△号于前面以作识别;如这些因文体之需而出现的叙述文字超越了故事情节本身所构成的时空性,我们则于后面的时间顺序处留空白。在这以情节、时间及文体需求三者而构成的蓝图下,我们即进一步展开我们的以契约为定位的结构主义分析,以契约为定位,寻出这些情节重心所在的契约,指出谁是立约者谁是签约者,讨论这契约的本质,讨论这契约之建立、完成、破坏或发现以及随之而来的偿酬与惩罚。当然,每一传奇故事的结构发展并非仅置于一契约上,而是置于若干契约上;于是整个故事被分为若干契约单元。各契约单元之间的相互关系,或重叠,或映衬,或因果,或涵盖等。当我们把这些关系分析清楚以后,整个故事的结构便在契约的定位显露出来而成为一整体。从这一整体上我们将进而探讨原作者所要传递的意涵(message),使骨肉相连。

(一)杜光庭《虬髯客传》

依照情节、时间顺序及文体需求,我们把全故事的一般结构简化如下:

甲、杨素与李靖的会晤——从"隋炀帝之幸江都也"至"收其策而退"——子。

乙、红拂女的私奔——从"当公之骋辨也"至"排闼而去"——丑。

丙、李靖、红拂女与虬髯客的冲突与认识——从"将归太原"至"促鞭而行"——寅。

丁、虬髯客与李世民的首次会晤——从"及朝入太原"至"公与张氏复应之"——卯。

戊、虬髯客与李世民的再度会晤——从"期访焉"至"吁嗟而去"——辰。

己、虬髯客贻赠家产给李靖——从"公策马而归"至"逐匡天下"——巳。

庚、虬髯客夺取扶余国王位,成就大业——从"贞观十年"至"沥酒东南祝拜之"——午。

△辛、作者的散文性议论总结——从"乃知真人之兴"至"岂虚然哉"——未。

△壬、补述——或曰卫公之兵法,半乃虬髯所传耳——介于寅巳之间。

在这故事结构中,除了壬条为补述外,情节顺序与时间顺序是平行的。补述一则，也可看做符合史才，"或曰"是传说性的资料。在情节甲中，我们碰到一契约或法作为此情节的中心。"踞床而见，令美人捧出。"是杨素自立的契约或法，于是每一要会见杨素的宾客便成了签约者，虽然这签约或法不为签约者所知。在这场合里，李靖便是这么一个签约者。但李靖迅即把这武断的契约或法破坏："公前挥曰：天下方乱，英雄竞起。公为帝室重臣，须以收罗豪杰为心，不宜踞自宾客。素敛容而起，谢公。"杨素把这武断的契约或法收回，避免了可能招致的惩罚，而李靖的对此武断的契约或法的破坏，并没有带来对自身的惩罚。有否报偿呢？红拂女的私奔于他或许可看做是报偿吧！

在乙条中，我们也碰到一契约或法作为此情节的中心。这契约或法就是社会上的道德伦理。立约者可假定是全社会人群。红拂女是杨素的歌妓，照社会上的道德要求，她不应私奔。但她私奔了，也就是此契约或法的破坏者，在这场合里，李靖可以说是一个引诱者，以他的不畏强权违反杨素自订的法而吸引了红拂女。当李靖接受了红拂女时，李靖同时也是这道德伦理的破坏者，对李靖而言，红拂女也是一个引诱者，以她的美丽、智慧与勇气。但在此我们得留意，他们并非为破坏而破坏，也不是为了邪恶的目的而破坏。他们了解、发现、自订新法。杨素"尸居余气"，不能有成，而这时又是英雄竞起的时代，他们要有所作为。

在情节丙中我们也可以发现作为此情节中心的契约。在此情节的前半中，礼貌就是此契约或法。立约者可说是最高的主宰或全体民众，而每一民众都是签约者。当李靖与红拂女客次旅舍，红拂女发长委地，立梳床前时，虬髯客却"投革囊于炉前，取枕欹卧，看张梳头"。虬髯客这种唐突与视若无人，可说是礼貌的破坏者。李靖对此礼貌的破坏不能容忍，怒甚。但红拂女接受了虬髯客对礼貌的破坏，趋前问好，终结拜为兄妹。此情节的后半，作为中心的是另一人性的自然法。虬髯客从革囊中取出一人头及心肝，以匕首切心肝下酒。没有源于人性的法会允许这种行为的。但对虬髯客而言，他认为一点也没错，因为这心肝是属于天下最负心者。他自订自己的法，天下最负心者的心肝是可以吃的。

在以上三情节中，旧法是被重新地考虑与评估，对旧社会反叛的心灵充分地表现出来。这反叛的心灵是这三位英雄所共有的。如以此作比较，我们发觉反叛的心灵，虬髯客强于红拂女，而红拂女又强于李靖。从历史的眼光来看，我们不难发觉，这反叛的心灵正是此故事发生的年代——隋末的时代精神的反映，也是这故事写作的时代——晚唐的时代精神的反映。然而，有一契约或法是不能违反、破坏的，那就是天命。虬髯客正追寻着这天命：看谁是真正的统治中国的未来君主？

情节丁及戊就是追寻这天命的过程。就此一意义而言，从情节丙中的"亦闻太原有异人乎"开始，与这情节丁及戊合成一契约单元。这契约是追寻天命。"望气者言太原有奇气"，是此天命的追寻线索；而李靖称李世民为异人，是一肯定。而虬髯客之两度会见是对此契约的怀疑、考验与证实。李世民的风采异乎常人，"不衫不履，裼裘而来，神气扬扬，貌与常异"，一副异人气象，虬髯客只好见之心死。虬髯客约同他的道友再观察，而李世民来时，"精采惊人，长揖而坐。神气清朗，满坐风生，顾盼炜如"。道士见到李世民的非凡风采，只好安慰虬髯客说："此世界非公世界，他方可也。"最后，虬髯客寻到了这契约、这天命，中国的未来君主不是他自己而是李世民。

情节己是这契约的发现后的结果之一。虬髯客知大事已无可图，便把所有的家产赠送李靖，以便他能帮助李世民。如此说来，情节丙自"亦闻太原有异人乎"始，各情节丙、丁、己为一契约单元。此契约为天命，是契约的发现。

情节庚是另一契约的完成。虬髯客不是中国的真天子，但他可成为他国的真天子。当他追寻前述的天命时，我们不难想象最初他以为自己可能是中国的真天子，后"望气者言太原有奇气"引起怀疑，而最终发觉李世民才是中国的真天子。而他自己也是天子的材料，因此他至他方来实现天命安排给他的契约，做他方的天子。于是他篡夺了扶余国而自立为王。这是另一天命的完成。天命安排虬髯客为他方君主也可认为是前一天命——李世民为中国真天子——的发现的后果。

在上述情节中，角色的安排很值得一提。由杨素而带出李靖，由李靖而带出红拂女，由红拂女而带出虬髯客，由虬髯客而带出李世民，由李世民而带出道兄；而且除了道兄为陪角，相当于巫师的地位外，后一角色出现，前一角色往往即失去了光彩。这样出场的安排应是相当不错的。

情节辛及壬是符合传奇的文体需求而存在的，与主情节的关联不密切。情节辛是全故事的散文性结语，是对全故事的总评："乃知真人之兴也，由英雄所冀，况非英雄者乎？人臣之谬思乱者，乃螳臂之拒走轮耳。我皇家垂福万叶，岂虚然哉。"这是作者要传递的意涵。作者杜光庭（850—933）处于唐末五代之时，他写这篇传奇的心态，当然是对即将来临或已来临的群雄割据有所指责。一方面指出真天子是天命所归，非草莽群雄所能存；一方面也希冀真天子之出现，早日太平。以免生灵涂炭，用心亦良苦矣。

（二）陈鸿《东城老父传》

此故事的一般结构如下：

甲、开场白式的总述——从"老父姓贾名昌"至"语太平事历历可数"——辛。

乙、贾昌父忠为大力士之故事——从"父忠"至"诏徙家东云龙门"——子。

丙、贾忠幼年及其成为神鸡童——从"昌生七岁"至"当时天下号为神鸡童"——丑。

△丁、时人对贾昌发迹之感叹——从"时人为之语曰"至"差夫持道挽丧车"——寅。

戊、贾昌中年的继续发达——从"昭成皇后之在相王府"至"谨于心乎"——卯。

△己、对斗鸡一事之议论——从"上生于乙酉鸡辰"至"上心不悟"——辰。

庚、政府的动荡与贾昌家道之衰落——从"十四载胡羯陷落"至"诀于道"——巳。

辛、贾昌皈依佛教及悟道后之生活——从"遂长游息长安佛寺"至"不复来"——午。

△壬、陈鸿祖问政于贾昌事——从"元和中"至"鸿祖默不敢应而去"——未。

在这故事中，开场白是对贾昌一生作一简短的综述，应是作者会晤贾昌之后；其余部分，情节顺序与时间顺序相符。丁条时人之语兼顾史才、诗笔、议论三事，它一方面可作为此故事的证词，一方面也是诗，内容亦议及斗鸡所形成的政治风潮。时人之语当在贾昌成为神鸡童之后，故其时间性得以确定。就故事的结构而言，可视作是丙条的议论性总结。己条是对斗鸡一事之议论，或可超越时空，但由于在结构上言，它是戊条的总结，也是庚条的伏笔，故其时间性亦因此确定。简言之，这两条文体上，对故事的进展不构成多大妨碍。

在情节乙及丙中，我们期待着某些关联。但可惜并没有因果或其他密切的关系存在。贾忠是"力能倒曳牛"的大力士，而贾昌却是"善应对，解鸟语音"；父子之间天禀实在相差太远，使人读来纳罕。在情节丙中，我们终于碰到了作为故事重心的契约或法。玄宗好斗鸡，治鸡坊，选六军小儿500人来教饲鸡群。

从此我们可推论出一契约：凡是深懂斗鸡的人当为君主赏识而飞黄腾达。贾昌有着解鸟语音的天赋，当然得被选为养鸡小儿；并因其独特天赋，而成为神鸡童。他教鸡非常出色："举二鸡，鸡畏而驯，使令如人。"他能指挥鸡像指挥人一样。因此，贾昌对玄宗所订的契约或法是完满地完成。结果，他是飞黄腾达了。

情节戊是这契约的继续完成，因此偿酬也是继续而来，以至贾昌夫妇获宠40年，恩泽不渝。在这意义上，情节丙与戊是不可分割的。

在情节庚中，这契约或法因国家的颠沛而消失了。于是，以前因完成这契约而得到的偿酬也消失了。结果，贾昌从兴旺的处境而陷于贫穷。在这意义上，我们认为情节丙、戊、庚形成一契约单元，中间插入因文体需要的丁及己。

在情节辛中，新的契约出现了。贾昌以前的繁荣生活是建之于斗鸡的契约或法上，现在此契约或法已消失，贾昌需寻求新的契约或法来支持他。这新的契约或法就是佛教。信仰佛教在假设上能得到内心平静甚至成佛。在这意义上，它是一契约或法。当贾昌悟道以后，他甚至否定了父子间的一般契约或法。他不顾念父子之恩情，不见他的孩子。在这意义上，对世俗的道德契约或法而言，他是一破坏者，对佛教的契约或法而言，他是一完成者。

从完成世俗的契约过渡到完成宗教的契约的过程是值得我们考虑的。完成世俗的契约，成为神鸡童，他获得的是世俗的快乐。完成宗教的契约，他皈依佛教并悟道，所获得的是宗教的欢乐。这皈依和悟道，我们可以认为是新契约的发现与完成。如果我们把宗教的快乐看做是作者要表达的人生最终目的，那么前面的世俗契约的完成以及世俗的快乐以及这世俗契约与快乐的消失，可视作是这宗教契约的发现与完成的必经过程。从某一境界过渡到另一境界，两境界之间，有一隔绝地带，那就是贾昌的颠沛流离的生活。这结构完全符合过渡祭礼的模式。如此说来，整个故事的结构是由两个契约单元所构成的一整体，是一典型的过渡祭礼模式。

情节壬只是一文体所需的尾巴，对情节不但毫无贡献，而且龃龉不合。陈鸿祖来找贾昌，聆听他对社会政治的批评。试想，一个已悟道而六亲不认的人，他会这样关心人间并像一个有心人那样地感概说："长安中少年，有胡心矣。吾子视首饰华服之制，不与向同，得非物妖乎？"与其说这段话出自贾昌之口，我们毋宁说是作者借贾昌之口道出作者自己对社会政治的批评。就结构而言，我们只能说这是败笔。

（三）李公佐《南柯太守传》

该故事的一般结构如下：

甲、淳于棼之落魄醉酒——从"南平淳于棼"至"仿佛若梦"——子。

乙、梦中于大槐安蚁国的政府生涯——从"见紫衣使"至"共度一世矣"——丑。

丙、槐树之发掘以证大槐安国为蚁国——从"生感念嗟叹"至"田子华亦寝疾于床"——寅。

丁、淳于棼因此梦而悟道及其死——从"生感南柯之浮虚"至"将符宿契之限矣"——卯。

△戊、作者李公佐亲晤淳于棼得编录此事成传——包含于卯中。

△己、篇末之议论——从"虽稽神语怪"至"蚁聚何殊"——

就基本结构而言，情节顺序与时间顺序平行，戊条的时间应介于丁条所包括的时间之中，李公佐晤淳于棼当在淳于棼未死之前。就契约单元而言，全故事只有一契约单元。这契约或法就是道，结构是发现此契约或法——悟道的过程，与过渡祭礼相符。情节甲是悟道的预先准备，是落魄与醉酒。淳于棼曾是裨将，由于使酒忤帅，斥逐落魄。这一落魄，使他对世俗的契约与法潜意识里有着怀疑。此情节中，酒字出现三次，即：嗜酒使气、使酒忤帅与纵诞饮酒为事。酒在此情节中占着一重要地位。在过渡祭礼的过程中，隔离为其中必然仪式，酒似乎就有着这地位，在沉醉中与尘世隔离。淳于棼就在沉醉中梦入大槐安国。

在情节乙中，所述大槐安国生涯是悟道的过程，是过渡祭礼中使过渡者进入新团体的仪式。借此一梦，让过渡者明了一生真谛。在槐安国中，淳于棼被招为驸马，出任南柯太守，后妻死而为国人所疑，被遣返人间，遂一觉而醒。以艺术观点言，值得注意的是槐安国中某些人物，如周弁、田子华等，皆为淳于棼在人间的朋友。这种安排，是强调或暗示所谓槐安国实即人间的寓言或缩影。正如传说中所谓："梦中倏忽，若度一世。"让淳于棼在梦中预演一生，以使其明了人生的真谛，使其悟此人生的契约。

情节丁便是叙述淳于棼因此梦而发现了此人生的真契约，因此发现而过渡至新的人生境界："栖心道门，绝弃酒色。"当然，我们会觉得这悟道后的境界，传说中描述得太简陋了。综言之，情节甲、乙、丁合为一完整的契约单元。此契约为人生契约，为人生的真义。此契约为主角所发现、完成。全故事结构与过渡祭礼相符。

至于情节丙，虽或对淳于梦的悟道略有贡献，但即使没有此情节，整个过渡祭礼的模式还是完整的。情节丙的贡献，与其说是结构上的，不如说是艺术上的。梦中大国与蚁国小丘，两两对比，一一认证，产生很强的艺术效果。如："中有小台，其色若丹。二大蚁处之，素翼朱首，长可三寸。左右大蚁数十辅之，诸蚁不敢近。此其王矣。即槐安国都也。"不啻予人当头一击，棒喝之下，便幡然醒悟了。当然，此情节也颇与"史才"有关，梦中无凭，而蚁丘则历历可指陈了。

情节戊是史笔的要求。证明此故事非道听途说，而是作者亲与故事的主角相晤，并一一印证，以确保此故事的真实性："偶觌淳于生梦，询访遗迹，翻覆再三，事皆摭实。"情节丁是道德性的尾巴，是符合文体上的议论："后之君子，幸以南柯为偶然，无以名位骄于天壤间云。"最后附录李肇之诗，既诗笔亦史笔。然而，二者皆与故事之结构无关。

（四）元稹《莺莺传》

该故事的一般结构如下：

甲、普救寺之围与张生、莺莺之认识——从"贞元中有张生者"至"愿致其情无由得也"——子。

乙、张生以情诗乱莺莺及其为莺莺所斥——从"崔之婢曰红娘"至"于是绝望"——丑。

丙、数夕后莺莺突自愿许身于张生——从"数夕"至"欲成就之"——寅。

丁、张生两度西下长安及莺莺的才华与心态——从"无何张生将之长安"至"明旦而张行"——卯。

戊、张生科场失利滞留长安及莺莺来信、杨巨源诗、元稹《续会真诗》等——从"明年文战不胜"至"张志亦绝矣"——辰。

己、张生之绝莺莺及其辩解——从"积情与张厚"至"坐者皆为深叹"——巳。

庚、张生、莺莺各另婚嫁——从"后岁余"至"绝不复知矣"——午。

△辛、时人及作者对此事之批评——从"时人多许张生为善补过者"至"为之者不惑"——未。

△壬、作者自述故事之来源及其命篇经过——从"贞元岁九日"至"公垂以命篇"——申。

在此故事中，情节顺序与时间顺序是平行的。此篇中，文体上的史才、诗笔、议论的需求占篇幅甚多。情节辛是时人的批评及作者的批评，则其事必为真，故亦可视为史笔。情节壬是纯粹的史笔，作者言明其自李公垂处获悉此故事，而非杜撰者。在其他诸情节中，插入史才、诗笔、议论之处非常多，但这些插入与情节之发展略有关联。如情节乙中的"明月三五夜"，一方面是诗简，一方面也是情节上不可缺少的一部分。情节丁中莺莺对其献身的议论至为感人。其词谓："始乱之，终弃之，固其宜矣。愚不敢恨。必也君乱之，君终之，君之惠也。"这一方面是议论，一方面也泄露了莺莺的心怀，一方面也暗示了情节上的发展。至于情节戊中莺莺的来信、杨巨源诗及元稹《续会真诗》，与其说情节上有关，不如说是作者在炫耀他的诗笔。虽是诗笔，但对全故事而言，毫无艺术效果的贡献。己条中张生对其弃绝莺莺的辩解，实使人齿冷。其谓："大凡天之所命尤物也，不妖其身，必妖于人。"这使人信服吗？既如此，又何必始乱之？如张生之弃绝莺莺可称为善补过，女人的命运实在太令人可怜了。读罢莺莺传，诗者宁同情莺莺而齿冷于张生吧！

要充分了解《莺莺传》，我们不得不提出此篇写作上的转位。原来此篇所写，实是进士与娼妓的恋情小说，而作者却要写成一个仕场失意者与名门闺秀的恋爱。但这一转位并不完全成功，留下许多窒碍不通的地方。故事的开头把莺莺写成一个名门闺秀，到后来又竟把她看做是妖人的尤物；张生在故事中是一个始乱终弃的风流坏蛋，但在议论中却又被誉为善补过，战胜妖人。如果我们点出了莺莺本身只是一名娼妓，那一些矛盾都迎刃而解了。在故事中发生不肯行媒而正娶莺莺的事，而辩称纳采问名须三数月，恐怕已先为情死。这辩解是不通的。莺莺突然于夜间由红娘敛衾携枕而捧至，献身于张生，于情理上也是不通的。张生弃绝莺莺所假借的"大凡天之所命尤物也，不妖其身，必妖于人"，也是不能使人首肯的。说通了就是莺莺原为娼妓，张生不愿行媒娶她，而莺莺以娼妓的身份与张生夜宿。另外，故事中谓张生文战不胜，我们也不妨置疑。我们不妨假设，张生高中了，要娶名家女，因此就把莺莺弃绝了。故事中的含糊不通，往往由于这转位的不成功，以及作者不敢自泄实情之故。此外，书中人物的性格前后不一致，在最初的介绍中，张生是"内秉坚孤，非礼不可入"，但他一见到莺莺，即"稍以词导之"，然后向红娘提出他的阴谋。这阴谋一定很可耻，以致红娘"惊沮，腆然而奔"。其后张生竟假天命尤物不妖其身必妖于人之辩词弃绝莺莺，并得誉为善补过者，充分揭露出这风流文人的恬不知耻。莺莺是一娼妓，如果呼之即来，总觉于名士之自尊有损；故把莺莺写成贞慎自保的

唐传奇的结构分析 | 253

女子，愈觉其可贵，以满足其幻想的虚荣心。真是可笑。

如果我们把这些烟雾扫去，恢复莺莺的娼妓身份，那么，作为此故事骨髓的道德契约，是名士与娼妓的关系。如此，故事中一切窒碍不通的地方都可迎刃而解了。在当时的道德契约里，娼妓是供玩弄的，张生幡然醒悟，弃绝莺莺，当然是被目为善补过者了。但此传奇既把莺莺写成名家女子，本文就以此论述。

情节甲是安排故事中两主角碰头的机会。他们是契约中的人物，他们碰头才使契约得以成立。但我们得注意，这情节在故事结构上的贡献，是写出了二主角的假想性格：张生是非礼不入的人，而莺莺是贞慎自保的人。照理他们不应做出违反礼教的事，但他们竟做出了，可见双方的吸引力都极强以至不能自守。这契约是什么呢？就是礼教，就是不可逾越的男女阃防。情节乙中，张生是这道德契约的破坏者，他试图用情诗挑逗莺莺，而红娘也是一个助虐者。莺莺严正面斥他，是道德契约的维护者。在情节丙中，莺莺突然自愿献身于张生，前面我们已指出不通，现在只好假设张生的情诗在某一程度上确实打动了她，愈有才情的人愈重感情。对方既有情于己，不惜献身于他。前面的严拒是理智地维护道德契约，这回的献身是有感于其情，感情破坏了道德契约。至此，二人都成为道德契约的破坏者。但这道德契约的破坏有程度之别，也可有某程度的补救。在情节丁中，莺莺说："始乱之，终弃之，固其宜矣。愚不敢恨。必也君乱之，君终之，君之惠也。则没身之誓，其有终矣。"这道德契约的破坏，据莺莺的估计，通常是带来男子抛弃女子的悲剧命运。如果男子愿意负此责任，虽始乱之，而终相结合，也未尝不是前面道德契约的破坏的补救。另一方面，原道德契约的坚持与完成亦有其困难的一面，莺莺在情节戊中的信笺说："儿女之心，不能自固。君子有援琴之挑，鄙人无投梭之拒。"男女阃防的道德契约，是为维持社会伦理而立，有其合理的一面，理智上应遵守；但在人性上却未必人人能坚守。莺莺指出了这男女阃防在人性上的困难，眼光是锐利的，恐怕只有充满才情与人生经验的女子才能体会及此吧！所以莺莺所提出的"必也君乱之，君终之"的见解，实是这缺乏人性基础的男女阃防的一种人性的补救。但张生如何呢？张生竟假尤物不妖其身则必妖于人的美名把莺莺抛弃了。于是这道德契约完全破坏，毫无补救的机会了。张生之被誉为善补过，我们已指出是因为莺莺原是娼妓身份之故。如果尤物不妖其身则必妖于人的看法真被视为善补过，则是政治上的考虑胜于男女恋爱甚至名节的考虑。"尤物不妖其身则必妖于人"可看做是一基于政治立场的社会契约或法。这政治契约与莺莺提出的道德契约的补救法相冲突,而政治契约终于被优先考虑而完成。情节庚是这些契约破坏与完成的后果,张生与莺莺各自嫁娶了。问题是他们幸福吗?从莺莺诗中"自从消瘦减容光"一语,我们或可猜出她的憔悴。如此说来,男女阑防被破坏后的女性签约者命运是悲剧的,如果男方不拟作始乱而终婚的补救。就张生而言,他破坏了男女阑防的契约,又不肯接受补救的契约,照理也应接受惩罚;但他却在另一契约——基于政治考虑的契约——的掩护下自保,而被目为善补过者。从这种偿酬与惩罚的差异,我们不难窥见唐代男女的不平等。莺莺的悲剧下场只获得"于时坐者皆为深叹",只获得"称异",真使我们深叹称异。当莺莺嫁后,张生尚欲见她。其用意何在,固不得而知,最少,张生仍可能有破坏另一道德契约的企图,而莺莺经此教训以后,不敢再轻易破坏道德契约,以免张生再善补过了。

简言之,本故事以男女阑防的道德契约为骨髓。此道德契约源于传统而与人性略有冲突。契约因人性之故,因"男女之心不能自固"之故,往往会被破坏。但可有补赎之法,那就是始乱而终婚。此男女阑防的道德契约遭破坏,男女又不作补赎时,对女方而言注定是悲剧;换句话说,道德契约的破坏带来惩罚。就男方而言,照理也应如此。但由于社会契约很多,这道德契约如果与其他较优势较受重视的契约相冲突,道德契约的惩罚变得无法施行。如张生以尤物不妖其身必妖于人为由,以政治祸害作首要考虑而不肯履行道德契约破坏的补赎,而居然被目为善补过者。本传奇中,史才、诗笔、议论的插入特多。但其中某些插入对故事结构的发展有所贡献。传奇中某些情节来得晦涩,使结构不彰,是由于莺莺的身份或原为娼妓,今转位为名家女,作者不肯真实描述,而转位又不成功之故。

(五)李朝威《柳毅传》

该故事的一般结构如下:

甲、柳毅遇龙女于泾渭途中,得悉龙女为其丈夫所弃,答应龙女报信于洞庭龙君——从"仪凤中"至"至邑而别其友"——子。

乙、柳毅入洞庭湖见洞庭君及钱塘君救出龙女并欲柳毅与龙女结缡——从"月余到乡还家"至"至其家而辞去"——丑。

丙、柳毅先后娶张氏、韩氏皆亡,后又娶卢氏女。此卢氏原来即是龙女——从"毅因适广陵宝肆"至"妻因深感娇泣,良久不已"——寅。

丁、柳毅因龙女之故而成仙——从"有顷谓毅曰"至"莫知其迹"——卯。

△戊、薛嘏遇其表兄柳毅于洞庭——从"至开元末"至"嘏亦不知所在"——辰。

△己、作者李朝威之批评——从"陇西李朝威叙而叹曰"至"为斯文"——巳。

在这故事中，情节顺序与时间顺序是平行的。文体上所需求的史才、诗笔及议论多附入故事中，并不能独立起来。如情节乙中所载水神之论火经，情节丙中龙女之论报恩及婚姻，情节戊中柳毅诫薛嘏无久居人世以自苦诸语，皆可视作文体上所需之议论之笔。情节乙中洞庭君、钱塘君、柳毅之赋诗，可视作文体上所需之笔。这些议论之笔是故事中的一部分，但并非全属必需。情节则纯是议论，是道德性的尾巴，是作者对全故事意义的分析。

从契约定位来论其结构，则此故事的总结构建立于龙女与柳毅的契约上。此契约于情节甲中即明白道出，龙女要求柳毅向洞庭君报告她今日的被弃处境，而柳毅答应了。如此，此契为报信，立约者是龙女，签约者是柳毅。在情节乙中，柳毅把这契约完成了。接着来的就是契约完成后的偿酬，洞庭君赠柳毅许多珍宝。但这偿酬尚不只此，延伸至情节丙：龙女化作人形，在人间为卢家女嫁于柳毅并为他生一子。更延至情节丁，柳毅因龙女之故，得长生不死而永住洞庭。情节戊对全故事的结构而言，是证实柳毅之成仙，是富有史笔成分的。因此，所有的情节归结于此一契约中而成为一总体。

但在这一总体中，尚包含着几则其他的契约，支持着此总体中某些独立的细节。在情节甲中，我们碰到的是婚姻契约：龙女与泾川次子的婚姻。但泾川次子破坏了这契约，把龙女遗弃。这破坏契约的结果是惩罚，在情节乙中实施，钱塘君把泾川次子一口气吞了。这惩罚是最严重不过了。在情节乙中，我们又碰到一单方提出而又收回的契约，那就是钱塘君提议把龙女嫁给柳毅以作答，"使受恩者知其所归"。这契约的提出是具有若干道理的，但可惜钱塘君提出此契约的方式带有威胁性："如可，则俱在云霄；如不可，则皆夷粪壤。"因此，柳毅俨然拒绝说："不顾其道，以威加人，岂仆之素望哉。"柳毅是不为威势所迫的。钱塘君自知其失，便把此契约收回，而毅与钱塘君，遂为知心友。虽然钱塘君把这契约收回，避免冲突，但事实上却错过了一个姻缘的良机了。而柳毅对此契约之收回，亦有叹恨之色，因提出方式的不宜，使得契约收回与被拒绝造成两方的损失，是可惜的。幸而，后来龙女化作卢家女，得完成柳毅结婚之愿。此一方面是柳毅与龙女所订契约的完成的偿酬之一，一方面也是钱塘君的婚姻契约提出方式不宜以致不能建立的补救方法。简言之，报信契约为全故事的总结构，龙女与泾川次子之婚姻契约及钱塘君提议的柳毅与龙女间的婚姻契约统摄于其中。

六、余 话

在上述单篇的分析中，我们得以窥见契约定位的结构分析用于传奇的实际情形，应用的广度是无可置疑的。经过此分析后，传奇的结构在契约的定位下显得较为清楚，几乎是脉络分明。本文的目的即在此。但这以契约为定位的结构主义是否可应用于较繁复的长篇巨著？这样的研究方法与其他研究方法有何不同或关联？传奇这一文体除受温卷影响外尚有无其他决定性的继承？这些都是很有意义的问题。本文既论传奇，就借便在此作一简单的论述。

我们前面已证明契约是人文现象的骨髓，那么，所有人文现象几可归结到契约的形态上。长篇小说所处理的既也是人文现象，一如传奇，当然也可归结到契约上。当然，我们分析长篇巨著时，无法像分析短篇幅的传奇那么丝缕细分，把所有契约都抽出。我们可把支持整部长篇巨著的重要契约寻出，然后分析其相互关系所组成的总结构。事实上，在前述五篇的分析中，对《虬髯客传》里的契约我们几乎都一一寻出并分析了，但在《南柯太守传》及《柳毅传》中我们只分析了作为全故事骨干的重要契约，而把其他毫不足道的契约置之不理了。我们实在不宜抱着有机体论的乐观而理想的看法，以为每一小说必为一不可分割的有机体，必须每一契约都寻出分析才算完成。事实上，以人为论，有些器官失去了能力，人未必即必然死去。对长篇巨著的结构而言，我们亦应作如是观。

也许有人会埋怨说这种所谓以契约定位的结构分析与主题分析（thematic study）没多大分别。我们会这样回答：主题比较抽象，难以捉摸，而契约则历历可寻。我们可以说，契约定位的结构分析提供了稳固的细节可一一指陈证实的基础，有利于主题分析，事实上，前面的单篇分析中，我们已把结构分析与主题分析合并，我们一再强调作者要传递的意涵，其理即在此。结构分析事实上没法完全抽离于其他意义性的分析。所谓结构分析，不过是声明重点置于此。没有骨，如何讲骨架？没有意义，没有母体，如何讲结构？

对于传奇所受的决定性的影响，除温卷外，也许是《史记》中的纪传体。陈寅恪于《元白诗笺证稿》一书中，即窥破其中秘密。他指出韩昌黎的《毛颖传》及元微之的《莺莺传》等小说传奇，即是以太史公书及《左氏春秋》的文体来写。唐传奇受到历史文体的影响殆无疑义，这正符合温卷中的"史才"，并且，我们前已指出"传奇"之传字即有"传记"之义，而且传奇中小说多以"传"字命名。传奇受《左氏春秋》的影响或有，但非直接的；我们宁愿说传奇受到《史记》的纪传体影响，尤其是列传部分，纪传体以人为骨干，传奇小说亦如是。就文体而言，列传中的诸篇皆几可视作传奇，而传奇中的诸篇亦几可视作列传；只是主角一为真实，一为虚构；一为显赫人物，一为泛泛众生。而所传奇之事，一为严正，一为婉奇而已。在此，笔者愿以《史记》中列传的首篇《伯夷列传》为例。

当未进入伯夷本传以前，太史公即发表一议论，讲述古史之难窥。在其中，论及许由轶事的真实性时，太史公以其亲历所见作证："余登箕山，其上盖有许由冢云。"这可视作传奇中"史才"的滥觞。在进入伯夷叔齐的生平时，太史公引述孔子"伯夷叔齐，不念旧恶，怨是用希，求仁得仁，又何怨乎"的话，这一方面可证伯夷叔齐的真实性，一方面也是对伯夷叔齐生平的一种评估。在伯夷叔齐生平的叙述中，二人及饿且死时，作有采薇之歌："登彼西山兮，采其薇矣。以暴易暴兮，不知其非矣。神农虞夏，忽焉没兮，我安适归矣。于嗟徂兮，命之衰矣。"此采薇之歌可视作是唐传奇中"诗才"之先河。由于孔子"求仁得仁又何怨"的评估与此逸诗中"命之衰矣"的怨恨，太史公紧接着伯夷叔齐后即发表其议论，议论伯夷叔齐二人是否有所怨恨以及随之而来的人生问题。这议论可视作传奇中以议论作总结性道德结尾的典范。就文体而言，《史记》中的列传与唐传奇实息息相通。

在此，顺便提提古文大家所写的传记文学。翻开唐代古文大家的文集，我们发觉有许多以"传"以"说"名篇而以个人为骨干的故事，如韩愈的《毛颖传》《圬者王承福传》，柳宗元《种树郭橐驼传》《捕蛇者说》等。称为"传"是因为传记，称为"说"是因为主角往往说一番道理。这"说"实可与《东城老父传》贾昌的批评时政相提并论。当然，这种写作方法我们可追源至庄子的寓言体，最显著的例子莫过于《养生主》庖丁释刀对曰的一番道理。笔者把唐古文大家这种"传"与"说"两合的文体称为"传（ㄓㄨㄢ）说"体小说。在传说体中，作者与其说所重在"传"，毋宁说所重在"说"。宋洪迈说："唐人小说不可不熟，言事悽婉欲绝，间有神遇而不自知者，与诗律可称一代之奇。"①胡应麟说："变异之谈，盛于六朝，然多是传录舛讹，未必尽幻设语，至唐人乃作意好奇，假小说以寄笔端。"②综合而言，悽婉欲绝、作意好奇指其艺术言，寄笔端指作者要传递之意涵言。二者为传奇二而一的骨干。"传说"体小说偏重于笔端，忽略小说艺术，故事既不悽绝，亦复不奇特。这就是传奇与"传说"体小说的分野。笔者在此提出一疑问以作结：我们讨论唐代小说时，不及古文家所特重寄笔端的"传说"体小说，是否有所缺失呢？

---

① 引自刘开荣：《唐代小说研究》，台北商务书局1966年版，第1页。
② 引自孟瑶：《中国小说史》，台北传记文学出版社1960年版，第67页。

素女为我师：中国文学中性爱主题的升华形式

叶舒宪

本文从圣婚仪式这个世界性的象征活动出发，探讨中国文学表现性爱主题的一种升华的形式：男主人公在幻境中与超自然的女导师相会，后者为他实施性的或生命的启蒙。

一、圣婚仪式留幻梦：从母神、女神到神女

圣婚（神婚）是人类学家从史前和早期文明社会中发现的一种较为普遍的宗教仪式行为。弗雷泽《金枝》第十二章是专门讨论神婚礼俗的著名篇章，其开篇写道：

> 我们已经了解了那种广泛流传的信念，即：植物通过雌雄两性的性的结合来繁殖，根据顺势或模拟巫术的原则，这种繁殖是由植物精灵雄雌两性（或由男人女人扮演）婚嫁交配刺激的结果。这种巫术性的戏剧在欧洲民间节日中占有重要地位。由于它们根据的是非常原始的对自然法则的概念，所以它们一定是从远古时代就流传下来的。①

圣婚仪式在世界各地的表现形式大同小异，成为上古文学和戏剧艺术等活动发生的一种温床。这就给古文化研究提供了重要的启发。著名的中东考古学家、苏美尔研究专家克拉莫尔（S. N. Kramer）受此启发而撰写出专著《神婚仪式》（*The Sacred Marriage Rite*），以苏美尔、巴比伦文化为重点，全面论述了圣婚仪式在上古社会的政治生活和意识形态中的作用，以及它在诗歌和神话中留下的影响。克拉莫尔指出，这种仪式活动在古代近东地区流行两千多年，其背后的观念是简单而诱人的：为了让人民繁荣幸福、人丁兴旺，国王与激情洋溢的生

---

① 弗雷泽：《金枝》，徐育新等译，中国民间文艺出版社 1987 年版，第 212 页。

殖和丰饶女神结婚是其荣幸的义务。女神不仅是迷人的，而且直接掌握着土地的生产能力，以及人与动物子宫的孕育力。①

"神婚"的图像叙事：维也纳古建筑的景观雕塑

克拉莫尔还论及圣婚仪式与《雅歌》的关系，认为《圣经·旧约》中作为犹太教圣典而保留下来的爱情诗也是当时希伯来人圣婚仪礼的产物，其男女对话的模式便是显著的证据。②

日本学者中钵雅量的《中国的祭祀与文学》一书，是较早地借用人类学家的圣婚仪式概念考察中国上古文学的成功实例。该书第六章探讨了《诗经》中的神婚仪礼，其作为丰收预祝祭的性质，以及其对"桑中"男女幽会习俗的导源作用。第七章又专门探讨了神婚仪礼在叙述文学中的原型功能，从神婚礼仪到神婚故事的必然过程。③

仪式研究是20世纪文化人类学的重要进展和丰收领域之一，仪式学派的出现给西方传统的古典学（指古希腊、罗马文学和文明）研究和神话研究带来怎样的震动和影响，我们只要看一看20世纪前期崛起的"剑桥学派"的丰硕著述，以及在20世纪结束之际问世的当代神话理论家西格尔（R. A. Segal）博士编的厚达500页的大书《神话与仪式理论文选》（*The Myth and Ritual Theory: An Anthology*），就可以了解其大概了。该书旨在对一个世纪以来围绕着仪式派的神话观所展开的争论、所取得的实际成果和理论进展情况进行全面总结。书中最具匠心的部分是在仪式派理论广泛应用实践基础上提出的"理论改造"（第六部）和对其价值的重估部分（第七部）。看来，迄今为止探讨仪式学派理论与方法在神话与文学研究中应用的最好读物，非此书莫属。④本文便是借鉴以上学者的论述，从圣婚仪式角度重新探讨中国古代文学中爱情主题的一种升华形式，以此

---

① S. N. Kramer, *The Sacred Marriage Rite* (Indiana University Press, 1969), p. 49.
② S. N. Kramer, *The SacredMarriage Rite* (Indiana University Press, 1969), pp. 84-88.
③ 中钵雅量：《中国的祭祀与文学》，东京创文社1989年版。
④ R. A. Segal, ed, *The Myth and Ritual Theory: An Anthology* (Malden: Blackwell Publishers, 1998).

作为对拙著《高唐神女与维纳斯：中西文化中的爱与美主题》①的补充。

关于圣婚仪式在中国上古的存在形态和起源时间，《高唐神女与维纳斯》一书已有初步论证，我认为商代甲骨卜辞中的"遘祭"便可视为圣婚仪式的类似形式。其时距今三千多年。而伴随着集体的两性行为（或为象征的，或为实际的）的"高禖——三月三"一类仲春祭俗则是其典型的置换形态。近有学者将东北最流行的民间表演二人转的原型追溯至远古圣婚仪式，并提出辽宁牛河梁新石器时代女神祭坛便是史前居民举行圣婚仪式的现场，距今已有五千年。②不论这一大胆假说会招致怎样的争议，我们都可以从中得到足够的启发，意识到从圣婚礼仪角度探讨文艺现象之本源是有广阔思考空间的。

牛河梁女神庙玉睛神像

伴随着文明的展开过程，从原始的功利性、巫术性仪式表演，到纯文本的文学置换，性爱的实际活动主要沿着象征化和梦幻化的方向，转化为虚构性的叙述或针对特定情境的咏叹。仪式的女主人公则从地母、生殖母神演化为性爱女神、美神、美女、神女、游女等。直接的两性间的诱惑、挑逗和交合的表现也相应的升华为梦中的期会或邂逅，可望而不可即的期盼，"在水一方"型的咏叹等。从《诗经》的"伊人"、"游女"到《楚辞》的"求女"和"香草美人"，中国文学中的爱情主题的一种特定表现传统就这样在圣婚仪式主题的改造和升华中逐渐形成了。下面要探讨的是以虚构性叙述的最常见模式：女神或神女作为神秘知识的掌握者和传授者，为男主人公发蒙解惑，或在相当程度上决定主人公未来的命运升降。

二、西王母与周穆王

西王母是上古神话中声名最显赫、叙述故事最完整的女神，后来被道教神话所吸收利用，直到明代《西游记》这样的神幻小说中，依然时常出场亮相。

---

① 叶舒宪：《高唐神女与维纳斯：中西文化中的爱与美主题》，中国社会科学出版社1997年版。
② 杨朴：《二人转与东北民俗》，吉林人民出版社2001年版。

从起源上看，我在《高唐神女与维纳斯》一书中把西王母的前身追溯到商代甲骨卜辞中的"西母"，即具有地母身份的"大母神"。当时由王室举行定期的祭祀仪式，用大量的实物牺牲来祭拜这位西方的圣母（与之在方位上对应的是"东母"，后世改变性别成为东王公）。

在周代以来的神话中，西王母作为男性主人公神秘的精神导师的形象逐渐形成。《穆天子传》讲述周穆王西征寻访西王母的故事，成为一半是历史、一半是神话的典型作品，乃至有人将它看做中国汉族的上古史诗，也有学者称之为"中国第一部小说"[1]。这就充分表明周穆王故事的虚构性。其实，现在的西王母神话已经提供了历史传说《穆天子传》的虚构原型：西王母作为神秘知识的唯一拥有者和启蒙者，男性大英雄后羿就曾跨越千山万水到昆仑山顶来向她求教长生不死的秘诀，而且居然如愿以偿地从她这里拿到不死药。若不是有意想不到的嫦娥窃药举动，男性英雄后羿本可以掌握长生不死的诀窍。

与后世道教的求仙主题相应，把不死的期望寄托于男女双修的实践，可以视为圣婚仪式的另一种遗留形式。且看唐代诗人李贺的《马诗二十三首》之七：

西母酒将阑，

东王饭已干。

君王若燕去，

谁为拽车辕？

王琦注：《太平广记》："金母者，西王母也；木公者，东王公也。此二元尊乃阴阳之父母，天地之本源，化生万灵，育养群品。木公为男仙之主，金母为女仙之宗。长生飞化之士，升天之初，先觐金母，后谒木公，然后升三清朝太上矣。燕即宴字，古通用。昔周穆王得八骏之马，驰驱万里，遂宾于西王母，觞于瑶池之上。今既无此马，君王即欲赴宴而去，谁为拽车而往乎？"[2]

周穆王一生好巡游，但他并非司马迁所说的那种读万卷书、行万里路的纯粹求知者。他是踏着后羿的足迹而去寻访西王母的，他出游的目的当然也是寻仙求道，获得超越凡人的不死特权。所以后人按照"五岳寻仙不辞远，一生好入名山游"（李白诗句）的思路看待周穆王会见西王母的传说，也就在情理之中。

从文化渊源上看，"游王"和"游女"的母题都十分古老。[3]美国考古学家、

---

[1] 许倬云：《西周史》（增订本），三联书店2001年版，第190页。
[2] 王琦：《李长吉歌诗汇解》卷二。
[3] 参看佐伯顺子：《游女的文化史》，东京中央公论社1987年版。

汉学家吉德炜指出，商代甲骨卜辞中反映的情况表明，商王并非常年居住在王都，而是长时间出游在外的。卜辞中数量最大的一类是"（王）田猎+地名"的形式，似乎不仅是记事，而是显示权力的一种方式。"国家权力是伴随着王和他的占卜师而游走的"。第五期卜辞显示，最后一任商王征伐东南地区的人民，竟有三百多天不在都城。此类情况可以说明一种"游动中的王朝"的存在。"商王的国家观念取决于他旅行的界域，以及他如何显示他的旗帜、扎营、占卜、祈祷和献牲。"吉德炜得出结论说：王者就是往者，即游走世界的人。中国文学中仪式性的巫术游走主题便发源于此。① 对此我要补充说，通过远途跋涉而寻找神秘知识（如不死之方等）的文学叙述模式来源于史前社会中最流行的仪式活动——启蒙仪式（又叫成年式、通过仪式）。而圣婚仪式中也常常伴有国王游行的程式。著名比较神话学家坎贝尔《千面英雄》一书中归纳出的英雄叙事的普遍模式便由"启程（出游历险）—启蒙式（被女神传授秘密）—回归"的三段式构成。《穆天子传》在结构和主题方面整合了启蒙仪式与圣婚仪式的双重要素，与上述三段式大致吻合，只是女神所传授的秘密知识的内容未在表层叙述中明示，只能从深层的象征意义上去理解，那就是与女神的结合。如坎贝尔所说："和世界女神王（the Queen Goddess of the World）的神秘结婚象征着英雄对生命的全面掌握；因为女性就是生命，英雄是生命的知晓者和掌握者。"② 西王母在神话幻想中总和不死的知识联系在一起，她本身就是生命与再生的象征。洞悉这一层蕴义，周穆王不辞艰险西行万里的目的也就明确起来了。

据《穆天子传》的叙述，穆王幸会西王母时，二人有对歌的情节。西王母作歌，歌曰：

　　白云在天，（天上白云飘飘）

　　山陵自出。（它们出于高低的山陵）

　　道里悠远，（你不远万里来访）

　　山川间之。（千山万水道路阻隔）

　　将子毋死，（倘若你能长生不死）

　　尚复能来。（希望下次能够再来）

周穆王当即答歌一首，歌曰：

---

① David N. Keightley, *The Late Shang State: When, Where, and What in The Origins of Chinese Civilization* (University of California Press, 1983), p. 552-533.

② J. Campbell, *The Hero with a Thousand Faces* (New York: Meridian Books, 1956), p. 120.

予归东土，（我回归东方）
和治诸夏。（治理华夏国家）
万民平均，（万民安居乐业）
吾顾见汝。（我就会再来见你）
比及三年，（三年之后啊）
将复而野。（我还要再来你的国度）

从"毋死"和"复来"这两句双关的歌词里，不是隐约透露了神秘知识传授的内涵吗？

在这个三千年前二人对歌的场景中，男性一方是王，女性一方是女神、帝女，正符合圣婚仪式对主人公身份的要求。在圣婚仪式上，女神通过仪式行使为男主人公启蒙的功能，在故事的框架中也是依稀可辨的。而仪式上男女双方相互诱惑、相互夸耀身体和性器官的诗句，在此经过过滤改造，已经完全升华为无限缠绵的相约之辞。

由于把神话当做历史来看，近代以来不少西方学者认为西王母是外国女王。顾实先生以为西王母所作的诗歌是汉语的，所以她也应是汉人。①萧兵先生更进一步认为，西王母是从汉邦中远嫁到域外异族的公主，实为王昭君出塞的原型。②这些历史化的观点未能区分文学虚构与史实的差别，自然不会追问文学叙述的宗教仪式原型。如果我们参看一下比较神话学家归纳出的英雄神话的普遍模式化叙述，对此差别就能有较深切的理解。《千面英雄》所论三段式的第二段"被传授奥秘"中，有"与神女相会"母题：

> 克服了所有的障碍和妖魔之后，终极的冒险通常表现为胜利英雄的灵魂和世界女神王的神秘结合。这是一个发生在天底、天顶、世界的边缘、宇宙的核心，或在神圣的庙宇，或在内心幽暗的最深处的关键时刻。③

无论是神话中的后羿，还是传说中的周穆王，都是在经历了凡人无法逾越的艰难险阻和长途跋涉之后，来到"世界的边缘"处，才有可能遇见西王母的。后羿的启蒙是获得常人不可及的不死药；周穆王似乎只得到西王母的一句"将子毋死"的祝词。从苏美尔圣婚仪式上女神的歌词看，祝词也是一种常见的对歌方式。

---

① 顾实：《穆天子传西征讲疏》，中国书店1990年版，第42页。
② 参看叶舒宪、萧兵等：《山海经的文化寻踪》，湖北人民出版社2004年版，第1240—1244页。
③ J. Campbell, *The Hero with a Thousand Faces* (New York, 1956), p. 109.

三、瑶姬与楚王

　　碧丛丛，高插天，大江翻澜神曳烟。楚魂寻梦风飓然，晓风飞雨生苔钱。瑶姬一去一千年，丁香筇竹啼老猿。古祠近月蟾桂寒，椒花坠红湿云间。

　　这是李贺名诗《巫山高》全文，追念的是一千多年以前楚襄王在巫山寻梦神女的故事。此外，李贺的《荣华乐》《兰香神女庙》也提到瑶姬，还有《湘妃》中的"巫云蜀雨遥相通"，《神玄别曲》中的"巫山小女隔云别"等，一次又一次地写到巫山神女。

　　李贺是中国文学史上最引人注目的想象天才，素有"鬼才"之称，死时年仅27岁。是什么样的缪斯牵引着这位少年诗人的灵感呢？翻翻《李贺诗集》就会看到，诸如玄女、素女、西王母、女娲、嫦娥、湘夫人、瑶姬等等，上古神话的所有著名的女神和神女几乎一应俱全地呈现在李贺为数不太多的诗篇中。诗人被压抑的性爱欲望幻化为怜香惜玉的咏叹和种种空灵飘渺的美幻虚拟现实。他的诗在某种程度上充当了他治疗精神创伤的良药，超离现实挫折和苦闷的工具。这些幻想中的女性存在如何能让年轻的诗人跨越时空限制，把欲望提升为精神，再让精神遨游宇宙的呢？英国诗人兼神话学家格雷福斯曾撰写大著《白色女神》，从古典神话的幻想世界寻找英国诗人的灵思之源。[①]相应的，我们只要回顾一下李贺笔下的神女瑶姬的典故，就可以大致窥测到诗人潜意识中的创作动力之一源了。

　　据宋玉《高唐赋序》注引《襄阳耆旧传》："赤帝女曰瑶姬，未行而卒，葬于巫山之阳，故曰巫山之女。楚怀王游于高唐，昼寝，梦见与神遇，自称巫山之女，王因幸之。遂为置观于巫山之南，号为朝云。后至襄王时，复游高唐。"高唐神女作为处子主动与出游的楚王发生云雨之情，这个艳遇式的故事虽然是发生在楚王的白日梦中，却依然给后代的人们留下巨大的吸引力，使包括李白、李贺、李商隐在内的大批诗人津津乐道。李白《感兴八首》有云："瑶姬天帝女，精彩化朝云。宛转入宵梦，无心向楚君。"在这样一场白日梦似的艳遇传奇中，

[①] R. Graves, *The White Goddess* (New York: Octagon Books, 1972).

值得注意的是男女主人公的身份，男方为王，女方为神女。那么这是不是将古代现实的圣婚仪式转化到文学的梦境中了呢？如果这种特殊身份人物的性爱结合伴随着给男主人公启蒙的意义，那么答案就应是肯定的。

好在《高唐赋》结尾处的几句透露出这一层意思："盖发蒙，往自会。思万方，忧国害，开圣贤，辅不逮。九窍通郁，精神察滞，延年益寿千万岁。"我在《高唐神女与维纳斯》中把这种"发蒙"作用解释为性爱的精神启悟功能，它不仅催生出中国叙事文学中"以情悟道"的表现传统，而且为性梦文学开了先河。不过，当时对末句"延年益寿千万岁"未加留意。现在，与周穆王、西王母的对歌相对照，可以看出，俗间男子与神界女性的相会常常带有超脱

中国文化中的神女想象：傅抱石《湘夫人》，摄于北京保利艺术博物馆

现实束缚、追求长生的意蕴。"以情悟道"的主题自然导向"成仙得道"的主题。

瑶姬的这种启蒙导师身份，在后来产生的帮助大禹治水成功的云华夫人传说（见杜光庭《墉城集仙录》卷三）中，就更加明确和突出了。只是神婚的性内容被完全升华了，成仙得道或求长生的主题置换为追求建功立业的主题，圣女与俗男之间的关系有如九天玄女和宋江的关系。

随着时代的推移，民间幻想由虚无走向实际，巫山神女从精神上的性启蒙师，派生为现实中的导师。三峡地区广为流传的"神女导航"故事，便是这种神话世俗化的例子。《四川史地丛书·长江万里行》记载："神话中说：古时候西王母的小女儿瑶姬，腾云来到巫山上空，看到一群孽龙在天空殴斗，骚扰百姓。她便停下来，击毙孽龙，为民除害。后又派人帮助大禹凿开三峡，疏通河道，并且自己留下来为行船导航，最后就化成了神女峰。她日日夜夜俯视着江面，第一个迎来朝霞，又最后一个送晚霞而去。"

在这个地方化的神女故事中，与云华夫人传说相对应，瑶姬被说成西王母的女儿，这就在某种程度上勾勒出作为神秘知识传授者的女神——神女的相关谱

系。从象征性的精神启蒙，到现实中的行船导航，幻想叙述的内容完全变了方向，但神女的导师身份却依然不变。父权制社会中的一个个古帝与圣王，为什么一到了文学虚构世界中，都要有一位女性的启蒙导师呢？周穆王如此，楚怀王如此，大禹如此，中华始祖黄帝又何尝不是如此？

四、素女与黄帝

汉代赵晔《吴越春秋·勾践伐吴外传》云：

> 越王还于吴，当归而问于范蠡曰："何子言之其合于天？"范蠡曰："此素女之道，一言即合。大王之事，王问为实，金匮之要在于上下。"越王曰："善哉！吾不称王其可悉乎？"蠡曰："不可。昔吴之称王，僭天子之号，天变于上，日为阴蚀。今君遂僭号不归，恐天变复见。"

这里越王勾践对范蠡料事如神、洞悉天命的本领感到惊讶，向他询问究竟如何达到这种洞察一切的境界，范蠡举出"素女之道"作为说明，显然具有十足的神秘色彩。素女既然是掌握天道奥秘的神女，她对于凡界的俗人来说，自然永远是向往和膜拜的女性偶像。在民间想象和文人的幻想之中，她会以千变万化的形式反反复复地出现。通常是掌握着天机和智慧的女启蒙导师，给男性主人公带来开悟和成功的契机。

汉代以降，她以黄帝的老师身份，出现在房中著述里，并且成为书名。如《素女经》《素女方》之类。东汉张衡《同声歌》："素女为我师，仪态盈万方。众夫所稀见，天老教轩皇。"讲的是轩辕黄帝如何向素女求教的事，由于添加了仪态万方和众所稀见的夸张描述，这里的素女比范蠡的只言片语提到的更加具有神秘感和诱惑力，俨然一位超凡脱俗的美女。范蠡是战国时代南方最著名的智者；张衡是汉代最伟大的科学家之一，候风地动仪的发明者。连他们都对素女的存在和神奇智慧称颂不已，更何况普通民众。

下面是《素女经》开篇所记述的问答对话：

> 黄帝问素女曰："吾气衰而不和，心内不乐，身常恐危，将如之何？"
> 素女曰："凡人之所以衰微也者，皆伤于阴阳交接之道尔。夫女之胜男，犹水之胜火，知行之，如釜鼎能和五味，以成羹臛；能知阴阳之道，悉成五乐。不知之者，身命将夭，何得欢乐？可不慎哉！"
> 黄帝问素女曰："今欲长不交接，为之奈何？"

素女曰："不可。天地有开合，阴阳有施化，人法阴阳随四时。今欲不交接，神气不宣布，阴阳闭隔，何以自补？"[①]

　　黄帝之名虽不见于《诗》《书》《春秋》等周代典籍，但自战国时代以来多有记载，司马迁《史记》也说到"百家言黄帝"的盛况。可知秦汉以来，黄帝作为华夏共祖的地位已经奠定。在黄老之学盛行的汉代，孔子和儒家道统的"祖述尧舜"已经变成"祖述黄老"，一切的知识和文化发明都被归功于始祖轩辕黄帝。而这位完全神化的祖先神和圣王，却也要向素女请教。《素女经》假托者的逻辑十分明确，关于男女性爱方面的知识由一位神幻的女性所掌握。贵如黄帝者，在这方面也要虚心地拜素女为师。后者不仅独自拥有两性方面的秘传知识，而且也是洞悉"天地开合，阴阳施化"之理的神圣导师。她既能充当黄帝的性爱活动的启蒙者，又是兼具保健医师和精神导师双重资格的女仙。犹如在《神曲》一书中引导主人公游历和升天的女向导贝亚德丽采。

　　上古文学中出现的这种神女形象在两千多年的中国文学史上流传演变，置换为各种不同名称的幻想女性，但是在为男主人公施以启蒙教化、解惑开窍或密授天机这一点上，却始终如一，没有实质的变化。下面要讨论的是同一模式在其后的明清小说中的表现。

五、九天玄女与宋江

　　前文讨论素女时已经提到，素女又称玄女，二者皆为具有神秘的宗教或方术背景的神女。房中著作里有《素女经》，也有《玄女经》，可知素女、玄女的身份具有等值的性质。神女与人间的凡女不同，总有天上的背景。"九天玄女"这样的神秘女导师就这样顺理成章地被《水浒传》塑造出来了。这部长篇小说虽然是古典文学中表现厌女症主题最突出的作品，以突出男性英雄，丑化女性人物而著称，但是却没有忘记为第一号男主人公安排一位神幻的女导师，由她所传授的天书预先决定书中人物的命运。

　　《水浒传》第四十二回"还道村受三卷天书，宋公明遇九天玄女"，写宋江回乡接老父上梁山，不料遇官府追捕，慌忙逃走，躲进还道村玄女庙，由九天玄女施法赶走官兵，召见宋江。先饮以美酒，赐予仙枣，然后：

[①] 叶德辉：《双梅影暗丛书》（影印本），海南国际新闻出版中心1998年版。

  青盘中托出黄罗袱子,包着三卷天书,度与宋江。宋江看时,可长五寸,阔三寸。不敢开看,再拜祗受,藏于袖中。娘娘法旨道:"宋星主,传汝三卷天书,汝可替天行道,为主全忠仗义,为臣辅国安民;去邪归正,勿忘勿泄。"宋江再拜谨受。娘娘法旨道:"此三卷之书,可以善观熟视,只可与天机星同观,其他皆不可见。功成之后,便可焚之,勿留在世。所嘱之言,汝当记取。目今天凡相隔,难以久留,汝当速回。"①

  《水浒传》又称《忠义水浒传》,突出男性英雄的忠义精神,是小说的道德主旨。第一主人公宋江从九天玄女那里领受"替天行道,全忠仗义"的天书圣旨,成为全书叙述的"诗眼"所在。这一情节充满了虚幻和神秘的色彩。为什么这样呢?

  俗话说,天机不可泄露。《水浒传》要表现神圣女导师泄露天机给男主人公,就不得不细心营造出不寻常的神幻氛围。我们知道,人与神之间异类殊途,不得轻易相逢、相见。只有在非常特殊的场合之下,方有这种可遇而不可求的机遇,就像《旧约》所叙摩西在西乃山遇见上帝。文学的虚构叙事往往用由现实转入梦幻的手法,为主人公遇见神灵的超时空背景。前面讲到的楚王见巫山神女就是白日梦的产物,《水浒传》描述的宋江见神女也不例外。小说叙述宋江得天书后,玄女派童子送他离去:

  宋江便谢了娘娘,跟随青衣女童下得殿庭来。出得棂星门,送至石桥边,青衣道:"恰才星主受惊,不是娘娘护佑,已被擒拿。天明时,自然脱离了此难。星主看桥下水里二龙相戏!"宋江凭栏看时,果见二龙戏水。二青衣往下一推,宋江大叫一声,却撞在神厨内,觉来乃是南柯一梦。

  著名的评点家金圣叹在此留下的评语是:"入梦时不说是梦,至出后始说,此法诸书遍用,而不知出于此。"宋江梦虽已醒,用手摸进袖子里,却果然有三卷天书,还觉得口中还有酒香。宋江想道:"这一梦真乃奇异,似梦非梦!若把做梦来,如何有这天书在袖子里,口中又酒香,枣核在手里,说与我的言语都记得,不曾忘了一句?不把做梦来,我自分明在神厨里,一跤颠将入来。有甚难见处,想是此间神圣最灵,显化如此。"后从庙中走出,抬头看时,方知牌额上有"玄女之庙"四个金字。

  法国哲学家巴什拉说:"梦想与做梦是那么不同,后者经常带有阳性的重音,

---

① 施耐庵著,金圣叹点评:《第五才子书施耐庵水浒传》,中州古籍出版社1985年版,第685页。

而梦想，在我们面前呈现，确实是阴性本质。"他还说："对于任何一个人来说，无论是男人或是女人，梦想确实是心灵的一种阴性状态。"[①]心灵的阴性状态用神秘的女性形象来做召唤和向导，似乎也是顺理成章的了。

下面再让我们看看中国文学中最著名的一个例子，《红楼梦》的第一主人公如何由神秘的女性形象引导而经历幻境仪式，完成圣婚启蒙的性觉悟过程。

六、警幻仙姑与贾宝玉

《红楼梦》第五回"贾宝玉神游太虚境，警幻仙曲演红楼梦"，一般红学家以为是全书的纲领所在，其作用恰恰相当于《水浒传》第四十一回。这里的叙述母题有：男主人公昼寝、白日梦、进入美幻之仙境、神女导游、窥见天书、性爱启蒙、梦醒回归尘俗等。几乎是标准的美人幻梦型作品。而有关神女导师即警幻仙姑和仙境的描写，则超出了以往的一切同类作品，达到登峰造极的地步。同样的窥见天书，与《水浒传》中写宋江的白日梦不同，贾宝玉的入梦在一开始就作了预兆性铺垫，而不只是在梦醒时才让主人公知道是梦。这种铺垫有如精神分析医师有计划、有步骤地为患者进行催眠致幻术。

先写贾宝玉如何因白日中午倦怠而被带入秦可卿的卧室：刚入房中，便有一股细细的甜香袭人，宝玉便觉得眼畅骨软，连说"好香！"向壁上看时，有唐伯虎画的"海棠春睡图"，两边有宋学士秦太虚写的一副对联云："嫩寒锁梦因春冷，芳气袭人是酒香。"这样一阵铺垫之后，贾宝玉就是不想入梦，也由不得他了。于是，合眼睡去，"遂悠悠荡荡，随了秦氏至一所在。但见朱栏玉砌，绿树清溪，真是人迹不逢，飞尘罕到。"[②]宝玉在梦中欢喜，想到在这里过一生也好。忽听女儿歌声，但见一位丽人，蹁跹袅娜，与凡人不同。她对宝玉说："吾居离恨天之上，灌愁海之中，乃放春山遣香洞太虚幻境警幻仙姑是也，司人间风情月债，掌尘世之女怨男痴。""可试随我一游否？"于是，宝玉随她入太虚幻境，得见金陵十二钗。这乃是世间凡人无由一见的"天机"所在，书写着人间众女子过去、未来的命运，正是所谓神秘知识。随后又教宝玉一边饮仙酒，一边听唱《红楼梦》十二支歌曲，希望他领会其中的玄机，所唱无非是人间儿女

[①] 巴什拉：《梦想的诗学》，刘自强译，三联书店1996年版。
[②] 曹雪芹：《红楼梦》（校注本），北京师范大学出版社1987年版，第91页。

情皆为水月镜花,富贵荣华也到头来一场空,如其末首《飞鸟各投林》云:"为官的,家业凋零,富贵的,金银散尽。有恩的,死里逃生,无情的,分明报应。欠命的,命已还,欠泪的,泪已尽。看破的,遁入空门,痴迷的,枉送了性命。好一似食尽鸟投林,落了片白茫茫大地真干净!"[①]谁知宝玉经过这些教诲之后,仍旧似懂非懂,不能开悟。警幻仙姑只得采用以欲止欲的撒手锏,安排宝玉与可卿相配,"秘授以云雨之事"。让他领略此仙闺幻境之风光尚然如此,何况尘境之情景哉?

  警幻仙姑这位女精神导师在超自然身份和虚幻色彩表现形式上,与穆天子的导师西王母、楚怀王的导师巫山神女、黄帝的导师素女、宋江的导师九天玄女等前辈没有太大的不同,但是在给男主人公启蒙的实质内容方面,却与以往截然不同了。那就是,不再把延年益寿、追求长生的道家理想或替天行道的儒家教条当做真知加以传授,而是用颇具佛家特色的虚无性的色空观来让主人公觉悟。为此,她采用了与巫山神女瑶姬同样的手段,以性爱活动作为让男主人公发蒙解惑的方式,从男女之大欲的纵容与释放过程来引导精神的觉悟的契机。警幻还为此编造出一套"意淫"理论,对宝玉实施教化:"好色即淫,知情更淫。是以巫山之会,云雨之欢,皆由既悦其色,复恋其情所致也。吾所爱汝者,乃天下古今第一淫人也。"宝玉从梦幻中醒来,果然如法炮制地完成性启蒙仪式,与袭人再行"云雨"。我们知道,原始部落社会中的少年只有在完成启蒙仪式后才获得成人的身份,可以开始性活动或婚娶。宝玉的启蒙式虽然是梦中进行的,其实际功效却是一样的。《红楼梦》在上演完金陵十二钗的全套故事后,让历劫红尘十九年的主人公最后遁入空门,终于完成了因情悟道和以欲止欲的修持大业,让第五回中宝玉梦幻里看到的"白茫茫大地真干净"的谶诗全部应验。这样,远古流传下来的圣婚仪式的叙述原型被改造为佛教现身说法的一种形式了。这些我们在《肉蒲团》一类"以欲止欲"主题的前代小

金玉满堂,莫之能守:被八国联军抢到法国的圆明园乾隆玉玺,2009年在巴黎拍卖

[①] 曹雪芹:《红楼梦》(校注本),北京师范大学出版社1987年版,第100—101页。

说那里已有所领教。

从思想渊源方面看,《红楼梦》的这种构思也不是曹雪芹的独创,而是由来已久的,如钱锺书评《列子》的"恣欲"养生论所说:

> 老庄之"贵身"、"养生",主"损"主"啬"主"扃闭"。《列子》之"养生",主"肆"与"恣",深非"废虐之主";"勿壅勿阏"之于"扃闭",如矛盾相接,箭锋相拄。《文子·上礼》《淮南子·精神训》抨击"终身为哀或悲人"之"雕琢其性,矫拂其情",禁目所欲,节心所乐,而谓"达至道者则不然","纵体肆意,而度制可以为天下仪";则酷肖"从心所欲不逾矩",与《列子》貌同心异。王世贞记明讲学有颜山农者,每言"人之贪财好色皆自性生,其一时之所为,实天机之发,不可壅阏之,第过而不留,勿成固我而已";实与《列子》暗合。英诗人勃来克再三言:"欲愿而不能见诸行事,必致灾疾";正"勿壅勿阏"尔。斯理至近世心析学之说"抑竭"、"防御"、"占守"而大畅。智者《摩诃止观》卷二论"修大行"有云:"若人性多贪欲,机浊炽盛,虽对治折服,弥更增剧,但恣趣向。"则不仅"养生"须"恣",修行亦可先"恣"。①

巫山神女和警幻仙姑所采用的启蒙方法大致都是让主人公先恣纵其色欲,这与"不见可欲"的禁欲主义方法恰恰相反。

总结本文的讨论,我们通过一系列文学案例的排比和分析,透视了中国的文学想象世界中一道特殊的景观:男主人公期待着同某一位具有超自然身份的女导师相遇;这场俗男与神女的相逢在结构功能上相当于一次启蒙仪式或成年仪式,它给主人公带来至关重要的性启蒙和精神启蒙,从而在他的俗身上实现天命意志。从总体上考察,中国虚构叙述中的这种表现模式发源于远古社会的圣婚仪式,在后代的文学想象中演化出各种不同的置换方式。

---

① 钱锺书:《管锥编》,中华书局 1982 年版,第 516—518 页。

启母石神话的结构分析

——兼论神话分析的方法论问题

陈连山

一、分析方法与分析对象的选择

一般说来，作为人类最早意识形态形式的神话在社会生活中所具有的意义是极其丰富的。神话既有能被人们的显意识所感觉的意义，比如被马林诺夫斯基称为"原始信仰与道德智慧上实用的特许证"[①]的那种社会功能意义；也有隐藏在人们潜意识之中的内在意义，比如被弗洛伊德称为"恋母情结"的那种心理意义。至于神话在文学艺术方面的意义更是人人尽知。分析神话的方法很多，也各有千秋。本文选择有关中岳嵩山最可靠的古迹——启母石的神话作为分析对象，并借此探讨一下各种分析方法的适应性问题。

启母石神话的特殊性使得社会功能分析的方法与精神分析学的方法都不能有效地进行解释。首先，因为年代久远，资料缺乏，要想弄清启母石神话在当时社会中的功能意义是十分困难的。其次，该神话所特有的中国文化内涵又是精神分析学所无法应对的。众所周知，西方文化环境所孕育出来的精神分析学在很大程度上仅仅分析了西方文化材料。弗洛伊德所提出的最基本心理力量是"恋母情结"，其代表性依据是古代希腊神话中俄狄浦斯杀父娶母的故事。选择某一个神话情节当然存在一定的偶然性，但是弗洛伊德是以大量的西方精神病例为依据的，也就是说俄狄浦斯是西方社会的精神代表。仔细分析会发现，恋母情结是和西方家庭关系模式相一致的。一般说来在典型的西方家庭中，横向的夫

[①] 马林诺夫斯基：《巫术 科学 宗教与神话》，李安宅译，中国民间文艺出版社1986年版，第86页。

妻关系是重于纵向的父子关系的。所以，假如以上两种社会关系之间出现矛盾，假如必须在以上两种关系中作出非此即彼的选择，就可能会出现抛弃父子关系（杀父）和追求夫妻关系（娶母）这样的情况，俄狄浦斯正是如此。希腊神话中另外一个女豪杰美狄亚则是背叛父亲，追随丈夫。她与俄狄浦斯一样，都是选择了夫妻关系，抛弃了父子关系，两人殊途而同归。弗洛伊德的理论在分析希腊神话方面所取得的成就是有目共睹的。但是，它是否适合非西方社会的情况呢？中国传统社会的基本形态是不同于西方社会的。相比较而言，中国传统社会的家庭模式正好与西方的相

河南登封启母石的神话景观叙事

反：纵向的父子关系大大重于横向的夫妻关系。这一点也反映在启母石神话中。当涂山氏化石，大禹就要失去爱妻的时候，他表现得十分漠然，反而一心想着得到儿子。在他的要求下，"石破北方而启生"。这当然是十分残酷的，涂山氏化为石头也不得安宁。石破北方象征着涂山氏被杀害。这充分表明：大禹抛弃了夫妻关系而选择了父子关系。大禹与启这对父子之间不但不是希腊神话中父子之间那种杀与被杀的关系，反而是相互依赖而共存的关系。大禹选择了父子关系，抛弃了夫妻关系。由此可见，启母石神话是具有深厚的中国社会文化内涵的，是与中国传统家庭模式相一致的。显而易见，直接套用精神分析学的"恋母情结"是绝对无法分析启母石神话的，否则只会陷入自我矛盾的境地。

而列维－斯特劳斯建立结构主义神话学，曾经分析了一两千个神话文本。其中既有西方神话，又有东方神话，而绝大多数文本则来自美洲土著居民。因此，其理论的普适性显然应该强于精神分析学。从另一个方面来说，中国现代神话学曾经借鉴过多种神话分析方法，探索神话的不同意义。但是我们对于结构主义神话学了解不多，对于神话的深层结构以及基于这种深层结构的意义知之甚少。目前，只有台湾人类学家李亦园先生曾经系统分析过寒食节神话和端午节神话的深层结构。鉴于以上理由，我打算借助结构主义神话学的分析方法展开

探索，以期说明启母石神话所具有的内在结构与意义。

二、启母石的地位

我国许多地方的名胜古迹往往名存实亡，先秦时代遗留下来的古迹更是稀如星凤。但是中岳嵩山的启母石由于在文化史上的特殊地位和它自身的质地，从而得以完整保存，至今仍能受人瞻仰，这实在是一个例外。

启母石本来是一块天然石头。但是，创造文化的人类将这块自然之物塑造成了一件极具价值的文化财宝。启母石在夏代就已经成为当时神话与宗教的崇拜对象。大禹娶涂山氏之女，或者直称为涂山氏，生启。由于启是夏代第一位国君，所以涂山氏就成为夏民族的先妣。据闻一多考证，夏商周三代都以民族先妣作为高禖神加以崇拜，涂山氏正是夏代的高禖神[1]。孙作云曾经全面考察了我国古代皇宫祭祀高禖神的具体情况。他发现：历代祭祀高禖神都是对着高禖石进行祭祀[2]。这种祭祀方式毫无疑问是夏代人祭祀高禖神仪式的自然延续。由于启母石就是夏代的高禖神神主，所以经过合理推论，我认为，夏代人祭祀高禖神的方式正是对着启母石进行祭祀。

这种仪式随着夏代灭亡，商、周迭兴，因而衰亡。但是，自从汉武帝将"夏后启母石"重新确定为祭祀对象之后，有关启母石的祭祀活动就再一次列入国家祭典，并建立启母祠，其神职人员达到七十多位，规模相当宏大。该仪式活动前后延续多年，至汉元帝方才取消。我们今天仍能看到的启母阙正是当年启母祠的遗迹。

启母石为我们研究古代宗教信仰提供了最原始、最可靠的资料。因此，这块启母石乃是极其珍贵的古代宗教与神话的文物。

三、启母石神话的文本

启母石神话的具体产生时代不可考。对此，我们只能依据间接证据进行合理

---

[1] 闻一多：《神话与诗·高唐神女传说之分析》，中华书局1956年版，第98页。
[2] 孙作云：《中国古代的灵石崇拜》，转引于马昌仪编：《中国神话学文论选萃》，中国广播电视出版社1994年版，第347—370页。

推理。启母石既然是夏代开国之君——启的母亲所化，其神话自然应该在夏代就已经出现。只是限于条件，该神话的早期形态未能有文字记录保存下来。

已知的启母石神话的最早记录见于先秦时代的《随巢子》。原书已佚，《绎史》卷十二引《随巢子》佚文云："禹娶涂山，治鸿水，通镮辕山，化为熊。涂山氏见之，惭而去，至嵩高山下化为石。禹曰：'归我子！'石破北方而生启。"这条佚文是可靠的，因为宋代《太平御览》卷五十一简略地引述《随巢子》云："禹产于碇石，启产于石。"两条佚文内容一致。

另一条记录见于汉代《淮南子》。唐代颜师古《汉书·武帝纪注》引云："启，夏禹子也，其母涂山氏女也。禹治洪水，通镮辕山，化为熊。谓涂山氏曰：'欲饷，闻鼓声乃来。'禹跳石，误中鼓。涂山氏往，见禹方作熊，惭而去，至嵩高山下，化为石。方生启，禹曰：'归我子！'石破北方而启生。事见《淮南子》。"宋代洪兴祖《楚辞补注》所引完全相同。晋代郭璞注《山海经·中山经》也简要引用了这条材料。可惜今本《淮南子》中此文已经佚失。

自古至今，启母石神话的基本内容始终保持不变，体现出强大的生命力。张振犁、程健君编辑的《中原神话专题资料》收录了现代流传在河南民间的《启母石》传说，其内容与以上两条古代材料基本一致：涂山氏住在嵩山。嵩山南面的颍河发洪水，大禹化为黑熊开挖轘岭口（即轘辕山），希望将颍河引入洛河、黄河。大禹与妻子涂山氏约定以鼓声为号，前来送饭。落下的石头击中大鼓，涂山氏乘船送饭，发现大禹变成黑熊正在那里为自己的工作高兴。她又羞又急，逃回家，就地化为石头。大禹知道妻子已经有孕，要求得到孩子。石头开裂，生下儿子，命名为启。

四、启母石神话的结构

从结构主义的观点来看，神话和语言一样，也是某种传达意义的符号系统。假如说基本情节单位（即神话素）是神话的能指的话，那么该神话素所传达的意义就是神话的所指。神话的系统，或者说神话的结构就是全部的神话能指之间与全部的神话所指之间所存在的那种相互区别、相互对立的关系。具体地说来，神话的任何一个神话素都不是孤立存在的，所有的神话素之间存在着严格的结构关系。它们彼此区别，互相对立。比如在古希腊俄狄浦斯神话中杀父情节与娶母情节之间的关系。同样，神话所要传达的意义也是互不相同、彼此对

台北故宫藏红山文化玉熊神像

长沙出土战国帛画，龙凤代表通天的神圣动物

立的。比如过分贬低血缘关系的态度和过分看重血缘关系的态度之间的对立。正是基于神话素系列与意义系列各自区别的前提，每一个神话素才能够分别承担不同的意义，并向外传达。隐藏在神话表面情节背后的这样一种内在关系，就是神话的结构。假如没有这种深层结构，各个神话素互不区别，含混一团，那么它们就不可能传达任何意义。所以，离开神话的深层结构，神话就无法传达任何意义，那么神话也就根本无法存在。深层结构是神话的本质所在。因此，探讨神话的普遍性质就必须以研究其深层结构作为目标。否则，研究结果的普遍性就不能得到可靠保障。

那么，启母石神话的深层结构是怎样的呢？

我首先将该神话情节进行切分，从中找出其基本情节单位——神话素，并确定各个神话素之间的关系。

这个神话中第一组相互对立的神话素是洪水和高山。启母石神话中洪水与高山的矛盾不太明显，但是"治鸿水，通镮辕山"说明是镮辕山阻挡了洪水去路，因而表现出洪水与高山之间的矛盾。洪水作为神话素出现在我国许多上古神话中，女娲、鲧、大禹都曾经面对洪水威胁。启母石神话是大禹治水神话的一个组成部分，由于启母石神话的古代记录过于简略，我们必须从同一个神话组——大禹治水的其他神话才能更加清楚地认识它。《尸子》（孙星衍辑本）云："古者龙门未阙，吕梁未凿，河出于孟门之上，大溢逆流，无有丘岭、高阜，灭之，名曰洪水。禹于是疏河决江……"洪水就是能够吞没高山丘陵的大水。而高山，例如未阙的龙门，未凿的吕梁，和启母石神话中尚未打通的镮辕山，却是阻挡河水通过的巨大障碍。洪水与高山的矛盾是非常尖锐的。洪水与高山这两个神话素传达出原始人心目中水和土之间的对立关系。用结构主义神话学创始人列维-

278 | 结构主义神话学

斯特劳斯的经典表示方法，洪水与高山的对立就是：

  洪水：高山

  在这组二元对立关系中，大禹所处的地位是至关重要的。他既不属于洪水，也不属于高山，而是处于二者之间，他是对立二元的中介项。从大禹诞生的神迹就能看出他的中介项属性。前文所引《随巢子》佚文说"禹产于砇石"，砇石即一种石头。在其他异文中，这个情节被转换成大禹诞生在以石为名的地方。《吴越春秋·越王无余外传》和《水经注》都说大禹生于一个名叫石纽的地方。[①]这显示出大禹与高山的关系。大禹能够化为熊——陆地动物之一，也说明他与土、与高山的关系。可是《太平御览》卷四引《遁甲开山图荣氏解》云："女狄暮汲石纽山下泉，水中得月精如鸡子，爱而含之，不觉而吞，遂有娠。十四月，生夏禹。"在这里，大禹既有水性又有石性。由于具有土和水的双重属性，大禹才得以居中调和洪水与高山之间的矛盾——所谓调和，在结构主义思想中就是克服矛盾的意思。关于中介项的意义，列维-斯特劳斯认为是人类为了克服智力所意识到的矛盾才设想的。洪水与高山之间的对立必须得到解决，否则神话就无法解答思维所面对的人类现实状况，神话思维就会失败。怎样解决？那就是找到一个足以克服矛盾的中介。

  第二组相互对立的神话素是涂山氏的人身和大禹的熊身，即人形的妻子和熊形的丈夫。大禹并不认为人熊互变有什么了不得，只不过需要蒙骗妻子一下就可以了，在该神话的现代异文中他甚至于为自己的行为洋洋自得；但是涂山氏看到真相以后却"惭而去"，"又羞又急"，并化为石头，显然她完全不能接受熊形的丈夫。这两个互相对立的神话素传达出人类对于人兽婚姻的两种对立态度

人熊舞龙图，萧县汉画像石

[①] 袁珂、周明：《中国神话资料萃编》，四川省社会科学院出版社1985年版，第244页。

——大禹所代表的态度是人兽婚可行，涂山氏代表的态度是人兽婚不可行。这一对神话素之间的对立关系可以表示为：

人妻：熊夫

在这一组二元对立关系中，中介项是谁呢？大禹在这里是对立双方之一，根本无法充当中介。在我看来，启是这组二元对立的中介项！启是涂山氏与大禹共同的孩子，他既属于涂山氏，又同时属于大禹，理所当然是这对夫妇之间的中介。在中国古代华夏族的神话中，没有人熊结婚繁育人类的故事，这就意味着人妻与熊夫之间的二元对立是尖锐的。尽管涂山氏拒绝人兽婚，以至于最后化为石头，但是终究生下了她与大禹的儿子。启终究是人妻与熊夫结合的产物，是神话思维企图解决人兽婚之间的矛盾而创造的中介项。而且，当我们全面考察启的性质，就会发现，他的中介性质远远不止于此，他还是天地之间的中介。《楚辞·天问》云："启棘宾商①，《九辩》《九歌》……"《山海经·大荒西经》云："西南海之外，赤水之南，流沙之西，有人珥两青蛇，乘两龙，名曰夏后开②。开上三嫔于天，得《九辩》与《九歌》以下。"可见，启是可以往来于天地之间的，是沟通天神与人间关系的大巫师。因此，启是本组两个神话素之间的中介项。

第三对神话素是大禹所挖的石头与启母石。普通石头不能生人，而启母所化之石却能够生人。神话文本中反复强调大禹开山挖石，以泻洪水，那些石头甚至意外地砸到鼓上，但是它们毫无生命力，更不会生育。但是神圣的启母石却能够生育，而且生育了一位英雄。因此，这对神话素传达了世俗与神圣对立的观念。即：

世俗：神圣

---

① 清代学者朱骏声《说文通训定声》考定"商"字乃是"帝"字之误。
② 夏后开，即夏启。

启母石神话所包含的以上三组二元对立关系也不是相互孤立的。这三组二元对立关系各自包含两个对立项，它们在价值上是彼此相当的，因此这三组二元对立关系可以互相转换：

洪水：高山＝人妻：熊夫＝世俗：神圣

这就构成了启母石神话最基本的深层结构。其中任何一个因素变换了，与之相应的另外一个因素必然发生变化，从而保持整个结构关系的稳定。

五、大禹神话与鲧神话之间的结构转换关系

作为符号系统的神话是一个总体性的结构。而具体的启母石神话文本的结构其实只是神话大结构之中的一个小结构，它和大禹治水、鲧治水，以及后羿射日等神话的小结构互相转换，从而构成中国古代神话的大结构。

鲧的神话是以治水为核心内容的。以《山海经·海内经》记载的神话为例："鲧窃帝之息壤以堙洪水，不待帝命，帝令祝融杀鲧于羽郊。鲧复生禹，帝乃命禹卒布土，以定九州。"在这个神话中，洪水与息壤——能够生长的土壤对立。这相当于启母石神话中洪水与高山之间的二元对立。所以，这两个神话在结构上是相互联系着的，是可以互相转换的。

鲧，一名白马，为陆地动物，与土有密切关系。但是，他被杀以后化为黄龙，或者化为黄能——黄色的三足鳖，"入于羽渊"。至于所谓化为黄熊的异文，实际乃是化为黄能的讹传[①]。这说明鲧的本质与水有关。因此，鲧同样充当土、水之间的中介物，调和洪水与高山的矛盾。但是，鲧又是一个反转的大禹——即大禹的对立面。在有关鲧和大禹的诸多神话故事中，鲧无道，大禹有道；鲧修筑城郭，大禹坏城平池；鲧堵水，大禹导水……二人的品行、行事都全然颠倒，互相之间就构成了反转关系。因此，鲧的治水活动注定要失败。否则鲧神话的结构与大禹神话的结构在价值上就不能相当，不能转换——也就是说不能构成一个神话大结构。只有在鲧得到失败结局的前提下，神话大结构才能存在。因为在这个时候，我们发现鲧的神话实际上是大禹神话的反向转换——鲧是大禹的反面，鲧的结局也是大禹结局的反面。假设 X 是神话素，而 Y 则是其承担的正面意义；$\frac{1}{X}$ 是 X 的反面，而 $\frac{1}{Y}$ 则是 Y 意义的反面。那么，上文所讨论的这

[①] 袁珂：《中国神话通论》，巴蜀书社 1993 年版，第 225—226 页。

些内容就可以表示为 $X:Y=\frac{1}{X}:\frac{1}{Y}$。

如果鲧的结局与大禹相同，那就意味着 $X:Y=\frac{1}{X}:Y$，这显然是错误的。换句话说，如果鲧治水也获得成功，那就意味着两个相反的神话却企图传达同样的意义，这当然是同一个神话系统（神话结构）所无法容许的。

六、神话结构所揭示的意义

神话结构是原始人神话思维的客观存在。尽管讲述神话的人们可能并没有意识到神话结构的存在，但是它依然悄悄地在神话的背后决定着人们的思维活动。正如普通人说话的时候谁也不会意识到语言系统的存在，但是语言系统却决定着任何言语的可理解性。启母石神话的结构可能没有被哪位讲述人所直接意识到，但是它的确存在于人脑的思维活动之中，并最终被后来的思想家们所继承，并且在其思想中表现出来。启母石神话的深层结构与中国古代哲学思想中最为基本的阴阳观念之间存在着惊人的一致。水，在中国古代哲学思想中历来被视为阴性，洪水更是阴性的极致。高山的阳性也是不言自明的。所以，洪水与高山的对立实际上也是阴阳之间的对立。夫妇关系的涂山氏与大禹之间的对立更是一阴一阳。而且处于两个彼此对立的神话素之间的中介项调和，或者说克服了矛盾对立，这正是后来哲学观念中阴阳调和的来源。由此可见，神话深层结构与神话思维的基本概念是客观存在的。

神话结构，实际上又表现出人类神话思维的逻辑性。过去，人们一直认为神话思维是非理性的，是不遵循理性逻辑的（或者是遵循某种"原逻辑"的）。这种看法完全是从神话思维的表面现象得来的，根本没有深入到神话思维的深层。从神话情节的表面来看，一切都是可能的：时间、空间的限制消失了，人类社会的禁忌破坏了，生与死的界限不见了，人与兽的差别泯灭了……神话思维似乎自由到了极点，毫无规则可言。但是来自世界各地的神话是那样惊人的一致，这使得列维－斯特劳斯认定：神话思维必然具有某种内在的普遍性质。而在我看来，神话思维遵守理性逻辑的更加重要的证据是：没有规则的东西是无法传达任何意义的。神话素必须按照一定的逻辑规则组成结构，组成符号系统，才有可能承担传达思想概念的任务。在启母石神话中，表面看来情节是自由无比的，但是，各个神话素之间却不是任意组合的，而是依照二元对立原则彼此联系起来的。当我们较为全面地考察了鲧治水神话和大禹治水神话之间的结构转换关系以后，就会发现：鲧的失败和大禹的成功决不是任意想象的，而是借助神话思维经过认真的、合乎理性的推理、思考得到的。既然如此，我们怎么能够说神话思维是非理性的呢？

七、结 论

结构主义神话学的方法不仅揭示了启母石神话的基本结构，而且其分析结论也符合中国文化的实际。显然，这种分析方法绝不是仅仅适应于西方神话的学说，而是一种具有较高普遍性的学说。认真、审慎地借鉴这种分析方法将对我们的神话学研究产生积极的影响。

故事的无序生长及其最优策略

——以梁祝故事结尾的生长结构为例

施爱东

今天我们提起梁祝故事,可能会以为"化蝶"就是该故事的唯一结尾。实际上,民间的口头叙事从来没有定本,它的每一个环节都有滋生新奇情节的可能,总体上表现为无限的丰富多样和生命树般的枝繁叶乱。但是,它又不同于完全的混沌,正如顾颉刚所说:"虽是无稽之谈原也有它的无稽的法则。"[①]本文所要讨论的,正是这些"无稽的法则":

1. 以梁祝故事结尾部分的结构方式为个案,探讨故事生命树的生长机制,并借以证明民间故事形态多样化的合理性。

2. 讨论是哪些因素在作用于梁祝故事,使得"化蝶说"能够在枝繁叶乱的故事生命树中一枝独秀。另外,假设这些因素存在,它们又是通过什么机制作用于整体和部分的?

正如广义进化理论所揭示的,虽然个人的行为举止部分受到各种规章制度的指导,或者受到当下语境与心境的影响而作出了截然不同的选择,但从总体上看,最终形成的秩序却呈现为一种有序的自然结构。所以,从统计学的角度来看,社会文化的演变规律"与生物种群、进化枝或生态系统是很相像的","社会本身就是一个自进化系统,它有紧随危机性紊乱之后稳定在一个可能的平稳状态上的能力"[②]。

基于把故事生命树视为一种"自组织"的思路,本文试图抛开对于具体的、个别的故事文本的研究,站在统计分析的角度,把采自不同时代不同地区的各

[①] 顾颉刚:《自序》,见《古史辨》第一册,上海古籍出版社1982年版,第22页。
[②] [美] E. 拉兹洛:《进化——广义综合理论》,闵家胤译,社会科学文献出版社1988年版,第90—91页。

种梁祝故事视为均质文化平台上的"故事集合"来展开讨论。

一、故事生命树的生长方式

可考的最早确切记载梁祝故事的文本是南宋乾道五年（1169 年）张津《四明图经·鄞县》："义妇冢，即梁山伯祝英台同葬之地也，在县西十里接待院之后，有庙存焉。旧记谓二人少尝同学，比及三年而山伯不知英台之为女也，其朴质如此。按《十道四蕃志》云义妇祝英台与梁山伯同冢，即其事也。"①

故事的起源与流变并不是本文所关心的。上述所要说明的是，在张津的年代，故事的结尾也还仅止于记载祝英台有义妇之名和梁祝二人"同冢"——这是梁祝故事最原始的结尾，没有多少传奇色彩。

至于祝英台为什么会得到义妇的封号，她与梁山伯是否为情人关系，他们为何未婚同冢等问题，张津及其他载录者均未作具体说明。也许当时民间已有相关传说，也许成熟的情节尚未产生，但有一点是可以肯定的：这一简单的记载留下了许多的疑问，情节中的每一处不完整或者说每一个疑问都会成为一个"缺失"。在民间叙事中，只要存在缺失，就一定会形成"紧张"，每一个紧张都必

---

① 目前学界一般认为梁祝故事起于东晋。但此说是从钱南扬《祝英台故事集》一书中搬出来的。钱氏本人反倒并不肯定此说，只是姑且做个假设。学界拿着鸡毛当令箭，你说我说大家说，慢慢地似乎成了定论。"东晋说"的主要依据是，清代翟灏在《通俗编》中引了一则唐人张读《宣室志》的记载，说梁祝死后，东晋丞相谢安曾为祝英台请封。翟灏显然是在造假，因为他不了解《宣室志》只记唐人的"现当代"故事，根本不可能记载"东晋丞相"的故事，所以卖了偌大个破绽。这条材料显然是靠不住的。据说另一个有力证据是明末徐树丕的《识小录》，该书说《金楼子》和《会稽异闻》都载录了梁祝故事。《金楼子》是梁元帝所作，成书较早，可以支持"东晋说"，但此书在明代初年就已湮没，而徐树丕卒于清代康熙年间，徐氏怎么可能看得到《金楼子》？而从《永乐大典》等各种现存的《金楼子》存目来看，并没有关于梁祝故事的记载。至于《会稽异闻》，连书名都不见信录，更不用说书本身了。南宋张津《四明图经·鄞县》说唐代的《十道四蕃志》中记载了梁祝故事，但《十道四蕃志》早已不存，更不可考。也许有人还可以找出别的证据来，但是，目前所有指认为宋代以前的证据，无一足信。我们确切知道的，最早记载梁祝故事的，就是张津本人。同是宋代的《舆地纪胜》《四明志》等相关著述也有片言记载，但所提供的信息没有超出张津的《四明图经》。可见有宋一代，梁祝故事尚在十分简陋的阶段。到了元代，袁桷《延祐四明志》还是持张津的说法，在后面加了一句"然此事恍惚，以旧志有姑存"。可见到了元代，此事仍然"恍惚"，说明故事在元代还并不很盛行。

须引进一种或多种新的母题链来加以消解。①本文将这一增加母题链以消除紧张的过程称作"补接"——嫁接新的母题链，弥补原有情节的缺失。

到了明清两代，见于文字记载的梁祝故事骤然增多，故事情节也丰富起来。如翟灏《通俗编》借托《宣室志》云："英台，上虞祝氏女，伪为男装游学，与会稽梁山伯者同肄业。山伯，字处仁。祝先归。二年，山伯访之，方知其为女子，怅然如有所失。告其父母求聘，而祝已字马氏子矣。山伯后为鄞令，病死，葬鄮城西。祝适马氏，舟过墓所，风涛不能进，问知有山伯墓，祝登号恸，地忽自裂陷，祝氏遂并埋焉。晋丞相谢安，奏表其墓曰：'义妇冢'。"②

蝶兽同舞：谐音"叠寿"，贵州民间刺绣

原本简单的同冢核心已经演绎出了比较完整的情节。但是，翟说一方面弥补了同冢说的缺失，一方面却又造成了更多新的缺失。从故事逻辑上来说，新的缺失包括：梁祝同窗三年，祝是如何瞒过梁以及其他同学的？祝英台为什么单单爱上梁山伯，而不是其他同学？他们之间有什么默契？祝英台如何在男人堆里保持她的贞洁？梁山伯病故与祝英台有没有直接关系？祝投梁墓之后，祝的未婚夫马某将作什么反应？……新的缺失必然引起新的紧张，而且又将要求补接更多的母题链来消解这些紧张。

事实上，对于"梁祝有何干系？为何同冢？"等情节缺失的弥补方式并不只有翟说一种，如果把最原始的"同冢"叙事所形成的缺失当成我们讨论梁祝故事结尾生长方式的第一步，那么，我们从现当代流行的大量的梁祝故事中可以看到，民间叙事在解释同冢的原因时，补接了"英台投墓"、"死后合葬"、"择女阴配"等多种母题链。③

---

① 格式塔心理学派有一个重要理论，即"闭合律"：一个不完整或开放性的图形总是要趋向完整或闭合。一个在圆周上缺一小段的圆圈，在被试的描述中，总是趋向于一个完全闭合的圆圈。闭合律在思维、学习等行为中同样起着重要作用：一个没有解决的问题或任务是一个不完整或开放的格式塔，它在人身上就会造成紧张，只有把问题解决了或把工作完成了，最终形成闭合，这种紧张才能得到消解。

② （清）翟灏：《梁山伯访友》，载《通俗编》卷三七。

③ 本文所据以分析的梁祝故事主要采自周静书：《梁祝文化大观·故事歌谣卷》，中华书局1999年版；钱南扬：《祝英台故事集》，中山大学民俗学会小丛书1930年版；樊存常：《梁山伯·祝英台家在孔孟故里》，山东文化音像出版社2003年版。检出现当代流传的梁祝故事异文共102篇。

关于"阴配说"。浙江鄞县、慈溪等地的说法是，梁山伯为官清廉、积劳成疾，最后死于任上，或是私开粮仓赈灾被斩，当地百姓苦其生前尚未婚配，就为他觅得一才貌相当的早逝烈女祝英台，将他们阴配

梁祝凤蝶，摄于昆明世博园蝴蝶园

同冢，而梁祝生前可能并不相识。①另有一种说法是，后人在为梁山伯掘地造墓的时候，从墓地挖出署名烈女祝英台的墓碑，于是顺水推舟将他们阴配同冢。②这类传说是建立在梁祝本不相识基础上的母题，当它封闭地解释了同冢的原因之后，在逻辑上没有形成可供进一步发挥的情节缺失，也就失去了进一步推动情节发展的生长动力，没有补接新母题链的必要，也就没有能够广泛流传。

"合葬说"各地都有，但并不盛行。山东济宁的说法是，梁山伯葬后，祝英台哭死在梁山伯墓前，"世人感念祝英台的情义，经多方商议，决定把她和山伯合葬"③。浙江宁波的说法是，"人们为了纪念梁祝保境安民的功德，就把他俩的墓迁拢，合葬在一起"④。而河南汝南一带则称祝英台殉情以后，"嘱家人葬于梁山伯墓东边……隔路相望"⑤。合葬说分割了从死到葬的时间，中断了情节高潮，而且偏离了"裂墓、投墓"这样的神奇叙事风格，采用了纯写实的叙事方式，无

---

① 如《祝英台阴配梁山伯》《清官侠女骨同穴》《开仓分粮济百姓》《梁县令治水》等，只有《梁县令治水》提到梁祝生前曾经同学；另有《大侠与清官》还将祝英台说成本是男扮女装的美男子。均见周静书：《梁祝文化大观·故事歌谣卷》。
② 如《千万阴兵助康王》《蝴蝶墓与蝴蝶碑》等，见周静书：《梁祝文化大观·故事歌谣卷》。
③ 樊存常主编：《梁山伯·祝英台家在孔孟故里》，山东文化音像出版社2003年版，第43页。
④ 周静书：《梁祝文化大观·故事歌谣卷》，中华书局1999年版，第217页。
⑤ 周静书：《梁祝文化大观·故事歌谣卷》，中华书局1999年版，第247页、第257页。

法补接神奇再生母题，也很难生长出其他新的母题，因此，从叙事逻辑上只留下了"后人进行纪念"一种合理的生长可能。

以上诸说中，情节缺失最多、最神奇、最开放的母题是"投墓说"。我们暂且抛开其他诸说，回到翟灝"投墓说"的故事路线上，继续我们的讨论。

源故事补接祝英台投墓这一母题后，可能产生两类缺失。

一是逻辑缺失。如果在情节整体的叙事逻辑上，还存在不能自圆其说的细节，形成了需要进一步解释和说明的可能性，我们就认为这一情节存在逻辑缺失。比如在祝英台投墓之后，我们可以这样问：祝英台的投墓行为是否具有合理性？为什么一个不遵父母之命、媒妁之言的私订终身者在当时的社会环境下还能被旌表为义妇？祝英台投墓之后，双方家庭，尤其是祝的未婚夫马某将作什么反应？……

二是情感缺失。民众的情感是一种集体的评价性机能，它对某一情节的展开或者结局是否感觉满意，主要取决于该情节给它带来的是审美的愉悦还是缺憾。如果有某一阶层或某一类群体认为该情节不能满足他们的情感需求，那么，我们就认为这一情节存在情感缺失。民众的情商基本上适合用"木桶效应"[①]来解释，它总是向着该集体中情商最低的个体靠拢，所以民间叙事往往是感情极为强烈、爱憎极为分明的，主人公的行为以及行为的后果也常常是非理性的。"投墓"作为一出爱情悲剧，美的事物遭到毁灭，自然会在民众心理上形成情感缺失，造成紧张，这种紧张必须得到消解。[②]

事实上，几乎所有的逻辑或情感的缺失都会形成紧张，需要补接新的母题链以消解这种紧张，而不同的传播者会选择补接不同的母题链。因此，人群类别的多样性决定了补接并不特别地朝向某一个方向，而是朝向几乎所有可能的方向。这些方向的不同可能由他们知识结构或审美趣味的差异所决定，也可能由

[①] "木桶效应"的大意是说，一个木桶由许多块木板围合而成，如果这些木板的长短不一，那么，木桶的容量并不取决于较长的木板，也不取决于木板的平均长度，而是由最短的那块木板决定。（有关"木桶效应"的图书有多种，如石磊编著：《木桶效应》，地震出版社，2004年版）

[②] 梅兰芳说："旦角戏的剧本，内容方面总离不开这么一套，一对青年男女经过无数惊险的曲折，结果成为夫妇。这种熟套，实在腻味极了。为什么从前老打不破这个套子呢？观众的好恶力量是相当大的。我的观众就常对我说：'我们花钱听戏，目的是为找乐子来的。不管这出戏在进行的过程当中，是怎么样的险恶，都不要紧，到了剧终总想看到一个大团圆的结局，把刚才满腹的愤慨不平，都可以发泄出来，回家睡觉，也能安甜。要不然，戏是看得过瘾了，这一肚子的闷气带回家去，是睡不着觉的。'"（梅兰芳述、许姬传记：《舞台生活四十年》第二集，中国戏剧出版社1961年版，第48页）

于别的原因，但这不是本文所关心的。本文只是想说明，任何一个成熟的故事，在其生命树的每一个枝节上，只要存在缺失，就有机会补接尽可能多样的母题链，枝枝叶叶，朝着最大限度的混乱和无序发展。

由于本文只讨论故事的结尾，因此，在投墓母题派生的所有缺失中，我们只选择其中一个点进行分析，在这一缺失点上补接的众多母题链中，只选择其中一枝进行追踪。这样，我们才有可能在杂乱无章的枝枝蔓蔓中理出一根枝条，进行单线追踪，以保持写作思路的清晰。现在，我们所选择的缺失点是：马某在未婚妻投入别人墓地之后有何作为？

按照故事逻辑，我们可以尽最大可能去设想补接这样一些母题链：1. 掘墓寻人；2. 回头找亲家或仇家算账；3. 追至阴间与梁山伯再度展开夺妻之战。事实上，不仅我们所设想的这些母题链都在民间叙事中真实地出现了，而且还出现了一些我们意想不到的母题。

在本文写作所依据的102个现当代梁祝故事中，共有41个故事涉及投墓这一母题（其中《观音寺结缘》没有出现马某这一角色），它们分别补接了马某的6种可能行为（即六枝母题链，其中有两个故事同时具有2、4两链）：

母题链	1. 不作为	2. 掘墓	3. 阴府夺妻	4. 化身异类	5. 吓成红脸	6. 殉情自杀
文本数	13	10	7	10	1	1

以上六枝母题链基本上穷尽了我们可以想象的马某的所有可能行为[①]。在2—6这五枝母题链上，每枝都可能出现一处或多处缺失，每一处缺失又可补接多枝母题链。

根据本文的单线追踪方案，我们选择文本较多的第2枝母题链"掘墓"来讨论。

掘墓之后，又会产生新的缺失。比如：掘墓发现了什么？或者，掘墓的后果是什么？缺失就意味着结构的不完整。结构不完整的故事一定会在传播过程中补接新的母题，通过不断生长以使结构趋于完整。在我们所讨论的10个文本中，这一缺失又被补接了4枝母题链：

1. 蛇护墓穴，吓退掘墓者。如所见为"两条大蛇"或"数不清的大蟒蛇"，

[①] 据韩国学者崔云植先生向笔者提供（2004年10月17日），韩国有一种异文，祝英台投墓之后，马某很失望，转轿回家，这时，墓门又打开了，梁祝出来，到别处过上了幸福生活。这也是马某不作为的一种。

马某被吓退或者吓死。①

2. 马某找到尸骨,打击报复。"他掘开坟墓,找到许多尸骨,便四下抛散,不料那些尸骨重新聚拢在一起。"②

3. 梁祝发生尸解。如"只见两块青石板,其他一无所有","不见尸体,只见两个白色的鹅卵石","墓掘开了,里面只有两块粘在一起的石头"。③

4. 梁祝化为双飞物,在另一世界得到永生。如"那白蛇、青蛇双双腾空驾雾飞去","两只鸳鸯鸟从里面飞出","只见得一双白蝴蝶飞出"等。④

凡是出现链 1 的,掘墓者被吓退,该情节的逻辑缺失得到封闭,故事在逻辑上失去了进一步生长的动力(但并不排斥情感缺失的存在和被补接的可能性)。链 2 出现悲剧主人公的尸骨,这是需要被安置的遗物,情节出现缺失,显然必须补接新的母题链。链 3 是尸解母题,这一母题是否形成缺失,我们将在后面继续讨论。链 4 在逻辑上和情感上都得到了封闭,但是,根据民众情商的"木桶效应",这一情节在情感上还有进一步生长的可能,比如在有的故事中,梁祝在另一世界得到幸福还不能满足民众的心理需求,他们还要求对妨碍了梁祝爱情的马某进一步进行处置。⑤

我们选择链 3 即"尸解"母题来讨论,链 3 共有 4 个文本。

1. 如果讲述者把"尸解"母题理解为主人公已经飞升,那么,石头就成了没有意义的单纯的石头,从故事逻辑上看,情节已经封闭了。这样的文本只有 1 个,故事把尸解与化蝶拧在一起,并且说明"这时才知道那一双白蝴蝶,就是它俩的化身"⑥。两块青石板就变成了没有任何意义的道具,无须进一步交代。

2. 如果讲述者认为石头本身就是梁祝的化身,那么,石头的归宿就必须有交代,故事生命树还将继续生长。这类文本有 3 个。

---

① 如《梁山伯与祝英台》《金童玉女风月记》《三生三世苦夫妻》等,见《梁祝文化大观·故事歌谣卷》。
② 如《梁祝复活留人间》等,见《梁祝文化大观·故事歌谣卷》。
③ 如《英台姑娘和山伯相公》《英台作诗托终身》《竹篾箍桶永久紧》《闽南传说的梁山伯与祝英台》(收入周编本时作《梁祝同化白蝴蝶》)等,分别见《梁祝文化大观·故事歌谣卷》《祝英台故事集》。
④ 如《鸳鸯成双不分离》《闽南传说的梁山伯与祝英台》《梁山伯与祝英台》(收入周编本时作《三载同窗生死恋》)等,分别见《梁祝文化大观·故事歌谣卷》《祝英台故事集》。
⑤ 处置马某的文本如《鸳鸯成双不分离》。可以佐证这一情感缺失的是,马某"化身异类"这一枝母题链的感情指向,基本都是对马某的唾弃和嘲弄。
⑥ 谢去声:《闽南传说的梁山伯与祝英台》,见《祝英台故事集》。

首先，马某会选择对两块石头进行处理：马某试图分开（或砸坏）两块石头，但怎么也分不开（或砸不坏），最后马某把它们分别丢到河的两岸（或坡的左右），终于把它们分开。

"分开"是一种明显的缺失，一定要补接一个有关"结合"的母题链才能消解这一紧张。在这 3 个文本中，《英台作诗托终身》和《英台姑娘和山伯相公》说两个石头最后变成了两棵树（或竹），根连根，桠对桠（或缠在一起）。其一补接了马家砍竹子，村里人又用以造四弦琴的母题链；另一则补接了马某被气死，死后变成掩脸虫，后人在两棵树的地方开展纪念活动等母题链。①《竹篾箍桶永久紧》说两块石头分别变成了杉和竹，人们把杉树做成木板、把竹做成篾，用篾来箍桶，这样，它们又紧紧地结合在一起了。

至此我们可以看到，就我们所追踪的这一根枝条来说，几乎在每一个环节上都穷尽了它的生长可能，最终必然生长为整个故事生命树的一个组成部分。

二、故事生命树的枝端模型

下表罗列涉及投墓母题的 41 个故事的枝端母题链。②

表 1 "英台投墓"所补接的母题链列表

序号	篇名	结尾方式	流传地区
1	彩蝶双飞	英台投墓、梁祝化蝶	各地
2	梁山伯与祝英台	英台投墓、马某掘墓、蛇护墓、梁祝化蝶、封义妇冢	宁波鄞县
3	金童玉女风月记	英台投墓、梁祝化蝶、马某掘墓、蛇护墓、封义妇冢、庙食受祭	宁波
4	祝英台钟情梁山伯	英台投墓、梁祝化蝶、封义妇冢	浙江上虞
5	蝙蝠双飞梁祝魂	英台投墓、梁祝化为蝙蝠、魂归天界	浙江舟山

---

①补接的这一母题即《孔雀东南飞》结尾母题。
②表中序列故事 1—35 出自《梁祝文化大观·故事歌谣卷》，序列 36—39 出自《祝英台故事集》，序列 40、41 出自《梁山伯·祝英台家在孔孟故里》。

续表

序号	篇名	结尾方式	流传地区
6	梁祝情深上天庭	英台投墓、马某追入阴间、阎罗断案、梁祝回归天庭、马某还魂另娶	浙江、上海
7	观音寺结缘	英台投墓、梁祝化蝶、魂归天界	宜兴
8	三蝶奇缘	英台投墓、梁祝化蝶、马某报复、三人俱化为蝶	广西融水苗族自治县
9	尼山姻缘来世成	英台投墓、马某追入阴间、阎罗断案、梁祝魂归天界、被黎山老母收为徒弟、还魂报国、荣华富贵	浙江、河南
10	鸳鸯成双不分离	英台投墓、裂衣化蝶、马某掘墓、梁祝化为鸳鸯飞出、马某自杀、化身水广皮	浙江、江苏
11	梁山伯与祝英台相爱	英台投墓、梁祝化蝶、马某化砂虫、迎亲者俱化花草	河北
12	英台姑娘与山伯相公	英台投墓、马某掘墓、梁祝化双石、石被分开、石化蓝竹相缠、竹子造琴	贵州罗甸县布依族地区
13	飞蝶化彩虹	英台投墓、梁祝化蝶、再化彩虹	四川丰都
14	英台作诗托终身	英台投墓、裂衣化蝶、马某掘墓、梁祝化双石、石被分开、石化两树相缠、后人纪念、梁祝化蝶、马某化掩脸虫	广西东兰、巴马、田阳等地
15	梁祝复活留人间	英台投墓、马某掘墓、梁祝尸骨被抛散、散而自聚、得仙女救活还魂、幸福生活	朝鲜
16	夫妻恩爱白头吟	假投墓、马某受惊、祝家退彩礼、梁祝出逃、白头到老	浙江宁波
17	蝴蝶仙	英台投墓、梁祝化蝶、魂归天界	杭州
18	梁祝永结并蒂莲	英台投墓、梁祝化蝶、再化并蒂莲	江苏
19	赌誓成真真亦假	英台投墓、梁祝化蝶、马某病故、变马兰花	杭州
20	结发夫妻	英台投墓、梁祝化蝶、马某跟入阴间、阎罗断案、神判、以飘发断案、祝归梁山伯、马某另娶	宁波
21	三生三世苦夫妻	英台投墓、马某掘墓、梁祝化青白二蛇、转世许仙夫妇	浙江、江苏
22	马俊告状	英台投墓、马某气死、阎罗断案、查簿、俱还魂、马某另娶、梁祝白头到老	广东海陆丰一带
23	梁祝读书洞	英台投墓、雷劈马某、梁祝化鸳鸯	山东兖州、邹县、微山一带

续表

序号	篇名	结尾方式	流传地区
24	马文才塑像的传说	英台投墓、墓出二蛇、马某受惊成红脸	浙江宁波
25	马郎港的成因	英台投墓、马某淹死变马郎鱼、喜欢拱土堆（以为是坟堆）	江苏洪泽湖一带
26	白衣阁的传说	英台投墓、梁祝化蝶、民间举行纪念活动	河南汝南一带
27	梁祝和双蝶节	英台投墓、梁祝化蝶、民间举行纪念活动	江苏宜兴一带
28	蝴蝶不采马兰花	英台投墓、梁祝化蝶、马某变马兰花	浙江
29	英台化蚕	英台投墓、梁祝化蝶、马某追入阴间、阎罗断案、阎罗不作为、祝马变身斗法、英台最终化蚕、梁变蚕的栖息物、马某变麻苍蝇	不详
30	映山红的来历	英台投墓、化为映山红	福建泉州
31	竹篾箍桶永久紧	英台投墓、马某掘墓、梁祝化双石、石被分开、化身竹树、竹木制桶	福建漳平一带
32	草花蛇	英台投墓、马某变草花蛇	广西玉林一带
33	马文才变马郎鱼	英台投墓、马某变马郎鱼	江苏
34	马文才变公猪	英台投墓、马某病死、阎罗断案、梁祝成夫妻、阎罗设计、马某变公猪	浙江景宁畲族自治县
35	死人嘴为啥要盖书	英台投墓、梁祝化蛾、蛾伤人、丧事须防出蛾	湖北沔阳一带
36	海陆丰戏剧中的梁祝	英台投墓、马某自杀、阎罗断案、查簿、还魂、马某另娶	广东海陆丰
37	祝英台的歌	英台投墓、梁祝化蝶	河南
38	闽南传说的梁山伯与祝英台	英台投墓、裂衣化蝶、马某掘墓、梁祝尸解	闽南
39	梁山伯与祝英台	英台投墓、马某掘墓、见空穴、梁祝化蝶	广东东莞
40	蝴蝶成双不分离	英台投墓、裂衣化蝶、墓出蝶	山东济宁
41	峄山姻缘来世成	英台投墓、阎罗释姻缘、梁祝化蝶、魂归天界	山东济宁

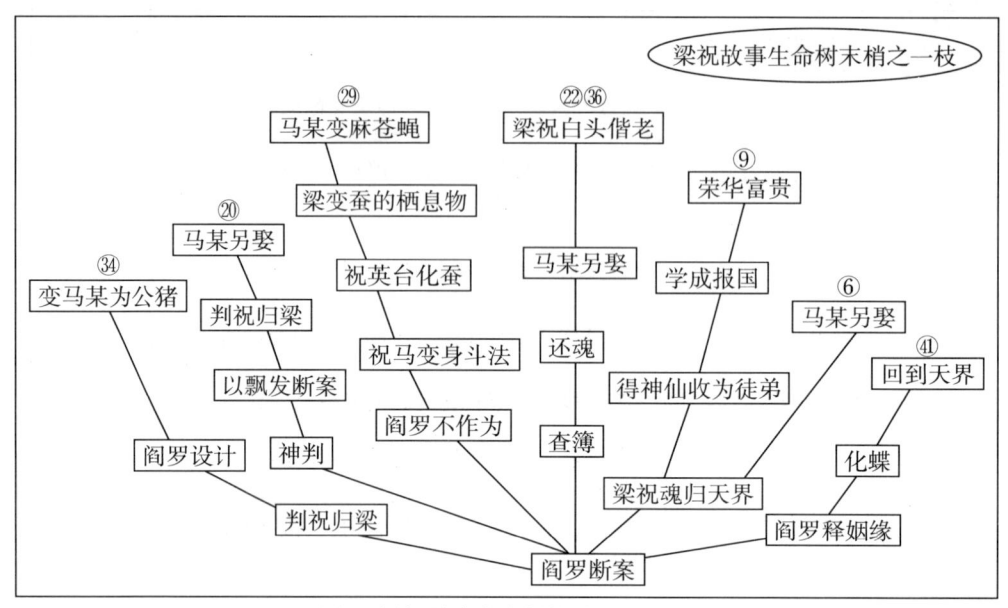

```
                                    梁祝故事生命树末梢之一枝
              ㉙                ㉒㊱
          马某变麻苍蝇         梁祝白头偕老
     ⑳    梁变蚕的栖息物                     ⑨
    马某另娶                              荣华富贵
 ㉞   判祝归梁   祝英台化蚕     马某另娶   学成报国    ⑥
变马某为公猪                                     马某另娶
    以飘发断案   祝马变身斗法    还魂    得神仙收为徒弟    ㊶
                                                  回到天界
  阎罗设计  神判   阎罗不作为   查簿              化蝶
         判祝归梁            梁祝魂归天界    阎罗释姻缘
                      阎罗断案
```

图 1　梁祝故事生命树枝端之一

从表中可以看出，英台投墓之后，故事表现出了多种可能的走向。我们只需把"英台投墓"当做这一树枝的根部，就可以向上画出一幅枝繁叶乱的故事生命枝，作为我们生命树的枝端模型。

但当我们试图实际绘制这样一幅图画的时候，就会发现，仅仅是具有英台投墓母题的故事（还有许多的异文甚至根本就没有涉及英台投墓的母题）的枝端部分，就已经杂乱得让我们眼花缭乱。本文只选择画出梁祝投墓之后，马某追至阴间，"阎罗断案"这一更趋枝端的生命枝（图1）。

根据现有的文本，我们得到这一小枝生命树的枝端模型如下：

图中我们可以看到，在每一枝母题链的最末端，在梁祝，总是"白头偕老"、"荣华富贵"、"回归天界"这样的"大团圆"母题，而在马某，或者是"化身另物"（多为丑陋事物），或者是"还魂另娶"（多强调娶丑女），封闭了树枝进一步生长的动力——缺失。

三、故事生命树的主流枝干与优化选择

下一个问题是，在所有混乱无序的枝枝节节中，是否存在一个占主导地位的主流枝干呢？回答这个问题之前，我们首先对故事生命树的形态特征（也即一种集合特征）作一简单辨析。

每一次故事讲述，都是特定语境下的"这一个"。当我们努力要求把握"这

一个"的时候，我们发现，讲述主体的智商、情商、知识结构，以及讲述环境等各种外在因素都会对讲述文本产生巨大的影响。但是，对于索绪尔共时语言学意义上的"内在的民间文学"来说，作为研究对象的"讲述主体"，却是可以而且必须被忽略的。

"根据索绪尔的看法，语言规则作为一种社会制度归根结底是主体的创造，但创造语言的主体只是一个在逻辑上存在的抽象主体，就好像上帝一旦完成了工作就从此进入休眠状态一样，主体在创造了语言规则以后，语言规则也就从此脱离主体，而主体不再干涉其独立的生存。"[1]对于民间文学，我们可以作同样的表述。当我们把所有的单个主体所讲述的某一类文本（如梁祝故事）叠放在一起的时候，我们看到的就不再是一个富于讲述者个性色彩的文本，而是由许多文本所组成的"故事生命树"。[2]生命树所体现的形态特征，与主体的个人特质、讲述环境等外在因素之间的关系，就被统计规律所淹没了，它体现为一种脱离了主体的"独立的生存"。它无关个体，无关语境，呈现为"自然树"的特征。

只有当我们充分理解了故事生命树的自然特征，我们才能更深刻地理解民间文学"趋于模式化"的"内在性"，才能更好地理解故事生命树的生命特征。

其次我们将回答，故事生命树的生长遵循的是什么模式。

我们知道，每一个讲述者的每一次讲述，都是一次创造性的发挥，都生产了一个独立的文本（异文）。但是，如果每一次变异的文本都能够在传播中得到平等对待，那么，故事将永远无法成为民众交流的手段。道理是很明显的：异文之间的"平等"地位将彻底消除民众对于权威文本的认同，讲述者与接受者之间将会失去对于故事情节的任何共同知识，于是，不同讲述文本之间、讲述者与接受者之间，均无法在一个共同知识的平台上进行对话。这样，所有的故事讲述都无法得到别人的认同，每一次讲述都会变成一次自说自话。

事实上，我们说每一则异文都是一种存在，并不意味着每一则异文都具有传播的价值。与自然界的生存竞争一样，在故事的传播过程中，任何一个经由个体创造性发挥后的变异情节，都必须在传播的过程中被选择。适合于大众传播的情节被选择性地保留了，而那些不适合于大众传播的情节则被淘汰或被改造

---

[1] 吕微：《"内在的"和"外在的"民间文学》，载《文学评论》2003年3月，第158页。有关"内在的民间文学"的理论内涵，可参见此文。

[2] 参见刘魁立：《民间叙事的生命树——浙江当代"狗耕田"故事情节类型的形态结构分析》，载《民族艺术》2001年第1期。

了。自然选择不仅适用于生物学与自然科学，也同样适用于许多社会、文化领域，包括我们的故事学。

选择与竞争总是需要有一些作为游戏规则的竞择标准存在，即使这种标准只是某种倾向，而不是明确的准则。那么，在这种故事异文之间的生存竞争中，存在一些什么样的竞择标准？哪类情节能够得益于这些标准，使自己成长为故事生命树的主流枝干呢？

根据既有的知识系统，我们可以勾勒几条普适性的竞择标准：

1. 是否反映了民众普遍的审美理想或表达了他们的感情意愿；[①]
2. 是否具有情节发展的逻辑合理性；[②]
3. 是否能与传统的知识结构或地方性知识结构相兼容。[③]

除此之外，我们还希望能发现一些在梁祝故事的传播中更具体有效的关于"这一个"的影响因子。

本文在对梁祝故事这一生命树的枝端形态（结尾方式）[④]归纳中发现，在生命树中，不同枝干的分支数量、不同分支所包含的文本数量、不同分支的伸展长度等，均有很大差异。通过对这些差异的分析，本文得到几点补充标准。

1. 越是富于传奇色彩的、主人公具有主动行为的母题链，其缺失也越多，越容易形成紧张、制造冲突，需要而且能够补接更多的新的母题链，更容易优先生长为粗壮的树枝，显示更强的生命力。

相反，越是过于写实、主人公处于受动状态的母题，其生长能力极为有限，很难生长成为主流枝干。

[①] 故事具有表达感情和愿望的功能。比如，湖北的一位著名的故事婆婆，特别擅长讲述婆媳关系的故事（如《雷打恶媳妇》《媳妇弄草包包面给婆老吃》等等），在这些故事中，几乎所有不孝敬公婆的媳妇都得到了同样的下场："一金钩子闪，一炸雷，把她打死了。"据一位熟悉该婆婆的学者介绍，在现实中，这位故事婆婆与媳妇的关系就曾非常紧张。她对自己所选择传播的故事以及对故事所赋予的意义，就有很明显的感情倾向（甚至可能具有诅咒功能）。

[②] 情节的合理性必然地要受到接受者的检验。比如，艾青发表在《人民文学》1953年第2期的《歌剧梁山伯与祝英台》一文指出，越剧《梁山伯与祝英台》中"楼台会"一场，梁祝之间的争吵毫无必要，"剧作者这样处理的目的，不外是想加强梁的反抗精神，使之更具革命性。但是一个人物的反抗精神，一定要根据他的性格来决定的，不能像在一碗菜里加进一些胡椒那么轻便的"。可见，每一次改编都必须经由接受者的检验才有可能得到认可。

[③] 比如，2005年7月25日《法制日报》B7版有尹兆熊《"杨门虎将"遭评书迷指责》的报道，称《杨门虎将》一剧"剧情过分强调谈情说爱，演员表演不合理，与人们听到的评书《杨家将》差异太大，因此遭到很强烈的指责"。也就是说，许多接受者在欣赏这一剧作之前，头脑中已经有一些关于该故事的基本知识，如果当下的故事偏离接受者原有的知识结构太远，就很难被接受、被传播。

[④] 由于作者所绘制的"梁祝故事结尾形态图"过于庞大，难以打印，本文只能从略。

比如，"英台投墓"属于前者，"死后合葬"和"后人阴配"则明显属于后者。在本文搜集的文本中，关于"英台投墓"的异文有41个，"后人阴配"的异文有7个，"死后合葬"的异文不到5个。显然，前者更容易成为故事生命树的主流枝干。

2. 越是成熟的、影响大的传统母题链（也就是说，越是倾向于共同知识的母题链），越容易为传播者所理解、接受和记忆。只要它能合乎逻辑地补接在这一故事中，就能更加牢固地在广阔的范围内被传播，甚至喧宾夺主，成为故事的主流枝干。

如顾颉刚、钱南扬论证了祝英台投墓与《华山畿》中华山女子的入棺"何等相像"的关系。[1]钱南扬论证了"盖魂化蝶的传说，实在也是从韩凭妻衍化而来"[2]。投墓说与化蝶说两个新母题链，补接在原有的"乔装游学"、"祝庄访友"等母题之后，更加大了故事的传奇色彩和可接受程度，后来都成了梁祝故事的主流枝干。

3. 故事的人物类型、命运类型、情节类型之间，往往有一些相对稳定的搭配关系，它们可能深刻地影响着故事的进展与结局。比如，情爱类故事中对男女主人公"有情人终成眷属"之类的"大团圆"结局的要求，就深刻地影响着梁祝故事结尾的生长方式。[3]

一方面，我们强调情节的生长是随机的、无序的；另一方面，在对梁祝故事的考察中，我们发现几乎所有异文的结局都出现了"大团圆"倾向。我们把表1或者图1当做抽样文本，通过对样本的统计分析就可以看出，无论最终梁祝是化身、还魂、尸解、转世，还是魂归天国，总是以"团圆"这一理念作为旨归。

对于那些不能指向团圆结局的梁祝故事，几乎都未能在大众传播中得到保存。从我们的统计样本来看，这类文本数量近于零，小概率事件不构成对于团圆倾向的冲击。

另外，如果我们从别的角度，比如传播的角度来考察，还可以发现一些对异

---

[1] 顾颉刚：《华山畿与祝英台》，见钱南扬编《祝英台故事集》，中山大学民俗学会小丛书1930年版。

[2] 钱南扬：《叙论》，见《祝英台故事集》。

[3] 比如说，洛地在《剧作的时代特征》一文中曾提到他的一次经历："我曾经在一个名叫'梁宅'的村子里，目睹一场最后梁山伯不死，与祝英台团圆（马文才死了）的演出——在'梁宅'演《梁祝》，那梁山伯是不能死的，即使不在'梁宅'在别处演《梁祝》，梁、祝二人死了也要'化蝶'团圆。"由于是在'梁宅'演出，最后的结局更加出人意料：梁、祝二人甚至没有死，当祝英台祭墓的时候，梁山伯居然得以复生，从墓中跳出来和祝英台团圆。（《洛地文集》卷1，香港艺术与人文科学出版社，2001年版）这一结果，恰与韩国学者崔云植先生向笔者提供的韩国异文异曲同工。

故事的无序生长及其最优策略 | 297

文间的生存竞争影响较大的"外在因子",例如地域优势与文字优势在故事传播中的作用:某一现象的地方性解释文本在向外扩张的过程中,与其他地区的解释文本可能相互兼容,也可能相抵牾。在那些相抵牾的文本的竞争过程中,文字的载录,以及文人墨客的推波助澜无疑有助于加大故事的传播渠道,树立某些文本的权威地位。因此,文化先进地区的文本相对更具传播优势,更容易培养成故事生命树的主流枝干。

"江苏一带,自唐、宋以来,便不乏文人凭吊遗址、诵咏爱情故事的诗作。南宋薛季宣的《游祝陵善权洞》诗,明冯梦龙在《喻世明言》中写的传记,都是大家熟悉的例子,并且还由此而逐代形成了关于梁祝的诗文系列,这无疑是梁祝传说得以在那里流传、发展的有力依托。"①从现有的文献资料看来,梁祝故事中的化蝶母题最早集中出现于江苏宜兴。宋明时期,宜兴文人反复咏叹碧鲜坛的"双双蝴蝶飞,两两花枝横",宜兴地区记载的梁祝传说鲜有完整情节,多数只叙梁祝化蝶之事,以至于钱南扬认为"化蝶说"很可能最早起于宜兴,后来才逐步传播到其他地区。②

化身母题是一个世界性的母题,各地关于梁祝化身的说法无奇不有,仅从表1即可看到,化身物分别可能是蝙蝠、鸳鸯、双石、双树、蓝竹、彩虹、并蒂莲、青白二蛇、蚕、映山红、竹树、蛾等十余种,何其芳也说:"我的家乡四川的传说又说他们变成了一对鸟。并且真有一种身如鸽子大,羽毛深蓝色,雌雄总在一起,其中有一个拖着尺来长的红色尾巴的鸟被人们叫为梁山伯、祝英台。"③化蝶说之所以能胜出其他诸说,与浪漫文人的偏好和江苏文人的诗文传播不无关系。正如如果没有何其芳的文章的传播,我们很难知道四川还有一种叫梁山伯与祝英台的对鸟。

当然,或大或小,还会有许多其他的因素在影响着异文之间的生存竞争。我们永远无法穷尽对于故事的各种必然的、偶然的竞择标准的探讨,我们也没有穷尽这些标准的必要。我只是希望以上建立的解释模式能够部分合理地用来解

---

① 吴祖德:《梁祝故事在上海的传播及其特点》,载《民间文艺季刊》1988年第2期。
② 钱南扬认为化蝶母题进入梁祝故事是较后的事件,并且假设此说来自宜兴地区:"还有一点值得注意的,就是宋元明宁波的志乘中,没有一句关于化蝶的话。上面所举的例(按:即早期"化蝶"记载),都是宜兴志乘中的。所以我疑心祝英台故事传到宜兴后,才把化蝶母题加入的。"(《祝英台故事集·叙论》,中山大学民俗学会小丛书1930年版)
③ 何其芳:《关于梁山伯祝英台故事》,1951年3月18日《人民日报》"人民文艺"第92期。(本文转引自《梁祝文化大观·学术论文卷》)

释我们所提出的问题,并以此证明问题的提出是有意义而非无意义的。这样,我们就可以合乎逻辑地进入下一单元的讨论。

我们接着讨论关于优先生长的最后一个问题:假设我们已有了关于自然选择的竞择标准,那么,它们发生作用的机制是怎样的?

我们以表1为例来展开讨论。假定我们讨论的起点是"英台投墓",而终点必须指向"团圆",这样,问题就突然变得有趣起来。我们可以把问题抽象为:由一个共同的起点,经由不同的程序,要到达一个共同的终点,在这些程序中,谁会是最优选择?

这显然是一个"有约束条件的最优化问题"。

假定上述关于情节枝干间生存竞争的竞择标准是有效的,那么,我们就可以把它视为程序的优化标准,各种外在因子则是制约程序设计的约束条件。为了简化讨论,本文略去约束条件的影响,简单地抽象为"无约束条件的最优化问题",试图为故事的结尾方式设计一条简单的优化路线。

根据最优化原理,作为整个过程的最优路线应该具有这样的性质:即无论过去的状态和历史如何,从目前的状态出发,余下的路线必须构成最优策略,直到终点。利用这个原理,可以把多阶段决策问题的求解过程看成是一个连续的逆推过程。在我们的议题中,即由"团圆"这一"终点"逐步向前逆推到"英台投墓"。

第一步,以主人公的存在状态而论,他们指向"团圆"的途径只有3条:1. 灵魂团圆;2. 肉身团圆;3. 化身团圆。

第二步,3条途径还可以有各自的最优叙事策略。也就是说,作为整体最优策略的子策略,也必须是该步骤中的最优策略。

1. 灵魂团圆在民众的想象世界中,只能存在于两种空间:或者天界,或者冥界。从统计数据看,灵魂团圆明显以"魂归天界说"为主,表1出现6个文本。魂归天界是大型的英雄史诗、人物传说的通用结局,不是爱情故事之专属(出现这类母题一般会在故事开头先交代主人公原属天界的某一神灵,为了某种原因而下凡)。

另有个别异文如《马文才变公猪》讲述梁祝并未魂归天界,而只是在阴间做了夫妻。就民众的感情意愿来说,天界与天堂相当,冥界与地狱相通,因而,让梁祝留在冥界显然难以流行,不会成为最优选择。

2. 肉身团圆从逻辑上说只有两种可能:或者死后还魂,或者本来就没死。

从文本统计来看，肉身团圆明显以还魂说为主，表1出现4个文本。其中异文《三生三世苦夫妻》讲述梁祝转世做夫妻。转世需要的时间间隔太长，必然中断故事高潮。没有了情节的连续性，别说是苦夫妻，即便是幸福夫妻，也无法成为最优选择。

假死说只有1个异文《夫妻恩爱白头吟》，讲述祝英台的三阿哥为梁祝二人策划假死，继而掩护他们私奔。假死说需要众人进行许多前期策划和准备工作，还得天气状况相配合，而且从逻辑上说，既然决定私奔，早就可以行动，无须把事情弄得这么复杂，所以，假死说也很难成为最优选择。

3. 在化身团圆中，蝴蝶、彩虹、鸳鸯、并蒂莲显然比其他化身物如蝙蝠、青白二蛇、两块石头、两棵树、竹子和树、蓝竹、映山红、蚕、蛾等更具有美好的象征意义，因而出现的概率理应大些。但是，鸳鸯和并蒂莲并不是各地的常见物，它们不是民间的共同知识，在传播过程中，很容易被地方性知识所改造。从统计数据来看，蝴蝶说与彩虹说的出现频率也确实相对较高。在这两者之中，化蝶说出现在成熟的韩凭妻故事之后，极富传奇色彩，又风起于文化发达地区，占得了天时地利人和，因而成了诸多化身物中的最优选择。有时即使讲述梁祝升天、还魂或化彩虹、化鸳鸯，也要先提一句化为蝴蝶，然后再进入下一个细节。

综上分析，在第二步中，关于主人公命运的叙事策略进一步优化为：1. 主人公魂归天界；2. 主人公还魂；3. 主人公化蝶。

第三步，在第二步的3种优化策略基础上，还可以滋生不同的叙事策略。

1. 魂归天界，等于主人公回到了原点，故事一般就此结束。

梁祝在理想天界的生活没有缺失和冲突，无法补接新的情节，如果需要进一步展开魂归天界之后的叙事，只能让主人公重回人间。于是，少数异文可能会补接还魂母题，如异文《尼山姻缘来世成》。但是，还魂之后的情节很难与还魂之前的情节有机、紧凑地整合在一个短小精悍的故事当中。这类情节显然不能成为故事文本的最优策略，应予以排除。

情节的有机生长只能发生在魂归天界之前、英台投墓之后，也就是说，故事只能在阴间地府之间展开。

2. 还魂说在叙事策略上与魂归天界说基本相同，都是回到原点。主人公原来站在十字路口，现在依然站在十字路口。故事欲短，可以就此打住，以一句"后来他们过上了幸福生活"而结束；故事欲长，也可以从此开始一个全新的叙事。异文《尼山姻缘来世成》即讲述了一个新的关于梁山伯祝英台精忠报国、花好月圆的故事。还魂之后的情节很难有机补接在原有情节之上，明显属于蛇足部分，可以排除在故事体裁的最优策略之外。①

3．在化蝶说中，如果"飞出蝴蝶"只是祝英台投墓时衣裙撕裂所化，或者仅仅是讲述者为了表达对权威文本认同的一句插入语。那么，梁祝灵魂尚有归天或还阳的机会，故事还可以再补接灵魂团圆或肉身团圆的母题，问题回到了1和2。

如果蝴蝶在故事中是作为梁祝灵魂的终极化身，那么，两只蝴蝶间的爱情故事很难进一步得到展开，故事至此就该结束了。

情节的进一步生长只能从马某身上着手，马某可以在祝英台投墓之后有所作为。

综上分析，在第三步中，最优叙事策略可以进一步具体到如下4种：1．主人公直接魂归天界，结束；2．主人公先到阴间，然后升天或还魂，结束；3．主人公直接化为蝴蝶，结束；4．主人公化为蝴蝶，马某有所作为。

第四步，在上述第三步的基础上，1、3两种很单纯，也很稳定，无需再切分；2、4尚有缺失，还可以再造冲突，有必要进一步切分。

关于2的切分：主人公到了阴间之后，如果没有缺失和冲突，一样很难补接新的情节，只能简单地接受阎罗王的点拨，立即升天或还魂，这只是"主人公直接魂归天界"或"主人公还魂"的一种变式。前面已有分析，此处不再讨论。

如果要在阴间滋生新的情节，就必须先设置缺失和冲突，这样的设置似乎只有一种方案，让主人公的对立面——马某也追入阴间，继续展开夺妻斗争。斗争形式可以是强行争夺，也可以通过打阴司来解决。因为主人公必须升天或还魂，所以，最终一定要由阎罗王出面解决争端。也就是说，打阴司是不可缺少的一环。

关于4的切分：从马某的角度来看，马某可以有所作为，也可以不作为。关于"不作为"的叙事不在我们讨论之列；从马某有所作为的角度来说，马某可以为善，也可以为恶。马某为善无法滋生冲突，所以马某必须为恶。马某为恶可以在两个空间内进行：一个是地上，一个是地下。

---

① 事实上，一些外在的约束条件，比如体裁的制约，就对情节的设计具有非常大的影响。比如，"还魂说"是个极有生长力的母题链，还魂之后的遗留问题，可能需要冗长的情节来补接，而故事要求短小精悍，难以容纳"还魂"对于情节延伸的要求；戏曲则不同，如果情节过于简省，则无法敷衍成戏，满足不了市场要求。所以，"还魂"母题出现在戏曲中的频率远远高过在故事中的。

马某针对梁祝的地上作为，只能是掘其墓。掘墓行为制造了紧张，但从结果来看，反面角色的任何行为，在民间叙事中都只能以失败而告终，而失败的过程则可能不断变异。

马某针对梁祝的地下作为，必须以梁祝也在地下为前提。如果梁祝是以化蝶为终，那么，马某即使追入地下，也无法有所作为。所以，这一策略必须排除。

综上分析，第四步分析结束后，最优叙事策略可以更加具体到如下 4 种：1. 主人公直接魂归天界，结束；2. 主人公直接化为蝴蝶，结束；3. 梁山伯在阴间与马某展开夺妻斗争，并在阎罗王跟前打赢官司，胜利后与祝英台魂归天界；4. 主人公直接化为蝴蝶，马某掘墓失败。

推算进行到这里，其实已经在很大面积上与本文第一部分开始对接了。基于故事生命树不同枝干间生存竞争的 6 项竞择标准，第四步所得出的 4 种叙事策略都有可能成为候选的最优策略。具体谁会成为最强大的枝干，仅从前述 6 项标准已经无法作出判断，最优者的胜出，还有赖于各种"外在因子"的作用，诸如地理、历史、文化、体裁、偶然事件等等，都有可能在这一选择过程中产生了巨大的影响，正如地理、气候等外在因子也会对自然界的物竞天择产生巨大影响一样。

四、结　语

故事结构趋于完整的要求是故事自然生长中的内在动力，不依赖于任何个体的意志。从故事生命树的根部向上看，我们看到了成熟故事的大量异文总是呈现着最大限度的混乱和无序。故事情节在每一个缺失处都会补接新的母题，以使故事结构趋于完整。这种补接可能出于逻辑的要求，也可能出于情感的目的，它们似乎并不朝向任何先验的、确定的方向。

所有混乱无序的生命枝，都是具体文本生产过程中的合理存在，但是，这种个别状态下的合理性并不代表它在另一种状态下也是合理的。于是，互不相融的文本之间就产生了生存竞争，具有更多受众的文本可能得到优先生长，有望成为主流枝干。

从一个固定的起点，指向一个固定的终点，无论中间的路径有多少，总会有一条最优、最合理的捷径，而且，这条捷径几乎可说是固定的、先验的。

具体到梁祝故事，我们发现，无论异文之间如何千差万别，但几乎所有异文都有一些共同的"节点"。这些节点是保证该文本被认定为"梁祝故事"的基本要素，如"同学"、"同冢"、"团圆"等。

只要能找到这些同类故事中的节点，我们就同样可以证明，在相邻两个节点之间，一定会有最优化的叙事策略存在。尽管相邻节点之间的异文可能极其丰富多样，但最优叙事策略却只有极有限的几种。

所以说，相邻节点之间的最优叙事策略也是相对固定的、近乎先验的。

只需要把相邻节点之间的叙事策略看成是整体叙事策略的子策略，我们就可以进一步大胆地断言，整体最优叙事策略是相邻节点间最优叙事策略的有序组合。

因为相邻节点间的最优叙事策略是相对固定的、近乎先验的，所以，作为节点间最优叙事策略之和的整体最优叙事策略也必然是相对固定的、近乎先验的。

这种最优策略的外在形式就是故事的最优结构。所以说，这种固定的、近乎先验的叙事策略，或者说叙事结构，就是民间故事"最本质的属性"——"趋于模式化"。

五、特别解释

本文写作历时近三载，作者分别以它参加了2004年北京"亚细亚民间叙事文学学会第八届学术研讨会"及2005年泰山"民间文化青年论坛第三次学术讨论会"，两次论文宣读均引起了许多师长及同仁的议论，得到很多建设性的意见，感激之余，对部分意见进行一些解释。

本文"故事生命树"概念取自刘魁立《民间叙事的生命树》。会议论文不仅对故事的生长机制进行了探讨，同时提出了"故事熵"的概念，预测了故事生长完全之后，反而会走向寂灭的命运。刘晓峰、杨利慧等人认为此说过于武断，尤其是利用故事熵对神话寂灭的说明，无法实证，缺乏说服力，甚至可能是错误的。我完全接受这些批评，并删去该节内容；对于故事熵的说明，我将限定在更可靠的边界下，进行更成熟的思考，容后另文单独论证。

杨利慧指出，必须对故事的生长模式进行适用范围的限定，比如，许多短小精悍的故事，长期流传，并没有出现篇幅的明显增长。这个问题确实是我原来没有考虑过的。最初触发我对故事生长机制研究兴趣的是白蛇故事，本文的理论思考几乎全部源于白蛇，但白蛇故事过于冗长，在写作上难以入手。恰好我的学生陆凤仪正以梁祝故事作为本科毕业论文选题，她把论述集中在对于故事结局的历时研究，受此启发，我也将梁祝故事的结局当成我共时研究的个案。所以说，我一直是以发育完全的成熟故事作为思考对象的。事实上，民间故事受其讲述方式的限制，以及历史条件的干扰等，多数得不到像梁祝故事或白蛇故事这样的充分发育。因此，准确地说，本文所提出的故事生长理论实际上只是揭示一种生长趋势，它只说明故事生长的可能方向及其机制，但并不是说所有的故事都一定会据此方向得到充分生长。

刘宗迪指出，本文貌似一种纯粹的科学研究，事实上并不能排除作者本人意志的干扰，因而带有强烈的主观性。

论文带有作者本人的主观意志，这是无疑的，尤其是对于"逻辑缺失"、"情感缺失"，以及"竞择标准"的判断，必然地基于作者本人的归纳水平以及对于普通民众心理的主观判断，这种判断是特殊文化背景之下的特殊判断，并不具有普适性。比如，"大团圆结局的要求"可能就无法适用于其他一些民族。在中国，八百岁彭祖被描述成一种理想的人生状态，成为人们不断追求的目标，而在日本，八百比丘尼却被赋予了一种凄美的悲剧色彩，比丘尼在她八百年无聊的人生中，经历过无数次的悲欢离合，心里非常痛苦，最终自杀而死，[①]这与汉民族的人生追求就大相径庭。但是，本文的主要目的并不在于揭示某种缺失和标准的准确性、普适性，而是想举例说明这样一种故事生长的模式：特定文化背景中的故事生长，是因为故事母题中的逻辑缺失或情感缺失会形成紧张，需要补接新的母题链以消除这种紧张，而故事生命枝的优先生长，则取决于一定的竞择标准。作者主观因素的存在，以及对于这些缺失和标准的判断有偏差，并不影响我们对于这些缺失和标准的功能的讨论。正如我们对某件事物的描述可能存在偏差，但我们的目的不在于这种描述的准确，而在于借助这种描述，以证明事物的存在逻辑。

陈泳超指出，本文既然是故事形态的共时研究，就不应该借助历时描述来说明问题，历时研究与共时研究掺杂在一起是很危险的。此说极是。本文对于故事"起点"的划定是根据张津的史料记载，这种基于历时考证的依据在共时研究法中是不合逻辑的。理论上说，我应该借助刘魁立《民间叙事的生命树》中提出的情节基干的绌绎法，从众多异文的共时形态中通过统计分析找出节点，然后进入操作。但是，这种规范操作需要大量的篇幅来进行前期铺设，如此，我将无法在有限的篇幅中回答本文所提出的问题。在这种情况下，我只好借助一个历时结论来作为我的"预设起点"。也就是说，只需把对张津的引述当成一个假设起点，而不是一个历时起点，陈泳超的担忧就可以消除。

[①] 参见蔡春华：《现世与想象——民间故事中的日本人》，宁夏人民出版社2004年版，第106页。

从神奇故事到传奇剧：
明代梦幻/鬼魂剧《牡丹亭》的形态结构分析[1]

[新西兰] 赵晓寰

本文旨在分析《牡丹亭》的戏剧结构。明代戏曲大师汤显祖（1550—1616）在创作《牡丹亭》时借鉴了神奇故事的结构方法与技巧。鉴于此，作者对这部梦幻/鬼魂剧的结构分析将采用弗拉基米尔·普洛普在《俄罗斯民间故事形态学》一书中所建构的理论模式。

本文首先将普洛普在其形态学研究中所调查的俄罗斯神奇故事与中国志怪故事加以比较，以求证普洛普形态学理论在本研究当中的适用性。论文第二部分具体从"功能与非功能"、"故事与回合"、"人物与故事/角色行当"等方面入手审视普洛普的理论模式和方法。普洛普基于俄罗斯民间故事的形态学理论是否适用于跨文化和跨文类研究？是否适用于以《牡丹亭》为代表的中国传统戏曲的研究？针对这样的问题，作者在这一部分还回应了因此可能引发的批评和质疑。论文第三部分以围绕男女主人公展开的主要故事情节为中心，重点对戏剧文本作形态结构上的分析。文本分析以特定的功能形式和序列的确定为中心展开，以勾勒戏剧故事中每一个回合里面的功能系统，并且描述在人物行动范围中戏剧人物功能的分布。本文的

---

[1] 本课题得到奥塔哥大学 2005 年度科研基金赞助。拙文原刊于《维尔纽斯东方学杂志》（*Acta Orientalia Vilnensia*）第 7 卷，第 1—2 期（2006/2007）合刊，第 189—207 页。初稿曾分别在 2005 年 6 月的"第九届澳大利亚中国研究学会双年大会"以及同年 11 月的"第十六届新西兰亚洲研究学会会议"上宣读。爱丁堡大学中国戏曲史专家杜为廉（William Dolby）和不列颠哥伦比亚大学《牡丹亭》研究者史恺悌（Catherine Swatek）阅读了本文，并提出了宝贵的批评和建议；论文的最后定稿吸收了《维尔纽斯东方学杂志》的匿名评审意见，该杂志还为本文的中文版提供版权。英文原文承我的博士研究生敖玉敏译成中文。对上述机构和个人的支持、帮助和批评，在此表示由衷的感谢。本文若仍有错谬之处，概由作者本人负责。

最终目的是从形态学的角度归纳出《牡丹亭》整体的戏剧结构以及叙事策略。

一、志怪、传奇与"神奇故事"

明代杰出戏曲家汤显祖（1550—1616）所创作的《牡丹亭》（也称《还魂记》）与《邯郸记》《南柯记》《紫钗记》合称为"临川四梦"，在中国戏曲史上占有重要的地位。"四梦"以《牡丹亭》最胜。该剧以其"巧妙叠出，无境不新"而被明代曲评家吕天成（1580—1618）赞为"真堪千古矣"。汤氏也主要因此剧而获得"绝代奇才，冠世博学"之美誉。[1]旅居美国的文学史家夏志清注意到汤显祖在中国戏剧史上的开拓性贡献，呼吁"关注其戏剧结构的每一处细节"以求"对其戏剧作公允的评价"。[2]然而，纵观当代的《牡丹亭》研究，我们不难发现，多数侧重从社会—心理的角度研究这部传奇剧，间或追溯《牡丹亭》的表演史和剧本的传播史，对这部传奇剧的结构却着墨不多。[3]

明清两代的曲论，如王骥德（？—1623）的《曲律》和李渔（1611—1680）的《闲情偶寄》，均强调戏曲结构（曲律和剧场）之重要性。在他们的影响下，当代研究戏曲结构的中国学者倾向于将研究重点集中在戏曲的程式、主脑、针线、排场、关目、情节线、动作线和情节结构等方面。[4]然而，无论研究者采取何种路径和方法，他们惯常将《牡丹亭》阐释为汤显祖个人对爱情和生命的情感表达，或者视其为展现传奇剧结构模式的上乘之作，却不曾探讨汤显祖是如何运用神奇故事的结构方法和技巧来创作这出传奇剧的。

在芬兰学派民间故事学中，"神奇故事"是指 A—T 故事类型索引体系中编号

---

[1] 原出《曲品》卷上，转引自邹自振《汤显祖综论·汤显祖研究资料选编》，巴蜀书社 2001 年版，第 418 页。

[2] C. T. Hsia, "Time and the Human Condition in the Plays of Tang Hsien-tsu," in *Self and Society in Ming Thought*, ed. Wm. Theodore de Bary (New York: Columbia University Press, 1970) p. 252.

[3] "传奇"一词，最早出现在唐代，晚唐作家裴铏（825—880）用以命名其文言短篇小说集。其后，作为一个文类专用名称，"传奇"特指唐代（618—907）的传奇故事。唐传奇具有以下特征：扑朔迷离的情节，华美瑰丽的辞藻，精致凝练的叙述，细腻丰腴的描写，华贵雍容的风格和生动传神的语言。后世也用"传奇"指称宋代（960—1279）的诸宫调，元代（1206—1368）的杂剧，以及明清时期（1368—1911）的南戏。

[4] 关于明清戏曲结构理论，及其对当代中国传统戏曲研究的影响，参见郭英德：《明清传奇戏曲文体研究》，商务印书馆 2004 年版，第 353—381 页。

为 300 到 749 的一类故事，包括"神奇的对手"、"神奇的或有魔力的丈夫（妻子）或其他亲属"、"神奇的难题"、"神奇的助手"、"神奇的对象"、"神奇的力量或知识"和"其他神奇故事"。①依据 A—T 故事分类法所归类的"神奇故事"，无论在主题、情节，还是在流播方式上（先是口耳相传，再由文人搜集、整理成文），与中国的志怪小说都有诸多共通之处。②"志怪"的字面意思就是"神奇怪异之纪录"。鉴于两者的众多相似之处，美国华裔学者丁乃通在其《中国民间故事类型索引》中收录了大量志怪小说，并依据 A—T 分类法将其编入"神奇故事"名下。③

学界早就注意到古小说与传统戏曲之间的"同源而异派"的关系。④英国汉学家白芝（Cyril Birch）评价道："在中国文学传统中，存在一个惊人的特点：白话小说、文言小说和戏曲作品这三个表面看来互不隶属的文类却采用同样的素材和方法。"⑤汤显祖的传奇剧《牡丹亭》便是其中一个典型。此剧改编自明代拟话本《杜丽娘慕色还魂》，而故事源起可追溯到六朝的志怪。⑥尤其重要的是，汤显祖在该传奇剧中植入了三个志怪故事——"谈生"、"李仲文女"和"冯孝将子"——的主要情节元素。⑦汤显祖尽管同时也借鉴了其他文学样式的某些元素，但是相比之下，他在构思《牡丹亭》情节结构时更多地从早期的神奇故事中获

---

① "A—T 分类法"（阿尔奈—汤普森体系）由阿尔奈（Aarne）和汤普森（Thompson）名字的首字母缩略而来，详见：Antti Aarne, *Verzeichnis der Märchentypen*, Helsinki: Suomalainen Tiedeakatemia Academia Scientiarum Fennica, 1911; Antti Aarne, *The Types of the Folktale: A Classification and Bibliography*, 2nd revised ed., trans.and enlarge Stith Thompson, Helsinki: Suomalainen Tiedeakatemia Academia Scientiarum Fennica, 1961.

② 中国志怪小说其本事大多都源于神话传说和民间故事，后经文人搜集、整理成文，因此兼具口头文学和书面文学的特征。关于志怪小说与民间故事和神话传说的渊源关系的议论和专题研究，分别参见：Nai-Tung Ting, *A Type Index of Chinese Folktales*, Helsinki: Suomalainen Tiedeakatemia Academia Scientiarum Fennica, 1978, p. 10；小南一郎：《中国的神话传说与古小说》，商务印书馆，2006 年 2 版。

③ Ting, *A Type Index of Chinese Folktales*, p. 47-120.

④ "同源而异派"一语取自沈新林《同源而异派——中国古代小说戏曲比较研究》，凤凰出版社 2007 年版。

⑤ Cyril Birch, "Forward," in *Chinese Narrative: Critical and Theoretical Essays*, ed. Andrew H. Plaks, Princeton (New Jersey: Princeton University Press, 1977), p. xi.

⑥ 有关拟话本《杜丽娘慕色还魂》和"画中人"志怪故事系列之间在文本和主题方面的渊源关系，台湾学者张静二进行了极具启发意义的研究，详见张静二《画中人故事系列中的画与情——从美人画说起》，见华玮和王瑷玲编《明清戏曲国际研讨会论文集》，台湾："中央研究院"中国文哲研究所筹备处 1998 年版，第 485—511 页。

⑦ 参见汤显祖：《牡丹亭·前言》，见徐朔方笺校：《汤显祖全集》，北京古籍出版社 1999 年版，第二卷，第 1153—1154 页。

得灵感。

　　由于本研究的目的是对这部传奇/魂魄剧中使用的神奇故事进行结构功能的考察，因此，作者将采用弗拉基米尔·普洛普在《俄罗斯民间故事形态学》中建构的理论模式进行文本分析。①在展现《牡丹亭》结构的同时，揭示汤显祖是如何利用神奇故事的结构方法和技巧的，又是如何将它们纳入该剧的整体结构当中的。普洛普不曾声称其理论模式同样适用于研究其他文类的叙事作品和欧洲以外的神奇故事，但是，自 20 世纪 60 年代以来，他的形态学理论在西方引发了普遍的兴趣，并在很大程度上启迪了欧洲的结构主义运动的先驱们。自那以来，许多研究者尝试对这一理论加以适度的调整和修正后，应用于分析神话传说、小说、戏剧、史诗、《圣经》故事、电影、电视剧，以及虚构或非虚构的传记文学。②

二、普洛普的模式和方法：功能、回合与故事角色

　　普洛普属于语言学和文学批评的形式——结构主义学派。他认为如同存在规范句子结构的语法规则一样，也存在一套规范叙事结构与叙事策略的法则。从句法和叙事之间的类比关系，普洛普建构了其理论体系，作为分析民间故事叙事的普遍语法。普洛普把一个故事文本视作独立自足的语言结构体系，这一语言体系的自足性表现为，其存在无需参照文本以外的其他因素，如文本创作的

---

　　① 必须指出的是，《民间故事形态学》(*Morfologija Skazki*) 书名与其内容不符，其实普洛普所分析的只是类型浩繁的民间故事之一种，即 A—T 分类法中所谓的"神奇故事"(tales of magic)。普洛普若干年后不无遗憾地透露，该书原名为《神奇故事形态学》(*Morphology of the Wondertale*)，但为了迎合市场，出版社编辑擅自将其改为现名后出版。见：Propp, *Theory and History of Folktale*, ed. Anatoly Liberman, trans. A. Y. Martin and R. P. Marin（Minneapolis: University of Minnesota Press, 1984), p. 70.

　　② 最早借鉴普洛普的理论模式分析中国文学的学者，据本文作者所掌握的材料来看，应当是台湾比较文学专家张汉良先生对"杨林故事系列"的结构分析。近年来，学界重新兴起在普洛普的理论框架下研究中国文学的热潮，主要代表人物有李扬和赵晓寰。参见：Han-liang Chang, "The Yang Lin Story Series: A Structural Analysis," in *China and West*: *Comparative Literature Studies*, ed. William Tay et al., (Hong Kong: Chinese University of Hong Kong Press, 1980), p. 195-216; Xiaohuan Zhao, *Classical Chinese Supernatural Fiction*: *A Morphological History*, Lampeter, Wales and Lewiston, NY (The Edwin Mellen Press), 2005; 李扬：《中国民间故事形态研究》，汕头大学出版社 1996 年版。

历史或文化背景等因素。这种静态的和共时性的文学研究方法是普洛普与文学批评中的社会—心理学派的区别所在。

虽然普洛普的影响已经远远超出了民间故事学的范围，而深入到文学批评、人类学和神话学的领域，然而，毋庸讳言，对普洛普的形态学理论本身，以及对这一理论是否适切其他叙事文学和艺术作品的结构分析，批评和挑战不曾间断。批评家们可能基于以下几个方面，质疑普洛普形态学理论模式在本研究中的运用：

1. 普洛普理论模式生成于俄罗斯民间故事，它们基本上都是通过口头流传的民间传说。

2. 明清传奇剧由具有高度自觉意识和艺术修养的文人创作而成。语言夸饰华丽，引经据典，还不时杂糅了政治和时代的各种因素，颇具反讽的效果，是典型的文人化的语言。

3. 传奇剧在历史、文化、风格和起源等方面，与口头流传的民间故事之间相距甚远。将普洛普理论模式进行跨越文化语境的运用，也许无助于我们理解这部剧作的深层结构。

对上述前两点，我们不持异议。事实上，针对中国传奇剧和俄罗斯民间故事，批评家们还可以罗列出更多的差异。但问题的关键是，仅仅因为它们之间存在的这样一些差异，是否就应该排斥跨文化和跨文类的比较研究呢？对这个问题，我们的答案是否定的。原因很简单：发轫于结构主义语言学的符号学，最初无涉语言之外的体系和结构，但是后来却被广泛运用于美学、人类学和社会学等问题的研究。如今谁能否认正是符号学的这种跨学科的应用已经大大地加深了我们对原始和现代艺术、文化以及社会的认识？

当然，传奇剧通常是由文人为舞台演出而精心创作的高度艺术化的作品。但是，在主题和情节方面，传奇剧又确实与志怪和传奇故事之间存在千丝万缕的亲缘关系。以《牡丹亭》为例，如前文所述，该剧改编自拟话本小说，同时，一些关键的情节因素又从志怪文学中借鉴而来。对于志怪这种搜奇记轶的文类，陈德鸿认为："其本身具备了进行形式分析的充分条件，而这种形式分析最早由弗拉基米尔·普洛普运用于俄罗斯民间故事的研究当中。"[1]

---

[1] Leo Tak-hung Chan, *The Discourse on Foxes and Ghosts: Ji Yun and Eighteenth-Century Literati Storytelling* (Honolulu: University of Hawaii Press, 1998), p. 247.

（一）功能与非功能

普洛普形态学理论模式的基本构件是角色功能，他将其定义为"从其对于行动过程意义的角度定义的角色行为"[1]。普洛普认为神奇故事已知的功能项是有限的，而按照神奇故事本身记述的顺序，可以归纳出角色的 31 项功能。每一项功能，普洛普从形态学意义上简要地加以概括，用一个公式符号标注，其后用一个字符定义的形式命名。普罗普分析了 100 个俄罗斯民间故事中所有特定的功能形式，将它们按照逻辑和时间顺序排列为五个连续的部分。他提出每个神奇故事都是由初始情境开始，在这个初始情境里，"家庭成员逐一出现，主角被以某种方式介绍"[2]。普洛普将初始情境标注为α，它是一个重要的形态学元素。然而，因为它没有包括任何角色的行动，所以尽管所有民间故事必然都有一个初始情境，但是它仍然不能算作一项功能。

（二）故事与回合

普洛普给他的神奇故事（skázka）下的定义是："任何一个始于恶行（A）或缺失（a），经过中间的一些功能项之后终结于婚礼（W*）或其他作为结局的功能项的过程，都可以称之为神奇故事。"[3]譬如：功能（F）是宝物落入主人公的掌握之中，（K）是最初的灾难或缺失被消除，（Rs.）是主人公从追捕中获救。为此，普洛普设计了一个新的叙事单位，命其名为"回合"（khod）。回合是指从恶行或缺失的功能项发展到任何其中一个作为结局的功能项经过的行动过程。一个回合就是一个叙事单元，它可以独立构成一则神奇故事；也能够与一个或多个回合组合构成更长的回合，从而发展为更加复杂的多回合的神奇故事。

（三）人物与角色

如同功能一样，神奇故事角色，或称"戏剧人物"（dramatis personae），不存在于文本之外，也不特指故事当中的任何具体人物。它是从神奇故事的具体人物当中抽象出来的角色类型。一则神奇故事可以有众多性格各异的人物，但

---

[1] Vladimir Propp, *Morphology of the Folktale,* 2nd revised English ed., ed. L. A. Wagner, trans. Laurence Scott (Austin and London: University of Texas Press, 1968), p. 21.
[2] Propp, *Morphology,* p. 24.
[3] Propp, *Morphology,* p. 91-92.

是，角色的数量却是有限和固定的。普洛普列举了七种角色类型，分别是：英雄（主角）、恶人、派遣者、赠与者、相助者、公主（被寻者）及其父王、伪英雄（主角）。角色按照其功能特征分布在神奇故事的不同行动范围里。[①]

与普洛普"角色"概念相似，中国传统戏曲角色也是抽象化的人物类型，同样无法指认其具体的人物身份，因为角色只与特定的人物类型相关联。中国传统戏曲的角色分类，最早出现在体制严格的"一本四折"的元杂剧当中，其后发展成相对固定的角色行当体系，包括生、旦、老旦、净、末、丑、外贴、杂等。虽然，如前文所提，普洛普的角色类型与中国传统戏曲角色行当之间存在一些共同特点，但是，两者的根本区别是：前者是从故事人物的行动范围来定义的功能类型；后者通常被视作具有象征意义的舞台造型化了的人物类型，以程式化的扮相、身段、动作和服装为特征，而且其唱念为主的表达与特定的人物类型有关。[②]

三、形式与功能：《牡丹亭》形态学分析

《牡丹亭》是一部长篇传奇剧，由55出构成，上场人物达160个之多，有名有姓的主要人物不少于30个。如果就每一出和每一个人物，作通盘的形态学分析，那么本文的篇幅将远超出一篇学术论文的容量，而且也没有这样的必要。因此，在文本分析的过程中，我将集中在《牡丹亭》的主要情节线，考察该剧的结构与内容，并依照普洛普的标题建构本文的体例，大致分为以下几部分：初始情境，准备阶段，复杂阶段，赠与者/相助者阶段，以及第一、二（依次）回合。非结构性和非叙事性因素，如音乐、表演，以及在唱词和宾白中使用的反讽和比喻性的语言，均不在本文的讨论范围之内。

---

① Propp, *Morphology*, p. 79-80.
② 有关角色行当与其舞台表演的一般论述，参见：William Dolby, "Yuan Drama," in *Chinese Theatre from Its Origins to the Present Day,* ed. Colin Mackerras（Honolulu: University of Hawaii Press, 1988）, p. 50-57. 有关"传奇剧和昆曲的角色体制"，参见：Catherine Swatek, *Peony Pavilion Onstage: Four Centuries in the Career of a Chinese Drama,* Ann Arbor（Michigan: University of Michigan Centre for Chinese Studies, 2002）, p. 257-260.

（一）初始情境

　　神奇故事通常从介绍家庭成员，或者对故事背景或未出场的英雄作简要介绍开始。由于传奇或志怪故事采取散文形式，那么故事的开场往往通过一些陈述性和/或描绘性的句子来展现。而传奇剧不同于此，它借助动作以及独白和/或对白来表现人物和故事。如果将神奇故事的结构合并到戏剧形式里，如我们将要在《牡丹亭》中所看到的那样，初始情境就得作必要的调整以适应戏剧表演的程式化。

　　为构思一个独具特色的初始情境，汤显祖让人物交错登场。遵照传奇剧的表演程序，全剧以"标目"开场，通常是次要角色"末"为作者代言，以作者的口吻向观众交代该剧的主要情节。每一个人物首次登场亮相，并伴随个性化的语言行动，这不仅有助于塑造人物的性格，而且决定了该人物与其他人物之间的相互关系。值得注意的是，在介绍主要人物时，其独白和对白的分量，与该人物对剧情结构展开的重要性成正比。

　　在"末"之后，是扮演柳梦梅的"生"上台。如第二出的题目"言怀"所示，在这一出戏中，柳梦梅流露了其因梦而生的情思：柳梦梅半月之前梦到一园，梅花树下，立着个美人，说道："柳生，柳生，遇俺方有姻缘之分，发迹之期。"因此改名梦梅，意为"柳梦见了梅"。

　　尽管第二出戏很短，但是梦梅一经亮相，便很快通过独白展现了其一介书生的气质。他饱读诗书，却怀才不遇。在他的身上寄托了中国传统文人的两个梦想："金榜题名"和"红袖添香"。借助柳梦梅这一人物和其一生的两个梦想，汤显祖从一开始就将《牡丹亭》放置在设定的传奇剧的结构之中。

　　第三出"训女"，人物杜丽娘、杜宝、杜母，以及丽娘的丫环春香逐一出场。当杜宝知晓女儿丽娘白日里在闺房不专心做绣活，便请来老秀才陈最良（第四出"腐叹"）教丽娘读些四书五经等儒家经典，望求日后丽娘嫁入夫家也能知书识礼（第五出"延师"）。

　　至此，所有主要人物均已出场。在这几出戏中，特别是让杜家齐聚一台这场戏，汤显祖也借此达到了设置初始情境的目的。同时，又通过柳梦梅发梦而在男女主角之间搭建起了联系。在丽娘和梦梅真正开始接触之前，剧作家已经塑造了两位主角的鲜明个性。剧中每个人物以程式化的动作带戏入场，借人物自身之口讲出"不幸和缺失"，这不仅决定了人物对于其他人物行动的反应，而且预示了他们之间的复杂关系。

（二）准备阶段

依据普洛普的观点，"准备阶段"提供了"恶行或缺失"在神奇故事里的出现方式。[①]角色的前七个功能构成了这一部分：外出（β），禁止—违禁（γ-δ），刺探—获悉（ε-ζ），欺骗—受骗（η-θ）。"恶行或缺失"能够通过多种方式引起。虽然"外出"和"禁止—违禁"几乎是必需的功能项，但是神奇故事可能从"刺探—获悉"和"欺骗—受骗"两组功能项中选用其一。这两组功能项均可导向相同的结局，因此它们没有必要出现在同一个神奇故事里。

虽然，31个功能是神奇故事的基本构件，但是其他如"关联"（§）和"动机"（mot.），同样是结构的两个组成元素，而且它们通常也出现在准备阶段。因此，在《牡丹亭》里，汤显祖使用了"外出"、"禁止—违禁"、"刺探—获悉"等功能，以及"动机"和"关联"两个非功能元素。

在传奇故事中，"刺探—获悉"这一组功能是指恶人打探并获取所需信息。在《牡丹亭》中，尽管杜太守不能算作真正的对头，他却注定成为导致丽娘抑郁而终的主要推手。其角色功能要求他必须采取行动，促使丽娘进入她的梦幻世界。果然在第三出"训女"中，杜宝叫来丽娘的贴身丫头春香问话，打探女儿近期所为（ε3：刺探以获取主角的信息），当获悉丽娘"白日眠睡"而虚度光阴时（ζ3：获取信息），杜宝异常气愤，当即决定聘请"黉门腐儒"陈最良教导女儿，以"拘束（其）身心"。

显然，汤显祖运用"刺探—获悉"功能组达到了三重目的：（1）通过家庭成员的话语行为和相互之间的关联行动，功能组继续推进初始情境；（2）透露了过去的事件，而该事件成为给丽娘请家庭教师的动机；（3）预示了丽娘要挣脱繁腐的礼教桎梏，最终逃向她梦幻和爱情的国度。因为"刺探—获悉"这一组功能的完成，还表现了丽娘对深处闺房与世隔绝的生活十分厌倦，这时候需要安排一个行动，能有效地帮助女主人公最终走出藩篱，进入她的梦幻世界。因而，汤显祖创造了一个情境，引出"外出"功能和"禁止—违禁"功能组。

"外出"功能（β¹）要求一位或多位年长的家庭成员离家外出。在《牡丹亭》中，汤显祖首先安排杜太守到乡间寻访视察（第八出"劝农"）。杜太守的"外

[①] Propp, *Morphology*, p. 31.

出"（β）导致了功能组"禁止—违禁"（γ¹δ¹），即丽娘不顾警告，背着爹娘私自去"后花园"游春。

（三）复杂阶段

顺次而来是故事的复杂化阶段。至此，恶人和英雄从背景里跳脱出来，被放置到舞台的中心位置。普洛普发现，多数情况下，复杂阶段不是起自恶人造成的不幸痛苦，而是开始于某一种不足或缺失。[1]在中国的志怪故事中，也存在类似的情形，"倾向于让英雄陷于一种自我抗争的境地，试图以自我之力量克服源自本身而非外界强加的某种缺失或者不幸"[2]。"因其基本动机取自唐前的若干故事"[3]，《牡丹亭》显示出男女主人公爱的缺失。这种对爱情的渴望源于人之本性，而不是因"恶行"引起。由于这种情况导致最终的"寻求"，类似于"恶行"的情形，所以普洛普认为缺失（a）在形态学意义上等同于"恶行"（A）。

人物大部分行为的动机是在行动当中激发的。然而，"恶行"或"缺失"，作为神奇故事的第一个基本功能，往往需要某种附加动机，普洛普将其定义为："是人物的原因以及目的导致了他们采取各种各样的行为方式。"[4]引起女主人公丽娘感到生命和爱情缺失的最直接原因，是她在老师陈最良的教导下诵读《诗经》（第七出"闺塾"），这部儒家经典的开篇第一曲《关雎》篇的第一节写道：

关关雎鸠，

在河之洲。

窈窕淑女，

君子好逑。

这是一首爱情诗，但具有讽刺意味的是，正是这部"一言以蔽之曰""思无邪"的儒家经典——《诗经》，撩拨了丽娘的"春心"。随着性意识的唤醒，丽娘愈发厌倦自己百无聊赖的闺院生活，她悻悻作叹，渴望能找到一个出口，释放其内心郁积的情感。寥寥数笔，汤显祖便淋漓尽致地表现了丽娘的少女情怀，那种既躁动不安又对爱情充满渴望的心境（a¹：男人/爱情的缺失）。

功能 A 和/或 a 之后，是关联性的事件，将主人公放置到舞台中心。通过告

---

[1] Propp, *Morphology*, p. 34.
[2] Xiaohua Zhao, *Classical Chinese Supernatural Fiction*, p. 276.
[3] Hsia, *Time and the Human Condition*, p. 273.
[4] Propp, *Morphology*, p. 71.

知或由他人向其透露"恶行"或者"缺失"，寻求者得到请求或命令，或被遣派或获得许可出发（B），然后寻求者决定是否响应召唤或听从命令，是否采取行动或决定反抗（C），接着是主人公外出寻找某人或物（↑）。例如，第十出"惊梦"中，丽娘趁爹娘不备，溜出闺房（B^3：解脱或离开），来到后花园寻春解闷（C↑）。

（四）赠与者/相助者阶段

复杂化阶段后，女主人公必然要找到赠与者/相助者，以便能消除她的"缺失"。因此紧随其后，汤显祖设置了赠与者/相助者阶段。赠与者/相助者出现的时机必须是在"缺失"被告知或知晓以后。闺塾之后，丽娘向她的丫环春香吐露"思春"之心迹（D^2E^2：盘问/审讯—反应）；出于同情，春香私下背着老夫人安排小姐游园，还特意打发了一位年轻的园丁清扫花园（F^9：将自身提供给主角支配和使用）。

（五）第一回合：梦中姻缘相会

丽娘择了良辰吉日，由春香做伴，来到后花园赏春（G^3：主人公转移，他/她被送到或被引领到所寻之物的所在之处）。游园赏春归来（↓：主角归来），顿感疲乏，丽娘伏案而睡，梦遇一位唤做柳梦梅的青年才俊，他将丽娘抱至芍药栏前，紧靠着湖山石边，云缠雨绵。

这时候，花神出现，"竟来保护他，要他云雨十分欢幸也"（F^{vi}：宝物的提供、获得）。尽管作为次要人物，并在剧中没有太多言词和行动，但是在这一回合中，花神这一宝物（魔法）对于消除丽娘缺失男人/爱情的初始情境发挥了关键作用。丽娘身死魂不灭，灵魂在阴曹地府受审判，这时花神再次出现，为丽娘的鬼魂向冥府判官求情，最终助她还魂。

至此，女主角与情郎梦中姻缘相会，第一个回合结束（K^5：最初的灾难或缺失被消除）。

（六）第二回合：惊梦和寻梦未果

单一回合的神奇故事，当初始情境时的"缺失"或者"不幸"被消除了，故事便结束。但是，对于多回合相互交织的神奇故事，情形往往与单一回合的故事不同。在两个或两个以上回合组成的神奇故事里，"缺失"或"不幸"的初始情境以相同或不同的方式重复。①随着新的"缺失"的出现，另一个回合启动，所有的一切又重新开始。

《牡丹亭》的主情节线，从形态学上分析，可以划分为六个回合。每一个回合都为男/女主角安排了一个"缺失"的状态或"不幸"的事件。《牡丹亭》第二回合起于第十出结尾处的"刺探—获悉"功能组，终于第十二出"寻梦"，丽娘从梦中醒来，执意几番到后花园里寻梦，却徒劳无果。杜母在这一回合中执行了"刺探—获悉"的功能组，她竭力想但却始终未能明白在女儿身上到底发生了何事。杜母的闯入和打探，使得丽娘从与情郎幽合的梦中猛然惊醒过来。梦被打断，丽娘重新回到先前的缺失状态，发现自我在人世间再度迷失。这时，刚刚建立的平衡被骤然打破，新的缺失状态即刻从不平衡之中产生（a^1）。

在神奇故事里，"缺失"和"不幸"有两种可能的结局：消除（K）和未消除（K_{neg}）。就恶人这一角色而言，其"缺失"无法消除通常是他对主角实施恶行而受到惩罚的一个结果。然而，就主角而言，其"缺失"未能消除或其"不幸"的境况无法得以改善可能是因为他违反了"禁令"，而"违禁"的代价便是未能有效改善其"不幸"和"缺失"的情境。第二回合中，丽娘的"缺失"没有得到消除就是因为她违反了"禁令"。

第十一出"慈戒"中，丽娘不顾杜母几番告诫（$\gamma^1\delta^1$），仍旧溜进后花园寻梦（C↑），却发现除了一棵开了花的李树外，园子里冷冷清清，悄无人息。四处搜寻，也不见柳梦梅的身影（K_{neg}）。失魂落魄的丽娘只得返回家中（↓）。

（七）第三回合：杜丽娘相思成疾，郁郁而终

从形态学上讲，违禁者因违反禁令一般要招致对其的惩罚。惩罚的形式可以是多种多样的，例如，终究为情而死便是杜丽娘得到的惩罚。她在弥留之际要求死后葬于花园的梅树下。这里显示，丽娘是因为再度游园，寻梦未果，从此愁闷消瘦，郁郁而终的。随着新的"缺失"或"不幸"状态的建立（a^1），汤显祖引导故事进入第三回合。

丽娘如今相思成疾，于是决定给自己画像，以留下遗容（第十四出"写真"）。写真绘就，又在画轴上端题诗一首，诗中暗含了梦中情郎的名字和将来他注定要金榜题名的意思。汤显祖通过丽娘的画和诗，以及她来日定要嫁为状元妇的

---

① Propp, *Morphology*, p. 8.

预言，巧妙地在追求生命真爱的男女主角之间再次建立起了联系。同时，汤显祖完成了赠与者的第一项功能（D^1：主角经受考验）：诗行之间暗含的意思实际上构成了一则等待梦梅来猜度的谜语，这便构成了施与者对主角的一种考验。

如前文所述，"恶行"（A）与"违禁"（δ）功能都能引起"灾难"或"缺失"未能消除（$K_{neg.}$）。正如我们在第三回合中所看到的，女主角私闯后花园而注定要为此殒命。花园之门对她紧闭，似乎这世上从此再也无任何东西值得丽娘留恋。中秋之夜，明月高悬，本是阖家团聚的良辰吉日，丽娘撒手人寰，终于为情而去（$K_{neg.}$）。

（八）第四回合：丽娘鬼魂与柳梦梅两情相悦

传奇剧的典型结构模式是，围绕生旦主要角色展开主情节线的构织，而让包括次要角色的情节支线补充交织其中。[①]依照传奇的惯例，汤显祖在《牡丹亭》中设计了一个围绕丽娘和梦梅展开的戏剧结构。两条主要故事线首先平行发展，生和旦分属不同的行动范围。剧情发展过程中，又埋伏了一条情节支线，即杜宝和叛军首领李全之间的冲突。这条情节支线，在"武闹"一出中被着重发展，在全剧当中，它作为支持整体结构的情节叙述，最终与男女主角的主情节线汇合。

在围绕"生"展开的情节线合并到"旦"的情节线之前，汤显祖插入了另一个回合，它开始于第三回合结束的地方，即女主角相思成疾，郁郁而终（a^1）。它的发展阶段包括：丽娘的鬼魂由奉命代管十殿地府的胡判官提审（D^2E^2：考验—反应），胡判官问明死因，查得姻缘簿知杜丽娘与柳梦梅日后有姻缘之分，又得花神见证（F：主角得魔/宝物相助），便把丽娘的鬼魂放出枉死城，去与情郎相会（第二十三出"冥判"）。经过这一中间系列的功能（DEF），汤显祖实现了让女主角从阴间到人间的空间转换。

梦梅到后花园散心，在假山石下拾到丽娘自画像（第二十四出"拾画"）（d^7E^7），这时候，"生"与"旦"两条情节线交汇于一点。梦梅将画轴仔细观看了一番（第二十六出"玩真"），认定此画必是画中女子自画肖像（F^5：宝物落入主角的掌握之中）。接着他细观题于画上方的一首绝句（D^1），喻示他将来与画中人喜结良缘并高中状元（E^1）。随着谜底揭晓，"考验—反应"功能组结束，出现

[①] 参见林鹤宜：《论明清传奇叙事的程序性》，见徐朔方和孙秋克编：《南戏与传奇研究》，湖北教育出版社 2004 年版，第 466—467 页。

了一个积极的结果。梦梅深情地一遍又一遍地呼唤画中人，阴风一阵，丽娘的鬼魂应声而现。丽娘的鬼魂让梦梅发誓，在得到梦梅"勿负奴心"（D^7E^7）的誓言后，丽娘的鬼魂便将"千金之躯付与郎"（KF^9）。汤显祖在男女主角的行动过程之后，在第二十八出"幽媾"中为这对有情人安排了一个灵与肉的结合。这样的结局具有双重的功能意义：对于梦梅，他积极回应了丽娘鬼魂的"一言相恳"，灵与肉结合便是对其行动的奖赏（F^9）；对于丽娘，她实现了与情郎重聚的梦想，至此，丽娘的"缺失"（a^1）在一波三折后终于得以消除（K）。

（九）第五回合：死而复生与为情而生

这一回合始于一个关联因素（B），夜里听得从柳生书房里传来女子的声音，石道姑顿生疑心（第二十九出"旁疑"）。为配合"幽媾"一场，汤显祖将整个舞台处理成暗场，从而在观众和演员之间制造戏剧性的反讽和张力。为了强化紧张气氛，汤显祖设计了第三十出"欢扰"，通过石道姑执行"刺探—获悉"功能组，让她再次听到传出女子的声音后，强行闯入梦梅房内（ε^3），但是，她只见到墙上挂着一幅美人图，而丽娘的鬼魂早已逃离出去了（$K_{neg.}$）。

在神奇故事里，"刺探—获悉"通常发生在对头实施恶行和主角产生或感到缺失之前，如本剧前两个回合（从第三到第十出）中显示，这一功能组也往往导致平衡被打破。同样的情形也出现在第五回合中，为实现"刺探—获悉"功能组，第五回合使用了接连三次出示证据的方式——这是神奇故事常用的结构方法。这一功能组重复三次，而每一次都是起因于不同角色的性格特征，通过这种重复，汤显祖达到了其最终目的，即将这个爱情故事的所有回合统一在了神奇故事的总体框架中。

汤显祖用人物对话和动作来表现关联事件（B）（第三十二出"冥誓"）。丽娘的鬼魂将自己身处阴阳两界之实情相告（B^1：寻求帮助），梦梅转身向石道姑求助（$C\uparrow$）（第三十三出"秘议"），但是石道姑直至亲眼所见才肯相信其中原委（D^1）。她跟随梦梅来到梅花庵，梦梅取笔在丽娘牌位上点墨，牌位竟然自个儿动起来（E^1）。其后，石道姑设计让陈最良配了还魂丹（F^3：提供宝物），她引领梦梅来到丽娘的坟前（G^3）（第三十五出"回生"）。梦梅掘坟开棺，扶起丽娘，喂下还魂丹，杜丽娘还魂复生（KF^7：饮下或吃下魔物而得以复活）。

唯恐被人当做盗墓贼，众人于是急忙散去（Pr^2：追捕有罪的人）。在神奇故事里，"追捕"的功能（Pr）可以替换为主角消除"缺失"或"不幸"后"归来"的功能（↓），但是"有时候归来含有逃离的意味。"[1]主角逃脱追捕，从危险状况中获救或者自救，这时，"追捕"与"获救"（Rs）成为功能组。《牡丹亭》中，这一组功能项并不完全照其本意出现，因为"追捕"这一功能并非是真正由恶人执行。梦梅和丽娘仅仅是感受到了被追捕的危险（第三十六出"婚走"），便在石道姑的帮助下匆匆逃往临安（第三十九出"如杭"）（Rs¹：主角被凌空带走或迅速逃逸）。

通过丽娘还魂复生，与情郎共结情缘，汤显祖终于消除了女主角的缺失。从这一刻起，戏剧的焦点转移到了梦梅身上。他仍然还有两个愿望未了：一是通过科举考试获取功名，再是获得杜宝许可，能明媒正娶其女丽娘。为了让戏剧焦点平稳地从丽娘过渡到梦梅，汤显祖利用"追捕—获救"功能组实现了男女主角活动空间的转换，即从南安转移到了临安。

（十）第六回合：梦想实现和家庭团聚

随着戏剧焦点转移到了梦梅，丽娘的角色类型也由"女主角"变为"派遣者"。由于挂念双亲，丽娘送别梦梅，让他前往淮安打听父母的消息（C↑）。

如同神奇故事中的主角，在愿望达成之前，还有一系列的难题等待梦梅去一一解决。"难题"（M）通常来自非分的要求和责任，与"解答"（N）形成一组功能项。难题被解决或艰巨任务被完成，导致最后一个功能的实现，即主角成婚（W*）和/或加冕为王（W）。普洛普将"难题"功能描述为"神奇故事最受欢迎的元素之一"[2]。

满怀希望的梦梅离开临安赶赴淮安，前去打听丈人岳母的消息（o：不被察觉的抵达）（第四十九出"淮泊"）。杜宝因为平定李全叛军有功，被皇上提任为平章。颇具讽刺意味的是，梦梅硬闯庆功宴，却被杜宝当做骗子拘押起来（第五十出"闹宴"）。然而更为讽刺的是，梦梅掏出丽娘的自画像欲表明自己与丽娘的关系（M），却未曾想被岳父大人将丽娘之自画像视为梦梅盗墓之证据（N_{neg}：难题未得到解决）。杜宝以盗墓贼之名将梦梅收押入监，并定他死罪，直到报榜的人来找新科状元柳梦梅，才真相大白（第五十一出"榜下"；第五十二出"索元"；第五十三出"硬拷"）。无奈之下，杜宝将梦梅放出监狱，梦梅换上紫色"宫袍"（T⁴：主人公改头换面，穿着新衣服），上朝觐见圣上。

---

[1] Propp, *Morphology*, p. 56.
[2] Propp, *Morphology*, p. 60.

皇帝传唤所有相关人员上朝廷对质，真假主角间的戏剧冲突达到高潮（第五十四出"闻喜"）。因为丽娘照镜显示人身，又在花径上留下影子和脚印，皇帝眼见为实，终于相信了梦梅帮助丽娘还魂复生的经过（Q：主角被认出；Ex：假主角或对头被揭露）。于是，皇上传下圣旨，为一对新人举行正式婚礼（W*），又封梦梅"翰林院学士"。至此，梦梅的两个愿望均得以实现，皆大欢喜的时刻来到（第五十五出"圆驾"）。

四、结 论

《牡丹亭》的构思堪称精妙绝伦，完美地展示了中国传统梦幻/鬼魂剧中阴阳交错，人鬼互动，梦境与现实以及故事与故事环环相扣的情节结构模式。依照传奇剧的惯例，汤显祖设计了围绕生旦，即梦梅和丽娘的两条情节主线。在生旦两条故事主线展开的同时，又设计一条贯穿杜宝与李全之间冲突的支线，将其作为导致家庭成员失散的动因，插入主情节线的发展过程当中。如本剧的另一剧名《还魂记》所示，在这种围绕生旦而展开的双线戏剧结构中，一条故事线集中发展丽娘如何为情而死，又如何为情而生；另一条故事线是梦梅追求爱情与功名。梦梅的故事线与丽娘的故事线形成平行发展的格局。两条主线起先平行独自发展，然后交叉于一点，最后与支线汇合。通过将一条故事线与另一条交织起来，每条故事线又发展出一条或多条次要线索，汤显祖编织起了一个纵横交错的结构网。这种网状结构是断断为西方古典戏剧传统所不容的，可在中国传统叙事作品中却是极为常见的。这也印证了白芝关于中国文学传统中小说和戏曲题材和（结构）方法上惊人相似的判断。[①]通过场景在阴阳两界、梦境与现实之间的自然过渡，汤显祖在这部传奇剧中，实现了浪漫主义与现实主义的有机统一，达到了在时间、空间和行动上完美一致。

汤显祖在这部传奇剧中植入超自然的元素，采用神奇故事的结构模式，为剧情发展编织了严密的组织，维持了故事的悬念。神奇故事的结构被整合到这出传奇剧中，不仅促进了剧情的发展，而且营造了魔幻的气氛，这也是《牡丹亭》之为魔幻剧的关键所在。汤显祖通过人与人和人与鬼之间的互动，把自然的人

[①] Cyril Birch, "Forward," *Chinese Narrative: Critical and Theoretical Essays*, ed. Andrew H. Plaks, Princeton (New Jersey: Princeton University Press, 1977), p. xi.

际关系投射到超自然的人与鬼/魔之间的关系上,从而打通了现实与虚幻、爱情与梦想的藩篱。他还将特定的梦幻技巧引入梦梅的"真实世界"里,使得其能够自然地出入于丽娘的梦境。汤显祖通过违逆自然规律的方式,让男主角轻而易举接受具有超自然意义的女鬼、花神和冥判;又使女主角为情而死,为情而复活;让男主角梦见与丽娘的前世姻缘;又使他进入丽娘的梦中与她幽媾交欢;最为重要的是,以梦想的最终实现讴歌了男女主角间那感天地泣鬼神的伟大的爱情。

无论剧中人物身居何处(是真实世界,还是梦幻世界,抑或是阴曹地府,或三种境界兼而有之),汤显祖运用神奇故事的结构将这部传奇剧里各种不同情境和人物天衣无缝地统合起来。

在《宜黄县戏神清源师庙记》中,汤显祖有一段关于中国传统戏剧功能的精彩描述:

> 奇哉清源师,演古先神圣人能千唱之节,而为此道。……夫天生地生鬼生神,极人物之万途,攒古今之千变。一勾栏之上,几色目之中,无不迁徐焕眩,顿挫徘徊。恍然如见千秋之人,发梦中之事。使天下之人无故而喜,无故而悲。……无情者可使有情,无声者可使有声。[①]

《牡丹亭》一剧即是上述戏曲功能的生动写照。在该剧中,汤显祖成功地跨越了时间与空间的不同领域,创造了生命与爱情,颠覆了毁灭与重生,糅合了视觉与幻觉。他以过人的才华表现了生活中的不可能,更以其非凡的勇气让生活中的不可能在《牡丹亭》中成为可能。难怪乎"若士自谓一生'四梦',得意处惟在《牡丹》"[②]。

[①]《汤显祖全集》,第二卷,第1188—1190页。
[②] 王思任:《批点玉茗堂牡丹亭词叙》,见邹自振:《汤显祖综论·汤显祖研究资料选编》,巴蜀书社2001年版,第414页。

就结构主义论民间故事的"成三"现象

(台湾)陈器文

结构主义是思想上的一种提纯工作。意指对所有潜存在现象中的组织作系统性的探讨,在纷纭多变的表相中找出恒定不变的因素,它须符合整体性、转换及自调——即"各成分在系统内部发挥作用"的三个条件。结构主义文学研究先驱之一的俄籍学者普洛普,建立了称之为"功能"(function)的单位区分法。本文不拟直接援用普洛普微观的"功能"概念作为分析叙事的基本单位,而尝试将"结构"的探讨从细小的行动单元移向较大块域的事件单元,将论点集中在叙事文学"成三"或"三回"(trebling)现象上。民间故事"三"次重复的"迭式"结构,不完全是随手拈来无意义的重复,也不是机械式的累积,就"数"的神话功能而言,它具有维系个别与整体系统的作用,其中不无深层的原始心理为基础。就叙事形态学而言,小说取源于神话、民间故事、传说,是叙事文学形式发展上必经的过程,散体串联中常见的三迭式重复,是在有限序列中含有美学考虑的一种结构形式,一种形式的原型,也是其后小说得以发展的起点。

结构主义泛指对所有潜藏在现象中的组织作系统性的探讨,在纷纭的表相中找出较稳定的因素。结构主义文学研究的目的,旨在寻求一种文学研究的系统模式,一种恒定的形式与前后秩序。学者们相信,形式普存于具体与抽象的事物之中,普存于人们一举一动之际的心中,人们用各种方法标志着这个社会的意义价值时,形式就显现出来了。每个形式都产生于"心灵的积淀",是心灵运作的一个特定框架,它们吻合某种心理需要,这种需要最后形成一个简约的形式。[①]这也可以视为约定俗成的过程。通过简约形式的相互联系,结构也就诞生

---

① 罗伯特·萧尔斯(Robert Scholes):《结构主义——批评的理论与实践》,高秋雁译,台北结构群出版社1989年版,第60页。

了。所以结构主义可说是一种思想上的"提纯"(refine)工作。不必讳言,结构主义主要的兴趣并不在于审美,它并不在意作品中的个人风格及语言特色,对文学作品中具有普遍意义的规律的研究胜过对单一作品的欣赏与解读,因此它容易被抨击为纯形式主义,将有趣的故事压缩成"一个失去意义的骨架",成为一种干巴巴的文学公式。实际上,结构主义可以像浪漫主义一样,作为人类异常复杂的心理活动的标记。结构的行为好比在碎片中堆砌一个世界,《结构主义》作者皮亚杰言简意赅地说:"结构这一观念由三个关键概念组成,即整体概念、转化概念和自我调解概念。"①

建立结构主义文学研究先基的人物,以研究俄罗斯童话故事起步的普洛普(Vladimir Propp, 1895—1970)与筑构"神话主题"的列维-斯特劳斯(Claude Levi-Strauss, 1908—2009)二人为代表。普洛普的"单位区分"法有别于列维-斯特劳斯以人类思维的恒定结构为二元对立之说,虽然二者在结构主义研究上具有分庭抗礼的地位,就中国文学研究而言,早在1959年,张光直(1931—2001)即曾援引列维-斯特劳斯的神话意义分析法讨论中国的创世神话②,此后李亦园(1931—)、周英雄(1939—)、张汉良(1945—)、郑树森(1949—)等学者亦先后撰文借重二元关系的交替变动讨论中国文学,相形之下,普洛普以"功能(function)区分"作为故事文学研究的方法,对国人而言则比较陌生。普洛普认为:在童话传说故事里,各种人物的外貌、年龄、性别、工作或社会阶级等,表面上显得很分歧,实际上都表现了某些相同的行为。这种情况决定了民间传说故事里固定不变的因素和可变的因素,他归纳一百个民间故事,从中简约出四条法则,其中颇令人意外的第四条法则:"从结构上看,所有的神仙故事都属于同一类型"③,换句话说,故事的发展都是按普氏三十一个菜单排列,三十一个功能可少而秩序不可置换,所以童话故事只有内容繁简之别而结构上是如出一辙的。普氏的论点因菜单过于详细、结论又过于大而化之而备受争议,然而在学者们相互对话补强与相互借鉴的过程中,推进了形式主义向结构主义方面的发展,隐然蔚为流行一时的"结构主义小说诗学"。

---

① 罗伯特·萧尔斯(Robert Scholes):《结构主义——批评的理论与实践》,高秋雁译,台北结构群出版社1989年版,第60页。
② 张光直:《中国创世神话之分析与古史研究》,载台湾《中央研究院民族学研究所集刊》1959年第8期,第47—79页。
③ 普洛普(Vladimir Propp):《民间故事形态学》(*Morphology of the Folktale*),Austin: University of Texas Press. 1994年版,第21—24页。

本文并不拟援用普洛普微观的"功能"概念作为分析情节的基本单位，事实上，虽说普氏的"单位"研究法颇具开创性，但民间文学研究者多以之为研究的起点而鲜少直接采用他所拟定的行动单位分析故事，以免过于琐细僵化。本文则尝试将"结构"的探讨，从微小的功能单元移向较大块区的事件单元，将焦点集中在"成三"或"三回"（trebling）现象上。

弗洛伊德（S. Freud, 1856—1939）在1913年曾发表过一篇有关民间故事的论文：《三个匣子的主题思想》，论及莎士比亚戏剧中来自民间故事的《威尼斯商人》中，男主角从金、银、铅三个匣子中选择了最后一个，赢得新娘；同样也是源自民间的《李尔王》故事中，李尔王不能判断三个女儿的真情或假意，落得悲惨的下场。又在爱沙尼亚叙事诗《卡里维坡埃格》中，三个求婚者分别以太阳、月亮及星星出现，新娘选择了第三个年轻的求婚者；《灰姑娘》故事中，王子爱上了三姊妹中的三妹。通过故事情节的比较，弗氏发现一个共通之处：在这三者当中，第三个最年轻的是最好的、最高尚的。[1]

在中国的民间故事中，类似的情节也不胜枚举，如《朱元璋画像》叙述老大、老二为朱元璋画像失败，直到老三得贵人指点才画像成功，逃过一死。[2]如《鼓楼大钟亭》叙述南京鼓楼岗三姑娘庙的由来，说南朝皇帝笃信佛教，令工匠百日内铸出一口全城都听得到的大钟，否则就要杀死全城的钟匠。老工匠先后铸成了三口大钟，铸钟过程中，按皇帝的旨意每次都得有一对金童玉女被投入烧得通红的汁水里进行人祭，但为了挽救金童玉女，老工匠的三个女儿分别跳进汁水里。老工匠的女儿恨透了皇帝，在皇帝将要来看钟的前一夜，大钟飞走了。只有小女儿力小身弱，半夜里飞的时候只飞到鼓楼岗就飞不动了，所以第三口大钟就落脚在鼓楼岗上。老工匠因此才向皇帝交了差。[3]又如敦煌的传说（三危佛光），叙述乐僔和尚有三个弟子，大弟子与二弟子不耐戈壁滩的酷热干旱，唯有三弟子能忍饥耐渴，亲眼看见了三危山的仙佛奇景，按眼之所见开凿了敦煌千佛洞第一个洞窟。[4]至于为什么在三姊妹、三兄弟乃至于三弟子出现的故事里，总是第三个最好、最出色、最幸运，民俗学家与弗氏的解释并不一样。民

---

[1] 杨明敏译：《选择匣子的主题目》，载《中外文学》第31卷第7期，2002年12月，第97—110页。
[2] 张芝麟、杜章林口述，董志涌编：《南京的传说》，台北淑馨出版社1990年版，第43—45页。
[3] 范锡生口述，董志涌编：《南京的传说》，台北淑馨出版社1990年版，第18—21页。
[4] 陈三爷口述，陈钰编：《敦煌的传说》，台北淑馨出版社1990年版，第3—5页。

俗学家认为，这可能与许多地方存在着幼嗣继承制度、怀有幼子情结有关。弗氏则认为一个男人从三个女人中选择意中人的故事，主题在于表现"男人与女人的三种必然关系——生他的母亲、与他同床共枕的伴侣、他的毁灭者"。无论民俗学或心理学的说法，都有属于他们学术范畴的专业观点，当然是持之有故、言之成理。然而这两种说法却很难兼顾其他庞大族群的"成三"类型故事，或者说，这些属于内容要素的论点，在相当程度上，并未考虑到外部形态的结构因素。

普洛普在他讨论到民间故事结构形态的相关要素时，特别指出民间故事中的"成三"现象，认为"三"数并不止于作为形容词或定位之用，即"三个头的龙"或"第三个女儿"；也可以指一组反复性的动作如"三个来回"、"三次追击与营救"；也会以累积式的叙述来说明成功之前的两次失败，以凸显"第三件工作最艰难"、"第三次的战役最惨烈"。同时，为了避免情节机械性地重复三次，流于僵化，叙事者有时会以延迟性的细节作穿插，改换叙事的节奏，使得三回重复模式变得模糊起来，读者难以察觉，实际上，"成三"现象仍然以置换或淡化的状态存在着。①

回到中国的资料来说，据《中国传说故事大辞典》的归纳，叙事模式常用的有对比（交错）、衬托、三迭、串联、嵌入等几个大类②，其中最习见的是"三迭式"，或称为"三件式"、"三回式"、"三段式"、"三重式"等。"三迭式"是指同一个角色连续办三件事或由三个人先后办同样的事，形成三次重复，或是行动展开历经三个问题、三个困难、三次不同的遭遇等，这就是民间故事的三次性法则。前后共三个情节单元，可说是最简单的一种算术式结构，所谓"迭"或"次"，也可以换成托多罗夫（Tzvetan Todorov，1939—）所称的"序列"，一个序列是由一些动作组成的一个完整的体系，序列本身就是一个故事。一个故事至少要有一个序列，但也可以有许多个。③

在丁乃通（1914—1989）根据"世界民间故事类型索引"AT 分类法编著的《中国民间故事类型索引》中，可以找出类如："三个公主遇难"（301），"三根魔须"（461），"一只眼、二只眼、三只眼"（511），"三兄弟寻宝"（551），"三件

---

① 普洛普（Vladimir Propp）：《民间故事形态学》（*Morphology of the Folktale*），Austin: University of Texas Press. 1994 年版，第 74—75 页。
② 祈连休、肖莉主编：《中国传说故事大辞典》，中国文联出版公司 1991 年版，第 17—20 页。
③ 罗伯特·萧尔斯（Robert Scholes）：《结构主义——批评的理论与实践》，高秋雁译，台北结构群出版社 1989 年版，第 153 页。

法宝"（566），"三位青年求婚"（851A、851B、851C），"牧童和三个巨人"（314A），"三个有残疾的新郎"（1457B），"三个懒汉"（1950）等十数个中国与世界各地同样含有"成三"模式的故事类型[1]，这些都是在题称上就一目了然的例子。此外，我们还可以补上尚不见于 AT 分类法诸如"三个和尚"、"三女婿拜年"、"柳下惠三仕三被黜"、朱元璋传说（三斗三升芝麻绿豆官）以及《三击掌》《赶三关》《程咬金三请樊梨花》《樊梨花三难薛丁山》及书法名家王羲之之子王献之的姻缘故事（王献之三过桃叶渡）[2]等等不胜枚举的民族风情及地方风物传说。俄籍的汉学家李福清（B. Riftin, 1932—）曾以刘备三顾茅庐与《史记·留侯世家》中张良三会黄石公的模式雷同，说明"走了三趟"是各民族民间文学中常见的一种叙事模式。[3]至于耶稣受魔鬼三次试探，大舜通过"淘井、修仓、喝酒"三次试炼等，更是广为世人所知的神话传说。就个别的故事来看，三次性法则有时好像是无意义的重复闹剧，并不存有任何美学成分，然而就这种普遍流行的"成三"现象来说，必然有着心理上的原委支撑其形式的。神话学家卡西尔（Ernst Cassirer, 1874—1945）曾提出一个十分具有启发性的观点，他认为：除了空间与时间，数是决定神话世界结构的第三个重大形式主题。[4]数是认知的开始，能在困惑和未知的问题上指引人们，卡西尔进一步提醒人们，数不仅有运算与序列的功能，还有神话功能。下文即尝试从人文性的思维出发，对文学中出现凡事成三的现象，提出统观性的论点。

一、"三"数的作用

（一）"三"是简单概念中能用数字表现的"多"

法国人类学者列维－布留尔（Lucien Levy-Bruhl, 1857—1939）根据许多原始民族的语言现象，观察到"三"这个数目的发现与表达，是思维由具体概念提升到抽象概念的重要指标之一。超过"三"以上的数目，很多地区的语言都是

---

[1] 括弧内之数字据丁乃通《中国民间故事类型索引》所示 AT 类型及次类型之型号。
[2] 英绿搜录，董志涌编：《南京的传说》，台北淑馨出版社 1990 年版，第 71—78 页。
[3] 李福清（B. Riftin）：《三国演义与民间文学传统》，尹锡康、田大畏译，上海古籍出版社 1997 年版，第 78 页。
[4] 卡西尔（Ernst Cassirer）：《神话思维》（*Mythical Thought*），中国社会科学出版社 1992 年版，第 158 页。

说"许多","三"就是简单概念中能用数字表示的"多"。①布留尔进一步引用同行乌杰尼尔（H. Usener）的论述《论三》中的结论说：

  这个数的神秘性质，起源于人类社会在计数中不超过三的那个时代。那时，三必定表示一个最后的数，一个绝对的总数。因而它在一个极长的时期中，必定占有较发达社会中的"无限大"所占有的那种地位。②

以中国俗话及成语为例，像"三思而后行"、"举一反三"、"一日三秋"、"不孝有三"、"此地无银三百两"、"三折肱而成良医"、古歌谣"朝见黄牛、暮见黄牛，三朝三暮，黄牛如故"以及李白有名的诗句"白发三千丈，缘愁似个长"等等，都有以三为多的意思，有时为修辞之需，三数扩充说成三百、三千，也不外是原始以三为多的古老习惯的遗留。再看儿童歌谣《我们的歌儿真正多》，信口而出的就是"三年三个月"：

  我们的歌儿真正多，
  我们的歌儿就像牛毛多。
  唱了三年三个月，
  还没唱完牛耳朵。③

再以台湾达悟族野银部落这首纯朴热情的情歌《英俊的男友》为例：

  你父亲如何的塑造你
  用清净无波的泉水来祭你
  因为我走兰屿岛各部落
  没有一个人比得上你
  我也去过台湾
  只见过三个人可以和你比较
  那些才像你长相一样地潇洒④

"只见过三个人可以和你比较"是个十分朴拙有趣的句子，歌者朗朗唱出"三"个人，表面上要说的是少，却在不经意中又暗含着多的意味，流露出少女天真又得意洋洋的心理情境。至于像曾参杀人所谓"谗言三至，慈母投杼"的故事，更以母子间至情至性的关系传达出"三"作为心理感受的微妙测试。

---

  ① 列维－布留尔（Lucien Levy-Bruhl）：《原始思维》，丁由译，商务印书馆1995年版，第132—137页。
  ② 列维－布留尔（Lucien Levy-Bruhl）：《原始思维》，丁由译，商务印书馆1995年版，第202—203页。
  ③ 林金田主编：《台湾童谣选编专辑》，台中台湾省文献委员会1997年版，第151页。
  ④ 夏本奇伯爱雅：《雅美族的古谣与文化》，台北常民文化出版1996年版，第267页。

（二）以约示繁、以约制繁的魔术数字

在中国的经籍中，我们可以找到一些明显的例子来说明，老子对宇宙本体的认识是："道生一，一生二，二生三，三生万物"①，由"三"到"万"飞跃式的推演，言简意赅地将"三"这个关键数字做了个漂亮的哲学程序，"三"微妙地成为由有限到无穷的魔术数字。此外，像中国《易经》系统中使用阴"--"、阳"—"这两种线形符号，三迭后作各种组合，成为乾坤八卦，"以通神明之德，以类万物之情"。以"--"和"—"两个基本符号组成的爻象来推测人事变迁、宇宙万象，架构出具有神秘意义的命术辩证法，这套辩证法行之千余年仍具魅力，数与人事之间的对应与互渗，可说是没有比《易经》的卜卦更能表现出"三"这个数目及符号以约示繁、以约制繁的魔术意味了。再就一个深微的例子来看，《史记·刺客列传》叙述晋人豫让为报答智伯之恩，刺杀赵王襄子不成，伏诛之前，请襄子满足他的遗愿，把衣服脱下来让他"拔剑三跃而击之"②。如果只是"一跃而击之"，可以视为真实动作的模拟，"三跃而击之"俨然舞蹈，显然具有仪式的意义了。

（三）以三数为一期的循环史观

司马迁（前 145—？）在《史记·律书》中论说天下国家的制事立法，有"数始于一，终于十，成于三"③之说。道家劝善惩恶在民间广为流传的《太上感应篇》一书，说是："一日有三善，三年，天必降之福。一日有三恶，三年，天必降之祸。"④"三"数隐然成为一个结算单位。晚清被视为异端的改革派史学家龚自珍（1792—1841），则以公羊三世说作为社会改革的哲学性基础，他认为不仅春秋可分为三世，扩大到整个历史，小至一年一日，都可以分成三世："万物之数括于三，初异中，中异终，终不异初；一跑三变，一枣三变，一枣核亦三变……万物一而立，再而反，三而如初。"⑤三数在龚自珍的历史哲学中有特殊意义，他以三数为规律建立了他的循环史观。这种三数为一期的史观，投射在文学中，就产生了现代小说中统称为"三联剧"式的三部曲，如赛珍珠（1892—

---

① 老子：《道德经》第四十二章，唐吕注，台北广文书局 1975 年版，第 40 页。
② 龙川龟太郎：《史记会注考证》卷八十六，台北中新书局 1977 年版，第 999 页。
③ 龙川龟太郎：《史记会注考证》卷二十五，第 442 页。
④ 惠栋：《太上感应篇注》，台北艺文印书馆 1965 年版，第 87 页。
⑤ 龚自珍：《龚自珍全集》，台北河洛出版社 1975 年版，第 16 页。

1973）的《大地》三部曲，巴金（1904—2005）的《激流三部曲》《爱情三部曲》，茅盾（1896—1981）的《农村三部曲》，钟肇政（1925—）的《浊流三部曲》，李乔（1934—2002）的《寒夜三部曲》，施叔青（1945—）的《香港三部曲》等等，作家隐然是将三波段、三阶段事件，视为历史长河中最具完美性与适度性的呈现，其中隐含着"美好的黄金时代（或白手起家）、衰落、重新获得了乐园（或复兴）"三世观的抽象性意义。

（四）口语的习惯和自然节奏

事凡再三，不仅是民族潜意识的浮现，也是一种口语的自然节奏；以台湾每个小孩子都朗朗上口的游戏歌《胖子、瘦子》为例：

> 胖子、瘦子、小猴子，
> 戴帽子、刮胡子、切鼻子，撒隆巴斯。
> 炒鸡蛋，炒鸡蛋，炒炒炒。
> 切萝卜，切萝卜，切切切。
> 包饺子，包饺子，捏捏捏。[①]

"炒炒炒、切切切、捏捏捏"三字成选，若添多几个或减少几个字都不再那么自然流畅，"剃、剃、剃光头；投、投、投大海；海、海、海龙王"这首顶真格的童谣也有异曲同工之妙。以民间流传的吕洞宾故事为例，故事说：

> 一日，吕洞宾游长沙，手持一个小磁罐，向人来人往的市集上放言说大话道："我有个长生不死之方，有人肯布施积满钱罐，我便把长生不死之方授给他。"市人好奇，争相以钱投入小罐，罐却始终填不满。这时有位僧人推了一车子钱施施然而来，向吕洞宾开玩笑："我这一车子钱，你罐子里放不放得下？"吕洞宾说："只怕你不肯布施，如果你能说个肯字，连车子也推得进，何况钱呢！"僧人不肯相信，一心只想吕洞宾出丑，便说："看你的本事，我有甚么不肯！"吕洞宾便将罐口对着车子三步之远处，对僧人说："你敢道三声'肯'么？"僧人连叫三声："肯！肯！肯！"每叫一声"肯"，那车子便近一步，到第三个"肯"字，那车子却像罐里有个人扯拽一样，一直滚入罐子里去了。[②]

吕洞宾要求僧人连叫三声而不是两声或四声，看来并没有什么特别道理，只

[①] 林金田主编：《台湾童谣选编专辑》，台中台湾省文献委员会1997年版，第154页。
[②] 冯梦龙：《醒世恒言》第三十四卷。

不过是脱口而出，读者或听故事的人恐怕少有对"三声"产生进一步的疑问，也就是说，"三"在这里并无内容性的意义却显现了口语特质，越是脱口而出，没有什么逻辑意义，越是流露出人们下意识的言语习惯和本能节奏。再看一个无锡传说的例子《黄埠墩的故事》：

> 小集镇上有个瞎眼寡妇，她原有三个儿子，现在只剩下一个小三子了。大儿子、二儿子都是摆渡到无锡城里去讨饭，淹死在黄埠墩的。大儿子一死，妈妈哭了三天三夜，右眼哭瞎了；二儿子一死，妈妈又哭了三天三夜，左眼也哭瞎了。妈妈流着眼泪对小三子说："小三啊，妈宁可饿死也不要你到城里去讨饭了。"小三子就在小集镇口讨饭，可是讨了三天饭，连一个铜钱也没讨到，他想，照这样下去，再三天，妈妈会饿死的。于是，他就瞒了妈妈，摆渡到无锡城里去了……①

又如山东烟台流传的《彭祖三气阎罗王》，说阎罗王翻阅生死簿，发现小鬼竟还没有将彭祖拘到阴府，大怒之下喝令小鬼马上将彭祖捉拿归案，小鬼发现若要活捉，自己决非彭祖对手，于是放了一包勾魂散在彭祖茶壶内，叫他不出三天归阴曹，谁知彭祖中毒后服下自己研制的回生丹，三天后中毒迹象完全消失。为了恶鬼不再前来纠缠，彭祖：

> 第三天傍晚，他口含白米茶叶，在三尺多深的地坑里躺了三个时辰。②

伪装中毒身死，果真骗过阴曹地府。这小段引文中出现的三个三，作为"意义"的指涉不大，却极可能是说故事者的口头习惯。再从较古的文案中找例子，如明代通俗说部《东周列国志》开宗明义第一回，说宣王梦中见一美貌女子，直入太庙之中，"大笑三声，又大哭三声……"③借恶兆示警周祚不保。再将时代往上推移，以东晋（317—420）干宝《搜神记》为例，其中著名的铸剑故事中，出现了兼有结构与语序意义两层效果的"三"数，如"楚干将、莫邪为楚王作剑，三年乃成"，"吾为王作剑，三年乃成"，"汝父为楚王作剑，三年乃成"，"三年乃成"这句话凡三见，又有"煮头三日三夕，不烂"，"三首俱烂"通名"三王墓"等等④。

这些故事中普见的"三"，是民俗语言惯熟的表现，发挥了属于语境的特殊

---

① 无锡文学艺术界联合委员会：《无锡的传说》，台北淑馨出版社1990年版，第20页。
② 文彦生选编：《中国鬼话》，毕华搜集，上海文艺出版社1991年版，第23—26页。
③ 冯梦龙：《东周列国志》，蔡元放改撰，台北三民书局1980年版，第4—5页。
④ 干宝：《搜神记》卷十一，胡怀琛点校，台北鼎文书局1978年版，第77—78页。

功能。唱念"炒炒炒、切切切、捏捏捏",连叫三声"肯!肯!肯!",三个儿子,大笑三声,大哭三声,哭了三天三夜,躺了三个时辰,煮头三日三夕等等的出语成三,是语序的自然滑行,它的口语交际功能显然要比书面意义大得多,是一种具有美感经验所呈现的语序、语型。换句话说,这是民俗语言在具有美学意义的语序上进行建构的结果。

在诗歌理论上,对于文句联系中最常见的重复形式已有许多讨论,多将诗歌中的各式重复解释为旋律构造,阐明重复在语调系统中具有压迫、促进、加强情绪和抒情作用等巨大的修辞效果,所谓一唱三叹,余音袅袅。但对散文,尤其是叙事文体方面的"重复"现象,讨论得并不多。有时,口语性质浓厚的民间故事保留了吟诵的遗风,在叙事之余兼具音韵的效果,尤其以情节简单的幼儿故事为多。以南京玄武湖的风物传说《玄武湖由来》为例,可以清楚看到诗歌的旋律构造运用在叙事上,以类如排偶的形式形成对称与重复,而尤其需要强调的是它展示了十分完整的复式"三次来回"结构。简述情节如下:在原名叫做北湖的地方,有个打鱼为生的青年少鱼,他为救助一位生病的老爷爷,欠下一身债,整年的渔租、柴税、粮款都没清,渔主、柴王、粮官分别威胁少鱼要捉他坐监、绑他去烧、罚他充军;少鱼一一苦求,要求宽限三日。他背起渔网,下湖打鱼整整打了一天一夜,还是两手空空,谁知回家收拾渔网,渔网里窜出一条黄鲤鱼,第二天,又跳出一只大白虾,第三天,又滚出一只长彩蚌。三日已过,渔主、柴王、粮官气势汹汹的来催债,神奇地,养鱼的水缸里变出一缸黄金;养虾的水桶里变出一桶元宝;养长彩蚌的水盆里变出一盆珍珠。渔主们逼迫着少鱼将财宝装上船好带走。忽然一阵旋风,湖神玄武姑娘出现,水缸、水桶、水盆里财宝全成了清水,玄武姑娘把鱼尾巴一甩,三个恶人都掉在水中淹死了。为纪念湖神玄武姑娘,北湖从此就叫玄武湖了。[1]这则书面记载原约二千余字的故事,经过简述后,

人骑羊寓意吉祥,萧县汉画像石局部

---

[1] 袁飞搜录,董志涌编:《南京的传说》,台北淑馨出版社1990年版,第1—5页。

可以看得出来原三迭式的叙述如果简约为单式，省去三件事中的任何两件，除了情节显得较为单薄外，对整个故事的旨趣或内容影响都不大，显然"三迭式"结构在美学上的效果，是以同中有异的三件事，满足叙事上起码的丰富与变化。但除了叙事效果之外，这则故事特别可以感受到它的说话旋律，采用渲染着情绪的朗诵型语言，以固定的韵律切分形成节奏。下文试将全篇故事制成表格，来说明它前后两组"三迭式"语句展开三阶段叙述的结构特色：

	第一阶段（抑）	第二阶段（扬）	第三阶段（抑）
前组	少鱼欠"一年渔租" "一年柴税" "一年粮款"	"第一天水缸窜出一条黄鲤鱼" "第二天水桶跳出一只大白虾" "第三天水盆滚出一只长彩蚌"	渔主将"黄金"搬走 柴王将"元宝"搬走 粮官将"珍珠"搬走
后组	渔主"捉他下监" 柴王"绑他去烧" 粮官"罚他充军"	渔主逼债"水缸里变出黄金" 柴王逼债"水桶里变出元宝" 粮官逼债"水盆里变出珍珠"	黄金变成清水 元宝变成清水 珍珠变成清水

就语调系统来看，后组是前组回音式的设计，它并不只是修辞式的重复列举（渔租"及"柴税"及"粮款），而是进一步地扩染情绪，形成三阶段"抑（再抑）—扬（再扬）—抑（再抑）"的浪潮式的韵律变化，这种简单的口语声响，附有一定的心理色调，诸如舒缓、悠扬、温馨等，可说是民间故事中最发达的语调系统。

二、民间叙事"形式概念"的萌现与发展

我们进一步从与叙事文学相关的辞典、索引等工具书中找线索，可以发现一个有趣且值得深入研究的现象，大陆出版的《中国传说故事大辞典》，收录对比、衬托、三迭等结构模式的名词中与"三迭式"有关的名词有详有略共八条，并举柯尔克孜族的《金丝鸟》与汉族的《鲁班学艺》等故事做例子。[1]另一本《中国小说辞典》中，提出有关中国古典小说结构模式的术语，也出现"三迭式"一词，取古典说部《水浒传》中的"三打祝家庄"与《三国演义》中的"三顾茅庐"做例子。[2]一般说来，我们当然不会认为现代小说会有"三迭式"结构，但

---

[1] 中国社会科学院文学研究所编委会郝连休、肖莉主编：《中国传说故事大辞典》，第18—19页。
[2] 秦亢宗主编：《中国小说辞典》，北京出版社1990年版，第12—13页。

从这两部工具书中，可确认中国古典小说与传说故事同样出现"三迭式"结构却是文学史上的事实，此中传达的信息是：叙事文学在某一时期——约略通俗演义及话本文学蔚兴，也即是中世纪市民文学流行时期——民间文学与今日称之为"小说"的通俗演义及话本，并不像今日一般界域分明。这个现象并非只发生在中国，照李福清的说法，中世纪的大多数国家，都存在着三种不同类型的文学：一是民间口头创作；二是文士书写的高雅文学；三是以接近口语的语言写成、处于民间文学与高雅文学之间的市民文学。①在中世纪，（具有情节因素的）书写文学与民间文学比起现代，更容易相互渗透、相互取材。换句话说，此时的文化兼娱乐界，正进行着民间故事、市民小说及文人小说三者的无界域交流。叙事文体常因新的社会需求调整它的艺术形式，据故事形态学者的立论，小说取源于童话、神仙故事、民间传说，原是叙事文学演变上必不可免的过程，以此推论，散体串联转换为"进展、阻碍、完成"此一程序化的初型结构，正是中国小说得以发展的起点，而三次来回模式正是介于其间的一个观察点。胡士莹（1901—1979）十分称赞宋、明以来话本小说在艺术上的成就，却又批评说：

> 上述这些艺术上的优点，只表现在为数不多的比较优秀的作品中"三言"中较多的明人作品，写作技巧往往流于一般化，人物形象苍白无力，如《陈希夷四辞朝命》、《晏平仲二桃杀三士》、《梁武帝累修归极乐》（累修指三世轮回）等，只是历史人物事迹的复述，毫无写作技巧可言。②

胡士莹本人可能并不自觉，这几篇被视为毫无写作技巧的作品，恰巧都是采用了民间故事中最简单、看来不成结构的迭式结构（其中一篇是四回，两篇是三回模式），这段评论，进一步证明了民间叙事模式在市人小说中的残存。

中国第一部章回体长篇小说，是大量取用民间故事母题的"天下第一才子书"《三国演义》③，从第一回"桃园三结义"开始，回目上有：三英战吕布、三让徐州、曹关约三事、三顾茅庐、刘琦三求计、孔明三气周公瑾、诸葛亮智取三城，到最后一回"三分归一统"等等诸多重大事件，叙述者不自觉地流露出凡事成"三"的惯性思维，应是民间思维的遗蜕与传承。《三国演义》在罗贯中

---

① 李福清（B. Riftin）：《三国演义与民间文学传统》，尹锡康、田大畏译，上海古籍出版社 1997 年版，第 196—197 页。
② 胡士莹：《话本小说概论》，台北木铎出版社 1979 年版，第 432 页。
③ 毛宗岗《读三国志法》中以《三国演义》胜诸才子书，而有"天下第一才子书"之称。台北联经出版公司 1980 年版。

（1330—1400）手中完成时，是采取类似《资治通鉴》式的编年体结构，按时间顺序记述事件；今日见到的《三国演义》，则是清初毛宗岗（1632—1709?）校注时将纪年大量删除后的流行本。毛宗岗删除纪年的工作，证实了十六七世纪小说写作逐步从外在的形式结构发展至事件本身的内在结构的演进流程。再以摆脱历史羁绊的《西游记》为例，无论文字、人物、思想意识，《西游记》都是极富创造性的神话小说，但是在情节结构上，则是在"开始"与"结束"中嵌入反反复复的试探与磨难共八十一次，成为嵌入与迭合复合式结构的巨型串联，故事中竭力强调取经必须历经八十一难，文末第九十九回写三藏等一行抵达西天灵山，菩萨查看唐僧四众的历难记录簿，发现前后一共遭受了八十劫难，尚欠一劫，就命令揭谛赶上取经人众，再生一难。这最后一难，是渡河之际被一头大癞鼋翻下水去凑足的，回目云："九九数完魔灭尽 三三行满道归根"[1]。民间有"九九归一"的俗话，九九八十一这个数字程序在民俗信仰上近似神秘口诀，在此九九是三三倍数，以数目之极表示劫难之极。类此思维，可以桂林传说《花桥是谁砌的》再做例证，传说中叙述桂林东江两岸修花桥，雇了九十九个工人，修了九十九天，待完工时，上下量了三次，架了三次，就是架不起来，一直到一位神秘老头将一把三尺长的利剑架在桥拱上，才大功告成。[2]这也是以九十九之数强调工作的艰困、工程之壮观。又如南京栖霞山千佛岩传说也是如此，凿石佛至九百九十九尊便意外连连，以此强调工程之浩繁难成。《西游记》以"九九数完魔灭尽 三三行满道归根"表示否极泰来、功德完满，并非不可理解，但由菩萨假手一只癞头鼋来凑满劫数，使八十一难的机械形式暴露无遗。这种以某个数目套成框架的外加结构，不脱民间简易而稚气的叙事形态，它的趣味主要来自层出不穷的意外事件，而事件与事件间并无发展上的秩序或深浅的层次，单一情节倏起倏落随即消失，职是之故，有些人对《西游记》这种缺乏内在紧密联系的松散结构并不满意，金圣叹（1608—1661）将《水浒传》和《西游记》作比较时，批评《西游记》说：

> 太无脚地了，只是逐段捏捏撮撮，譬如大年夜放烟火，一阵一阵过，中间全没贯串，便使人读之，处处可住。[3]

---

[1] 吴承恩：《西游记》，台北桂冠图书公司1988年版，第1227—1234页。
[2] 余国琨、刘英编：《桂林的传说》，台北淑馨出版社1990年版，第12—15页。
[3] 刘荫柏编：《西游记研究资料·金圣叹读第五才子书法》，上海古籍出版社1983年版，第537页。

民间故事有"框架"和"串联"这两种最根本的创作形式，在框架形式的故事中，故事讲述者本人并没有参与情节的发展与变化；串联形式的故事，往往是以一个主要人物把故事串联起来，情节与行为者之间的联系十分紧密。《西游记》显然是"串联"及"框架"的混合体，虽然被金圣叹评说"中间全没贯串"，就小说的结构概念来说，却有时代上的意义。早期以研究小说结构闻名的爱·缪尔（Edwin Muir，1887—1959）形容以取悦读者为目的、叙述偶发事件的小说，是"生动事件此起彼落，情节是根据我们的愿望，而不是根据我们的认识而展开的"[①]，要言不烦地说出这类结构松散却依然有着自然魅力的作品的奥秘。《西游记》无疑是中国小说中魅力持久不衰的杰作，它保留了口语文学的交际功能，故事的张力来自每一次返回起点重新积蓄势能，热情洋溢地再出发。这些看来最简单、最低级的初型结构，随着《西游记》以巨量的情节作了展示之后，难有其他作家以同样机会获得成功。

月亮、蟾蜍、白兔的三位一体，萧县汉画像石局部

与民间故事在形式结构上真正对位的，应是明万历以后（1573—）第一波涌出的短篇小说，又称为拟话本或市人小说。丁乃通编辑民间故事类型索引时，不仅将神话、传说故事与童话一起归入"民间叙事"（folk narrative），也兼取市人小说如"三言二拍"中的故事为例，也就是说，在民间叙事这个显然较为宽大的范畴中，民间故事与市人小说是可以兼容的，这些含有民间叙事特质的短篇故事，在小说文体发展的历程中留下明显的置换与递进痕迹。

（一）散体串联——民间三怪、三度及三世故事群

从魏晋志怪到《聊斋志异》这个系统中，出现一种"三怪"故事类型，《搜神记·安阳书生》叙述老而成精的母猪、雄鸡、蝎三怪藏身廨亭杀人[②]，可能是三怪系列最早出现的故事；话本小说中有《西湖三塔记》叙述乌鸡、獭、白蛇

[①] 爱·缪尔（Edwin Muir）：《小说结构》（*The Structure of Novel*），罗婉华译，见《小说美学经典三种》，上海艺文出版社1990年版，第350页。
[②] 干宝：《搜神记》卷十八，台北鼎文书局1978年版，第144—145页。

等三怪惑人以致被镇于塔下;《洛阳三怪记》叙述白鸡精、赤斑蛇、白猫精等三精为祸[1];又有原名为《定山三怪》的《警世通言·崔衙内白鹞招妖》,叙述大虎、红兔、活骷髅三怪作祟;《警世通言·福禄寿三星度世》叙述天上白鹤、黄鹿、绿毛龟三星下凡胡闹;《聊斋志异》中也有《衢州三怪》说钟楼鬼、白布鬼与鸭鬼祟人之事。这些可称为民间叙事的"三怪"系列作品,从简单的三回式叙述,发展到加强外框架的散体结构,就表相看来,其中部分故事是说三怪一起为恶,似乎结构上的"三迭"、"三回"形式并不完整,但就叙事的单位区分而言,仍可轻易地辨识故事中将"重复"加以淡化的手法。

至于富有道家色彩的"成三"故事,以反复三次的度化作为超脱成仙的试炼,如民间《张百忍求仙》传说,叙述张百忍经历三次考验,第一次试探他的耐性,重复一样的问题问九十九次;第二次试探他是否贪爱财物;第三次是综合式的考验,却因其无法抵抗美色而失败。元代剧坛发展出一种取材于道家的"度化"剧,又叫"三度"剧,如《吕洞宾三醉岳阳楼》《马丹阳三度任风子》《吕洞宾三度城南柳》《吕洞宾三戏白牡丹》《紫阳仙三度常椿寿》《杜子春三入长安》等故事群。无论改称是三醉或三戏,实际上说的也都是三次试探或考验。这种条列出一试、二试、三试类似测验考题式的叙事模式,多见于道教故事,探究其中缘故,是因为道教吸收了比佛教更多的民俗趣味,可以迎合市民喜好,设计一些出人意表的情境。如《醒世恒言》中记载一则神仙李八百的故事,李八百全身恶疮,声称须人舔疮才能痊愈,通过婢女、妻子及本人三次舔疮的考验,唐公昉一家人得以成仙。[2]

佛教思想最便于民间取用的就是果报轮回之说,所谓"若问前世因,今生受者是;若问后世果,今生造者是",所以佛教果报故事多以两世遭遇表现因果报应。但是佛教也有三世因果之说,唐朝李源与僧人圆观"三生石"的传说,不但在杭州天竺寺留有遗迹,还传有"三生石畔旧精魂"诗,可算是深具原型意义的三世因果故事。

人、兽、禽三元升仙图,萧县汉画像石

---

[1] 洪楩编,谭正璧校点:《清平山堂话本》,上海古籍出版社1987年版,分别是卷一第22—23页,卷二第67—78页。
[2] 冯梦龙:《醒世恒言》第三十四卷入话。

神仙故事中，有兰公传说，说仙人有感于兰公孝悌，降临兰公家指引修道，一日见路旁有三座古坟，仙人说这是兰公三生葬身的地方，第一个坟里留有往世黄色的衣饰，第二个坟里有一个童颜柔弱的人，是兰公前世修炼的形骸，第三个坟里有一具连环骨，是兰公蜕下的骨骸。兰公穿上黄衣与坟中形骸合而为一，白日飞升了。[①]这是则受到佛教轮回之说影响的神仙故事。市人小说中则有《老门生三世报恩》《梁武帝累（三）修归极乐》《明悟禅师赶五戒》《月明和尚度翠柳》等以三世为框架的故事，后两则传诵尤广，不仅辗转浸染各有相关的故事群，《金瓶梅》第七十二回中，还曾描写和尚为西门庆众妻妾讲《五戒禅师私红莲记》的热闹情境，可知此类三世轮回故事深受欢迎之一斑。

除了这些根据题材可归类为三怪、三度及三世故事群外，市人小说中以"三迭式"结构呈现的故事，还有《王安石三难苏学士》《苏小妹三难新郎》，由唐人白行简《三梦记》改写的《独孤生归途闹梦》《三现身包龙图断冤》《江陵郡三拆仙书》及《三救厄海神显灵》等等。虽说是"三迭"，常因叙述者的需要将三次作弹性的增减，产生变体，像《警世通言·一窟鬼癞道人除怪》中所谓一窟鬼是指产亡鬼、自杀鬼、病死鬼、水鬼、痨病鬼、伤寒鬼等六鬼，即是"三怪"系列的复体或变体。三回式是封闭型结构中最简约而稳定的形式，任何复杂化的手段如用一些夸张性的延迟和重新发展的手法，都有使小说结构趋向开放的效果。

（二）初型结构——进展、阻碍、完成

原始的宋元话本为适应职业场合的需要，形成一种三段式的程序化结构，先以韵语演唱或与正文相关的故事开场，术语称之为"入话"、"头回"或"小说引子"；再以讲述或讲唱结合的形式叙述主要故事，称之为"正话"；最后以韵语收场，称之为"结尾"。这种含有"入话"、"正话"、"结尾"三段式的表层形式，在拟话本小说"书面化"之后，因为失去了实际效用而逐渐退化。然而说书人在勾栏瓦舍谋生，逐渐培养出一套对故事长短巧于控制的能力，摸索出一种"能以一朝一代故事，顷刻间捏合"，"顷刻间提破"的紧凑而明快的结构，使诸多事件在有限时空中得到了有意义的集中，强化了情节的内在联系，进一步使民间松散的记录见闻式的叙事，被有谋篇技巧的小说文体取代，跨出以内层

[①] 葛洪：《神仙传》"兰公条"，见《中国神仙传记文献初编》第一册，台北捷幼出版社1992年版，第97页。

的三段式结构取代外框架的第一步。

提出"简单形式"论的结构主义学者安德·乔利斯（1874—1946）认为，一个简单的形式，就是人类的思维诉诸语言时的一种结构形成原则。在乔利斯看来，简单形式跟人类的语言一样普遍，并且与人类从语言学方面归纳世界的过程紧密相连，正如人学会说一种语言时，要使用这种语言中的动词与名词一样，人类也是这样学会使用"简单形式"的。[①]这种"简单形式"就中国的叙事文学而言，相对应的就是宋、明话本文学开其端的"进展、阻碍、大团圆"故事。叙述者以一个具有起、中、结三阶段发展的完整情节，取代连串偶发的意外事件；以某一特定人物善愿得偿或恶念受罚的事，取代了轶事行状粗陈梗概的外貌，展现"叙述模式一致、主题一致"的整齐形态。因此，从故事形态的统观角度来说，实际上它们都如前文普洛普所说"每则故事都受到一个恒定结构的约制，按照不可改变的次序发展完成"的同一类型故事。叶庆炳（1926— ）《短篇话本的常用布局》一文，曾以话本中《志诚张主管》及《碾玉观音》二文为例，指出：

> 有一种布局出现在现存大多数的话本作品之中，这种经常出现的布局，笔者名之为常用布局，常用布局是把整篇话本故事清楚地划分成几个阶段，每一个阶段都包括进展、阻碍、完成三部分。[②]

韩南（D. Hanan）将这类短篇小说的结构称为"单体布局"：每一件事都有交代，并只托出一种问题，制造一种危机，最后是问题或危机的解决。[③]

以上各位学者如叶庆炳所说的"常用布局"、韩南所说的"单体布局"，与强调叙事逻辑的布雷蒙（Claude Bremond, 1929— ）所提出的"三组合体"尽管用字不同，意义却是近似：布雷蒙认为叙事的基本单位不是功能而是关联序列，一部小说无论多么长或复杂，都可以视为几个环节的组合物，最小的环节是个"三组合体"，"三组合体"包括三个阶段：可能事件的开始→可能事件的出现（或不出现）→成功（或失败）。"三组合体"是面向"改善过程"或"恶化过程"的基本叙事结构[④]。这些学者对具有民间叙事特质的小说在形式上所持有的共同看法，证明了民间故事渗入小说初期所呈现的质朴与原始的面貌。这种极普遍

[①] 罗伯特·萧尔斯：《结构主义——批评的理论与实践》，高秋雁译，台北结构群出版社1989年版，第59页。
[②] 叶庆炳：《短篇话本的常用布局》，载《中外文学》第8卷第3期，1979年8月，第80—90页。
[③] 王秋桂编：《韩南中国古典小说论集》，台北联经出版社1979年版，第22页。
[④] 克洛德·布雷蒙（Claude Bremond）：《叙事作品之选辑》（*A Logic of Narrative Works*），见《叙述学研究》，张寅德译，中国社会科学出版社1989年版，第153—175页。

见之于世界各地的程序化结构，虽然各家命名略有不同，详略有别，本质上都属于一种"简单形式"的结构。

我们知道，无论就作品的内容旨趣或读者群而言，话本文学主要继承的是魏晋志怪及隋唐笔记小说而不是唐传奇，这在冯梦龙自述中可以得到证实：

> 或以为恨乏唐人风致，谬矣……大抵唐人选言，入于文心；宋人通俗，谐于里耳。天下之文心少而里耳多，则小说之资于选言者少，而资于通俗者多。①

当今可以看见最早的唐话本《庐山远公话》《叶净能话》，都还是编缀事件的松散长篇，并未出现整体性的结构观念。因此，从民间叙事发展的轨迹来说，最早是刘向（前77—前6）《列仙传》这本初始每篇只有四五十字到两百字的民间叙事，发展到学会剪接与穿插的"捏合"技巧、铺设前因后果的小说结构，到源于话本的宋明市人小说，可说是艺术形式控制上的重大进展，也可以说是"形式概念"第一次自发性地自民间叙事文学中萌现。

（三）张力结构——悬疑与发现

"故事"是生命情境戏剧化、寓言化以及夸张化的模拟，故事中叙述出人意表的事件，常可以营造出富于悬疑及游戏趣味的情境。"悬疑"和"发现"的新局面，是平铺直叙式的叙事进化为张力结构的一个关键。

叙事学素来注重叙事的序列，认为悬疑结构代表着一种使叙述序列发生畸变的能力。罗兰·巴特（Roland Barthes, 1915—1980）指出：叙事作品的形式主要以两种能力为标志，一种是在故事过程中使其自身的符号发生畸变，另一种是将意料之外的扩展嵌入这些畸变之中。所谓畸变，是指传达信息的符号不再是简单的排列，叙述逻辑的线型受到破坏等现象。简单地说，"悬疑"只是畸变的一种特殊的、夸张的形式，罗兰·巴特有一段对"悬疑"之为用阐释得相当精彩的文字：

> 一方面，悬念用维持一个开放性序列的方法，加强同读者的接触，具有明显的交际功能；另一方面，悬念也有可能向读者提供一个未完成的序列，一个开放性的聚合，也就是说，一种逻辑混乱。读者以焦虑和快乐（因为逻辑混乱最后总是得到补正）的心情阅读到的正是这种逻辑混

---

① 冯梦龙：《喻世明言》叙。

乱。因此，"悬念"是一种结构游戏，可以说用来使结构承担风险并且也给结构带来光彩。[1]

使读者产生"悬念"即是邀请读者参与构思的一种布局，透过创作与阅读双重活动，激活读者的审美经验。以民间最具玄思妙趣的神剑传说为例，神剑避邪除妖的传说很多，其中也出现一种"三剑"类型，"三剑"之说最早见之于《庄子·说剑》，故事说赵文王喜爱剑术，各国剑士蜂拥而来，门下剑客有三千余人，日日夜夜斗剑于王庭，每年因此送命的有百人之多，然而赵文王乐此不疲。三年下来，赵国国力大衰。最后庄子以"臣有三剑"即"天子剑"、"诸侯剑"、"庶人剑"之说，劝阻了赵王好斗伤生的愚行。[2]道家挹取了"庄子三剑"的哲学旨趣，附会于神仙群传说中最是英气飒爽的吕洞宾（798—？）身上，南宋时即有吕洞宾"三断之剑"传说：

> 世言吾卖墨，飞剑取人头，吾甚哂之。实有三剑，一断烦恼，二断贪嗔，三断色欲，是吾之剑也。[3]

吕洞宾的"三断之剑"或许略有庄子之义理，但却无意于叙事委婉，算不上有谋篇布局的企图，然而有关吕洞宾的飞剑取人头及三剑传说，却是传奇小说绝佳的题材。在叙事技巧日有讲求的宋明时期，糅合道家的"三度"故事模式，展现"悬疑"和"发现"内结构的"吕洞宾"故事应运而生。《醒世恒言·吕洞宾飞剑斩黄龙》的结构，基本上是由散体串联的"设题考验"发展到深具张力的"情境考验"的典型作品，不仅承载了较丰富的心理事件，也反映了时代所萌发的新课题。故事叙述在道佛两教互相争锋的社会背景下，尚未出师的吕洞宾，夸称要在三年之内，度化三千人来兴旺道门，钟离师父则再三叮咛吕洞宾"一是休寻和尚厮闹，二是宝剑不得遗失，三是三年限满回家"三项看来颇有玄机的戒律，吕洞宾许了师父这三项戒律，意气扬扬下山弘法，谁知道门冷清，俗众少有皈依者，吕洞宾口出大言说要度化三千人众，三年期满竟一人也不曾度得。眼见佛门兴旺，心下愤愤不平，手持飞剑大闹黄龙寺院，飞剑一出手才赫然发现，师父的三项戒律一条也不曾守得。破戒之后，方才大悟三戒的深意。此

---

[1] 罗兰·巴特（Roland Barthes）：《叙事作品结构分析导论》（*An Introduction to Analysis of the Structure of Narrative Works*），见《叙述学研究》，张寅德译，中国社会科学出版社1989年版，第35—36页。

[2] 郭庆藩编：《庄子集解》，台北木铎出版社1988年版，第1016—1023页。

[3] 吴曾：《能改斋漫录》卷十八，见《笔记小说大观》正编卷十，台北新兴书局1947年版，第796页。

天鉴地鉴人鉴：河南密县县衙三鉴堂

刻，故事的主题才隐隐浮现，真正被度化开悟的不是什么人众，原是吕洞宾本人。① 全篇故事在开始时设计了一些有特点的前提，随着前提的开展融入一种序列结构中，使读者阅读的过程始于"悬疑"，终于"发现"，基本上掌握了故事之所以为故事的内在生命，即是读者意愿的唤起与满足。

从松散的迭式叙事，进而为"简单形式"有头有尾的程序化结构，再发展为富有悬疑效果的张力结构，事件由散而聚，在结构形态上的意义，是为民间叙事自发性的形式审美，提供了足以检验的进阶，并确认了"典型的形成，必然有其现实性的审美功能"的道理。

---

① 冯梦龙：《醒世恒言》第二十一卷。

就结构主义论民间故事的"成三"现象 | 341